Auf Nimmerwiedersehen

Band Eins

Ngakpa Chögyam

Aro Books WORLDWIDE

2026

Aro Books WORLDWIDE
PO Box 111, Aro Khalding Tsang
5 Court Close, Cardiff
CF14 1JR, Wales,

Zweite Ausgabe vom Original 2022

Übersetzung 2024 von Ngakpa Garwang Dorje

ISBN: 978-1-898185-72-7 (Paperback)
ISBN: 978-1-898185-73-4 (ePub)

Weitere Information über Aro Books WORLDWIDE findet man unter http://aro-books-worldwide.org/

Zum Kauf all unserer Publikationen besuchen Sie bitte https://www.lulu.com/spotlight/arobooksworldwide

Gewidmet Kyabjé Düd'jom Rinpoche Jig'drèl Yeshé Dorje, der mich damit beauftragte, den Gö kar chang lo'i dé im Westen zu etablieren, und seine beiden Inkarnationen Kyabjé Düd'jom Rinpoche Sang-gyé Pema und Kyabjé Düd'jom Rinpoche Ten'dzin Yeshé Dorje, die beide äußerst freundlich zu mir waren und sich an mich als Schüler ihrer früheren Inkarnationen erinnerten.

Kyabjé Düd'jom Rinpoche Jig'drèl Yeshé Dorje ließ mich wissen, dass er über das Wesen der Weißen Dame nachgedacht hatte und dass sie auch bekannt war unter dem Namen Khyungchen Aro Lingma: Garuda der das uranfängliche A kostet. Sie war eine gTértön. Sie hatte zu Beginn des Jahrhunderts den Regenbogenkörper verwirklicht. Ich sei in meinem früheren Leben ihr Sohn gewesen. Mein Name war damals Aro Yeshé. Das war alles, was er derzeit sagen könne. Wenn er mehr wüsste, würde er es mir mitteilen. Er bemerkte, dass Aro Lingma ihm bekannt war und dass Düd'jom Lingpa sie ebenfalls gekannt hatte. Abgesehen davon hätte kein Lama, mit dem er gesprochen hatte, jemals von ihr gehört, mit Ausnahme von Kyabjé Dilgo Khyentsé Rinpoche. Dieser meinte, dass er den Namen viele Jahre zuvor gehört hätte, als von einer Yogini die Rede war, welche in Südtibet Ja'lü verwirklicht hatte.' Kapitel 19, *Dämonenzerstörer.*

Würdigungen

Zuallererst ist es mir eine große Freude, meine Sangyum, Ehefrau und Lehrpartnerin zu würdigen: Khandro Déchen Tsédrüp Rolpa'i Yeshé. Ihr Einfluss, ihre Ermutigung, ihre Unterstützung und ihr unermüdlicher Enthusiasmus für die Linie sind unvergleichlich. Kyabjé Düd'jom Rinpoche Jig'drèl Yeshé Dorje, Kyabjé Künzang Dorje Rinpoche und Jomo Sam'phel Déchen Rinpoche betonten alle, dass es wichtig sei, dass ich die richtige Sangyum finde, wenn ich den Aro gTér im Westen lehren wolle. Jeder von ihnen gab Anweisungen und Vorhersagen, die sich als genau und immens wertvoll erwiesen.

Ich würdige alle Lamas, mit denen ich studiert, mich getroffen und unterhalten habe, aber vor allem: Kyabjé Düd'jom Rinpoche Jig'drèl Yeshé Dorje; Kyabjé Künzang Dorje Rinpoche und Jomo Sam'phel Déchen Rinpoche; sowie 'Khordong gTérchen Tulku Chhi'mèd Rig'dzin Rinpoche.

Obwohl ich den Düd'jom gTér nicht unterrichte, begründete er den größten Teil meiner Ausbildung als Lama. Ich verdanke dem Düd'jom gTér und den Lamas dieser Linie, die ich kenne und gekannt habe unglaublich viel. Dazu gehören Dung-sé Thrin-lé Norbu Rinpoche; Dung-sé Garab Dorje Rinpoche; Dung-sé Namgay Dawa Rinpoche; Chag'düd Tulku Rinpoche; und Lama Tharchin Rinpoche.

Es ist nicht möglich, als Nyingma Lama zu fungieren, ohne durch Freundschaften mit der Nyingma-Tradition verbunden zu sein. Ich bin äußerst dankbar für die herzlichste Freundschaft mit Tulku Dakpa Rinpoche sowie mit Wangchuk Rig'dzin Rinpoche und seinem Sohn HE Ögyen Dro'dül Thrin-lé Kunkyab Rinpoche, Yangsrid von gTértön Drukdra Dorje. Ich möchte mich bei all unseren Schülerinnen und Schülern bedanken, ohne die Khandro Déchen und ich keine Lehrer wären.

Dung-sé Thrin-lé Norbu Rinpoche wies uns darauf hin: *„Es sind die Schüler, die jemanden zum Lehrer machen. Wenn Lamas keine Schüler haben, sind sie keine Lehrer.*" Das Buch *„Auf Nimmerwiedersehen"* wurde von unseren Schülern redigiert und Korrektur gelesen. Rig'dzin Shérab überprüfte die tibetische Schreibweise und es wurde schließlich durch die sorgfältigen Bemühungen von Ngakma Nor'dzin und Ngakpa 'ö-Dzin, den ersten beiden Personen, die in den frühen 1980er Jahren meine Schüler wurden, veröffentlicht. Ich entschuldige mich bei den vielen Menschen, die ich hier nicht erwähnt habe, obwohl sie es verdient hätten. Aber sie alle zu erwähnen hätte bedeutet, dafür ein eigenes Buch zu schreiben.

Inhaltsverzeichnis

Auf Nimmerwiedersehen

Band Eins

Vorwort

༄།།རྒྱལ་བ་
ཡོངས་ཀྱི་ཡུམ་ཆེན་མོ།།

མཁར་ཆེན་མཚོ་རྒྱལ་ཡབ་ཡུམ་ལ།།

གུས་པའི་ཕྱག་གི་པདྨོ་འཛུམ།།

གང་བསམ་ཡིད་བཞིན་གྲུབ་པར་སྨོན།།

Die große Mutter aller siegreichen Buddhas;
Zum mystischen Einklang mit Kharchen Tsogyel;
Bringe ich die Lotusblüte respektvoll als Opfer dar;
Möge sie als wunscherfüllendes Juwel alle Wünsche erfüllen.

ཟེར་བའི་དད་པའི་མེ་ཏོག་གི་མཆོད་པ་གཙང་ཞིང་ཡིད་དུ་འོང་བ་རྣམས་བླ་མ་ཡི་དམ་མཁའ་འགྲོ་ཆོས་སྐྱོང་དམ་ཅན་རྒྱ་མཚོ་རྣམས་ལ་སྔོན་དུ་འཐོར་བ་དང་འབྲེལ་དེང་འཆར་ཨ་རོ་གཏེར་གྱི་བརྒྱུད་འཛིན་གཏེར་བཏོན་ཨ་རོ་ཡེ་ཤེས་ཀྱི་ཡང་སྲིད་སྤྲུལ་སྐུ་ཐུགས་འཆང་ཆོས་དབྱིངས་རྒྱ་མཚོ་རིན་པོ་ཆེ་ཉིད་ཀྱིས་“གཏན་ཀྱང་ཁ་བྲལ་ལོགས་སྨོན་” ཟེར་བའི་ཁོང་རང་གི་སྐུ་ཆེ་སྔོན་མའི་ཆེ་རབས་རྣམས་སྔོན་གནས་རྗེས་སུ་དྲན་པའི་ཐོ་ཡིག་ལྷ་བུའི་དེབ་ཐེར་གླེག་བམ་དང་པ་འདི་བརྩམས་བསྒྲིགས་བྱས་ཡོད་པས་སྙིང་ནས་དགའ་བ་དང་སྤྲོ་བའི་ངང་ནས་རྗེས་སུ་རི་རངས་ཞུ་བ་དང་ཆབ་གཅིག་དེབ་ཐེར་གློག་མཁན་ཀུན་ལ་ཕན་པར་འདོད་པའི་བློ་དང་བཅས་དེབ་ཐེར་འདིའི་ངོ་སྤྲོད་མདོར་བསྡུས་ཤིག་ཞུ་རྒྱུ་ལགས་སོ།

Ich möchte diese spezielle Einführung zu „*Auf Nimmerwiedersehen*“ damit beginnen, dass ich die reine und schöne Blume der Hingabe an Lama, Yidam, Khandro und den Ozean der eidgebundenen Schützer und Chö-kyong besprenge.

Der Linienhalter des Aro gTér und Trülku, als Reinkarnation von gTértön Aro Yeshé, hat dieses autobiografische Werk mit dem Titel *Auf Nimmerwiedersehen* geschrieben. Es ist der erste Band seiner Memoiren und enthält Erinnerungen an seine früheren Leben. Ich möchte meine innigste Wertschätzung zum Ausdruck bringen. Ich freue mich, diese kurze Einleitung zu seinem außergewöhnlichen Buch schreiben zu können.

དེབ་ཐེར་ནང་དུ་སྔོན་བྱུང་བཤད་པ་བཞིན་སྔགས་པ་ཆོས་དབྱིངས་རྒྱ་མཚོའམ་སྔགས་འཆང་རིན་པོ་ཆེ་ཉིད་ཁོང་རང་གི་ཕ་ཇར་མ་ནི་ནས་དང་མ་དབྱིན་ཇི་ཡིན་པ་མ་ཚད་ཟ་ཚང་རྣམས་ཕྱི་པའི་ཆོས་ལུགས་བཟུང་མཁན་ཡིན་ཀྱང་ཁོང་རང་ཆུང་དུས་ནས་བློ་སེམས་ནང་པའི་ཆོས་ཕྱོགས་ལ་དགར་བའི་ཁར་ཁོང་རང་གིས་དྲན་ཆོར་བྱུང་དུས་ནས་བུད་མེད་དཀར་མོ་ཞིག་གིས་ཉིན་མཚན་དུས་དྲུག་ཏུ་སྲུང་སྐྱོབས་མེལ་ཚེ་མཛད་དེ་དངོས་སུ་གར་འགྲོ་ལུས་དང་གྲིབ་མ་བཞིན་འགྲོགས་ཏེ་ཡོད་པར་བཤད། དེ་ཡང་སྔགས་པ་ཆོས་རྒྱམ་ཉིད་ཨ་རོ་ཡེ་ཤེས་ (༡༩༡༥-༡༩༥༡) ཀྱི་ཡང་སྲིད་དང་ཨ་རོ་ཡེ་ཤེས་ཀྱི་ཡུམ་ཉིད་ཁྱུང་ཆེན་ཨ་རོ་གླིང་མ་ (༡༨༨༦-༡༩༢༣) ཡིན་པ་དང་མོ་ཡང་མཁའ་འགྲོ་ཡེ་ཤེས་མཚོ་རྒྱལ་གྱི་རྣམ་འཕྲུལ་ཡིན་པས་ཨ་རོའི་གཏེར་ཆོས་ཡང་དང་པ་ཨ་རོ་གླིང་མས་བཞེས་ཏེ་མོ་རང་གི་སྲས་ཨ་རོ་ཡེ་ཤེས་ལ་གདམས་པ་ཡིན་པར་བཤད་དེ་ནས་ཕྱིས་སུ་མོ་རང་གི་སྲས་ཉིད་སྔགས་པ་ཆོས་རྒྱམ་དུ་སྐྱེ་བ་བཞེས་སྐབས་ཨ་རོ་གླིང་མ་ཉིད་བུད་མེད་དཀར་མོ་ཞིག་ཏུ་སྤྲུལ་ནས་ཉིན་མཚན་འཁོར་ཡུག་ཏུ་བདག་གཉེར་མཛད་དེ་སྲུང་སྐྱོབས་མཛད་པར་གྲགས།

Ngakpa Chögyam (dessen Lamaname sNgags ’chang chos dByings rGya mTsho rin po che ist) wurde als Sohn einer deutschen Mutter und eines englischen Vaters geboren. Sie gehörten einer anderen Religion an, aber Ngak’chang Rinpoches Aufmerksamkeit wendete sich bereits in frühester Kindheit dem Vajrayana zu. Er wurde ständig von einer Weißen Dame begleitet, die ihm untrennbar Gesellschaft leistete, wie ein Körper und ein Schatten. Sie fungierte als Beschützerin, Helferin und Assistentin für die sechs Perioden von Tag und Nacht. Der Grund dafür war, dass Ngak’chang Rinpoche die Inkarnation von Aro Yeshé (1911–1951) war, dessen Mutter wiederum Khyungchen Aro Lingma (1886–1923) war.

Khyungchen Aro Lingma war eine Emanation von Khandro Yeshé Tsogyel. Der Aro gTér wurde zuerst von Aro Lingma entdeckt, die die Linie an ihren einzigen Sohn, Aro Yeshé, weitergab. Später, als ihr Sohn als Ngak'chang Rinpoche inkarniert wurde, erschien sie in Gestalt einer Weißen Dame und schützte ihn durch den ständigen Fluss der Zeit.

སྤྱིར་ཨ་རོ་གླིང་མས་བུད་མེད་དཀར་མོའི་ཚུལ་གྱིས་དམ་པའི་ཆོས་ལ་བསྐུལ་བའི་ལམ་སྟོན་མཛད་པ་དང་ཁྱད་པར་སྔགས་པ་ཆོས་རྒྱམ་ཁོང་རང་གི་ཚེ་རབས་སྔོན་གྱི་ལས་འཕྲོ་སད་པའི་རྐྱེན་ལས་ཆུང་དུས་ནས་བློ་སེམས་དམ་པའི་ཆོས་ལ་ཞེན་དུ་ནས་དཀར་བས་ཁོང་རང་གི་དུས་རྒྱུན་སློབ་སྦྱོང་དང་ཟུར་ཐེབས་ལྟ་གཡོག་དང་མཉམ་དུས་དུས་སུ་ནང་པའི་ཆོས་ཀྱི་ཀི་དེབ་འཚོལ་ཞིབ་བྱས་ཐོག་ནས་ཀློག་པ་དང་གོ་བ་མྱོང་བ་ལ་སོགས་པ་མ་ཆད་པར་བྱས་ཏེ་ནང་པའི་ཆོས་ཀྱི་ལམ་ལ་རང་དབང་ཤུགས་ཀྱིས་དང་འདོད་དང་སྤྲོ་བ་བརྟས་ཏེ་རྒྱལ་ཁབ་ནང་དང་ཕྱིའི་ལས་འཕྲོ་ལྡན་པའི་བླ་མ་དང་ཆོས་གྲོགས་འཚོལ་བའི་བློ་འདོད་དང་བརྩོན་ཤུགས་བསྐྱེད་འདུག་དེ་ནས་དང་པོ་ཁོང་རང་གིས་ནང་པའི་སློབ་དེབ་དབྱིན་སྐད་ཐོག་ཡོད་པ་རྣམས་ལ་ཀློག་སྦྱངས་ཞིབ་པར་བྱས་ཏེ་ནང་པའི་ཆོས་ཀྱི་གོ་དོན་ལ་ཉམས་མྱོང་བྱས་ཕྱིས་སུ་རིམ་པར་རྒྱ་གར་དུ་འགྲོ་རྒྱུའི་བློ་འདོད་དང་སྤྲོ་བ་རྒྱས་ཏེ་སྤྱི་ལོ་ ༡༩༧༠ མཚམས་ལ་དཀའ་ཚེགས་དང་ལུ་ལེན་ཏེ་རྒྱ་གར་ལ་ཕྱིན་སྔགས་ཀྱི་ལག་ལེན་ལ་རང་བྱུང་ཚུད་པའི་སྔགས་འཆང་བླ་མ་སྔགས་པ་ཡེ་ཤེས་རྡོ་རྗེ་བླ་མ་འཆི་མེད་རིག་འཛིན་རིན་པོ་ཆེ་སྐྱབས་རྗེ་བདུད་འཇོམས་འཇིགས་བྲལ་ཡེ་ཤེས་རྡོ་རྗེ་རིན་པོ་ཆེ་སྐྱབས་རྗེ་དིལ་མགོ་མཁྱེན་བརྩེ་རིན་པོ་ཆེ་བླ་མ་ཀུན་བཟང་རྡོ་རྗེ་རིན་པོ་ཆེ་ལ་སོགས་པ་བསྟེན་ཏེ་ཕྱི་ནང་གསང་གསུམ་གྱི་སྔགས་ཀྱི་ཆོས་ཀྱི་ཐོས་སྦྱང་དང་ཉམས་མྱོང་ལག་ལེན་རྣམས་ལ་སློབ་སྦྱོང་དང་ཉམས་ལེན་རྣམས་ཚུལ་བཞིན་བྱས་འདུག་པར་གསལ་ལོ།

Aro Lingma in Gestalt der Weißen Dame ermutigte Ngak'chang Rinpoche und führte ihn zum Vajrayana. Aufgrund früherer karmischer Verbindungen war sein Geist schon in jungen Jahren vollständig auf Vajrayana gerichtet. Er studierte, forschte, las darüber und erlebte Vajrayana unaufhörlich, während er seiner täglichen Arbeit nachging. Er entwickelte auf natürliche Weise immer größeres Interesse am Vajrayana und begann im In- und Ausland nach karmisch verbundenen Tsawa'i Lamas und Vajrayana-

Freunden zu suchen. Zuerst las und studierte er äußerst intensiv buddhistische Texte auf Englisch und entwickelte ein erfahrungsmäßiges Verständnis der Bedeutung des Buddhadharma, insbesondere des Vajrayana. Ab 1970 verstärkte sich sein Wunsch nach Indien zu reisen. Um dorthin zu gelangen, musste er eine Reihe von Schwierigkeiten auf sich nehmen. Auf seiner ersten Reise nach Indien traf er die tantrischen Meister Ngakpa Yeshé Dorje und Kyabjé Düd'jom Rinpoche Jig'drèl Yeshé Dorje. Später begegnete er Kyabjé Dilgo Khyentsé Rinpoche, Kyabjé Künzang Dorje Rinpoche und 'Khordong gTérchen Tulku Chhi'mèd Rig'dzin Rinpoche, die alle Experten des Vajrayana waren. Er erhielt von diesen großen Dzogchen-Meistern die vollständige Übertragung der äußeren, inneren und geheimen Lehren der Vajrayana-Dzogchen-Tradition und er studierte und praktizierte alle Teile zur Vollendung.

ཁྱད་པར་དུ་ཕྱིས་སུ་སྔགས་པ་ཆོས་རྒྱམ་ཁོང་རང་གི་ཚེ་རབས་སྔོན་གྱི་བག་ཆགས་སད་དེ་ལུང་བསྟན་དུས་ལ་བབ་པ་བཞིན་བལ་ཡུལ་ལ་ཕྱིན་ཏེ་ཚེ་རབས་སྔོན་གྱི་ལས་འཕྲོ་དང་མི་རྟོག་གང་ལ་ཡོག་པའི་ལྷ་སྐལ་ཚེ་རབས་ངོ་ཕྲོད་ཀྱི་བླ་མ་སྐྱབས་རྗེ་བདུད་འཇོམས་འཇིགས་བྲལ་ཡེ་ཤེས་རྡོ་རྗེའི་ཞབས་སར་བཅགས་ཏེ་རྗེས་སུ་འཛིན་པར་ཞུས་པ་བཞིན་སྐྱབས་རྗེ་རིན་པོ་ཆེ་མཆོག་ཉིད་ནས་ཀྱང་སྔོན་གནས་རྗེས་དྲན་གྱིས་མངོན་པར་མཁྱེན་ཏེ་ཐུགས་དགྱེས་བཞིན་བརྩེ་བ་ཆེན་པོས་རྗེས་སུ་བཟུང་སྔགས་པ་ཆོས་རྒྱམ་ཡང་ཨ་རོ་ཡེ་ཤེས་ཀྱི་ཡང་སྲིད་ཡིན་པར་ངོས་འཛིན་གནང་སྟེ་སྔགས་ལམ་གྱི་རིམ་པ་རྣམས་ཉིན་རེ་བཞིན་དབང་ལུང་དང་ཕྱི་ནང་གསང་གསུམ་གྱི་མན་ངག་ཀུན་ཟླ་ངོ་མང་རབས་ཀྱི་བར་དུ་གནང་སྟེ་མ་འོངས་པར་སྔགས་པ་ཆོས་རྒྱམ་རང་གི་སྐྱེས་ལོ་ ༨༠ མཚམས་ལ་ཨ་རོ་གཏེར་གྱི་གཏེར་ཆོས་ཡང་དག་སྣང་གི་དང་ནས་དར་སྤེལ་འགྲོ་བའི་བཀའ་དང་ལུང་བསྟན་རྣམས་འཁྲུལ་མེད་དུ་གནང་བ་མ་ཟད་རང་སོའི་ལས་དབང་གི་ལུང་བསྟན་བཞིན་མཚོ་པདྨ་སོང་སྟེ་བླ་མ་ཀུན་བཟང་རྡོ་རྗེ་རིན་པོ་ཆེ་དང་མཇལ་ཏེ་སྔགས་ཀྱི་ཟབ་ཆོས་དང་སྦྱོར་བ་ལག་ལེན་གྱི་རིམ་པ་རྣམས་ཞུ་དགོས་པའི་བཀའ་སློབ་བཀའ་ཤོག་དང་བཅས་གནང་སྟེ་བཏང་བ་བཞིན་སྔགས་པ་ཆོས་རྒྱམ་ཡང་སྐྱབས་རྗེ་མཆོག་གི་བཀའ་ལུང་ཟབ་མོ་སྤྱི་བོར་འཁུར་ཏེ་མཚོ་ པདྨར་ཕྱིན་སྔགས་འཆང་རིག་པ་འཛིན་པ་ཆེན་པོ་བླ་མ་ཀུན་བཟང་རྡོ་རྗེ་རིན་པོ་ཆེ་དང་མཇལ་ལན་གཅིག་ཁྲི་ཚུལ་བསྟན་ཀྱང་རིམ་པར་རྗེས་སུ་འཛིན་ཏེ་ཨ་རོའི་བསྟན་པ་སྤེལ་བ་

ལ་ཉེ་བར་མཁོ་བའི་རྫོགས་ཆེན་གྱི་ལམ་གྱི་རིམ་པ་དང་བདུད་འཇོམས་གཏེར་གསར་
གཅོད་ཀྱིས་གཙོས་པའི་ཁྱད་ཆོས་ཅན་གྱི་ལག་ལེན་རྣམས་ལེགས་པར་ལམ་སྟོན་
གནང་བའི་ཐོག་སྔགས་པ་ཆོས་རྒྱམ་རང་ནས་ཀྱང་ཟླ་ངོ་མང་པོའི་བར་ཉིན་ཚན་དུས་
དྲུག་ཏུ་བརྩོན་ཤུགས་དྲག་པོ་བསྐྱེད་དེ་གང་མང་སྦྱང་ནས་སླར་ལོག་རང་གནས་
དབྱིན་ཇིའི་རྒྱལ་ཁབ་ཏུ་ལེགས་པར་ཕྱིར་འདུག།

Insbesondere als die Zeit der Prophezeiung gekommen war und die Veranlagungen früherer Leben erweckt wurden, ging Ngak'chang Rinpoche nach Nepal. Er wandte sich an Kyabjé Düd'jom Rinpoche Jig'drèl Yeshé Dorje, mit dem er eine frühere karmische Verbindung hatte, als die Blume das Mandala traf, damit er für zahlreiche Generationen sein ausersehener Tsawa'i Lama sein sollte. Also bat er Kyabjé Düd'jom Rinpoche, ihn als Schüler anzunehmen. Kyabjé Düd'jom Rinpoche erkannte ihn aufgrund seiner Erinnerung an frühere Leben und nahm seine Bitte mit freudiger Liebe an. Er erkannte Ngak'chang Rinpoche insbesondere als den Trülku von Aro Yeshé an und gab ihm sämtliche Dzogchen-Belehrungen und Ermächtigungen. Er gab ihm auch mehrere Monate lang täglich die äußeren, inneren und geheimen Herzunterweisungen. Kyabjé Düd'jom Rinpoche gab auch lebhafte, unfehlbare Prophezeiungen bezüglich der Offenbarung der Aro gTér-Lehre durch reine Vision und wies Ngak'chang Rinpoche an, die Aro gTér Dzogchen-Lehre in der ganzen Welt zu verbreiten. Darüber hinaus wies Kyabjé Düd'jom Rinpoche Ngak'chang Rinpoche an, mit einem Empfehlungsschreiben nach Tso Pema in Indien zu gehen, um dort Kyabjé Künzang Dorje Rinpoche zu treffen und von ihm tiefgründige tantrische Lehren und Praxisanleitungen zu erhalten. Ngak'chang Rinpoche führte Kyabjé Düd'jom Rinpoches wertvollen Rat präzise aus und reiste nach Tso Pema, um den großen Rig'dzin Kyabjé Künzang Dorje Rinpoche zu treffen. Er überreichte ihm wie angewiesen den prophetischen Brief.

Kyabjé Künzang Dorje Rinpoche zeigte zunächst seine zornvolle Seite, akzeptierte aber nach und nach Ngak'chang Rinpoche als seinen Schüler und gab alle Dzogchen-Unterweisungen, einschließlich dem Düd'jom gTérsar gÇod, die für die Verbreitung der Aro gTér Dzogchen-Lehre unerlässlich waren. Ngak'chang Rinpoche bemühte sich Tag und Nacht mit enormer Kraft, in jeder Praxis versiert zu sein, bevor er in seine Heimat nach England zurückkehrte.

དེ་ནས་རང་རྒྱལ་དབྱིན་ཇིའི་ལུང་པར་ལོག་སླེབས་ཏེ་སྔགས་པ་ཆོས་རྒྱམ་རང་གི་ཚེ་
རབས་ཀྱི་ལམ་འཕྲོ་དང་སྐྱབས་རྗེ་བདུད་འཇོམས་འཇིགས་བྲལ་ཡེ་ཤེས་རྡོ་རྗེའི་བཀའ་
ལུང་རྩ་གསུམ་དམ་ཅན་རྒྱ་མཚོའི་བདེན་པའི་ནུས་མཐུ་དེ་ནས་ཚེ་རབས་ཀྱི་ལས་
སྐལ་སད་པའི་རྟེན་འབྲེལ་ལ་བརྟེན་ནས་མཁའ་འགྲོ་ཡེ་ཤེས་མཚོ་རྒྱལ་དང་ཇོ་མོ་
སྨན་མོའི་རྣམ་སྤྲུལ་མཁའ་འགྲོ་བདེ་ཆེན་ཚེ་སྒྲུབ་རོལ་པའི་རྩལ་བདེ་རྩལ་རྒྱལ་མོ་
དང་ཕྲད་དེ་ལས་ཀྱི་གཟུངས་མར་བཟུང་ཨ་རོ་གཏེར་གྱི་གཏེར་ཆོས་སྤེལ་བའི་གྲོགས་
སུ་གྱུར་དེ་ནས་བཟུང་སྟེ་སྐྱབས་རྗེ་བདུད་འཇོམས་འཇིགས་བྲལ་ཡེ་ཤེས་རྡོ་རྗེས་མིང་
བཏགས་གནང་བའི་གསང་སྔགས་ཆོས་རྫོང་རྫོགས་ཆེན་གཞི་ཚོགས་ལྷེ་བ་གཞི་
བཙུགས་བྱས་ཏེ་སྔ་འགྱུར་རྙིང་མའི་ཕྱོགས་གཏོགས་རྫོགས་ཆེན་ཨ་རོ་གཏེར་གྱི་དག་
སྣང་གཏེར་མའི་ཆོས་སྐོར་ལ་འཛིན་སྐྱོང་སྤེལ་བའི་ཕྱག་ལས་འགོ་བཙུགས་གནང་བ་
བཞིན་ད་ཚུན་འཛམ་གླིང་ཤར་ལྷོ་ནུབ་བྱང་གི་བུ་སློབ་ཀུན་ལ་ཕྱོགས་ལྷུང་མེད་པར་
ཁྱབ་སྤེལ་དང་འབྲེལ་ནང་པའི་ཆོས་ལུགས་ཀུན་དང་བླ་སློབ་མཁན་སྤྲུལ་ཁྱད་
འཕགས་ཅན་གྱི་རིན་པོ་ཆེ་ཡོངས་ལ་དད་པ་དང་དག་སྣང་ཡང་ཕྱོགས་ལྷུང་མེད་པར་
ཨོ་རྒྱན་གུ་རུ་རིན་པོ་ཆེའི་གོས་དཀར་ལྕང་ལོ་ཅན་གྱི་ཕྱི་ནང་གསང་བའི་སྔགས་ཀྱི་
བསྟན་པ་ཉིད་སྤེལ་དང་སྤེལ་བཞིན་དུ་བཞུགས་ཡོད་པའི་རྣམ་ཐར་ཀུན་"གདན་ཀྱང་
ཁ་བྲལ་ལེགས་སྨོན་" གྱི་དེབ་ཐེར་འདི་ནང་དུ་སྒྲ་མ་ཉམས་འབྲུ་མ་ཉམས་པར་ཁ་
གསལ་དུ་བྲིས་ཡོད་པས་མཁས་གྲུབ་ཆེ་འབྲིང་ཆུང་གསུམ་ཡོངས་ཀྱིས་དོས་ལེན་
མཛད་དེ་གློག་པར་འདོས་པའི་ལེགས་བསྐུལ་ཞུས་པ་ལགས་པས་ཇི་ལྟར་སྨོན་པ་དེ་དེ་
བཞིན་དུ་གྲུབ་པར་གྱུར་ཅིག་གྱུ། དགེའོ།།

Gemäß der Prophezeiung von Kyabjé Düd'jom Rinpoche Jig'drèl Yeshé Dorje kehrte Ngak'chang Rinpoche nach England zurück. Durch die authentische Kraft der drei Wurzeln (Lama, Yidam und Khandro) und durch die Kombination früherer karmischer Verbindungen, traf Ngak'chang Rinpoche auf Khandro Déchen Tsédrüp Rolpa'i Yeshé – Dé-tsal Gyalmo. Sie ist die Emanation von Khandro Yeshé Tsogyel und Jomo Menmo und sie wurde die spirituelle Gefährtin, um die Dzogchen-Lehren des Aro gTér zu etablieren. Gemeinsam gründeten sie die Dzogchen Vajrayana Aro gTér Organisation, die von Kyabjé Düd'jom Rinpoche Jig'drèl Yeshé Dorje den Namen Sang-ngak-chö-dzong erhielt. Sie begannen dann, die visionäre Nyingma Dzogchen-Lehre des Aro gTér ohne Voreingenommenheit an Schüler vieler Nationen im Osten, Westen, Norden, Süden und den zehn Himmelsrichtungen auf der ganzen Welt zu verbreiten. Sie streben danach, die äußere, innere und geheime Vajrayana-Lehre von Guru Rinpoches Sangha mit „Weißem Rock und Langem Haar" (*gos dKar lCang-lo can*) zu verbreiten. All dies wird in „Auf Nimmerwiedersehen" von Ngak'chang Rinpoche selbst äußerst klar dargelegt. Ich möchte daher jeden buddhistischen Anfänger, Fortgeschrittenen und Meister und auch andere Gelehrte dazu ermutigen, dieses unschätzbare Buch zu lesen und anzuerkennen. Möge dieses Gebet und dieser Wunsch erfüllt werden und möge es glückverheißend sein!

Khar-trül Palgyi Wangchuk Rig'dzin Rinpoche (PhD)
Geschäftsführer der Pel Drukdraling Stiftung, Babesa, Thimphu, Bhutan. Lama in Residenz, Drala Jong, Aro gTér Nyingma Vajrayana Buddhistisches Retreatzentrum, Wales, Großbritannien.

1

Die Weiße Dame

1952–1957

Geboren am 6. Juni, 1952 in Hannover, Deutschland. 1953 Umzug nach Froggnal, Aldershot, Hampshire, England und von dort 1954 nach Farnham, Surrey.

Was in Kursivschrift folgt, mag in Bezug auf Tod und Geburt keinen linearen Sinn ergeben, aber ich werde beschreiben, wie es 1952 war, obwohl das Kalenderjahr sich nur in unergründlichen inkrementellen Phasen einstellte.

Weiß.

Erschreckendes Weiß.

Heulende weiße Kakophonie.

Weißes Leuchten aus der Höhe des herabstürzenden Himmels.

Weiß, das mit Maximalgeschwindigkeit durch den absoluten Nullpunkt rast.

Weißes Rauschen. Weiße Stille.

Weiß: vor der Räumlichkeit; vor der Dimensionalität.

Weiß vor zeitlicher Kontinuität.

Weiß vor Name und Form; vor Kognition, Vergleich oder Interpretation.

Dann Schwarz. Absolutes Schwarz. Rudimentäre Geschwindigkeit, bei der Schwarz und Weiß die gleiche Bedeutung haben.Dann Dämmerung. Spektral weiträumige Essenz der Phänomene. Wirbelndes Blau, Grün, Rot, Weiß, Gelb. Farbnamen, die nur entfernte Annäherungen sind. Das „schreckliche Weiß“ schien da bereits in weiter Ferne.

Allgegenwärtiges freudiges Leuchten durchdrang die Sinnesfelder. Farbwirbel entwickeln zusammenhaltende Dichte, Komplexität der Textur und eine Quasi-Perfektion eines Musters, das eine Art amorphe Erinnerung hervorbrachte.

Dann Klang: viszerale dröhnende Pulse. Aufkeimende körperliche Erzählung, die sich in einem rubinroten Meer verdichtet. Purpurrotes und karminrotes Pulsieren mit Veränderungen und vorübergehend wundersamen Verschmelzungen.

Dann verschwand alles in der Mnemonik der Erinnerung, um durch ein alltägliches Kaleidoskop verwirrender kindlicher Gesten ersetzt zu werden.

Das sind die einzigen Erinnerungen, die mir von Tod und Wiedergeburt geblieben sind. Mir wurde von Kyabjé Düd'jom Rinpoche[1] neunzehn Jahre später gesagt, dass mein Vorgänger, Aro Yeshé, in einer Lawine ums Leben gekommen war.[2] Dadurch rückten die Sinneseindrücke meiner Kindheit in den Fokus. Die Zeit —*in den ersten Lebensjahren*—ist vage. Die Zeit—*gegen Ende des Lebens* —ist vage. Was zwischen Geburt und Tod passiert, ist nicht immer so klar, wie wir es uns wünschen würden. Die *Theaterbühne der physischen Existenz* beherbergt ein surreales Drama, in dem: Szenen plötzlich ineinander übergehen. Schauspieler treten manchmal auf, um gleich wieder abzutreten: Abgang von der Bühne links oder rechts; nur um später wieder aufzutreten, oder auch nicht. Ich habe nie „*Auf Nimmerwiedersehen*" gesagt. Das war nicht nötig. Die Welt sprach den Satz in meinem Namen aus, wann immer mein Leben zu bequem, angenehm, sicher, konsistent oder kohärent wurde.

Alles Historische ist zweideutig, es sei denn, es gibt nichtduales Bewusstsein.

1 Kyabjé Düd'jom Rinpoche Jig'drèl Yeshé Dorje (1904–1987) war die Geistesinkarnation von gTértön Düd'jom Lingpa (1835–1904). Er war der Linienhalter des Düd'jom gTér und das Haupt der Nyingma Tradition von 1960 bis 1987.

2 Kyabjé Düd'jom Rinpoche teilte mir eine große Anzahl von historischen Details mit. Viele davon werden in den folgenden Kapiteln von *Auf Nimmerwiedersehen* ausführlich beschrieben.

Die Alternative könnte ein *allgegenwärtiger unparteiischer Biograf* sein, der in der Lage ist, aus der Fülle von Eindrücken und unberechenbarem Subjektivismus, die das Leben ausmachen, eine Erzählung zu synthetisieren. Ich habe keinen Zugang zu solch einem Biografen. Ich ruhe auch nicht ständig im nichtdualen Zustand. Ich kann daher nur versuchen, mich an die Sequenzen zu erinnern, die noch auftauchen, wenn ich meine sprunghafte Aufmerksamkeit in die Vergangenheit lenke. Am Anfang ist es, als würde man versuchen, eine Musikkassette zurückzuspulen, die nicht gut aufgewickelt ist. Die Rückspulgeschwindigkeit schwankt unregelmäßig zwischen schnell und langsam und klemmt gelegentlich. Manchmal kann man Glück haben und das Band löst sich, es beschleunigt, und man spult zurück wie ein „... *Liebhaber, der wie ein Glutofen seufzt, mit einer traurigen Ballade, der Augenbraue seiner Angebeteten angedacht.*" Dann als „... *jammernder Schuljunge, mit seiner Schultasche und seinem strahlenden Morgengesicht, der sich langsam wie eine Schnecke unfreiwillig in Richtung Schule bewegt.*" Dann als „... *Baby, das in den Armen der Hebamme schreit und erbricht.*"[3]

Ich kann nicht sagen, in welchem Alter ich sie zum ersten Mal als *„Die Weiße Dame"* bezeichnet habe, abgesehen davon, dass ich wohl in der Lage gewesen sein musste, Worte zu artikulieren. *Die Weiße Dame* war jedoch immer da gewesen. Sie war da gewesen zwischen Beobachtung und Unaufmerksamkeit; zwischen Empfindung und Emotion; zwischen Dunkelheit und Licht; und zwischen den unendlichen Schattierungen der Morgen- und Abenddämmerung. Ich kann genauso gut sagen, dass sie mit mir geboren wurde, oder dass ich in ihre Gegenwart geboren wurde.

Als kleiner Junge habe ich oft, besonders in der Abenddämmerung, versucht, die Momente einzufangen, in denen sich *ein größerer Schatten* verdunkelte. Es war fast so, als könnte ich einen dieser Momente einfangen, wenn ich mit ausreichender Stille hinsah.

3 Adaptiert nach „Die ganze Welt ist eine Bühne" einem Monolog aus William Shakespeares *Wie es euch gefällt.* Es wird von Jacques in Akt II, Szene VII gesprochen. Dieser vergleicht die Welt mit einer Bühne und das Leben mit einem Theaterstück und katalogisiert die sieben Lebensabschnitte. Hier sind die ersten drei Stufen in umgekehrter Reihenfolge angegeben.

Es schien, als wären es die *Ideen* in meinem Geist, die dazu führten, dass ich den Moment verpasste, in dem sich die Welt um einen Bruchteil verdunkelte. Ich saß da und starrte lange genug, um zu erkennen, dass die Verdunkelung des Tages nicht allmählich erfolgte, sondern dass sie schrittweise auftrat, und zwar fast immer in Momenten der Unaufmerksamkeit.

Die Weiße Dame erschien *fast* jede Nacht in meinem Zimmer. Sie erschien, es sei denn ich war so müde, dass ich sofort einschlief.

Ich wusste nicht, dass es nicht normal ist, dass Damen nachts im Zimmer erscheinen. Sie war einfach ein *Teil meines Lebens*, bereits als Säugling auf dem Arm meiner Mutter und auch danach.

Natürlich wurde mir nachgesagt, dass ich dazu neigte, Dinge zu sehen, *die so nicht zu sehen waren*. Als Kind war mir nicht klar, wo die *Grenzen der alltäglichen Realität* liegen. Das ist natürlich normal für ein Kleinkind, aber ich scheine die *Vorstellungswelt* meines Kleinkindalters weiter getrieben zu haben, als es sich für jemanden geziemt, der einen angemessenen Sinn für englischen Anstand besitzt. Nach meiner eigenen Wahrnehmung hatte ich jedoch *nichts* „irgendwohin" getrieben. *Es* hatte mich getrieben. Ich erschuf nicht meine Welt, die Welt erschuf mich.

Dass ich abnormal war, oder so etwas in der Art, wurde mir von meinem Vater eingeredet. Er war der Schiedsrichter der Angemessenheit, Hüter der Normalität und Kurator des Konventionellen. Er meinte es natürlich gut. Er wollte nichts Böses. Er war 1902 geboren worden und war einfach ein älterer Herr aus der Zeit von König Edward.

Es gab „Realitätsregeln", die von der Welt der Erwachsenen auferlegt wurden, die mit meiner Erfahrung kollidierten. Dies beunruhigte meinen Vater zusehends. Es wurde auch für meine Mutter beunruhigend, aber nur in dem Maße, in dem sie sich mit dem Edward'schen englischen Empirismus meines älteren Vaters auseinandersetzen musste. Ich lebte also vor dem fünften Lebensjahr in meiner eigenen Welt, die *anders* war, als die der konservativen 1950er Jahre meines Vaters.

Ich lebte auch später in meiner eigenen Welt, solange es mir gelang damit durchzukommen.

Meine Mutter hatte keinen Hang zu Visionen, aber sie war auch nicht beunruhigt darüber, dass es sie gab. Sie hatte in der Vergangenheit ihre eigenen ungewöhnlichen visionären Erfahrungen, aber sie hat nie ein esoterisches Hobby daraus gemacht. Sie sprach kaum jemals darüber, aber sie wusste genug, um zu wissen, dass es *mehr Dinge zwischen Himmel und Erde gab, als in der Philosophie ihres Mannes rationalisiert wurde.*[4] Dass meine Vorstellungskraft, Tagträume, Träume und Visionen nahtlos ineinander übergingen, schien für sie nicht verhängnisvoll zu sein, aber für meinen Vater war es die Vorstufe zur Einweisung in die Psychiatrie.

Die Weiße Dame erschien oft in meinem Zimmer und blieb unterschiedlich lange; je nachdem wie müde ich war. Die Worte „erschien" und „blieb" sind nur vage Hinweise, denn es lässt sich im Sinne der konventionellen Realität nur schwer beschreiben, was tatsächlich geschah.

Wenn sie auftauchte, dann war es eher so, dass mir plötzlich bewusst wurde, dass sie da war. Dann blieb sie, wobei ich nie beobachtete, dass sie wieder verschwunden wäre. Ihr Erscheinen konnte nicht zeitlich festgemacht werden, weil sich mehrere Stunden oder Sekundenbruchteile nicht voneinander unterscheiden ließen. Das gehörte damals einfach zur Struktur meiner Erfahrung und wurde erst unverständlich, wenn ich versuchte, es meiner Mutter zu erklären.

Die Weiße Dame erschien auch in Träumen und äußerst selten auch in Tagträumen, wenn ich alleine im Wald war. Obwohl ich sie die „Weiße Dame" nannte, war sie *in Wirklichkeit* gar nicht weiß. Weiß war einfach die beste Beschreibung, die ich für sie fand.

4 In Anlehnung an Shakespeares Hamlet. Hamlet an Horatio: *„Es gibt mehr Dinge zwischen Himmel und Erde, Horatio, als Sie sich in Ihrer Philosophie erträumen."*

Sie hatte eigentlich jede Farbe, die es jemals gegeben hatte oder die es jemals geben würde, aber irgendwie war die beste Beschreibung dafür „weiß". Später, als ich in der Volksschule war, lernte ich, dass jede Farbe von weißem Licht kommt. Der Lehrer demonstrierte dies mit einem Prisma und ich war erstaunt, als ich die reinen Regenbogenfarben auf der weißen Wand sehen konnte. Sobald ich diesen prismatischen Effekt beobachtet hatte, wusste ich, was es bedeutete: *Weiß war alle Farben.* Die Weiße Dame hatte die Fähigkeit, alle Farben zu sein, aber als Person und nicht als Glasprisma.

Als ich alt genug war, um meiner Mutter von diesen Erfahrungen erzählen zu können, erklärte sie mir, dass ich die Weiße Dame im Traum sehen würde. Das kam mir seltsam vor, denn ich hatte sie ja ganz deutlich gesehen, als ich im Dunkeln wach lag. Sie *schien* nicht wie ein Traum zu sein. Meine Mutter erklärte mir, dass Träume manchmal real erscheinen können. Ich akzeptierte ihre Worte, aber als die Weiße Dame das nächste Mal auftauchte, griff ich zu einem Glas Wasser, das auf meinem Nachttisch stand, und nahm einen kräftigen Schluck. Das Wasser war mit einem Schuss Hagebuttensirup aromatisiert, damit es besser schmeckte. Ich habe Wasser nie besonders gemocht, weil es *irgendwie nicht ganz ideal* war, eine Flüssigkeit zu trinken, die nach meinem eigenen Mund schmeckte. Ich bin übrigens immer noch der gleichen Meinung. Wie dem auch sei, ich wusste jetzt, dass ich sicherlich nicht schlief. Ich sprach sogar die Worte laut aus: *„Ist das ein Traum?"* und hörte meine Stimme mit meinen Ohren. Zumindest kam es mir so vor.

Meine Zunge hatte sich bewegt und das Zischen von „das" ließ meinen Atem an meinen Zähnen vorbeiströmen. Die Aussprache war ausdrucksvoll. Ich sah mich im Schlafzimmer um. Es war mein Schlafzimmer. Ich sah mich selbst an, oder so viel von mir, wie ich nur sehen konnte, und sprach wieder laut: *„Ich fühle mich, als ob ich wach wäre, und nicht träume."* Die Weiße Dame blieb wo sie war und starrte mich einfach an. *„Träume ich dich?"* fragte ich, und obwohl sie keine verbale Antwort gab, deutete sie still an, dass ich nicht träumte. Ich hob meine Hände und rieb mir die Augen, um sicherzugehen, was ich sah und sie war immer noch da.

„*Es ist schön, dass du mich besuchen kommst*" sagte ich eines Abends zu ihr „*aber... wer bist du? Wo kommst du her?*" Wie schon zuvor sagte sie nichts zu mir, aber nichtsdestotrotz kannte ich ihre Antwort. Da war keine Stimme in meinem Kopf. Da waren nicht einmal Worte, die ich *irgendwie registrierte*. Ich wusste einfach, wer und woher sie war, aber ohne begriffliche oder sprachliche Information. Es war nonverbale Kommunikation und nonverbales Verstehen. Für mich war das in Ordnung, aber ich wusste nicht, wie ich das jemand anderem erklären sollte. Wie kann man *wissen*, ohne *etwas zu wissen*? Was ist Wissen ohne *Dinge*, die in Worte gefasst werden und damit anderen mitgeteilt werden können? Wie konnte ich wissen, wer die Weiße Dame war, ohne Worte zu verwenden, um zu identifizieren, *woher* ich es wusste oder *was* ich wusste?

Tagsüber war dies alles äußerst rätselhaft. Je mehr ich darüber nachdachte, desto unklarer wurde es mir, bis ich nach einer Weile nicht mehr wusste, was ich in der Nacht gewusst hatte. Es war, als wäre die Nacht eine Zeit, in der ich alles ganz leicht verstand und dann, als die Sonne aufging, war alles weg, oder fast alles war weg. Da war natürlich immer noch die Erinnerung an die Weiße Dame, aber nichts von dem *Wissen*. Dieses *Wissen* war normalerweise für eine Weile da, nachdem ich morgens aufgewacht war, aber es klang danach langsam ab. Es verschwand vollständig, sobald meine alltäglichen Aktivitäten begannen. Es schien, als würde mein Nachtzustand anhalten, bis ich mit jemandem sprechen musste. Dann war es, als würde ich in eine *andere Welt* hineingezogen, die anders war als die, die ich in der Nacht gesehen hatte. Manchmal versuchte ich mich so fest wie ich nur konnte zu erinnern. Üblicherweise tat ich dies allein im Wald und dort hatte ich manchmal auch Erfolg. Ich dachte, es könnte daran liegen, dass die gewöhnliche Alltagswelt im Wald auch nicht wirklich existierte. Vielleicht lag es daran, dass mein Vater sich nie in den Wald gewagt hatte und so schien es ein wilder Ort zu sein, an dem die *Gesetze der Normalität* nicht galten.

Ich hatte das Gefühl, dass die Person, die so tat, als wäre sie mein Vater, überhaupt nicht mein Vater war. Meine Vorstellung von meinem Vater war, dass er ein alter Mann mit weißen Haaren und einem dünnen weißen Bart war. Er war ein schlanker Mann und ganz anders als die Person, die der Ehemann meiner Mutter zu sein schien. Er hatte eine große Liebe zu Vögeln und liebte es, sie zu füttern. Er war absolut sanft, freundlich und humorvoll.[5]

Ich habe mich häufig gefragt, was mit meinem richtigen Vater passiert sei, aber ich habe meine Mutter nie danach gefragt. Ich wollte nicht, dass sie sich aufregte. Ein besonderer Aspekt an der Sache war, dass ich mich fühlte, als wäre ich einst mein eigener Vater gewesen. Ich schien ihn zu kennen, weil ich wusste, wie es war, diese Person zu sein. Das waren alles Ideen, die *in der Welt, in die ich eingeführt wurde*, überhaupt keinen Platz hatten. Die Welt, in die ich eingeführt wurde, schien eine tote Welt zu sein. Tot im Sinne von arithmetisch und mechanisch. Es war eine Welt, in der Bäume keine Gefühle hatten und nicht kommunizieren konnten. Insofern war es auch eine Welt, in der dich Wasser nicht beobachten konnte. Es war eine Welt, in der der Himmel und die Augen, die den Himmel sahen, voneinander abgeschnitten waren. Gedankliche Eindrücke konnten nicht in die Wolken abschweifen und klares endloses Blau konnte nicht in den Schädel eindringen.

Eines Tages kam mir draußen im Wald der Gedanke, dass die Weiße Dame alles wusste, was es zu wissen gab, oder besser gesagt, sie wusste, *wie alles entstand* und wie *alles dorthin zurückkehrte, wo es war, bevor es war*. So hatte ich es für mich formuliert. Manchmal trug sie weiße Kleidung und manchmal farbige Kleidung. Manchmal trug sie nur weiße Perlen und manchmal gar nichts. Ich erinnerte mich an diese unterschiedlichen Erscheinungen und war fest entschlossen, sie nicht zu vergessen, wenn ich ins Haus zurückkehrte.

Irgendwie wurde jedoch alles vage, als ich in die *Räume der Routine* meines Vaters zurückkehrte: dem Kurator und Hüter der üblichen Alltagsbelange.

5 Siehe Glossar: *a-Shül Pema Legden*

Meine Mutter meinte, dass ich die Weiße Dame vielleicht in einem Film gesehen hatte. Sie sagte, dass sie oft Schauspieler in verschiedenen Filmen gesehen habe und dann wusste, dass sie diese bereits aus einem anderen Film kenne, sich aber nicht erinnern könne, aus welchem Film. Ich habe lange darüber nachgedacht und kam letztlich zu dem Schluss, dass die Weiße Dame nicht in einem Film hätte vorkommen können, weil sie keine Engländerin oder Amerikanerin war. Das waren die einzigen Menschen, die ich je in Filmen gesehen hatte, abgesehen von den schwarzen Schauspielern in *Vom Winde Verweht*. Die Weiße Dame war aber keine Schwarze Dame, obwohl ihre Haut bei einer Gelegenheit die Farbe der Nacht gehabt hatte. Wenn ich darüber nachdachte, dann konnte ich nicht genau sagen, welche Farbe sie hatte. Es war, als wäre es keine Farbe, aber so dass andere Farben aus ihr hervorgehen konnten. Manchmal war es, als ob Schwarz durch sie hindurchschien und manchmal waren es andere Farben, wie Blau, Grün, Rot, Weiß und Gelb.

Eines Nachts beschloss ich, dass ich aktiver sein sollte, anstatt nur da zu liegen und mich von der Weißen Dame anschauen zu lassen. Also stieg ich aus dem Bett und ging zu ihr. Sie blieb jedoch gleich groß und ich kam ihr nicht näher. Als ich die Wand erreichte, verschwand sie. Dann passierte das Seltsamste: Als sie verschwand, verschwand auch das Zimmer und als sich mein Zimmer aufgelöst hatte, befand ich mich in der Schweiz oder an einem ähnlichen Ort. Es gab Berge und ich ging mit zwei jungen Frauen spazieren, die meine Freundinnen waren. Sie waren Schwestern. Ich war nicht ihr Bruder, aber ich schien mit ihnen verwandt zu sein. Sie sprachen davon, das Tigernest zu besuchen. Ich verstand, was sie meinten, aber ohne *überhaupt zu verstehen*, was ich genau verstand. Es war, als ob *das Tigernest*[6] eine Art Name für einen Ort war, den nicht jeder kannte, denn Tiger lebten ja nicht in Nestern, sondern in Höhlen. Es war wichtig dorthin zu gehen und es war ein langer Weg auf der anderen Talseite hinauf zu einem schwindelerregenden Felsvorsprung. Vielleicht wurde es Nest genannt, weil es wie ein Adlerhorst wirkte.

6 Taktsang (*sTag tsham* – Tigernest).

Dann wachte ich auf und war mir nicht sicher, ob alles nur ein Traum gewesen war oder ob ich einfach in den Bergen eingeschlafen und auf mysteriöse Art wieder in mein Zimmer zurückgekehrt war, dieselbe unerklärliche Weise, wie ich es zuvor verlassen hatte.

Zu dieser Zeit lief die BBC-Serie *„Der Löwe, die Hexe und der Schrank"*[7] und mir kam es so vor, als wäre mein Schlafzimmer wie dieser Kleiderschrank. Meine Mutter sagte hingegen, das sei nur ein Märchen und solche Dinge gäbe es in der wirklichen Welt nicht. Ich fragte, warum jemand diese Geschichte erfunden und ins Fernsehen gebracht hatte, wenn so etwas nicht wirklich passieren könne. Sie sagte mir, es sei eine Unterhaltung für Kinder und dass es viele solcher Geschichten gäbe, weil Kinder sie mochten. Ich fragte dann, warum es meinem Vater nicht gefiel, wenn ich die Weiße Dame erwähnte, denn wenn es normal war, dass Kinder diese Geschichten mochten, warum war es dann schlimm, wenn solche Geschichten einfach so passierten? Meine Mutter hatte darauf keine sofortige Antwort, aber nach einer kurzen Pause bemerkte sie, dass ihm die Geschichten im Fernsehen auch nicht gefielen. Vielleicht mochte er es deshalb nicht, wenn ich über meine Träume sprach.

Aber es war kein Traum. Ich wusste, dass es kein Traum war, oder zumindest dass nicht alles ein Traum war. Manche Dinge waren definitiv Träume. Ich konnte erkennen, wenn es sich um einen Traum handelte, aber es gab einige Ereignisse, die real waren, weil ich wusste, dass ich da wach war. Es war, als ob das, was geschah, zwischen Traum und Wachen hin- und herwechselte. Der Teil, wo ich mit den beiden Mädchen in den Bergen war, war wahrscheinlich *der Traumteil*, aber der andere Teil, wo die Weiße Dame mich ansah, war kein Traum, weil ich wusste, dass ich nicht schlief.

7 *The Lion, the Witch and the Wardrobe.*

Ich war in der Lage, den Unterschied zwischen Traum und Wachzustand zu erkennen, weil es viele verschiedene Zeichen gab, die es mir ermöglichten, zwischen ihnen zu unterscheiden.

Im Traumzustand war ich eher ein passiver Beobachter, während ich im Wachzustand aktiver und forschender teilnahm und meinen Geist benutzte. Ich beschrieb dies meiner Mutter, indem ich sagte, dass Träume wie Fernsehen seien und das wirkliche Wachleben eine Situation sei, in der die Geschichte nicht festgelegt sei.

Als mich die Weiße Dame am nächsten Abend ansah, setzte ich mich im Bett auf, um sicherzugehen, dass ich nicht schlief. In diesem Moment sah sie mich auf eine Weise an, die mir klar machte, dass sie meine Mutter gewesen war, bevor meine eigene deutsche Mutter geboren worden war und dass sie meine Mutter sein würde, lange nachdem meine eigene Mutter gestorben sein würde.

Das war nun etwas, woran ich mich am nächsten Tag noch erinnern konnte. Als ich es meiner Mutter erzählte, reagierte sie sehr liebevoll. Sie erklärte mir, dass Träume manchmal seltsam seien. Sie hätte einmal davon geträumt, dass ihr Bruder starb. Sie fand später heraus, dass er zur gleichen Zeit gestorben war, als sie den Traum hatte.[8] Meine Mutter wurde sehr wehmütig. Sie wandte kurz den Kopf ab und sah mich dann besorgt an. Sie meinte, ich solle meinem Vater auf keinen Fall von unserem Gespräch erzählen.

Das ganze Thema meiner Träume irritierte meinen Vater. Ich sollte anscheinend etwas anderes träumen, etwas „Männlicheres“. Weiße Damen, die irgendwelchen Unsinn sprachen, hatten keinen Platz in den Träumen eines Jungen.

8 Meine Mutter erzählte mir viele Jahre später, dass es kein Traum gewesen war, in dem sie vom Tod ihres Bruders erfahren hatte. Vielmehr passierte es, als sie tagsüber bewusstlos wurde. Sie erzählte mir, dass sie an jeder Stelle, an der er verletzt worden war, blaue Flecken bekam. Sie sagte, dass sie angesichts der Haltung meines Vaters zu paranormalen Phänomenen, mir als Kind nichts davon erzählen hatte wollen.

Meine Träume waren bei meinem Vater kein willkommenes Thema und so lernte ich ziemlich schnell, die Weiße Dame, die in mein Zimmer kam, nicht zu erwähnen, es sei denn, mein Vater war irgendwo außer Hörweite. Dummerweise fragte ich meine Mutter immer wieder, warum mein Vater nichts von der Weißen Dame hören wollte, die in mein Zimmer kam. Es schien mir völlig unverständlich, dass er das nicht wundervoll fand.

Meine Mutter erklärte mir, so gut sie konnte, dass mein Vater ein pragmatischer Mann war… . Er war wissenschaftlich und mochte nichts Paranormales oder Übernatürliches. Wie das mit seinem Glauben an Gott zusammenpasste, konnte sie mir nie erklären, aber es schien, dass er diese Ideen in zwei verschiedenen Kisten, oder auf verschiedenen Seiten einer Stahlwand, aufbewahrte. Wissenschaft und Gott sprachen im Kopf meines Vaters nicht miteinander, oder zumindest wussten sie nichts voneinander.

Meine Mutter erzählte mir, dass sie versucht hatte, ihm zu sagen, dass es schön für mich sei, eine imaginäre Welt zu haben. Er dachte aber, andere Jungen würden mich auslachen, wenn ich ihnen von „Feen" in meinem Zimmer erzählte. Sie würden denken, ich sei abnormal. Meine Mutter seufzte und kam zu dem Schluss, dass mein Vater recht haben könnte, wenn es darum ging, wie andere Leute mich sehen würden. Sie sagte, dass die Menschen nicht immer freundlich seien, wenn andere ungewöhnliche Träume oder Ideen hätten.

So funktionierte also das Leben. Man musste normal aussehen. Man musste normal über normale Dinge sprechen. Man durfte nur denken, was normal war. Das war die Regel, aber… wenn man die Regel gebrochen hatte… na ja… was passierte dann? Ich fragte meine Mutter, was passiert, wenn man diese Regel bricht. Sie sagte mir, dass man sich das Leben dann selbst schwierig machen würde. Ich fragte sie, ob das schlimm sei. Sie antwortete, dass es nicht schlimm sei, nur einsam. Sie erklärte mir, dass Künstler und Musiker oft nicht völlig der Norm entsprachen, und sie hätten trotzdem oft viele Freunde. Also sei es vielleicht nicht immer so einsam.

Das war also die Lösung. Ich würde Künstler werden. Ich würde malen. Ich würde Gedichte schreiben und vielleicht Musik komponieren. Dann würde ich mit all den anderen Menschen befreundet sein, die nicht dazu *gezwungen* werden wollten normal zu erscheinen. Vielleicht gab es andere Leute, die nachts Weiße Damen in ihren Zimmern sahen, oder vielleicht wunderbare Tiere in vielen Farben, aber danach fragte ich nicht. Ich hatte mehr oder weniger eine Antwort und das musste fürs Erste genügen.

Nach dem Urteil meines Vaters war ich viel zu verträumt, zu sehr meiner Fantasie verfallen. Ich hatte eine *ungesunde*, überaktive Vorstellungskraft, mit so lächerlichen Ideen, dass er meinen Verstand in Frage stellen musste. Bis zu einem gewissen Grad hatte er Grund zur Sorge, denn ich habe die Leute nicht *immer* gehört, wenn sie mich ansprachen. Ich war oft in Träumereien versunken oder starrte übermäßig lange ins Leere.

Die Weiße Dame saß nur da und starrte in mich hinein oder durch mich hindurch oder einfach in den Raum. Somit dachte ich, dass das etwas sei, was ich auch machen könnte. Ich mochte es, einfach nur zu sitzen und mich nicht mehr darum zu bemühen, die Welt verständlich zu machen. Es gab so viele Dinge zu beachten, wenn es darum ging wie die Welt funktionierte. Die Art und Weise, wie Menschen funktionierten, war so kompliziert, dass ich dachte, Erwachsene müssten extrem schlau sein, um das alles zu verstehen.

Nachdem ich allerdings zu diesem Schluss gekommen war, fragte ich mich, warum sie, wenn sie so klug waren, schreckliche Kriege führten, in denen Hunderttausende von Menschen sterben mussten? Das erschien mir unglaublich dumm, denn die Welt ging nach diesen Kriegen weiter, als ob die Kriege nie stattgefunden hätten. Großbritannien führte Krieg gegen Frankreich und danach waren sie auf derselben Seite im Krieg gegen Deutschland. Später lernte ich, dass fast jedes Land in Europa sowohl Verbündeter als auch Feind jedes anderen europäischen Landes gewesen war. War das klug? Ich dachte nicht. Tatsächlich schien das viel eher geisteskrank zu sein, als ich es *vielleicht* war.

Irgendetwas stimmte hier definitiv nicht, aber ich hatte keine Ahnung, wie ich das Problem lösen sollte. Ich stellte diese Frage der Weißen Dame, aber wie üblich gab sie mir keine Antwort in Worten; sie gab mir nur das Verständnis, dass *Klugheit nicht die Antwort* war. Es schien, als könnte man so schlau sein, wie man wollte, aber es würde einen nicht glücklich machen oder Kriege beenden. Es schien auch, dass sich die Welt der Erwachsenen nicht so sehr von der Welt der Kinder unterschied. Kinder spielten ihre Spiele und Erwachsene spielten einfach eine andere Art von Spiel. Kinder wurden wütend aufeinander, wenn sie miteinander spielten, und dasselbe traf auf Erwachsene zu. Der Hauptunterschied schien zu sein, dass die Erwachsenen das Sagen hatten und deswegen behaupten konnten, dass ihr Spiel kein Spiel sei. Das war eine beunruhigende Vorstellung und eine, von der ich dachte, dass ich sie nicht einmal meiner Mutter mitteilen sollte.

Ich stellte der Weißen Dame viele Fragen. Aus den nonverbalen Antworten, die nichts als Lücken im zeitlichen Kontinuum waren, entstand in mir das Gefühl, dass ich warten musste, bis ich alt genug war, um bessere Spiele zu spielen als die Erwachsenen. Mir kam auch der Gedanke, dass es besser war, *Spiele* nicht mit dem zu verwechseln, *was auch immer die reale Welt sein könnte* und keine Lügen darüber zu erzählen. Spiele waren nicht die *Realität*, wie viel Spaß auch immer solche Spiele machen konnten. Es schien mir, dass Erwachsene lernen mussten, wie man erwachsen ist, oder vielleicht passierte diese Art von Erwachsensein erst, wenn Erwachsene alt wurden. Meine deutsche Großmutter schien geistig vollkommen gesund zu sein. Sie war äußerst freundlich und missbilligte viele der schlechten Dinge auf der Welt. Sie war entschieden gegen jede Art von Rassismus, elitärem Klassenbewusstsein oder religiös-sektiererischer Bigotterie. Sie musste im Zweiten Weltkrieg nach Dänemark fliehen, weil sie jüdischen Familien geholfen hatte. Ihre ganze Familie war gegen Hitler gewesen und hatte darunter sehr gelitten. Es war gut zu wissen, dass es Menschen wie meine Großmutter gab. Das gab mir eine gewisse Hoffnung.

Ich hatte viel über *Licht* nachgedacht und darüber, „wie Licht in der Dunkelheit *existierte*". Mir schien, dass es tagsüber *normales Licht* gab und elektrisches Licht, das es ermöglichte, nachts zu sehen. Aber dann gab es auch die Dunkelheit. Es schien, als gäbe es verschiedene Arten von Dunkelheit. Es gab eine Art von Dunkelheit, in der man überhaupt nichts sehen konnte und eine andere, in der *Licht in der Dunkelheit* zu sein schien. Dieses *Licht in der Dunkelheit* war eine besondere Art von Licht, das nicht immer leicht zu finden war. Aber wenn ich es fand, konnte ich mein Schlafzimmer ohne elektrisches Licht ganz klar sehen. Es war kein Mondlicht und es gab auch keine Straßenlaternen, weil die Rückseite von unserem Haus direkt an den Wald angrenzte.

Ich wusste nie wirklich, wie ich es schaffte, das Licht in der Dunkelheit zu sehen, aber manchmal passierte es einfach. Wenn es passierte, dann sah ich normalerweise die Weiße Dame. Sie war immer voller Licht, aber es war eine andere Art von Licht als das Licht im Dunkeln. Wenn ich es hätte benennen müssen, dann würde ich sagen, dass ihr Licht immer mehrfarbig war, aber die Mehrfarbigkeit des Lichts war nicht im Sinne der Farben zu verstehen, die ich gewöhnlich wahrnahm. Ich konnte nicht sagen, dass ich Blau, Grün, Rot und Gelb gesehen hatte, weil die Farben alle etwas anderes waren… Farben, die ich noch nie zuvor gesehen hatte. Jedes Mal wenn ich versuchte, eine Farbe zu verstehen, wurde sie weiß, bevor ich herausgefunden hatte, ob es blau oder grün war. Also hörte ich nach einer Weile auf, die Farben zu fixieren. Ich versuchte, meiner Mutter dieses Problem zu erklären. Sie sagte, dass die Menschen in Träumen alle möglichen Ideen hätten und dass es nicht möglich sei, sie zu verstehen, wenn man wach sei. Manche Dinge machten in Träumen Sinn, die überhaupt keinen Sinn machten, wenn man wach war.

Irgendwann hörte ich auf, über die Weiße Dame zu sprechen, selbst mit meiner Mutter. Ich sah, dass es sie zu beunruhigen schien, obwohl sie geduldig zuhörte. Meine Mutter war offensichtlich besorgt darüber, dass ich meinen Vater verärgerte. Er war schnell genervt, also konnte ich ihre Befürchtungen verstehen.

Ich überlegte, ob ich versuchen sollte, die Weiße Dame nicht mehr zu sehen, weil vielleicht mein Verstand krank werden könnte.

Mein Vater hatte gesagt, dass mein Verstand krank werden würde, „*wenn das so weiterginge*". Das schien schrecklich, denn wenn dein Verstand krank wurde, würden sie dich irgendwo einsperren und nie wieder rauslassen. Das war etwas, das ich um jeden Preis vermeiden wollte. Es war schon schlimm genug, sich immer richtig verhalten zu müssen, um meinen Vater nicht zu verärgern, aber wie wäre es, wenn er mich in eine psychiatrische Anstalt schicken würde? Ich müsste eine Zwangsjacke tragen und könnte meine Arme nicht bewegen. Außerdem müsste ich den ganzen Tag in einer Gummizelle sitzen. Dann würden sie mich an einen Stuhl schnallen und mir Elektroschocks geben, um mich wieder normal zu machen. Das könnte passieren; beziehungsweise hörte ich, wie er das zu meiner Mutter sagte. Meine Mutter erwiderte wenig, und so glaubte ich, dass es wahr sein musste. Natürlich hatte meine Mutter keine Ahnung, dass ich zuhörte, sonst hätte sie dieser Idee vehement widersprochen, sogar auf die Gefahr hin, dass mein Vater zornig würde. Er konnte Widerspruch nicht dulden, weder von meiner Mutter noch von sonst jemandem. Major Ernest Mathers Simmerson war der einzige Richter der Realität. Und folglich war es auch so. Ich lief Gefahr, in eine psychiatrische Klinik eingewiesen zu werden, wenn ich irgendetwas über die Weiße Dame sagte oder wenn jemand wüsste, dass ich sie gesehen hatte. Das Schlimmste, was ich laut meinem Vater getan hatte, war, dass ich an das geglaubt hatte, was mir von der Weißen Dame vermittelt wurde. Menschen die *Stimmen hörten*, waren verrückt. Die Sache war jedoch, dass ich ihre Stimme nicht hörte. Ich wusste und glaubte einfach, was sie mir vermittelte. Es fand eine Art Kommunikation statt, aber ich konnte meiner Mutter nicht erklären, wie es dazu kam.

Es gab ein gewisses *zugrundeliegendes Thema*, aber das löste sich immer in Luft auf, sobald ich in den Fluss des Alltags eintauchte. Es ging in etwa darum, was ich *war*, was alle anderen *waren* und was das Leben *war*. Es gab jedoch keinerlei *Informationen*, also gab es auch nichts, an das ich mich hätte erinnern können.

Es gab einfach nur das Gefühl, dass es nichts anderes zu wissen gäbe. Die grundlegende Idee, oder der gefühlte Eindruck, handelte von Güte und Freundlichkeit. Alle waren gut und freundlich. Diese *Güte* war *irgendwo* lokalisiert, nicht unbedingt im Inneren, sondern an einem Ort, der nicht leicht zu finden war, solange die Menschen davon besessen waren, „normal" zu sein.

Eines Tages sah ich eine Lawine. Ich weiß nicht, wo in aller Welt das war, aber ich sah sie unmittelbar vor mir im Fernsehen. Es war Familien-Fernsehzeit und wir saßen alle da und schauten zu.

Mein Vater, meine Mutter und mein Bruder Græham fanden das jeweils auf ihre Weise interessant, aber ich war davon ungewöhnlich berührt. Ich sagte nichts, weil da gerade eine relativ gute familiäre Atmosphäre herrschte und ich keine Lust hatte, diese Situation zu stören. Ich saß nur da, leicht entsetzt, und zog mich in meinen Stuhl zurück, als wollte ich der Lawine ausweichen. Das Zimmer hatte eine normale Temperatur, aber mir war plötzlich bitterkalt. Dies dauerte nicht lange, aber ich erinnere mich, dass ich auf meinen Händen saß, um sie warm zu halten. Die Lawine wurde aus der Ferne gefilmt und es war keine Situation, in der Menschen starben, aber das Gefühl des Todes überkam mich. Ich hatte die lächerliche Vorstellung, ich hätte eine Lawine erlebt und wäre darin gestorben. Allerdings ergab das für mich keinen Sinn. Ich hatte noch nie in der Nähe von Bergen gelebt und… ich lebte ja noch.

Ich lag im Bett und fragte mich, warum ich mich so fühlen konnte, als wäre ich gestorben, wo ich doch noch am Leben war. Da erinnerte ich mich daran, dass meine Großmutter einmal erwähnte, dass einige Verwandte dachten, ich sei die Reinkarnation meines deutschen Großvaters. Meine Großmutter hat sich nicht viel aus dieser Idee gemacht, aber es veranlasste mich zu fragen, was denn Reinkarnation bedeutet. Meine Mutter sagte mir, dass das nicht wirklich eine christliche Idee sei, aber dass Reinkarnation bedeutete, dass man zuvor bereits ein anderes Leben gelebt hatte. Ich fragte meine Mutter, ob sie an Reinkarnation glaube oder nicht. Sie überlegte einen Moment und sagte mir, dass sie weder ja noch nein sagen könne.

Es war möglich. Sie konnte nicht sagen, dass es nicht möglich sei. Manchmal dachte sie, ich sei ihrem Bruder Bernt sehr ähnlich, der im Zweiten Weltkrieg an der russischen Front gefallen war. Sie hatte einige seiner Kleider, von denen sie dachte, dass sie mir passen würden, wenn ich einmal älter wäre. Mehr konnte sie nicht sagen, oder falls doch, dann kann ich mich nicht mehr daran erinnern.

Es war seltsam, im Bett zu liegen, nachdem ich diese Lawine im Fernsehen gesehen hatte. Und es wurde noch seltsamer, als mir in den Sinn kam, dass ich in meinem früheren Leben in einer Lawine gestorben sein könnte. Es war mir ziemlich egal, dass es nicht christlich war, an vergangene oder zukünftige Leben zu glauben, weil nicht die gesamte Welt christlich war. Es gab viele Menschen auf der Welt und alle hatten ihre eigenen Ideen. Selbst die Christen waren sich nicht in allem einig. Es gab Katholiken und Protestanten und sie hatten sogar Kriege untereinander. Wer waren sie also, um die ultimative Beschreibung der Natur des Universums für sich zu reklamieren? Meine Mutter war offen für die Idee, also war es meiner Meinung nach auch möglich.

Ich lag danach oft nachts im Bett und versuchte mich zu erinnern, während ich gleichzeitig große Angst davor hatte, mich zu erinnern. Ich wollte wissen, was vor der Lawine geschehen war. Nach einigen Tagen oder Wochen des Grübelns wurde mir plötzlich bewusst, dass ich nun tatsächlich an die Wirklichkeit der Lawine glaubte und dass ich darin gestorben war. Die Idee hatte sich von „hätte sein können“ zu „es ist geschehen“ bewegt, ohne dass ich den Moment festmachen konnte, in dem Gewissheit Einzug gehalten hatte. Der *Wunsch es wissen zu wollen* brachte mich allerdings nicht weiter.

2

Die Gedankenpolizei, die Nymphe im Wald und der geheime Atheist

1957–1959

Die Präsenz der Weißen Dame blieb bestehen. Ihre Präsenz deutete auf unbeschreibliche Art und Weise auf etwas hin, das ich kennen sollte: Wortlosigkeit. Was war darunter zu verstehen?

Als Kind machte ich die Erfahrung, dass es ein bestimmtes Geschmackserlebnis gibt, das keinem Geschmack entspricht. Es ist ein Gefühl im Mund, als wäre die Mundhöhle wie eine Eierschale. Das ergibt vielleicht keinen Sinn, aber mit dieser oralen Erfahrung geht ein Gefühl einher, das andeutet, dass gleich etwas zu erkennen sein wird.[1] Ich habe diese Erfahrung in meinem Leben gelegentlich Leuten gegenüber erwähnt und ein paar Leute haben gesagt: „*Oh ja… ich habe das auch – aber nur sehr selten.*"

Es ist so ähnlich, wie wenn man einen Namen vergessen hat, der einem aber *auf der Zunge liegt*. Wenn es sich um einen vergessenen *Namen* handelt, dann hat man allerdings zumindest gewisse Anhaltspunkte. Hier gab es keine Anhaltspunkte, außer der Weißen Dame – und gelegentliche unerklärliche Träume. Diese Träume waren, wie ich erst viel später herausfand, dahingehend äußerst ungewöhnlich, dass sie sich weitgehend linear entfalteten. Ich sah Szenen mit großen Zelten, viel größer als alle Zelte, die ich jemals zuvor gesehen hatte. Ein Zelt schien aus Tigerhäuten zu bestehen. Es wäre nicht besonders hilfreich, wenn ich hier alles aufzählen würde, was ich in diesen Träumen gesehen hatte, abgesehen davon, dass es so schien, als ob das alles in der Schweiz passierte. Ich sah riesige weiße Vögel.

1 Kyabjé Düd'jom Rinpoche erklärte mir, dass es sich dabei um ein Nyam der Sinnesfelder handle, das dann auftrete, wenn man nicht im Konzeptbewusstsein gefangen ist. Er sagte, dass es auch gewöhnlichen Menschen passieren könne, die keine Praktizierenden sind, weil wir alle Momente haben, in denen der realisierte Zustand durchscheint und die psycho-physischen Elemente beginnen, sich in ihren eigenen Zustand zu entspannen.

Ich sah und hörte große Raben, die eine umfangreiche Sprache zu haben schienen, die ich aber nicht verstehen konnte. Es gab zwei junge Mädchen, die äußerst fröhlich erschienen, als sie ohne jedwede Kleidung unter schneebedeckten Bergen auf wilden Hunden ritten.

Manchmal verstand ich gewisse Wortfetzen, aber ich konnte mich nie an das Gesagte erinnern. Manchmal kam es mir so vor, als würde ich im Traum als „jemand aufwachen, der sich in dieser Umgebung zu Hause fühlte", aber vergessen hatte, wer der kleine englische Junge war. Ich war ein junger Mann. Ich hatte weiße Haare, während alle anderen eine viel dunklere Haut und fast schwarze Haare hatten. Manchmal betrat ich ein großes weißes Zelt und saß bei der Weißen Dame. Es schien, als wäre sie eine Königin, obwohl sie nicht entsprechend gekleidet war. Ihre königliche Ausstrahlung beruhte auf ihrem Aussehen und nicht auf ihrer Kleidung. Sie hatte keine Krone und keine Juwelen. Sie war einfach mächtig, ohne furchterregend zu sein. Es schien, dass alles, was sie verlangte, ausgeführt wurde, wobei sie nie etwas zu verlangen schien.

Ich konnte einfach nicht verstehen, *warum* der Anblick eines so wunderbaren Wesens wie der Weißen Dame dazu führen sollte, dass jemand in eine psychiatrische Klinik eingewiesen werde, aber genau das hatte mein Vater schon seit einiger Zeit behauptet. Nachdem ich zu Bett gegangen war, kam es immer wieder zu lautstarken Auseinandersetzungen zwischen meiner Mutter und meinem Vater. Das beunruhigte mich. Seine früheren Andeutungen waren zu wortgewaltigen Schreiereien geworden. Seine gewaltvollen verbalen Ausbrüche machten mir Angst und bedrückten meine Mutter.

Mein Vater versuchte immer aggressiver zu überwachen, *was* ich dachte. Er fing an, mich beim Essen zu befragen. Ich versuchte, mich hinter dem Toaster zu verstecken, aber ohne Erfolg. Nichts hielt ihn davon ab. Ich versuchte, während der Mahlzeiten so oft wie möglich Essen im Mund zu haben, denn es galt als unhöflich, mit Essen im Mund zu sprechen. Das Problem war, dass ich immer wieder schluckte und ich daraufhin so schnell wie möglich mehr Essen in den Mund stopfen musste. Zu der Zeit begann ich zuzunehmen – und zu stottern.

Vielleicht gab es einfach *zu* viele „normale" Menschen, und *zu* viele Menschen, die *zu* viel Angst vor allem hatten, was nicht ausreichend normal war. Vielleicht waren es diese *normalen Menschen*, die die psychiatrischen Kliniken für Menschen geschaffen hatten, die völlig zufrieden damit waren, nicht normal zu sein. Vielleicht war es einfach zu gefährlich, in einer Welt zu leben, in der die meisten Menschen es verabscheuten, nicht normal zu sein. Meine deutsche Großmutter hatte mit mir über Rassismus gesprochen; vielleicht gab es so etwas wie *Gedankenrassisten*.

Mein Vater war bestimmt ein Offizier der *Gedankenpolizei*.[2] Meine Mutter intervenierte gelegentlich, wenn er mich zu intensiv befragte, aber das führte immer zu Streit. Die Auseinandersetzungen im Haus schienen sich zu verstärken und es fühlte sich wie in einem Druckkochtopf an, der allerdings mit einer Flocktapete ausgekleidet war. Ich kam zu dem Schluss, dass ich möglicherweise tatsächlich in eine psychiatrische Klinik eingeliefert werden würde und daher einige Änderungen vornehmen müsste, um mich selbst zu retten.

Die Veränderung war äußerst traurig, aber es schien keine andere Wahl zu geben. Ich begann jedes Mal den Kopf heftig zu schütteln, wenn ich die Weiße Dame sah. Dies führte tatsächlich dazu, dass ich sie immer seltener sah. Ich war traurig, dass ich sie nicht mehr jeden Abend sehen konnte, aber ich musste vermeiden, in eine psychiatrische Klinik eingewiesen zu werden. Die Weiße Dame erschien immer noch von Zeit zu Zeit, aber immer seltener – und schließlich nur noch in meinen Träumen.

Ich war für meinen Vater immer noch in vielerlei Hinsicht ein Problem. Abgesehen von meinem Stottern hatte ich eine künstlerische Neigung und das war bei einem Jungen immer ein besorgniserregendes Zeichen. Ich verbrachte zu viel Zeit mit Zeichnen und Malen und nicht genug Zeit damit, das zu tun, was Jungen tun *sollten*. Ich zeigte kein Interesse für Sport; tatsächlich verabscheute ich ihn. Ich sah keinen Sinn im Wettkampf und mein Vater schloss daraus, dass ich verweichlicht, unmännlich oder homosexuell sei. Ich hatte keine Ahnung, was diese Worte bedeuteten.

2 „Gedankenpolizei" war ein Begriff, den ich mir ausgedacht hatte, lange bevor ich feststellte, dass ihn auch George Orwell verwendet hatte.

Ich machte mir aber Sorgen, ob sie ein weiterer Beweis dafür wären, dass ich in eine psychiatrische Klinik eingewiesen werden sollte.

Doktor Page, unser Hausarzt, dachte, ich sei „ein seltsamer Junge". Ob er dies meinen Eltern anvertraute, weiß ich nicht, aber als in Großbritannien medizinische Unterlagen zur Einsichtnahme freigegeben wurden, entdeckte ich eine Bemerkung in seinen medizinischen Aufzeichnungen über mich: „... *ein seltsamer Junge*, 8. September 1957."

Doktor Page war ein freundlicher Mann, der mich ein wenig an „Mister Pastry" erinnerte, einen Fernsehkomiker der damaligen Zeit. Er hatte wildes weißes Haar und eine runde Brille. Er unterzog mich einer Reihe körperlicher Tests, bei denen sich herausstellte, dass ich weitgehend beidhändig war, oder zumindest Rechtshänder und Linksfüßler. Ich war völlig unfähig, Gegenstände aufzufangen, die auf mich geworfen wurden. Doktor Page vermutete, dass ich ein Sehproblem haben könnte, dem wurde jedoch nie nachgegangen.

Wie dem auch sei, es gab Tests, bei denen es darum ging, ähnliche Objekte auszuwählen und sie in Gruppen zusammenzufassen. Allerdings war ich nicht in der Lage, Objekte zu gruppieren, weil ich immer den Eindruck hatte, dass jedes Objekt mit jedem anderen Objekt zu einer Gruppe gehören könnte. Ich wurde zu meinen konzeptionellen Schwierigkeiten beim Gruppieren von Objekten befragt. Als mir gesagt wurde, dass es eine „offensichtliche" Gruppe von zusammengehörenden Objekten gäbe, konnte ich nicht erkennen, was im Vergleich zu anderen Gruppierungen mehr oder weniger offensichtlich war. Ein Holzobjekt kann zusammen mit anderen Holzobjekten oder mit glatten Objekten, dunklen Objekten, hellen Objekten, schweren Objekten oder leichten Objekten platziert werden. Das Gleiche galt für den „Welches ist das Ungewöhnliche?" Test. Ich schaute mir die Bilder an und konnte mir einen Grund vorstellen, warum jede abgebildete Kreatur etwas Besonderes sein könnte.

Dann wurde mir erklärt, dass es offensichtlich war, dass es sich um den Goldfisch handelte, da es sich um einen Fisch handelte und alle anderen Landtiere waren. „*Aber…*" fragte ich „*… könnte es nicht die Fledermaus sein, weil sie nur nachts herauskommt? Oder der Käfer, weil er der Kleinste ist? Oder der Wolf, weil er gefährlich ist? Oder das Pferd, weil es am schnellsten läuft?*" Doktor Page hatte zwar die Güte zu sagen, dass er meinen Überlegungen folgen könne, aber er war immer noch der Meinung, dass ich in der Lage sein sollte, das Offensichtlichste zu erkennen. Nein… ich konnte nicht zustimmen, dass eine Antwort offensichtlicher war als alle anderen. Ich war *ein seltsamer Junge.*

Niemand erklärte mir, warum ich diesen Tests unterzogen wurde und ich fragte auch nie nach. Ich dachte, das würde genau so mit allen anderen Kindern gemacht werden, und fand daher nie heraus, was angeblich mit mir nicht stimmte. Vielleicht wurde ich deshalb untersucht, weil mein Vater seine Befürchtungen hinsichtlich meiner geistigen Gesundheit geäußert hatte.

Ich hatte eine Reihe von Kinderkrankheiten, wahrscheinlich ein paar mehr als ein durchschnittliches Kind; *Mumps, Masern, Keuchhusten, Scharlach und Windpocken.* Ich hatte wahrscheinlich auch *Geflügelpocken, Gänsepocken, Ganderpocken, Truthahnpocken, Entenpocken, Erpelpocken, Stockentenpocken, Auerhahnpocken, Fasanpocken, Wachtelpocken* und jede andere Art von Pocken – also war die Schule für einen bestimmten Zeitraum für mich immer nur ein relativ sporadisches Ärgernis. Ich dachte damals, dass es eigentlich keine Schulpflicht gäbe und dass die Schule eines Tages wieder aufhören würde.

Meine häufigen Krankheiten waren ein weiterer Grund dafür, dass mein Vater mich dazu ermutigte, durch den Wald zu streifen: „*Es wird dem Jungen gut tun, etwas frische Luft in seine Lungen zu bekommen.*" sagte er zu meiner Mutter. „*Wenn er noch mehr Schule versäumt, wird er zu nichts taugen; wenn er nicht jetzt schon zu nichts taugt.*"

„*Oh, so etwas* darfst *du nicht sagen, Ernest.*"

„*Ich sage es, Renate, weil es wahr ist.*"

„*Aber Ernest, Victor ist nur ein kleiner Junge. Viele kleine Jungen sind so.*"

„Vielleicht in Deutschland, Renate, aber das ist England!" PAUSE *„Und…"* in sanfterem Tonfall *„… du weißt nicht viel von Jungs. Ich weiß*—alles—*über Jungs, das kann ich dir sagen."* Da war etwas Wahres dran, denn er hatte in einer früheren Ehe einen Sohn gehabt, aber ob ihm dies einen guten Einblick in die Welt der Jungen verschafft hatte, das sei einmal dahingestellt. *„Jungs können ganz und gar böse sein, wenn man nicht gut auf sie aufpasst. Jungen brauchen* strenge *Disziplin, sonst ruinieren sie sich ihr Leben. Ich weiß* alles *über diese Dinge. Ich habe in der Armee viel gesehen, wie du weißt… Ich habe gesehen, was passiert, wenn* Jungen *nicht angemessen beaufsichtigt und diszipliniert werden. Sie wachsen zu verdorbenen Lümmeln heran, zu Kriminellen, die zu jeder Art von Verdorbenheit neigen."*

So verliefen die Gespräche mit meinem Vater sehr häufig. Er hatte recht. Alle anderen hatten unrecht. Mehr noch; sie *wussten* alle, dass sie Unrecht hatten, und beharrten trotz dieses Wissens auf ihrem Unrecht. Ich habe im Laufe meiner Kindheit immer wieder Teile von solchen Diskussionen gehört und war davon letztlich nicht sonderlich beunruhigt. Für mich handelte es sich dabei immer nur um das schreckliche Duo: mein Vater und Gott.[3] Ich war von keinem der beiden sonderlich beeindruckt.

Sie hatten zwar die Entscheidungshoheit über weite Teile meines Lebens, aber in den Wäldern von Weyflood, wo ich den Großteil meiner Zeit verbrachte, schienen sie weder die Möglichkeit für Strafmaßnahmen noch ein Vetorecht zu haben. Ein Streifzug durch den Wald war daher die perfekte Möglichkeit, meinem Vater aus dem Weg zu gehen und seine Ängste zu zerstreuen, dass ich… seltsam sei.

Schon in jungen Jahren wurde mir *die ominöse, drohende Gefahr „Gottes"* bewusst. Soweit ich sehen konnte, war er für alles Elend auf diesem Planeten verantwortlich. „Gott" schlug ständig auf Menschen ein, wenn sie ihn ärgerten, und mein Vater orientierte sich offensichtlich an Gottes Buch.

Gott peinigte die Assyrer und die meisten interessanten Menschen auf der Welt schienen Assyrer zu sein.

3 Der Autor erfuhr erst später im Leben, dass die Version von Gott, wie sie ihm präsentiert wurde, einzigartig war und kaum etwas mit dem Christentum zu tun hatte, wie es von Menschen mit freundlicherem Gemüt praktiziert wurde.

Er arbeitete auch *auf mysteriöse Weise* daran, Freude zu verhindern, wo immer er diese aufstöbern konnte. Mein Vater war ein überzeugter Verfechter Gottes und der Normalität, die er (*in seiner Gnade*) verordnete. Mein Vater tat sein absolut Bestes, um Abweichungen von der Normalität einzudämmen, wann immer sich solche manifestierten. Mein Vater erkannte, dass ich ein aufstrebender Assyrer war, und begann, mich in die Kirche mitzunehmen, um mich von *der Sünde des Andersseins* zu heilen. Dort hörte ich dann auch alle möglichen grausamen Tatsachen über Gott:

„Judas Erstgeborener war böse in Gottes Augen, und so tötete er ihn – und auch die Söhne Judas, Onan und Shela, die von der Tochter Schuas von den Kanaanitern geboren worden waren. Und auch Er war böse in Gottes Augen und so tötete er ihn. Dann schlachtete er alle Erstgeborenen im Lande Ägypten, vom Erstgeborenen des Pharao bis zum Erstgeborenen des Gefangenen, der im Kerker war; bis hin zu allen Erstgeborenen unter den Kälbern.

Und da ging ein Feuer von Gott aus, das sie verzehrte – Nadab und Abihu starben durch Feuer. Und als das Volk sich beklagte, missfiel es Gott – und sein Zorn entbrannte, und das Feuer brannte unter ihnen und verzehrte diejenigen, die in den äußersten Teilen des Lagers waren. Und während das Fleisch noch zwischen ihren Zähnen war, bevor sie es kauen konnten, entbrannte der Zorn Gottes und er züchtigte das Volk mit einer sehr großen Plage – und siehe da, Miriam wurde aussätzig, weiß wie Schnee. Und Aaron sah Miriam an und er sah, dass sie aussätzig war.

Und Gott besiegte sie und erschlug sie in einer großen Schlacht bei Gibeon und verfolgte sie auf dem Weg, der nach Beth-Horon hinaufführte, wo Gott sie bis nach Azekah und Makkedah peinigte.

Und Gott warf große Steine vom Himmel auf sie bis nach Azekah, und sie starben – und mehr starben durch Hagelkörner als durch das von den Kindern Israels geführte Schwert. Und Gott züchtigte Benjamin und vernichtete an jenem Tag fünfundzwanzigtausend und hundert Mann von den Benjaminitern.

Dann züchtigte er die Männer von Beth-Schemes, weil sie in die Lade Gottes geschaut hatten. Dann erschlug er fünfzigtausend und siebzig Mann – und das Volk klagte, weil Gott viele vom Volk in einem großen Blutbad geschlachtet hatte. Und es geschah zehn Tage später, als Gott Nabal züchtigte, dass er starb. Daraufhin entbrannte der Zorn Gottes gegen Uzzah; und Gott züchtigte ihn wegen seiner Verfehlung; und so starb er.

Und Gott züchtigte das Kind, das Uriahs Frau David gebar, und es wurde sehr krank.

Und Elisa betete zu Gott und sagte: „Strafe dieses Volk mit Blindheit!" Und Gott strafte sie mit Blindheit, wie Elisa gesagt hatte.

Und Gott züchtigte den König, sodass er bis zu seinem Tod ein Aussätziger war und in einem abgetrennten Haus wohnen musste. Und Gott sandte Löwen unter sie, die einige von ihnen töteten.

Und es geschah in derselben Nacht, dass der Engel des Herrn herabstieg und im Lager der Assyrer hundertfünfzigtausend züchtigte. Und siehe da, als sie am folgenden Morgen früh aufstanden, da waren sie alle tot. Also zog Sennacherib, der König von Assyrien, von dannen und kehrte zurück nach Niniveh."[4]

Nach dieser schrecklichen Geschichte vom abscheulichen Verhalten Gottes beschloss ich, dass ich mich besser Sennacherib in Niniveh anschließen sollte, wo Gott mir nichts anhaben konnte. Gott war einfach zu erpicht darauf, zu züchtigen. Er würde mit Sicherheit als nächstes hinter mir her sein… Denn ja, ich wäre in seinen Augen wohl ungezogen – und er würde mich (*in seiner Gnade*) züchtigen.

Es gab bereits genug der *Gnade…* Ich bekam sie regelmäßig in Form von Schlägen auf mein Hinterteil mit dem Sam Browne[5] meines Vaters zu spüren. Ich brauchte da nicht noch zusätzlich Gottes Gnade. *„Schonst du die Rute, so verwöhnst du das Kind"*[6] war sein Motto. Es wurde mir erst viel später klar, dass mein Vater nach Königin Victorias Abgang vom Thron einfach ein Viktorianer im Geiste geblieben war, und zwar viel länger, als es ihr kulturelles Erbe erfordert hätte. Er war keineswegs der einzige Vater dieser Art.

4 Diese Passage ist eine Pastiche bestehend aus Teilen des Alten Testaments der Bibel. Es ist nicht als Spott oder Parodie gedacht, sondern als Widerspiegelung des Eindrucks, den der Autor als Fünfjähriger von seinem Vater und der Kirche hatte.

5 Siehe Glossar: *Sam Browne*

6 'Spare the rod and spoil the child'. Ein vor dem späten 20. Jahrhundert weit verbreiteter Spruch, der sich auf die Verhängung körperlicher Züchtigung gegenüber Kindern zur Disziplinierung bezieht. Der Satz „Sparst du die Rute, so verwöhnst du das Kind" bedeutet, dass Kinder verwöhnt werden, wenn sie nicht bestraft werden, wenn sie etwas Böses tun. Es leitet sich aus dem Bibelspruch 13:24 ab: „Wer seine Rute zurückhält, hasst seinen Sohn; wer ihn aber liebt, züchtigt ihn fleißig."

Ein viktorianischer Vater eines aufkeimenden Hippies wird zwangsläufig mit Verhaltensweisen konfrontiert, die er als Grund zur Züchtigung interpretieren muss.

Woher sollte ich auch wissen, dass das Jahr 1967 erst im nächsten Jahrzehnt kommen würde? Da das Jahr 1967 bedauerlicherweise noch auf sich warten ließ und es kein „Happening" gab, dem ich beiwohnen hätte können, durchstreifte ich so oft ich konnte die sagenhafte Wildnis, die im hinteren Teil unseres Gartens begann. Eine etwa drei bis vier Meter breite Fahrspur verlief auf der ungeraden Seite der Woodsfield Lane. Man konnte ihr folgen, bis man in den Wald gelangte. Es war wie eine Geheimtür in eine andere Dimension. Der Weg war ein überwuchertes Paradies, in dem ich vor dem Essen spielte und wo mich meine Mutter ganz einfach rufen konnte. Dort wuchsen Brombeeren und allerlei andere kleine Wunder.

Auf der anderen Seite der Gasse befand sich ein verlassenes Herrenhaus mit großem Garten. In dem Haus sollte es spuken, und ich spielte immer mit dem Gedanken, dorthin zu schleichen und es zu erkunden, natürlich tagsüber, aber ich wurde strengstens davor gewarnt.

Die Polizei würde davon erfahren und der Täter, also ich, würde lebenslang inhaftiert und auf eine strenge Diät mit Brot und Wasser gesetzt werden. Laut meinem Vater war die Polizei überall. Sie hatten Augen im Hinterkopf und, was am schlimmsten war, Radar. „Radar" war ein weiteres dieser finsteren Worte, die mein Vater gerne benutzte. Allein der Klang verursachte bei mir ein mulmiges Gefühl. Sie hatten Radar, wahrscheinlich in ihren spitzen Helmen versteckt, das jede meiner kleinsten Bewegungen erkennen würde. Sie würden mich bereits aus meilenweiter Entfernung sehen und dann würden sie mit der Geschwindigkeit von Lokomotiven auf mich losgehen, mit Handschellen und Ketten. Sie hatten Schlagstöcke, Pflöcke, Blöcke und Schmöcke… und wer weiß, welche anderen gemeinen Werkzeuge, um die moralische Ordnung wiederherzustellen.

Ich kannte meinen Fluchtweg in- und auswendig. Ich kannte mehr oder weniger jeden Baum, oder zumindest jeden nusstragenden Baum.

Zu der Jahreszeit gab es Haselnüsse und Edelkastanien. Es gab Eicheln und Rosskastanien und allerlei weitere Kostbarkeiten. Damals gab es noch ein paar rote Eichhörnchen und ich erhaschte gern einen Blick darauf, wie sie an den Ästen entlang huschten und Futter für den Winter sammelten. Nun denn… den mit Dornen übersäten Feldweg hinauf, den Weg entlang bis zum Rand des dichteren Waldes und über den Bach in die wirklich wilde Gegend, wo Menschen, die keine Waldmenschen meines Kalibers waren, für immer verloren gehen konnten. Dann hatte ich einige Möglichkeiten. Ich konnte weiter bis zu den Hügeln am nördlichen Ende des Waldes wandern, wenn ich genug Zeit hatte, oder ich konnte nach Süden abbiegen und dem großen Weg folgen, der mitten durch den Wald führte. An diesem besonderen Tag beschloss ich, nach Süden zu gehen und das Ergebnis dieser Entscheidung veränderte mein Leben für immer.

Als ich den Weg entlang schlenderte, fragte ich mich, wie weit ich wohl gehen würde und ob ich entlang der Straße nach Hause gehen sollte, oder ob ich wieder durch den Wald zurückgehen würde. Das war eine Entscheidung, die ich jedes Mal an einem gewissen Punkt treffen musste. Ich war also damit beschäftigt, als ich *etwas* zwischen den fernen Bäumen flackern sah. Ich fragte mich, ob es sich um eine Art Tier handelte. Für einen Dachs war es zu groß; für ein Reh war es zu klein und ich wusste ja, dass es im Wald keine Rehe gab. Es schien auch bunt zu sein, also fragte ich mich, ob es ein Vogel sein könnte. Ein Specht? Ein Eisvogel? Es könnte ein Eisvogel sein, denn es gab einen kleinen Teich in der Nähe. Ich beschloss, der Sache nachzugehen. Ich verlangsamte meinen Schritt und schlich am Ufer des Blackwater Flusses entlang.

Es war nur ein Bach, aber mir wurde gesagt, dass es früher einmal ein Fluss gewesen sei. Ich dachte, wenn ich mich so leise wie nur möglich anschleichen würde, direkt am Fluss entlang, dann würde das Geräusch des Plätscherns meine Schritte übertönen. Ich lag richtig. Was auch immer flackerte, es flackerte weiter.

Dann wurde das Kaleidoskopbild plötzlich zu einem Mosaik und das Mosaik wurde zu einer Elfe. Eine Waldnymphe, gekleidet in eine schimmernden Kollektion von Farben: Kastanienbraun, Flammenrot, Orange, Gelb und Blau.

Ich saß und beobachtete die Fee am Ufer des Baches, wie sie von einem Fuß auf den anderen hüpfte und dabei exotische und raffinierte Bewegungen ausführte, die fast einem Tanz ähnelten. Sie war wie eine Libelle. Manchmal hielt sie ihre Arme wie Flügel hoch in die Luft und manchmal ließ sie sie seitlich schweben. Sie drehte anmutig Pirouetten und wirbelte mit überraschender Vitalität herum. Sie schlängelte sich durch das Gewirr der biegsamen jungen Ulmen. Ich fragte mich, ob sie die Weiße Dame sei, die mich nachts besuchte, und ob sie beschlossen hatte, von nun an im Wald zu wohnen, aber ihr Gesicht war anders und sie war viel jünger.

Dann sah sie mich. Sie erstarrte. „*Warum schaust du mich an?*" fragte sie, aber ohne anklagenden Ton. Sie wirkte auf unschuldige Weise neugierig. Ich antwortete nicht sofort, weil ich immer noch verblüfft war, dass sie nicht aus *der Zwielichtwelt* stammte. Sie war ein echtes Mädchen in der wirklichen, normalen Welt. Sie stand überraschend still da und starrte mich hinter einem Gitter aus dünnen Zweigen an.

„*Weil… weil du schön bist*" antwortete ich, da ich nicht wusste, was ich einer Fee sonst sagen sollte.

„*Bin ich das?*" entgegnete sie.

„*Ja.*"

„*Woher weißt du das… ?*"

„*Ich weiß nicht… es war in meinem Kopf und deshalb… und diese Worte waren einfach da, als du mich fragtest, warum ich dich ansah… und es ist völlig wahr.*"

„*Ja… natürlich, ja…*" sagte sie wie in tiefer Versunkenheit „*… also wie ist* dein *Name?*"

„*Victor.*"

„*Woher kommst du, Victor?*"

Plötzlich wusste ich nicht, was ich sagen sollte. Woher komme ich? Ich wusste es nicht. Ich kam aus dem Nichts. „*Ich wurde einfach… geboren… und dann… und… aber jetzt bin ich hier.*"

„*Nein…*“ lachte sie. „*Ich meine, wo wohnst du?*“

„*Ich wohne auf der anderen Seite des Waldes, in der Woodsfield Lane.*“

„*Willst du meinen Namen wissen?*“ fragte sie mit einem breiten Lächeln.

„*Ja bitte, das wäre wirklich sehr schön.*“

„*Mein Name ist Alice… Alice Rosalind Trevelyan… und das buchstabiert man* ART.“

„*Das ist der allerschönste Name!*“ antwortete ich, fast etwas zu laut: „*Ich habe noch nie zuvor einen so schönen Namen gehört. Ich würde auch gerne Alice heißen.*“

„*Nein…*“ lächelte sie. „*Du könntest nicht Alice heißen, denn Alice ist ein Mädchenname.*“ PAUSE „*Wusstest du das nicht?*“

„*Nein… na ja… nicht ganz…*“

„*Nun, dann werde ich es dir erklären. Es gibt Mädchennamen und Jungennamen und Alice ist ein Mädchenname. Du musst wissen, dass Mädchen und Jungen unterschiedliche Namen haben.*“

„*… Ja…*“ antwortete ich „*… aber ich habe noch nie wirklich darüber nachgedacht.*“ PAUSE „*Ich wusste nicht wirklich etwas über Mädchen, bevor ich dich traf. Ich meine… ich wusste, dass es sie gab, aber ich habe noch nie ein Mädchen getroffen, mit dem ich reden konnte.*“

„*Du bist lustig*“ lachte Alice freundlich: „*Ich mag dich.*“ PAUSE „*Du bist überhaupt nicht wie ein…* Junge. *Jungen sind schrecklich. Sie töten Insekten und tun lauter Dinge in der Art.*“

„*Das ist schrecklich. Ich würde nie etwas töten wollen. Ich liebe Tiere. Ich denke, Tiere sind netter als Menschen. Nun ja, netter als viele Menschen. Meine Mutter ist zwar sehr nett, aber…*“ Mir ging die Puste aus.

„*Ist dein Vater nicht nett?*“

„*Na ja… manchmal…*“ PAUSE „*Ich erinnere mich, dass er mich einmal… vor langer Zeit angelächelt hat. Also… ich nehme an, er muss wohl nett sein.*“ PAUSE „*Vielleicht hat er gelächelt, als wir im Sommer Urlaub machten. Er ist nett, wenn wir im Urlaub sind. Also… ich denke, er muss nett sein… wirklich.*“

„*Nun, mein Vater und meine Mutter sind beide wirklich* sehr *nett. Auch die ganze Zeit! Und*—sie—*sind Vegetarier.*"

„*Was ist das?*"

„*Das bedeutet, dass man keine Tiere isst und sie auch nicht tötet.*"

„*Das ist das Allerbeste! Ich hasse es, wenn liebe Tiere getötet werden*" verkündete ich voller Inbrunst.

„*Jetzt mag ich dich wirklich!*"

„*Können wir Freunde sein?*"

„*Ja!*" Alice grinste. „*Lass uns für immer Freunde bleiben!*" PAUSE „*Du kannst mein bester Freund sein! Ich bin gerade erst aus London hierhergekommen, weißt du, und ich habe noch keine Freunde. Nun ja… ich kenne zwei Mädchen in meiner Straße. Sie sind Schwestern und sie heißen Bethany und Gillian. Sie sind gewissermaßen meine Freunde, aber sie spielen nicht im Wald. Meine Eltern haben alle möglichen interessanten Dinge, weißt du?*" PAUSE „*Sie haben einen Kinematographen.*"

Alice konnte erstaunlich schnell sprechen und ich stand fast wie hypnotisiert vor ihr da. Wenn sie angefangen hätte, ihre gesamte Lebensgeschichte zu erzählen, wäre ich wie gebannt dagestanden, bis sie zu Ende gesprochen hätte. „*Was ist ein Kinemater… ähm… was für ein… Ding… ist das?*" Ich hoffte, dass es sich nicht um Radar handelte, oder um irgendeine andere schreckliche Maschine, von der mein Vater immer erzählte.

„*Es bietet die Möglichkeit, Filme zu sehen, die nicht im Fernsehen laufen. Man kann sie mit dem Kinematographen sehen, wann immer es dunkel wird. Es gibt eine große, große, große Anzahl von Bildern auf einem Ding, das Spule genannt wird. Die Spule dreht sich immer wieder an einem Licht vorbei, und die Bilder laufen an dem Licht entlang. Man muss einen Bildschirm aufstellen und sieht dann, wie sich die Bilder auf dem Bildschirm bewegen. Dann sitzen wir alle da und schauen zu! Es macht einen Riesenspaß!*"

„*Das ist fantastisch! Werde ich das eines Tages sehen können?*"

„*Ja! Das würde mir gefallen! Es würde mir riesigen Spaß machen, es dir zu zeigen.*"

„*Das ist sehr nett von dir. Es würde mir auch sehr gefallen.*"

„Ja! Und wir haben noch viele andere interessante Sachen! Du solltest besser mitkommen und meine Eltern kennenlernen, denn… nun ja… sie wollen nicht, dass ich mit jemandem spiele, den sie noch nicht kennengelernt haben."

„Sehr gut, ich komme mit dir mit. Wo wohnst du? Ist es weit weg, weil ich bald… bald nach Hause muss, damit mein Vater nicht wütend wird, wenn ich zu spät komme."

„Nein, ich wohne gleich in der Nähe. Den Weg runter, die Gasse entlang und dann direkt an der Hauptstraße am Ende der Gasse. Es wird nicht lange dauern, besonders wenn wir laufen. Kannst du laufen? Jungen laufen normalerweise sehr schnell."

„Ich „laufe' überhaupt nicht viel" antwortete ich verlegen. *„Ich bin nicht… sehr gut darin, aber ich werde mein Bestes tun, um mit dir Schritt halten zu können… wenn du nicht zu schnell läufst. Ich bin sehr langsam beim Laufen."*

„Dann geht's los!" Alice strahlte mich an und ich folgte ihr. Ich war noch nie in meinem Leben so schnell gelaufen und seltsamerweise schien es mir Spaß zu machen. Vielleicht war Laufen doch gar nicht so schlimm…

Bald waren wir am Ende der Gasse mit Häusern auf beiden Seiten angelangt, die von der Hauptstraße bis zum Anfang von Weyflood Wood führte. Dort stand Alice' Haus. Ich stand da und starrte es an. Ich hatte es schon einmal gesehen, aber ich hatte nicht damit gerechnet, dort jemals eingeladen zu werden. Es war riesig. Im Garten standen große Bäume und in der großen Einfahrt standen zwei große Autos. Wir gingen zur ausgesprochen großen Eingangstür, die sie aufstieß, und betraten die große Halle. Alles war groß und ich fühlte mich ziemlich klein. *„Was ist, wenn sie mich nicht mögen?"* flüsterte ich. *„Mein Vater sagt, ich sei ein Strohkopf[7] und vielleicht denken sie das Gleiche und sagen, du solltest nicht mit mir spielen."*

„Es ist sehr schlecht, so etwas über dich zu sagen, und es stimmt auch nicht. Die Leute sollten solche schlechten Dinge nicht sagen. Meine Eltern werden dich mögen, weil ich dich mag, und damit hat sich die Sache."

7 Im englischen Original wird das Wort „Duffer" verwendet, ein Slangausdruck der 50er Jahre für jemanden, der intellektuell langsam ist, insbesondere für ein Kind, das in der Schule keine Erfolge erzielt.

Alice wirkte ziemlich forsch, fast schon streng und ich empfand fast ein wenig Ehrfurcht vor ihr. Trotzdem… sie mochte mich und das war wunderbar. Ich fand sie in jeder Hinsicht großartig. Ich wusste das damals noch nicht, aber ich war schwer verliebt in Alice.

Ich wusste nur, dass das Leben auf einmal besser geworden war, als ich es mir jemals vorstellen hätte können. Das hier war besser als das Beste, was je passiert war und Alice war die beste Freundin, die ich mir jemals hätte vorstellen können.

Wir gingen durch den Flur und schauten in verschiedene Räume, bis wir Mrs. Trevelyan im Wohnzimmer fanden. Sie las gerade eine Zeitschrift. Es roch köstlich nach Kuchen aus der Küche und es herrschte eine schöne, freundliche Atmosphäre.

„Beverly!" Alice begrüßte ihre Mutter: *„Ich habe Victor gerade im Wald getroffen und er ist mein bester Freund. Ich glaube, er wird dir wirklich sehr gefallen. Er ist ein netter Junge und er hasst es, wenn Menschen gemein zu Tieren sind!"*

„Nun, das war eine sehr nette Vorstellung, Alice. Wie geht es dir, Victor?" Ich schüttelte Mrs. Trevelyan die Hand und verneigte mich aus irgendeinem unerklärlichen Grund vor ihr. Ich musste es in einem Film gesehen haben.

„Mir geht es wirklich sehr gut, vielen Dank, Mrs. Trevelyan."

„Der Name meiner Mutter ist Beverly, weißt du, und der Name meines Vaters ist Clarence."

„Ja, Victor – aber du kannst mich Beverly oder Mrs. Trevelyan nennen; ganz wie du möchtest."

„Danke… Mrs. Trevelyan…" Ich wurde rot. Ich wusste nicht, was ich sagen sollte, und plötzlich wurde mir klar, dass ich sie nicht Beverly genannt hatte.

„Victor ist es wahrscheinlich gewohnt, seine Eltern beim Nachnamen zu nennen, Alice. Also sollten wir ihm kein Unbehagen bereiten." Dann drehte sie sich zu mir um und fragte: *„Magst du Obstkuchen, Victor? Wenn du möchtest, kannst du zum Tee bleiben."*

„Ich liebe Obstkuchen, Mrs. Trevelyan, aber… ich werde zum Tee zu Hause erwartet… also…"

„Dann vielleicht ein andermal." PAUSE *„Wo wohnst du, Victor?"*

„Ich wohne in der Woodsfield Lane Nr. 17, *direkt an der Straße."*

Nachdem geklärt worden war, dass meine Eltern kein Telefon hatten[8], machte Mrs. Trevelyan einen Vorschlag: *„Ich sage dir was, Victor… ich habe eine Idee. Wir könnten alle zu deinen Eltern fahren und fragen, ob es in Ordnung wäre, wenn du bei uns zum Tee bleibst. Ich könnte dich dann anschließend mit dem Auto nach Hause bringen."*

„Ja, Beverly, das ist die beste Idee überhaupt!" Alice strahlte.

Also fuhren wir in einem der erstaunlich langen Autos mit riesigen Ledersitzen los. Der Nachname meiner Eltern wurde ermittelt und schon standen wir vor meinem Haus. Wir stiegen alle aus und näherten uns der Haustür. Meine Mutter hatte uns entdeckt und kam uns entgegen. Sie war ein wenig überrascht, nahm die Einladung zum Tee in meinem Namen aber gerne an. Die beiden Mütter unterhielten sich ein wenig, während ich Alice den Mandelbaum im Vorgarten zeigte. *„Ist das wirklich ein Mandelbaum!"* Sie jubelte: *„Das ist wunderbar. Wann wachsen die Mandeln?"*

„Sie kommen im Sommer."

„Gibt es im Frühling Blüten?"

„Ich glaube schon…" antwortete ich unsicher *„… aber es ist schon eine Zeit lang her und ich kann mich nicht erinnern."*

„Ich gehe davon aus. Ich werde Beverly fragen, weil sie es wissen wird. Beverly weiß alles über Bäume und Pflanzen und viele andere Dinge."

Das war gerade als unsere beiden Mütter ihr Gespräch beendeten und, wie sich herausstellte, war meine Besuchszeit bis zum Abend verlängert worden. Meine Schlafenszeit wurde festgelegt und es wurde vereinbart, dass Mrs. Trevelyan mich rechtzeitig nach Hause bringen würde, damit ich mir vor dem Einschlafen noch die Zähne putzen konnte.

8 Im England der 1950er-Jahre war es nicht ungewöhnlich, dass Menschen kein Telefon hatten, insbesondere in den unteren Einkommensschichten.

Wir marschierten zurück zu dem riesigen grauen Wagen, fuhren bis zum Ende der Woodsfield Lane, umrundeten den Kreisverkehr am oberen Ende und glitten gemächlich dahin. Während das edle Auto die Woodsfield Lane hinunterfuhr, waren viele Augen auf uns gerichtet. Ich fand später heraus, dass noch nie zuvor ein Bentley[9] in der Woodsfield Lane gesehen worden war. Ich war erstaunt, mit welcher Leichtigkeit ich meine Freiheit erlangt hatte. Mrs. Trevelyan hatte offensichtlich angenommen, dass es die einfachste Sache der Welt wäre, eine solche Vereinbarung zu treffen, und hat einfach genau das getan, was sie sich vorgenommen hatte. Sogar mein Vater hatte zugestimmt, obwohl er nicht von seinem üblichen Platz aufgestanden war. Er hatte einfach zugestimmt und seine Arbeit fortgesetzt. Ehefrauen spielten für ihn offensichtlich keine große Rolle, und die Tatsache, dass sie einen Bentley fuhr, reichte völlig aus, um ihn zu überzeugen, dass sein Sohn den Nachmittag in einer zivilisierten Umgebung verbringen würde.

Mein Vater ging wahrscheinlich davon aus, dass Mr. Trevelyan ein militärischer Charakter sei, dem man sich besser unterordnen sollte. Außerdem hatte er nicht begriffen, dass meine neue Freundin Alice hieß. Aufgrund seiner großen Entfernung im Esszimmer hatte er ihren Namen falsch verstanden und dachte es handle sich um Alan. Als er seinen Irrtum erkannt hatte, war es zu spät. Er war etwas beunruhigt darüber, dass ich ein Mädchen zur Freundin hatte, aber dieses Mal überwand er sein Unbehagen ziemlich schnell. Es kam zu keinem größeren Wutausbruch, denn… schließlich war eine kostenlose Mahlzeit nicht zu verachten.

Und so begab es sich: Victor Howard Simmerson *verließ das Haus und kehrte zurück; dazwischen verweilte er in Ninive* – für einen ganzen Abend. Das war schon besser! Das war das Leben, wie es gelebt werden sollte! Denn ja, ich war durch die Wildnis gewandert und ich war im Land von Milch und Honig angekommen. Aber Gott hatte mich (*in seiner Gnade*) letztendlich doch nicht geschlagen. Es sollten noch viele solcher Tage kommen und im Allgemeinen schien mein Vater glücklich genug darüber zu sein, dass ich woanders etwas zu essen bekam.

9 Es handelte sich vermutlich um einen 1956 Bentley S1 Continental.

Mein Bruder Græham war noch recht jung [10] und benötigte, zumindest aus Sicht meines Vaters, ziemlich viel Aufmerksamkeit meiner Mutter.

„Haben Mandelbäume Blüten, Mrs. Trevelyan?" fragte ich.

„Ja, sie haben wunderschöne rosa Blüten. Ich könnte mir vorstellen, dass euer Mandelbaum im Frühling ein wunderschöner Anblick ist."

„Ja, das ist er. Jetzt erinnere ich mich wieder daran. Ich konnte mich zuvor überhaupt nicht daran erinnern, bis Sie mir die Farbe gesagt haben."

„Das ist interessant" Alice lächelte.

„Ja" antwortete Mrs. Trevelyan. *„Erinnerungen können oft durch die Sinne ausgelöst werden. Der Geruchssinn weckt Erinnerungen oft stärker als die anderen Sinne. Aber Victor denkt offensichtlich in Farben."* PAUSE *„Träumst du in Farbe, Victor?"*

„Ja, Mrs. Trevelyan, immer. Ich hatte einen Traum, in dem mich eine Weiße Dame besuchte. Sie besuchte mich jede Nacht, aber mein Vater sagte, dass die Leute, die solche Träume haben, in eine psychiatrische Klinik gehen müssten. Deshalb kommt sie mich jetzt nicht mehr oft besuchen. Ich wusste nicht, dass man in Schwarz-Weiß träumen kann wie im Fernsehen."

Ich bemerkte eine Veränderung im Gesichtsausdruck von Mrs. Trevelyan, als ich die psychiatrische Klinik erwähnte. Dies dauerte allerdings nur einen Moment und schon bald kehrte wieder ein Lächeln in ihr Gesicht zurück, also machte ich mir deswegen keine allzu großen Sorgen.

„Es ist nicht unbedingt so, dass Menschen in Schwarz-Weiß träumen, es ist eher so, dass sie sich nicht wirklich an die Art der Farben in ihren Träumen erinnern können. Aber… weißt du… Träume sind nicht besonders gefährlich. „Ich glaube also nicht, dass du dir Sorgen machen musst. Ich glaube auch nicht, dass es irgendeinen Grund gibt anzunehmen, dass du in eine psychiatrische Anstalt kommen könntest. Das passiert nur Menschen, wenn ihnen schreckliche Dinge passiert sind. Genau genommen ist es in deinem Alter noch zu kompliziert, darüber nachzudenken, also ist es vielleicht besser, wenn du diese Idee einfach vergisst."

10 Græham wurde im Jahr 1955 geboren.

„Danke, Mrs. Trevelyan, dann werde ich über diese Sache einfach nicht mehr nachdenken.“

Das war für mich erstaunlich. Ich hatte ein *echtes* Gespräch mit einer erwachsenen Person. Das war beispiellos, abgesehen von meiner Mutter. Meine Mutter redete mit mir, aber dabei hatte ich immer das Gefühl, dass sie das Gesetz des Landes missachtete. Ich kannte das Gesetz recht gut, nicht weil es mir erklärt worden war, sondern weil es eine selbstverständliche Tatsache war, die ich aus bitterer Erfahrung gelernt hatte. Das Gesetz sah vor, dass es einem Kind verboten war, einem Erwachsenen gegenüber irgendeine Idee zu äußern, in der Erwartung, dass der Erwachsene die Idee ernst nehme und eine Antwort gebe. Wenn eine Antwort gegeben wurde, dann nur im Sinne von „Rede keinen Unsinn!“ oder bestenfalls „Vergiss es!“.

Die Zeit im Hause der Trevelyans war idyllisch, und es dauerte nicht lange, bis Alice und ich beschlossen, zu heiraten; zu einem späteren Zeitpunkt, wenn wir dann erwachsen wären. Ich hatte mich riesig gefreut. Alles hatte sich zu meiner vollsten Zufriedenheit entwickelt. Wie könnte es besser sein? Welches Vergnügen könnte auch nur annähernd in die Nähe kommen? Ich hatte von Glück gehört, aber ich hätte nie gedacht, dass es einmal auf mich zukommen würde. Glück schien das zu sein, was anderen Menschen widerfuhr, und jetzt war ich hier mit all dem Glück, das die Welt nur bieten konnte.

An besonderen Tagen wie Halloween oder der Bonfire-Nacht, und auch an anderen Tagen, an die ich mich nicht mehr so genau erinnern kann, durfte ich bei den Trevelyans übernachten. Sie hatten dort wirklich schöne Betten, abgesehen von den Laken und Decken. Mir gefielen die Daunendecken, die wir zu Hause hatten, viel besser, zumindest wenn ich sie etwas länger benutzt hatte. Meine Mutter hatte die Angewohnheit, die Daunenbezüge und Laken mit Stärke zu behandeln, und es dauerte dann immer eine Weile, bis sie wieder schön weich wurden.

Am liebsten hatte ich die Decken etwa eine Woche nach dem Waschen. Da waren sie so richtig bequem… bis zum nächsten Waschen und Stärken. Ich erzählte Alice von der Idee mit den Daunendecken und sie erzählte ihren Eltern davon.

„Die gibt es in ganz Europa" sagte Mr Trevelyan. *„Ich denke, sie sind tatsächlich eine gute Idee, viel besser als die Laken und Decken bei uns, und wenn ich jemals dazu komme… dann sollten wir bei uns auch einen entsprechenden Wechsel vornehmen. Ich habe vor einigen Jahren, als ich in der Schweiz war, unter einer Steppdecke geschlafen und fand sie wirklich wesentlich besser. Seit damals habe ich darüber nachgedacht, so etwas für unseren eigenen Haushalt zu besorgen."*

Dann geschah etwas Erstaunliches. Innerhalb kürzester Zeit sind die Trevelyans auf Daunendecken umgestiegen, oder „kontinentale Steppdecken", wie sie sie nannten. Es war für mich fast schockierend, dass ich dazu den Anlass gegeben hatte. Kinder sollten so etwas nicht tun. Anfangs machte es mich etwas nervös, denn es schien völlig gegen die natürliche Ordnung zu verstoßen, dass ich eine solche Wendung der Ereignisse hatte herbeiführen können. Ich entschuldigte mich bei Alice dafür, dass ich es erwähnt hatte, und hoffte, dass ihre Eltern nicht denken würden, ich hätte mich über ihre Bettwäsche beschwert.

„Unsinn" sagte Alice. *„Meine Eltern sind immer offen für neue Ideen und was ist falsch daran, dass du ihnen eine gute Idee vorgeschlagen hast?"*

„Naja…"

„Und überhaupt, ich mag sie viel lieber als diese scheußlichen Laken und Decken, die sich nachts blöd verknoten. Es ist wirklich schlimm, wenn man aus dem Bett aufstehen und alles neu ordnen muss, wenn es kalt ist. „Das ist wirklich schrecklich, aber dank deiner guten Idee wird mir das nie wieder passieren. Clarence ist darüber wirklich glücklich und Beverly auch."

„Ich glaube, das hätte meinen Vater wütend gemacht. Wenn ich zu Hause über meine Ideen spreche, dann meint er, dass ich wohl ein Landstreicher werde, wenn ich einmal groß bin."

„Das ist auch Unsinn." Alice antwortete mit einem finsteren Blick, der an sich meinem Vater galt und nicht mir. Aber der Anblick von Alices finsterem Blick war beunruhigend und meine Augen wurden feucht.

Alice bemerkte mein Unbehagen und sagte: *„Mein finsteres Gesicht gilt nicht* dir *Victor. Mein finsteres Gesicht gilt deinem Vater, aber* er *kann es noch nicht sehen. Wenn ich älter werde, dann wird er mein finsteres Gesicht kennenlernen und ich werde ihn stundenlang im Garten im Regen stehen lassen. Das wird ihn lehren, kein Tyrann zu sein."*

Da musste ich lächeln und ich fragte: *„Was* ist *eigentlich ein Landstreicher, Alice? Weißt du das?"*

„Ich denke, das ist… jemand, der kein Haus hat und unter Brücken schlafen muss oder so." PAUSE *„Aber das wird dir nie passieren, weil du schlau bist und weil du Tiere liebst."*

„Manchmal…" antwortete ich ziemlich traurig *„hätte ich nichts dagegen, unter Brücken zu schlafen, anstatt zu Hause zu sein. Es ist schrecklich, wenn mein Vater wütend wird… er wird auch wütend auf meine Mutter… und ich hasse das noch mehr, als wenn er wütend auf mich ist, weil meine Mutter freundlich und nett ist und die Schuld auf sich nimmt, wenn ich etwas kaputt mache."*

„Ich mag deine Mutter, aber dein Vater ist offensichtlich ein ganz böses Schwein!"

Ich war fassungslos. Konnte man meinen Vater wirklich als „ganz böses Schwein" bezeichnen, ohne dass plötzlich die Polizei eintraf und den Verleumder in Ketten legte? Ich dachte, die Realität würde in ihren Grundfesten erschüttert, oder so was in der Art. Ich stimmte Alice zwar zu, was meinen Vater betraf, aber ich erinnerte mich daran, dass er auch Gutes tun konnte. Er ging jeden Tag zur Arbeit, damit wir zu essen hatten, und er arbeitete auch jeden Abend. Um sein Einkommen aufzubessern, übernahm er private Aufträge. Meine Mutter hatte mir das erzählt und sie hatte mir gesagt, dass seine Arbeit wirklich sehr hart sei. Das machte ihn ungeduldig und wütend.

Ich erzählte Alice davon und es brachte sie für ein oder zwei Augenblicke zum Schweigen. *„Ich werde meinen Vater danach fragen. Er weiß immer Bescheid über solche Dinge, und wenn es erklärt werden kann, dann wird er es mir erklären."*

„Wirst du mir dann sagen, was er dir erklärt hat?"

„Ja, und du wirst dich danach besser fühlen! Ich möchte nicht, dass du jemals wieder traurig bist! Und jetzt machen wir etwas Lustiges, damit wir wieder glücklich sind, so wie es sein sollte.“

Alice war bemerkenswert. Sie schien die Quelle aller Weisheit zu sein und wenn sie etwas nicht verstehen konnte, dann fragte sie einfach ihre Eltern. Wenn etwas einem Kind erklärt werden konnte, dann erklärten sie es, und selbst wenn etwas nur sehr schwer zu erklären war, dann versuchten sie es zumindest. Dies führte dazu, dass Alice eine Art wandelndes Lexikon war, zumindest soweit ich das beurteilen konnte. Was mich aber am meisten erstaunte, war, dass ihre Eltern Atheisten waren. Das bedeutete, dass sie nicht an Gott glaubten. Das fand ich sowohl beängstigend als auch aufregend. Wenige Tage, nachdem ich diese Offenbarung erfahren hatte, beschloss ich, dass ich auch ein Atheist war. Die Tatsache, dass Gott eine vom Menschen erfundene Idee war, war für mich völlig einleuchtend. Wenn Gott gut sein sollte, und wenn er die Welt erschaffen hatte, warum gab es dann so viel Leiden? Wenn es wirklich einen Gott gab, dann hätte er die Weltkriege stoppen können und er hätte verhindert, dass die Nazis den Juden äußerst schreckliche Dinge antaten. Meine deutsche Großmutter hatte mir erzählt, wie furchterregend die Nazis waren, und dass sie Millionen unschuldiger Menschen ermordet hatten.

Wenn es wirklich einen Gott gab, *warum* erschuf er dann Menschen und Tiere, nur um sie sterben zu lassen, noch dazu manchmal unter großen Schmerzen? Warum peinigte Gott die Menschen immer, einzig und allein weil sie Dinge taten, die ihm nicht gefielen? Wenn Menschen erfinderisch waren und Neues erforschen wollten, peinigte er sie auch dafür. Die Menschen, die den Turm zu Babel bauten, wollten offenbar wissen, was sich da draußen im Weltall befand, und darum zerstörte Gott ihren Turm. Er ließ sie alle verschiedene Sprachen sprechen, damit sie nicht mit dem Bau eines weiteren Turms beginnen konnten. War das Leben nicht oft schon schwierig genug, ohne Hunderte verschiedener Sprachen? Ich hatte von verwöhnten Kindern gehört, und so erschien mir Gott. Er bekam einen Wutanfall, wenn er sich nicht durchsetzen konnte, und dafür sollten wir ihn alle verehren. Nicht mit mir.

Ich stimmte mit allem überein, was Alice gesagt hatte, und fragte mich, warum ich noch nie zuvor die Existenz Gottes in Frage gestellt hatte. Das musste ich vor meinem Vater, und wahrscheinlich *sogar* vor meiner Mutter, geheim halten. Ich war ein *heimlicher Atheist* geworden.

Ich wünschte, ich hätte nie versucht, die Weiße Dame aus meinem Kopf zu verdrängen, denn ich würde lieber an die Weiße Dame glauben als an einen „Gott", den es *nicht* wirklich gab. Im Gegensatz zu „Gott" existierte die Weiße Dame tatsächlich in meiner Erfahrung. „Gott" hatte mich nie besucht, und er hatte auch die Welt nicht erschaffen. Die Welt hatte sich selbst erschaffen und „Gott" war nur eine Erfindung der *normalen* Menschen. Es war mein Vater, der verrückt war, weil er an einen unsichtbaren „Gott" glaubte, der alles erschaffen haben sollte; und *er* hielt mich für verrückt, weil ich die Weiße Dame sah. Welchen Sinn hatte das? Die Ungerechtigkeit dieser Situation ärgerte mich, aber Alice erklärte mir, dass die meisten Menschen an „Gott" glaubten und dass *deshalb* mein Vater diesen Glauben für normal hielt.

So funktionierte die Welt also: Je mehr Menschen an eine Sache glaubten, desto wahrer wurde sie. Das war lächerlich. Alice erzählte mir, dass es eine Zeit gab, in der jeder glaubte, die Welt sei eine Scheibe, und dass es heftige Diskussionen darüber gab, bis sich schließlich herausstellte, dass die *Theorie einer flachen Erde* dumm war. Es schien, dass die Menschen gerne an die Wissenschaft glaubten, es sei denn, die Wissenschaft sagte, es gäbe keinen Beweis für Gott. Dann entschieden sie plötzlich, dass die Wissenschaft falsch lag. Ich hatte den Eindruck, dass die Erwachsenen sich einfach im Laufe der Zeit alles ausgedacht hatten, aber sie hatten die Frechheit, den Kindern zu erzählen, dass *diese* dumme Ideen hätten. Ich beschloss, dass ich, wenn ich jemals Kinder hätte, ihnen keine verrückten Geschichten über die Realität erzählen würde. Sie würden die Freiheit haben, alles zu sehen, was sie sahen, ohne dass ich ihnen drohte, ich würde sie dafür einsperren.

Das war das letzte Mal, dass ich gebetet hatte, obwohl ich weiterhin so tat als ob, um meiner Mutter zu gefallen. Ich sang mit Begeisterung Weihnachtslieder, weil ich die Melodien liebte und weil ich die Bedeutung der Worte ignorieren konnte.

Am besten gefiel mir das Lied über die Zeit, als *der gute König Wenzeslaus*[11] das letzte Mal aufpasste.

Zu meiner großen Freude fehlte das Jesuskind in diesem Weihnachtslied und *der gute König Wenzeslaus* klang, als ob er eine Person wäre, die ich mögen würde. Er war durch und durch freundlich und großzügig, aber ohne dabei fromm oder scheinheilig zu wirken.

„Du denkst bestimmt, dass ich wirklich dumm und langweilig bin" bemerkte ich eines Tages.

„Warum sollte ich das denken, wenn du mein bester Freund bist – und zwar für immer?"

„Nun… du weißt alles Mögliche und du bist so viel schlauer als ich. Du spielst Klavier und bist gut im Zeichnen, Malen, Singen und sogar im Sticken."

„Aber du hast eine Weiße Dame, die in Deinem Zimmer auftaucht, und so etwas habe ich in meinem ganzen Leben noch nie gesehen."

Ich dachte darüber nach und musste zustimmen, dass das eine gute Sache war, beziehungsweise gewesen war. Ich erklärte Alice, dass ich solche Angst davor gehabt hatte, in einer Nervenheilanstalt eingesperrt zu werden, dass ich mich selbst dazu gebracht hatte, die Weiße Dame nicht mehr zu sehen. *„Dann"* rief Alice laut: *„musst du dich wirklich anstrengen, sie wiederzusehen, denn ich möchte sie auch sehen."*

Das war für mich wirklich aufregend aber doch auch recht erstaunlich, denn wenn Alice glaubte, dass das möglich wäre, dann musste es wohl möglich sein. *„Ich werde mein Bestes geben, und vielleicht wird sie ja eines Tages auftauchen, wenn ich bei dir zu Hause bin, und dann werden wir sie beide sehen!"*

„Ja!" antwortete Alice mit enormer Lautstärke und wir sprangen beide im Zustand eines gewaltigen Freudenausbruchs durch den Garten, als hätten wir eine wundervolle Entdeckung gemacht.

11 Siehe Glossar *Der gute König Wenzeslaus passt auf*

„*Aber*" fuhr Alice fort, als wir uns beide wieder beruhigt hatten, „*abgesehen von der Weißen Dame sind deine Zeichnungen und Gemälde schöner als meine! Ich weiß das, weil ich mich in diesen Dingen auskenne und meine Mutter hat auch gesagt, dass deine Zeichnungen wirklich sehr gut sind!*"

„*Also… es macht dir nichts aus, dass ich viele Dinge nicht weiß?*"

„*Natürlich nicht, und außerdem kennst du alle Wege im Wald und es gibt Tausende davon, die ich in einer Million Jahren nie hätte finden können.*" PAUSE „*Und… auf diese Weise hast du mich dort gefunden! Und* das *war das Klügste von allem!*"

3

Die türkise Biene

1959

Alice hat die Weiße Dame nie gesehen, obwohl ich alles in meiner Macht stehende tat, um es ihr zu ermöglichen. Das war enttäuschend, umso mehr, weil alles meine Schuld war. Ich war derjenige gewesen, der sie vertrieben hatte, indem ich wie ein Idiot den Kopf geschüttelt hatte. Es kam mir äußerst seltsam vor, dass ich mich wie jemand in einer Irrenanstalt verhalten hatte müssen, um nicht an einen solchen Ort geschickt zu werden. Die Weiße Dame tauchte zwar allmählich wieder auf, allerdings nicht jede Nacht und auch nicht mehr so lebendig wie früher. Ich fragte mich, ob das nur eine Frage der Zeit war oder ob sie nie wieder so lebendig werden würde. Sie schien nun nicht mehr außerhalb meiner Träume zu erscheinen. Alice war immer äußerst ermutigend und schien fest davon überzeugt zu sein, dass die Weiße Dame eines Tages in ihrem früheren Glanz zurückkehren würde. *„Dann wird sie so strahlen, dass auch ich sie sehen werde."*

Für mich war es wunderbar, eine Freundin zu haben, mit der ich über die Weiße Dame sprechen konnte und auch über die Dinge, die ich in meinen Träumen gesehen hatte – oder worum auch immer es sich dabei gehandelt hatte. Alice hatte vollstes Vertrauen in die Tatsache, dass ich Dinge außerhalb Englands gesehen hatte, und auch die beiden jungen Mädchen, die auf Hunden in einer Berglandschaft geritten waren. Ich erzählte ihr von den weißen Zelten und von Höhlen, die Türen hatten, die sie in Wohnorte verwandelten. Wir schauten uns die riesige Enzyklopädie[1] in ihrem Haus an, die viele Bände umfasste, um zu sehen, ob wir diesen Ort finden konnten. Wir dachten, es könnte Norwegen oder Lappland sein. Es gab so viele Länder mit Bergen und wir versuchten uns von allen Bilder anzusehen.

Der wahrscheinlichste Ort schien Nepal zu sein, denn dort befand sich der Himalaya und auf der anderen Seite lag Tibet.

1 Höchstwahrscheinlich handelte es sich um die *Encyclopædia Britannica*, siehe Glossar.

Ich habe mir die Fotos dieser Berge immer wieder angeschaut und irgendwie war immer ein seltsames Gefühl mit ihnen verbunden. Ich konnte nicht sagen: *„Ja! Das ist der Ort!"* aber ebenso wenig waren mir diese Berge völlig unbekannt.

Schließlich kam dann der Tag, an dem die Trevelyans ihren Plan bekannt gaben, nach Herefordshire zu ziehen. Sie wollten in einer etwas ländlicheren Gegend wohnen und die Gegend an der Grenze zu Wales schien für sie ideal zu sein. Ich wurde herzlich eingeladen sie zu besuchen, aber ihr neuer Wohnort war ziemlich weit entfernt.

Die Wochen vergingen wie im Flug und dann die Tage und Stunden. Dann war Alice weg. *Gegangen, gegangen, darüber hinausgegangen, völlig darüber hinausgegangen…*[2]

Ich wusste es damals noch nicht, aber die Wiederholung des Wortes „gegangen", das mir in den Sinn gekommen war, sollte mir im Laufe des Lebens noch sehr oft begegnen. Es wiederholte sich immer wieder auf verschiedene Weise, bis daraus etwas Tiefgründiges wurde. [3]

Alice war seit gut sechs Monaten weg, aber die Monate waren nicht gut. Ich war zu einem Besuch eingeladen worden, aber mein Vater wollte nichts davon hören und er gab mir auch die neue Adresse nicht. Alice galt *aufgrund der laissez-faire, exzentrischen, unkonventionellen, vegetarischen, nonkonformistischen und wahrscheinlich marxistischen Haltung ihrer Eltern* als „schlechter Einfluss". Das war das Ende der Geschichte. Ich war zutiefst unglücklich darüber[4], aber mein Vater sagte, ich solle mich zusammenreißen und darüber hinwegkommen. Mein Vater bemühte sich, mir klarzumachen, dass das Verlustgefühl, das ich empfand, völlig selbstverschuldet war und dass er Trübsal nicht dulden würde.

Deshalb behielt ich meine Trauer für mich und ging sehr häufig in den Wald, wo ich praktisch unsichtbar war.

2 *Gate, Gate, Paragate, Parasamgate Bodhi Svaha.* Das Mantra des Herzsutra.

3 Siehe Glossar: *Herzsutra*

4 Siehe *an odd boy*, Band I, Doc Togden, Aro Books WORLDWIDE, 2011.

Ich verbrachte viel Zeit damit, einfach auf den Ästen der Bäume zu sitzen, von den Blättern verdeckt, und zu versuchen, die Weiße Dame wiederzusehen. Aber so sehr ich mich auch bemühte, sie war genauso verschwunden wie Alice. *Vom Winde verweht.* Ich hatte den Film gesehen und da war er wieder, dieser Abschied für immer. Ich habe nicht wirklich verstanden, worum es in dem Film ging; abgesehen davon, dass Scarlett O'Hara nicht gut zu den Menschen war, insbesondere nicht zu Rhett Butler. Ich konnte nicht verstehen, was er an ihr fand. Sie war nichts im Vergleich zur Weißen Dame, oder im Vergleich zu Alice. Alice und ich waren nett zueinander und wir waren gute Freunde. Solche Ideen kreisten häufig in meinem Kopf.

Eines Tages, als ich in den Zweigen einer Weide saß, begegnete ich Mr. Love. Mr. Love wohnte in der Woodsfield Lane Nr. 5 und wurde zufällig für etwa ein Jahr mein Blues–Nachhilfelehrer. Ich saß auf einem Ast jener Weide, die an der Kreuzung stand, wo sein Garten und der überwucherte Weg hinter der Woodsfield Lane zusammentrafen. Ich hörte den Blues, der aus seinem Grammophon erklang. So etwas hatte ich noch nie zuvor gehört und ich war völlig fasziniert davon, so als ob ich Musik von einem anderen Planeten hören würde. Als ich auf diesem Ast saß, erblickte mich Mr. Love. Er fragte mich, was ich denn dort oben am Baum mache, aber auf eine freundliche Art und Weise. *„Ich höre Ihre Musik, Mr. Love. Ich hoffe, es macht Ihnen nichts aus. Ich weiß nicht, was für eine Musik das ist, aber sie gefällt mir unglaublich gut. So eine Musik habe ich noch nie gehört und deshalb habe ich sie mir angehört. Was ist das bitte für eine Musik?"*

Er lächelte: *„Es handelt sich um… Blues. Die Musik kommt aus Amerika. Deshalb hast du sie noch nie gehört."* Ich fragte ihn, ob ich sie sonst irgendwo hören könnte, und er antwortete: *„Wir hören Blues nicht sehr oft in England."* Er lachte: *„Es ist ein bisschen zu… aufregend für den durchschnittlichen englischen Geschmack."*

„Kann ich im Baum bleiben und zuhören?" fragte ich.

Mr. Love lachte: *„Ich habe eine noch bessere Idee, Victor! Du könntest in den Garten kommen und ich erzähle dir etwas über Blues, wenn du möchtest."*

„Nichts lieber als das!“ rief ich aus. *„Ja bitte, Mr. Love! Das würde mir ausgezeichnet gefallen.“*

Ich stieg von der Weide herab und setzte mich neben ihn auf einen Liegestuhl, der schon bessere Tage gesehen hatte. Die orange-blau gestreifte Leinwand war von der Sonne ausgebleicht und der Holzrahmen wies Spuren von Holzwürmern auf. Ich hörte mir die zischenden und knisternden 78er Schellackplatten von Big Bill Broonzy an, als plötzlich Mrs. Love auftauchte. Sie hatte langes, weißes, lockiges Haar. Ich erschrak. Nicht weil sie für eine Frau Ende der 1950er-Jahre ungewöhnlich gekleidet war, sondern weil sie mich an die Weiße Dame erinnerte. Die Weiße Dame war nicht alt gewesen, aber sie war auch nicht mehr jung. Die Weiße Dame hatte sich allen Altersvorstellungen widersetzt und von daher hätte nach meinem Dafürhalten die etwas ältliche Mrs. Love durchaus die Weiße Dame sein können. Je mehr sie sich näherte, desto mehr schaute sie allerdings aus wie die Schwester von Mr. Love. Sie trug eine weiße Leinenbluse, die mit aufwändiger Spitzenarbeit verziert war, und ein langes weißes Sommerkleid, das sich im Wind bewegte. Obwohl sie mir bald nicht mehr wie die Weiße Dame vorkam, brachte sie diese wieder an die Oberfläche meines Bewusstseins. In dieser Nacht träumte ich erneut von der Weißen Dame und ich verstand etwas über Alice. Es ist nicht leicht zu erklären, was ich verstanden hatte, aber ich war überzeugt, dass Alice für mein Wohlbefinden und für meine künstlerischen Fähigkeiten notwendig war. Ich kam auch zu dem Schluss, dass diese Eigenschaft von Alice in jedem Mädchen vorhanden war, oder zumindest in vielen Mädchen.

Das war nun sowohl schmerzhaft als auch glückverheißend. Ich brauchte Alice, aber Alice musste nicht unbedingt Alice sein. Es würde andere Mädchen wie Alice geben, die ich treffen konnte und die ich auch treffen würde. Dann würde es irgendwann jemanden geben, der alles war, was Alice gewesen war, und noch viel mehr. Aber warum konnte das nicht einfach Alice sein? Ich wollte Alice nicht ersetzen müssen, egal wie viel besser eine andere Alice sein mochte. Ich wollte keine „bessere Alice“, ich wollte nur Alice. Irgendwie jedoch, als ich über all das nachdachte, kam mir der Gedanke, dass die Weiße Dame viel besser als ich wusste, was notwendig war, was gebraucht wurde und was passieren sollte.

Sie wusste das *wann und wo von allem*, während für mich die Zukunft ein riesengroßes Rätsel war. Ein Teenager zu werden, geschweige denn ein Erwachsener, würde Veränderungen mit sich bringen, die ich mir nicht vorstellen konnte. Ich würde vielleicht ein Auto fahren. Ich würde mein eigenes Haus haben. Ich wäre dann Teil einer Erwachsenenwelt, die ich derzeit nur als Zuschauer wahrnehmen konnte.

Ich würde mein eigenes Geld verdienen und ich würde es so ausgeben, wie es mir Spaß machte. Wie würde sich das anfühlen? Wer wäre ich dann? Ich wusste, dass ich bereits große Veränderungen durchgemacht hatte. Ich war nicht mehr das Baby oder Kleinkind, das ich einmal gewesen war. Wäre der Unterschied, ein Teenager oder ein Erwachsener zu sein, genau so groß, wie der Unterschied zwischen einem Baby und einem Schulkind? Vielleicht wäre eine andere Alice in der Zukunft perfekt. Ich konnte es auf keinen Fall wissen oder mir auch nur vorstellen.

Mrs. Love riss mich aus diesen Tagträumereien, als sie uns Gläser mit köstlichem Ingwerbier brachte. Ich hatte noch nie zuvor Ingwerbier getrunken, aber es wurde mir von nun an bei jedem Besuch angeboten. Es kam mir irgendwie so vor, als ob dies ein Getränk für Bluesmänner wäre.

Eines Tages saß ich entspannt in Mr. Loves improvisierter Bluesschule und beobachtete eine Hummel, die zwischen den Apfelbäumen herumsummte. „*Diese Biene…* “verkündete ich „*… macht ein sehr seltsames Geräusch.* “

„*Ja, das stimmt tatsächlich, Victor*“ lachte Mr. Love. „*Sie ist ein wenig beschwipst, glaube ich.* “

„*Beschwipst?* “ fragte ich.

„*Ja… sie hat den Saft getrunken, der sich in den kleinen Taschen der Äpfel bildet, wo die Vögel sie anpicken. Der Saft wird durch den Kontakt mit der Hefe in der Luft zu Alkohol und die Äpfel gären an den Bäumen. Das passiert immer zu dieser Jahreszeit.* “

„*Das ist sehr interessant, also… ist die Biene betrunken?* “

„*Ja. So, als würde man zu viel Wein trinken.* “

„Ich trinke am Sonntag zu Mittag immer ein kleines Glas Wein" gestand ich. *„Also… könnte mir das auch passieren?"*

„Nicht von dem Holunderblütenwein deiner Mutter, junger Victor. So köstlich der auch ist, er enthält nicht viel Alkohol, sodass du problemlos ein volles Glas davon trinken kannst."

„Ich habe davon gehört, dass Leute betrunken sind, aber ich weiß nicht, was das bedeutet."

„Nun… es ist keine gute Sache, Victor, und es sollte vermieden werden. Es ist, als ob man nicht richtig laufen kann. Menschen können im betrunkenen Zustand umfallen oder Dinge fallen lassen, weil sie sich nicht mehr richtig unter Kontrolle haben. Außerdem wachen sie am nächsten Tag auf und fühlen sich krank."

„Warum machen sie das dann?"

„Na ja… zuerst… fühlen sie sich dadurch gut, aber danach, wenn sie keine Selbstbeherrschung haben, wollen sie einfach immer mehr… und das macht sie krank."

„Das möchte ich niemals tun, das klingt schrecklich."

„Das ist es auch, junger Victor, und ich hoffe, dass du diese Meinung immer beibehalten wirst. Wenn du das machst, dann wirst du die Trunkenheit vermeiden und dafür ein besseres Leben haben. In Maßen genossen ist Wein eine sehr angenehme Sache, wie du am Holunderblütenwein deiner Mutter schon gesehen hast. Deine Mutter war so freundlich, mir eine Flasche zu schenken. Nein, über die Jahre sogar mehrere. Und ich bin ganz versessen auf einen Schluck davon." PAUSE *„Apropos Bienen… Ich habe eine Platte über Bienen, die ich dir vorspielen könnte."* Er durchsuchte seine Schallplattenschachtel und holte eine der fantastisch aussehenden braunen Papierhüllen heraus. *„Du hast vielleicht schon von der Bienenkönigin gehört, aber in diesem Lied geht es um eine Königsbiene."* Er legte die Schallplatte auf den Plattenteller und legte die Nadel vorsichtig auf. Es folgte das bekannte Zischen und Knistern und dann brach Slim Harpo los als käme er direkt aus Armageddon.

'Well I'm a king bee buzzing around your hive
Said I'm a king bee, baby buzzing around your hive
Yeah I can make honey baby if you'll just let me come inside.' [5]

„Dieses Mundharmonikaspiel ist… wie nichts, das ich jemals zuvor gehört habe… Ich wusste nicht, dass Mundharmonikas solche Klänge erzeugen können. Diejenigen, die ich gehört habe, klingen überhaupt nicht so. Ich habe eine zu Hause, aber ich könnte damit nicht solche Klänge machen, wie ich sie auf dieser Platte gehört habe."

„Ah… Victor, ich glaube ich weiß, warum das so ist. Hat deine Mundharmonika an einem Ende einen kleinen silbernen Knopf, den du drücken kannst, um die Tonhöhe zu ändern?"

„Ja!" antwortete ich erstaunt: *„Woher wissen Sie das?"*

„Das ist kein Geheimnis, Victor. Fast alle Mundharmonikas in den Musikgeschäften sind so. Sie werden chromatische Mundharmonikas genannt, weil sie jede Note der chromatischen Tonleiter erzeugen können. Die chromatische Tonleiter umfasst alle 12 *Noten mit allen Kreuzen und Bs."*

„Kreuze und Bs?"

„Ja…" PAUSE *„… hast du ein Klavier zu Hause?"* Ich antwortete, dass wir ein Klavier hatten und er fragte mich, ob ich jemals darauf gespielt hätte. Ich sagte, dass es mir Spaß machte, darauf herumzuklimpern. *„Na dann… du wirst sicherlich bemerkt haben, dass es sowohl schwarze als auch weiße Tasten gibt. Bei den Kreuzen und Bs handelt es sich um alle schwarzen Tasten. Wenn du mit einer beliebigen Note beginnst und* 12 *Noten nacheinander spielst, kommst du zum Schluss zur gleichen Note zurück, allerdings klingt sie höher. Ist dir das aufgefallen, als du das Klavier erkundet hast?"*

„Ja, das habe ich bemerkt. Es ist interessant, dass zwei Töne gleich klingen, aber einer ist höher und der andere tiefer. Das scheint für alle Tasten am Klavier so zu sein."

5 „King Bee" wurde von Slim Harpo geschrieben und erstmals 1957 als B-Seite seiner Debütplatte „I Got Love if You Want It" aufgenommen. Die Übersetzung lautet in etwa *„Nun, ich bin eine Königsbiene, die um deinen Bienenstock herumschwirrt. Ich sagte, ich bin eine Königsbiene, Baby, die um deinen Bienenstock herumschwirrt. Ja, ich kann Honig machen, Baby, wenn du mich nur reinkommen lässt."*

„Ja, das stimmt, Victor, gut beobachtet." PAUSE *„Das nennt man Oktave... Ich glaube aber, das wird für dich vielleicht etwas zu kompliziert..."*

„Ein bisschen... aber vielleicht werde ich es mir merken, wenn Sie es mir noch einmal erzählen... oder wenn Sie es mir ein paar Mal erzählen."

„Sehr gut, Victor. Ich bin mir sicher, dass du das irgendwann in der Schule lernen wirst, aber es schadet nicht, früh damit anzufangen, oder?"

„Nein, Mr. Love. Ich möchte wirklich so viel wie möglich über Musik wissen."

„Na dann... was kommt als nächstes? Ach ja, wir haben über die chromatische Mundharmonika gesprochen. Das ist nicht das, was Slim Harpo spielt. Slim Harpo... und auch die meisten anderen Bluesmusiker... verwenden die diatonische Mundharmonika. Tatsächlich nennen sie sie nicht einmal Mundharmonika, sie nennen sie Bluesharp. Manche Leute nennen die Mundharmonika ja auch eine „Mundorgel", aber die meisten Bluesmusiker nennen sie einfach Harp[6]*."*

Das war faszinierend. Ich hätte mir gewünscht, dass die Schule so spannend gewesen wäre. *„Aha!"* lächelte ich breit. *„Deshalb heißt er Slim Harpo!"*

„Richtig, Victor! Erstklassig!"

„Ich bin wirklich froh, all diese Dinge zu lernen. Vielen Dank, dass Sie mir das alles erzählen. Ich höre all diese Dinge über den Blues sehr gerne."

„Nun, zum Abschluss der Lektion erzähle ich dir noch etwas über die Bluesharp." PAUSE *„Die Bluesharp, ich werde sie ab jetzt nur noch Bluesharp nennen, da du ja weißt, was ich damit meine, ist tatsächlich ein billigeres Instrument als die chromatische Mundharmonika. Die Bluesharp wird diatonisch genannt, weil sie nur in einer Tonart spielt."* PAUSE *„Das ist vielleicht etwas zu kompliziert, um es auf einmal zu erklären, Victor, aber stell es dir als ein Instrument vor, das nicht alle* 12 *Noten spielen kann. Es werden nur Noten gespielt, die zusammenpassen. In der* 12*-tönigen chromatischen Tonleiter gibt es immer* 8 *dieser Töne. Diese Noten werden „Tonart" genannt und es gibt eine andere Tonart, oder einen Satz von* 8 *Noten, für jede Note in der chromatischen oder* 12*-Noten-Skala."* Ich verstand gar nichts mehr und war doch völlig fasziniert. Mr. Love erklärte die Geheimnisse des Universums.

6 Die wörtliche Übersetzung „Harfe" funktioniert nicht wirklich auf deutsch.

Ich war erstaunt, dass Musik aus so vielen verschiedenen Dingen besteht und alles einem so ausgefeilten System folgte. Obwohl ich es nicht wirklich begreifen konnte, schien es mir doch sehr begreifbar zu sein. Ich musste es nur oft genug hören und vielleicht hin und wieder ein paar Fragen stellen.

„*Das bedeutet, dass man als professioneller Spieler* 12 *Bluesharps benötigt. Verstehst du das soweit alles? Ich weiß, das ist ein bisschen schwierig…*"

„*Ja, ich brauche* 12 *Bluesharps, wenn ich ein professioneller Bluesspieler sein werde.*"

„*Genau so ist es, junger Victor!*"

„*Einige Dinge waren allerdings etwas schwierig… Würde es Ihnen etwas ausmachen, mir an einem anderen Tag alles noch einmal zu erklären, damit ich es etwas besser verstehen kann?*"

„*Auf jeden Fall, Victor, solange es dir nicht langweilig wird.*"

„*Mir wird das nie langweilig!*" rief ich laut. „*Ich möchte alles über Blues und Musik wissen, was man nur wissen kann.*"

Mr. Love lachte über meine Begeisterung. „*Nun… ich bin kein Musiklehrer… und wir haben kein Klavier, also kann ich dir nur ein paar Dinge erklären, aber ich werde mein Bestes geben. Wie auch immer, Victor, es ist ein großes Vergnügen dich zu unterrichten, deshalb erzähle ich dir immer gerne so viel, wie du wissen möchtest.*" PAUSE „*Eine andere wichtige Eigenschaft der Bluesharp ist, dass man Töne auf ihr viel einfacher und kraftvoller biegen kann, als es mit einer chromatischen Mundharmonika möglich ist.*"

Jetzt hatte ich alles verstanden. Meine Mundharmonika zu Hause war ein nutzloser Gegenstand, den ich in Zukunft ignorieren würde. Sie verdiente es kaum, als Musikinstrument bezeichnet zu werden. „*Ich glaube, ich möchte mir eines Tages eine echte Bluesharp zulegen.*"

„*Das wirst du bestimmt, Victor. Aber jetzt werde ich dir von Slim Harpo erzählen, weil ich ein paar Dinge über ihn weiß. Er war ein echter Meister der Bluesharp.*" Mr. Love machte es sich auf seinem Platz bequem, wie er es immer tat, wenn er mir wichtige Dinge mitteilen wollte. „*Er wurde in den* 1920*er Jahren geboren und sein Geburtsname war James Moore.*

Er kam aus Louisiana. Er war Waise und arbeitete in den 1940*er Jahren am Hafen und als Bauarbeiter. Er begann seine Karriere als Musiker in Bars in Baton Rouge, wo er seinen Schwager Lightning Slim begleitete und den Namen Harmonica Slim verwendete. Den Namen Slim Harpo bekam er von seinem Produzenten JD Miller und er nahm* 1957 *seine erste Platte auf. Stell dir vor, junger Victor, erst fünf Jahre nach deiner Geburt."*

„Das ist fantastisch; es ist schon so alt, aber es passierte trotzdem als ich schon am Leben war… Vielleicht bedeutet das, dass es immer Teil meines Lebens sein wird."

„Es gibt keinen Grund, warum es nicht so sein sollte, Victor, denn auch heute noch gibt es in Chicago junge Bluesmusiker. Wunderbare elektrische Bluesmusiker wie Howlin' Wolf[7] *und Muddy Waters*[8]*."*

„Das sind wunderbare Namen. Mir gefällt es ausgezeichnet, wie sie klingen. Wie kamen sie zu solchen Namen? Haben sie diese auch so bekommen wie Slim Harpo[9]*?"*

„Ja… entweder so… oder es waren Spitznamen… Vielleicht bekommst du in der Schule von deinen Freunden auch einmal einen Spitznamen…"

„Mmmm… welcher wäre das?"

„Das kann man nicht sagen… manchmal ist es einfach eine Verkürzung des Namens. Aus Victor zum Beispiel könnte Vic werden. Aus Daniel würde Dan und aus Robert würde Rob oder sogar Bob werden. Dann gibt es Namen, die sich völlig ändern, John kann Jack werden und Margaret kann Maggie werden…" PAUSE *„… aber das sind eigentlich keine Spitznamen… in der Armee bekamen die Leute früher Spitznamen, die auf ihren Nachnamen basierten… wie Smudger Smith, Dusty Miller, Chalky White oder Nobby Clark."*

„Das sind interessante Namen, gibt es noch andere?"

7 Siehe Glossar: *Howlin' Wolf*

8 Siehe Glossar: *Muddy Waters*

9 Slim Harpo—James Isaac Moore—(1924–1970) – ein amerikanischer Bluesmusiker, Vertreter des Swamp Blues-Stils und Meister der Blues-Mundharmonika: der Bluesharp.

„Da gibt es viele. Viel mehr, als dass ich mich an alle erinnern könnte… aber hier sind noch ein paar Namen: Pitchy Black, Dinger Bell, Bunny Warren, Swampy Marsh, Nosy Parker und Spider Webb.“ PAUSE *„… dann… gibt es Spitznamen, die auf eine Fähigkeit, ein Persönlichkeitsmerkmal oder eine Eigenart hinweisen…“* Mr. Love bemerkte, dass ich das Wort *„Eigenart“* nicht so ganz verstand. *„… Eigenart bedeutet…“* er sah einen Moment lang leicht verträumt aus, und fuhr dann fort… *„Etwas, das du tust oder sagst, das niemand sonst tun oder sagen würde – oder vielleicht würden es nur sehr wenige Menschen tun oder sagen.“* PAUSE *„Zum Beispiel… mein Interesse für Bluesmusik ist für einen Engländer leicht exzentrisch.“*

„Ah… das ist gut, dann bin ich auch exzentrisch! Ich freue mich sehr, exzentrisch zu sein! Jetzt sind wir beide exzentrisch!“

„In der Tat, das sind wir, junger Victor!“ Mr. Love lachte: *„… aber… ich würde dir empfehlen, es niemandem zu verraten… weil… naja, die Leute sagen anderen nicht, dass sie exzentrisch sind. Es ist schwer zu erklären, warum… aber… vielleicht musst du dich hier einfach auf mein Wort verlassen. Vielleicht wirst du es besser verstehen, wenn du einmal älter sein wirst…“* PAUSE *„… jedenfalls, genug von diesem Geschwätz, hören wir uns noch ein anderes Lied über Bienen an. Dieses hier heißt „Queen Bee Blues“ und stammt von einem Herrn namens Bumble Bee Slim*[10]*.“*

Mr. Love durchsuchte seine Schallplattenschachtel und holte eine weitere braune Papierhülle heraus. Mit großer Sorgfalt zog er eine 78er-Schallplatte heraus und legte sie auf den Plattenspieler. Er setzte die Nadel auf die Platte und das Zischen und Knistern begann.

> *„Queen bee, queen bee, queen bee, queen bee, please come back to me 'cause you got the best darn stinger – any queen bee I ever seen.“*
> Bumble Bee Slim—*Queen Bee Blues*—1931[11]

10 Bumble Bee Slim (Admiral Amos Easton, 1905–1968) war ein amerikanischer Piedmont-Blues-Sänger und Gitarrist.

11 *„Bienenkönigin, Bienenkönigin, Bienenkönigin, Bienenkönigin, bitte komm zurück zu mir. Weil du von allen Bienenköniginnen, die ich je gesehen habe, den verdammt besten Stachel hast.“*

Mr. Love bemerkte, dass ich am Ende des Liedes Tränen in den Augen hatte. „*Was ist los, Victor… geht es dir nicht gut?*“ fragte er in sanftem, besorgtem Ton: „*Warum bist du so traurig?*“

„*Tut mir leid, Mr. Love… es ist nur so… dieses Lied hat mich an Alice erinnert.*“ Mr. Love sagte nichts, sondern nickte nur und wartete darauf, dass ich fortfuhr. „*Also… Alice war meine Freundin und jetzt ist sie nach Herefordshire gegangen und ich werde sie vielleicht nie wieder sehen.*“ Das war zu viel für mich und ich brach in Tränen aus. Mr. Love nickte immer noch und ich schaffte es, meine Gefühle wieder in den Griff zu bekommen. Als er sah, dass ich mich erfangen hatte, sagte Mr. Love: „*Schau, Victor… du hast den Blues… und… naja… das ist ein großer Teil des Blues. Diese Musik kommt von Emotionen… sie kommt von Traurigkeit… aber… sie kommt auch von Freude. Blues wird gesungen, um menschliche Emotionen auszudrücken, und je stärker die Emotionen, desto besser die Musik. Also…*“

„*Das wird mich also zu einem guten Blues-Sänger machen, Mr. Love?*“

„*Ja, Victor… obwohl… ich hoffe, dass dein Blues mehr aus Freude als aus Traurigkeit heraus entsteht…*“ PAUSE „*… aber*—etwas—*Traurigkeit im Leben ist wichtig… ich denke… wenn es keine Traurigkeit gäbe, dann gäbe es… vielleicht… auch keine Freude… aber*“ er lachte „*ich bin kein Philosoph, also kann ich auch nichts Tiefgründiges über Freude und Leid sagen. Ich kann nur sagen, dass du durch dein Leben etwas über das Leben lernen wirst… und… du wirst in der Lage sein, über das zu singen, was du fühlst. Du wirst feststellen, dass es Blues–Songs gibt, die zu fast jeder Situation passen.*“ PAUSE „*Darf ich fragen, Victor, und bitte sag mir, wenn es mich nichts angeht, aber warum solltest du Alice nie wiedersehen? Herefordshire ist nicht* so *weit weg…*“

„*Nun…*“ Ich spürte wieder dieses heiße Gefühl, aber ich holte dann aus der Werkzeugkiste meiner Willenskraft eine Art Schraubenschlüssel, mit dem ich meine emotionalen Leitungen straffte. „*… Alices Eltern haben mir gesagt, dass sie mich einladen würden, zu kommen und zu bleiben… aber…*“

„*Oh…*“

„*Und… meine Mutter hat mir gesagt, dass mein Vater mich sowieso nicht gehen lassen würde, also ist es völlig sinnlos.*“

„Oh…“

„Also…“ Ich griff erneut nach dem Schraubenschlüssel *„… deshalb werde ich Alice nie wieder sehen… es sei denn, ich finde sie, wenn ich groß bin.“*

„Nun, Victor… das ist nicht unmöglich. Vielleicht… solltest du die Hoffnung nicht aufgeben. Wer weiß… vielleicht kommt eines Tages ein Brief – oder eine Weihnachtskarte… und wer weiß… vielleicht ändert dein Vater… irgendwann… seine Meinung.“

Ja, wenn die Schweine fliegen lernen. Es war völlig undenkbar, dass mein Vater jemals seine Meinung über irgendetwas ändern würde. Mein Vater war eine riesige Festung aus Gesetzen und Regeln und alles wurde mit der absoluten Zustimmung Gottes niedergeschrieben. Es bestand keine Chance, dass sich jemals irgendetwas ändern würde. Die einzige Freiheit, die ich hatte, war in den Wäldern von Weyflood, wo ich hoffte, die Weiße Dame wiederzusehen. Ich saß stundenlang auf einer alten Eibe und versuchte, still genug zu sein, um sie zu sehen, aber sie tauchte niemals auf, außer in meinen Träumen.

Es gab dann auch noch diese andere Freiheit, im Garten von Mr. Love. Ich fühlte mich dort immer sehr wohl, auch wenn es… nach herkömmlichen Maßstäben… etwas ungepflegt war. Das Gras war meistens etwas zu lang und es gab keine Blumenbeete. Es gab nur die Wiese und die Bäume und das fühlte sich viel natürlicher an, als in den brutal gepflegten Gärten der anderen Nachbarn der Woodsfield Lane. Mir gefiel es, dass das Gras rund um die Bäume länger war als anderswo. Mr. Love sagte mir, das liege daran, dass der Rasenmäher nicht direkt an die Bäume herankomme. Ich sagte ihm, dass ich darüber froh sei, weil es mit dem kleinen Kreis aus langem Gras viel schöner aussieht. *„Blues–Sänger und Landschaftsgärtner!“* lächelte Mr. Love. *„Ich freue mich, dass du mit meiner Gartengestaltung einverstanden bist. Ich fürchte, ich mähe den Rasen nicht so oft, wie ich sollte und mähe ihn auch nicht kurz genug…“*

„Es ist perfekt, genauso wie es ist, Mr. Love. Ihr Garten gefällt mir am besten von allen.“

Mir gefiel auch der nahtlose Übergang zwischen dem Garten der Loves und dem Feld dahinter. Es gab dort keinen Zaun.

Alle anderen Gärten hatten Zäune auf der Rückseite, aber der Holzzaun auf der Rückseite des Anwesens der Loves war längst eingestürzt und sie hatten ihn als Brennholz verwendet. Das Fehlen eines Zauns ließ den Garten der Loves viel länger erscheinen als die anderen und mir gefiel das Gefühl der Weite, dass er vermittelte.

Es war immer herrlich, in einem der alten Liegestühle der Loves zu sitzen, Blues zu hören, und das herrliche Ingwerbier von Mrs. Love zu schlürfen.

Mrs. Love war *nicht* die Frau von Mr. Love, sie war seine Schwester. Die gesellschaftliche Etikette der damaligen Zeit machte sie zu „Mrs." Love, obwohl sie ledig war. Es schien, dass alle unverheirateten Frauen ab einem bestimmten Alter standardmäßig „Mrs." wurden, es sei denn, sie waren Lehrerinnen und wurden selbst dann noch „Miss" genannt, wenn sie verheiratet waren. Die Regeln der Erwachsenenwelt waren unglaublich kompliziert. Die Regeln der Musik schienen viel einfacher zu sein – zumindest war es grundsätzlich möglich, sie zu verstehen.

Ich muss an die betrunkene Biene gedacht haben, oder zumindest kam mir der Gedanke an die Biene immer wieder in den Sinn. Jedenfalls tauchte sie eines Nachts in einem Traum als wunderschöne blaue Biene auf, ein Blau, das fast pfauenblau war, dem aber ein Hauch von Grün innewohnte. Ich beschrieb meiner Mutter die Farbe der Biene. Sie meinte, dass man diese Farbe vielleicht als Türkis bezeichnen könnte, aber dass sie noch nie gehört hatte, dass es Bienen mit dieser Farbe gäbe. Die Worte *türkisfarbene Biene* blieben mir als eine Art Symbol im Gedächtnis. Es klang wie ein Name, den ich mir selbst geben könnte, in etwa so wie „Das Scharlachrote Weidenröschen".[12] Vielleicht war ich die Türkise Biene. Es gab Worte im Traum, aber ich konnte mich nicht mehr ganz genau an sie erinnern. Es schien mir, als hätte ich die folgenden Worte gesprochen:

Die Blumen sind alle verwelkt, aber die türkisfarbene Biene ist nicht traurig. Ich werde auch dann nicht traurig sein, wenn Alice für immer fort ist.

12 *The Scarlet Pimpernel* war der erste Band einer historischen Romanreihe, die von Baroness Orczy geschrieben und 1905 veröffentlicht wurde.

Das war ein seltsamer Gedanke und es waren seltsame Worte, aber sie blieben mir im Gedächtnis.

Eine nur äußerst schwer zu verstehende Sache waren die „seltsamen Phasen", die Mr. Love ab und zu hatte. Diese hingen mit dem Zweiten Weltkrieg zusammen, aber niemand wollte mich im Detail darüber aufklären. Die Informationen meiner Eltern besagten, dass er an einer „Kriegsneurose" litt, aber die Loves verwendeten diesen Begriff nie. Mr. Love selbst erklärte mir, dass er hin und wieder „seltsame Phasen" habe. Er sagte, dass es für mich besser sei, nicht zu versuchen, mit ihm zu reden, wenn ich jemals das Gefühl habe, dass er... *„... nicht ganz er selbst sei oder seltsam rede."*

„Wie würde das denn aussehen, Mr. Love?"

„Oh... das weiß ich leider selbst nicht genau, junger Victor... ich kann mich nie daran erinnern, wie ich klinge, wenn ich so eine seltsame Phase habe... aber ich kann mich dann nicht sinnvoll unterhalten, und es wäre besser für dich, das nicht erleben zu müssen."

Mrs. Love, die gerade ein schönes großes Glas Ingwerbier herausgebracht hatte, sagte: *„Ich werde dich wissen lassen, wenn es keine gute Idee ist, zu Besuch zu kommen. Du brauchst dir also keine Sorgen zu machen."* Und das war es. Das war alles, was ich jemals darüber erfuhr. Ich habe Mr. Love ein- oder zweimal auf der Weyflood Road gesehen, als er in sich versunken war und mit sich selbst redete. Ich wünschte ihm einen guten Tag und er schüttelte den Kopf. Ich nahm es als Zeichen, dass ich besser nichts mehr sagen sollte und das wars. Meine Mutter konnte es mir nicht erklären, versicherte mir aber, dass Mr. Love ein guter Mann sei und er es nie böse meinte, selbst wenn er Unsinn redete. *„Einige Leute waren von ihm beleidigt worden und sagen, er sei unhöflich zu ihnen gewesen, aber er war in all den Jahren, in denen wir in diesem Haus gelebt haben, noch nie unhöflich zu mir."*

Mein Vater dachte, er wäre in einer Anstalt besser aufgehoben, aber meine Mutter war völlig anderer Meinung. Sie hat meinem Vater diesbezüglich nie direkt widersprochen, aber sie sagte mir, was sie darüber dachte. Ich erfuhr erst viele Jahre später, welchen Kummer ich meiner Mutter durch meine Blues–Ausbildung bei Mr. Love bereitet hatte. Sie musste die Hauptlast des Ärgers meines Vaters ertragen.

Er war der Ansicht, dass es für ein Kind nicht sicher sei, in der Gesellschaft von Mr. Love zu sein. In Wirklichkeit war es jedoch so, dass ich ihn mehr als ein Dutzend Mal besucht hatte und mir niemals ein Schaden zugefügt worden war. Außerdem wäre Mrs. Love immer zur Stelle gewesen, falls etwas „Beunruhigendes" vorgefallen wäre. Letztlich hatte mein Vater kein schlüssiges Argument vorzubringen, außer seine Meinung, dass Blues ein „verdorbener Krach" war.

Das Leben ging weiter und ich musste bald erfahren, dass ich einmal mehr eine Reise mit dem Express der Tristesse gebucht hatte. Alice war an einen unbekannten Ort in Herefordshire gegangen und bald sollte Mr. Love ihr folgen. Nicht nach Herefordshire, aber an einen ebenso unzugänglichen Ort. Wieder war jemand, den ich liebte, für mich unerreichbar. Eines Tages starb Mrs. Love ohne jede Vorwarnung. Sie hatte keine Krankheit. Sie war einfach im Schlaf gestorben, an… nichts Besonderem. Ihr Herz hörte auf zu schlagen und plötzlich war sie nicht mehr da. Mr. Love war durch den Tod seiner Schwester schwer erschüttert und seine „seltsamen Phasen" verschmolzen zu etwas Dauerhaftem.

Bevor ich verstehen konnte, was los war, war schon alles vorbei und Mr. Love war weg. Das Haus wurde verkauft und Mr. Love wurde in die psychiatrische Klinik Brookwood[13] gebracht, wo er einige Zeit später verstarb. Es war unendlich traurig, dass Mr. Love tot war und ich ihn nie wieder sehen würde.

Zu dieser Zeit kam die Weiße Dame wieder. Eine Zeit lang erschien sie nun jede Nacht. Wenn sie bei mir war, hatte ich das Gefühl, dass Mr. Love woanders hingegangen war und dass es vielleicht gar nicht so traurig war, wie ich dachte. Ich wusste, dass es keinen Himmel gab, in dem Gott lebte, oder irgendeinen Unsinn dieser Art, aber es war gut zu wissen, dass der Tod nicht das endgültige Ende war.

13 Das Brookwood Hospital, Woking, Surrey – wurde am 17. Juni 1867 von Surrey Quarter Sessions als zweite psychiatrische Anstalt des Bezirks gegründet. Die erste war Springfield in Tooting. Eine dritte Anstalt wurde dann 1882 in Cane Hill in Coulsdon eingerichtet. Das Brookwood Hospital wurde von Charles Henry Howell entworfen, dem Hauptarchitekten der Kommission für Verrückte von 1860–1893. Das „Brookwood Asylum" wurde 1994 geschlossen.

Ich konnte nicht genau sagen, warum ich mich weniger elend fühlte, aber irgendwie schien es, als ob alles verständlicher wäre, ohne dass ich es wirklich völlig verstand. Die Weiße Dame sprach, wie schon früher, nie in Worten. Darum gab es auch nichts zu verstehen. Sie schaute mich einfach an, oder durch mich hindurch oder in mich hinein, und ich verstand Dinge, die ich für mich selbst als „Himmel" oder „Wolken" oder „aus Himmel bestehende Wolken" bezeichnete. Diese *Himmel* waren Ideen, die noch nicht entstanden waren, aber immer im Begriff waren zu entstehen. Sie waren so ähnlich, wie die Erfahrung, wenn einem ein Wort auf der Zunge liegt. Sie waren der Moment, bevor Ideen entstanden. In einem dieser Himmel tauchte die Idee auf, dass die Weiße Dame Mr. Love anschaute und dass er irgendwie von nun an immer in meinem Leben präsent sein würde.

Am nächsten Tag interpretierte ich das so, dass Mr. Love sich in eine ermutigende Stimme verwandelt hatte, die, auch wenn sie stimmlos war, immer für mich da sein würde. Ich hatte die Idee, dass er wieder ein Baby werden könnte. Er würde an einem glücklichen Ort aufwachsen, wo er wieder Blues hören würde, aber das kam nicht von der Weißen Dame. Das war nur meine Wunschvorstellung. Damals wurde ich mir des Lichts bewusst, das von der Weißen Dame ausging, und ich begann zu spüren, dass es den Menschen helfen könnte, wenn dieses Licht auf sie schien.

Das Licht kam nicht nur *von* der Weißen Dame, sie war das Licht. Deshalb konnte es den Menschen helfen. Aus diesem Grund beschloss ich, mir vorzustellen, wie das Licht der Weißen Dame auf und durch Mr. Love strahlte. Es schien mir klar, dass dies Mr. Love helfen würde, aber wie diese Idee entstanden war, kann ich nicht sagen. Ideen wie diese kamen mir von Zeit zu Zeit in den Sinn und ich hatte volles Vertrauen in sie.

Mr. Love hatte versprochen, mir nach seinem Tod alle Blues–Platten zu hinterlassen, aber die Platten gingen gemeinsam mit dem Haus verloren. Des Weiteren war es einem Kind offensichtlich nicht erlaubt, in eine psychiatrische Klinik zu gehen. Ich konnte ihn also auch nicht besuchen. Ich glaube nicht, dass mein Vater das jemals explizit gesagt hatte, aber er hätte es genauso gut tun können.

Es war schlicht und einfach nicht möglich und ich war ein Krimineller, wenn ich diese Möglichkeit auch nur erwähnte. *„Der Junge wird wahrscheinlich selbst in Brookwood landen, wenn er nicht etwas vernünftiger wird.“*

Vielleicht würde es so kommen. Vielleicht wäre das Leben in der psychiatrischen Anstalt von Brookwood besser als hier. Es gäbe keine Gesetze der Normalität, weil es normal wäre, dass alle abnormal sind. Das *normale Leben* kam mir schrecklich vor und ich fragte mich, ob man in andere Länder auswandern könnte, in denen es keine Gesetze der Normalität gäbe. Ich erinnerte mich an einen Urlaub in Deutschland, als mein Vater zu Hause blieb. Meine Onkeln, Tanten und älteren Cousins fragten „mich“, was „wir“ denn gerne zum Abendessen essen wollten. Ich antwortete „Käsetoast“ und—oh Wunder über Wunder—es gab dann Käsetoast mit Tomaten und Zwiebeln, genau wie ich es mir gewünscht hatte. Wie außergewöhnlich! Vielleicht sollte ich nach Deutschland gehen und dort leben, weil es dort nicht so normal war. Ich erinnerte mich, dass die Häuser in Ahlten, wo Tante Rikchen und Onkel Arnold lebten, oft schöne runde Tiergemälde[14] an der Außenwand hatten. Es handelte sich oft um Gemälde von Hirschen und ich habe sie sehr gern betrachtet. Diese runden Gemälde waren offensichtlich äußerst abnormal, denn in England hatte niemand Bilder an seinen Häusern.

Es gab dort auch wirklich gutes Brot und wunderbaren Kuchen. Es gab köstliche Wurst und hervorragenden Käse und echte Fruchtsäfte aus Brombeeren und aus den verschiedensten anderen Beerensorten. Ja, ich sollte dorthin ziehen und dort leben… aber dann… wie würde ich Alice wiederfinden?

So verlief das Leben damals. Geliebte Menschen sind entweder gestorben oder fortgezogen. Meine Großmutter, Clara Schubert, war gestorben. Ich hatte meine Großmutter geliebt. Sie war eine nette alte Dame, die viel über Musik wusste. Sie dachte, dass schwarze Menschen genauso gut seien wie wir, wenn nicht besser, und dass Menschen, die das anders sahen, wohl eher nach Brookwood gehörten als Mr. Love.

14 Die runden bemalten Tafeln an den Hauswänden in Ahlten zeigten an, wer in einem bestimmten Jahr das Schützenfest gewonnen hatte.

Es war offensichtlich, dass sie damit Recht hatte, und ich fragte mich, warum die meisten Verrückten tatsächlich *außerhalb* der psychiatrischen Kliniken lebten.

Laut meinem Vater war es sinnlos, danach zu fragen, wie man dem Leben einen Sinn gibt, denn *das* war keine vernünftige Frage. Meine Mutter hatte viel mehr Verständnis für diese Frage, aber sie sagte, dass Fragen dieser Art nicht leicht zu beantworten seien, bevor man erwachsen wurde. Wie lange würde *das* noch dauern, fragte ich mich. Vielleicht, wenn ich im September zur Grundschule ginge? Das würde eine reine Bubenschule sein und nicht gemischtgeschlechtlich wie die Volksschule, die ich bisher besucht hatte. Mein Vater hatte entschieden, dass ich nicht in die gemischtgeschlechtliche Grundschule gehen sollte, weil meine Verbindung zu Alice mich noch abnormaler gemacht hatte, als ich es zuvor schon gewesen war.

Für meinen Vater waren die Trevelyans *atheistische* FKK-*Spinner* und er verdächtigte sie auch, kommunistische Sympathien zu hegen. Er fragte sich, wie sie wohl an ihr Geld gekommen waren. Sie hatten offensichtlich mehr Geld, als ihnen gut tat, weil sie es so verschwenderisch ausgaben. Sie hatten zwei Autos, wo doch nur eines benötigt wurde. Warum sollte die Frau von Mr Trevelyan ein eigenes Auto haben? Hausfrauen brauchten keine Autos. Er war nie in der Lage gewesen, die Art der Anstellung von Mr Trevelyan herauszufinden. Nachdem er ihn nie persönlich getroffen hatte, hatte er auch nie die Gelegenheit gehabt nachzufragen. Meine Mutter dachte, er wäre vielleicht ein Architekt, oder so etwas in der Art, da er ein Zimmer mit einem großen Tisch hatte, der sich neigen ließ. Mein Vater hatte daran aber starke Zweifel, weil Architekten ernsthafte Menschen waren, die nicht zu exzentrischen Modeerscheinungen tendierten.

Meine Zeit mit Alice im Haus der Trevelyans hatte auch zu einer *„unziemlichen Tändelei“* mit zwei anderen Mädchen namens Bethany und Gillian geführt und dies hatte offensichtlich die *„Verwüstung meines Charakters“* vorangetrieben.

Meine Mutter hielt das natürlich für übertrieben und sie war froh, dass ich ein paar gleichaltrige Freunde in der Nähe hatte.

Sie meinte: „*In Deutschland ist es völlig normal, dass kleine Jungen und Mädchen in diesem Alter als Freunde miteinander spielen.*"

Mein Vater murrte darauf: „*Vielleicht in Deutschland, Renate, aber das hier ist England. Hier lernen Jungen, Spaß am Sport zu haben und sich für männliche Dinge zu interessieren.*"

Leider verließen Bethany und Gillian sechs Monate nach Alice ebenfalls unseren Ort. Ihre Eltern gingen nach Oxford. Unsere Freundschaft war allerdings ohnehin nicht so gewesen wie mit Alice, da ich mich mit ihnen hauptsächlich im Haus der Trevelyans getroffen hatte. Ich war zwar ein paar Mal bei ihnen daheim, aber ihre Eltern waren überhaupt nicht so wie die Trevelyans. Sie waren zwar freundlich, schienen aber insgeheim denselben Standpunkt zu vertreten, wie mein Vater. Es schien nicht ganz angemessen zu sein, dass ein Junge mit ihren Töchtern spielte. Kurz nachdem ich diese schlechte Nachricht erhalten hatte, sollte ich in die nächste Schule wechseln müssen, die West Street Boys' School in Farnham. Es klang absolut schrecklich. Ich wäre der unablässigen Gesellschaft von *Jungen* ausgesetzt. Es würde „Sport"… geben. Wie abscheulich. Mein Vater hatte mir von „Sport" erzählt. „*Du solltest wirklich zufrieden sein.*" Ich antwortete ihm, dass ich wirklich zufrieden wäre, aber ich denke nicht, dass er es mir glaubte. Das Bild, das er zeichnete, wurde mit jedem Wort noch schlimmer. Er hätte genauso gut sagen können, dass sie mir jeden Tag ein Paar tollwütiger Warane an den Kopf schnallen und mich in verflüssigten Hundekot tauchen würden.

4

Frigg und die Weiße Tara

1960–1963

Nachdem ich zum Fegefeuer der West Street Boys' Junior School[1] verurteilt worden war, stand ich auf dem Spielplatz und beobachtete sie. Jungs… ein abstoßendes Schauspiel: außerirdische Wesen, deren Vergnügungen von abnormal bis abscheulich reichten. Sie traten und verfolgten völlig harmlose Bälle. Sie jagten einander, während sie Bildunterschriften aus Jungen-Abenteuercomics schrien, aus Gründen, die für mich nicht nachvollziehbar waren.

Dann war da noch ihre widerliche Primitivität. Das Urinal westlich des Spielplatzes war eine Freiluftarena: eine freistehende Wand gegenüber einem fünffachen Abort. Auf der Spielplatzseite der Urinalwand befand sich ein Wasserbrunnen, an dem man trinken konnte. Das Trinken aus diesem Wasserbrunnen war allerdings immer mit einem gewissen Risiko verbunden. Wenn man nicht zuerst überprüfte, wer sich auf der anderen Seite der Mauer befand (*und vorgab zu urinieren*), konnte es passieren, dass man einer übelriechenden Durchnässung ausgesetzt wurde. Einer der Lieblingstricks der *jungen niedrigeren Primaten* bestand darin, sich vor dem Urinal in eine Schlange zu stellen und fest zu pressen, um das Austreten von Urin aus ihrer Blase zu verhindern. Sie warteten, bis jemand zum Wasserhahn kam, um zu trinken, und erleichterten sich dann mit hohem Druck, so dass ihre kleine Notdurft in hohem Bogen über die Mauer spritzte, um dort den unglücklichen Trinkenden zu durchnässen. Ihr Grad an Kontrolle und ihre Schmerztoleranz mussten bewundert werden, aber ihr Sinn für Humor und ihre Reife deuteten darauf hin, dass sie sich auf einer Entwicklungsstufe knapp unterhalb der durchschnittlichen Wirbellosen befanden. Ich erzählte meinem Vater davon und ausnahmsweise stimmte er meiner Abneigung gegen die Barbarei halbstarker Jungen zu.

1 Der Name wurde später in Castle Primary School geändert, doch seit 2019 scheint es keinerlei Spur mehr von der Schule zu geben.

Es gab natürlich noch andere Auswüchse der Barbarei. Während meiner ersten Tage an der Junior School fing Adrian Parrott an, auf mir herumzuhacken. Das ging die ganze Woche so weiter, bis ich ihn schließlich direkt auf die Nase schlug. Ich war erstaunt darüber, wie der Junge einfach zu Boden fiel und Blut aus seiner Nase strömte. Zuerst dachte ich, ich hätte ihn getötet und war entsetzt. Ich war immer noch entsetzt, als mir klar wurde, dass er nicht tot war. Ich hatte nicht vorgehabt, ihn so sehr zu verletzen und mir war nicht ganz klar, wie ich es geschafft hatte, so einen Schlag auszuführen. Ich bekam deswegen in der Schule ernsthaften Ärger, obwohl ein paar andere Jungen mich verteidigten. Sie alle bestätigten, dass Adrian Parrott mich schikaniert und den Kampf begonnen hatte, aber die Lehrer waren der Meinung, dass ich viel zu hart zurückgeschlagen hatte. Woher sollte ich wissen, wie hart ich zuschlagen musste? Ich hatte noch nie jemanden geschlagen.

Die Lehrer kamen zu dem Schluss, dass ich ein Schläger war. Ich sagte ihnen, dass es mein allererster Kampf gewesen war, aber sie glaubten mir nicht. Meine Eltern erhielten einen streng formulierten Brief und ich saß verängstigt da, als mein Vater mir den Brief vorlas. Nachdem er den Brief fertiggelesen hatte, befragte er mich kurz. Daraufhin schien er überraschend zufrieden mit mir zu sein. Er kontaktierte die Schule, um ihnen mitzuteilen, dass ich *nicht der Typ Junge sei, und auch nie gewesen war, der sich mit anderen Jungen prügelte.* Er schrieb, dass ich nicht dafür bestraft werden dürfe, mich gegen einen Tyrannen zu verteidigen, wenn es verlässliche Zeugen gäbe, die das Mobbing beobachtet hatten. Es lag in der Verantwortung der Schule, den Spielplatz zu überwachen, und wenn sie nicht in der Lage waren, die Disziplin aufrechtzuerhalten, dann sollte es ihnen auch nicht erlaubt sein, eine Schule zu betreiben. Er las mir seinen Brief vor und strahlte. Ich war verblüfft über seine Zustimmung, da ich erwartet hatte, dass er mich bestrafen würde. Er musste zu dem Schluss gekommen sein, dass ich ja doch ein „richtiger Junge“ war.

Von da an wurde ich nie wieder gemobbt und es dauerte auch nicht lange, bis ich mich freundlich mit Adrian unterhielt. Die Lehrer bemerkten das und teilten mir mit, dass sie nun mit meinem Verhalten auf dem Spielplatz zufrieden waren.

Nach dieser Begebenheit wusste ich zwar, dass ich hart genug zuschlagen konnte, um jemanden niederzustrecken, aber ich habe trotzdem nie eine besondere Vorliebe für den Faustkampf entwickelt.

Eine der wenigen Dinge, die mir an der West Street School wirklich gefielen, war die Gestaltung des Spielplatzes. Die viktorianischen Geländer waren prächtig, und ebenso großartig fand ich die eisernen Symbole, welche die Himmelsrichtungen repräsentierten und in die Steinfliesen in der Nähe des Eingangs eingelassen waren. Bäume säumten den Spielplatz an den Seiten, die den kleinen Straßen im Norden und im Osten zugewandt waren. Ich fand es wundervoll, dass dort Bäume gepflanzt worden waren.

Am nördlichen Ende des Spielplatzes gab es eine kleine Wildnis, wo die verschiedensten Bäume wuchsen: Goldregen, Hängebirken, mehrere Weiden, Rosskastanien und Edelkastanien, eine Eiche, Hollunder, Weißdorn, Holzapfel und verschiedene Buchen. Sie wurden von uns im Naturkundeunterricht bestimmt und für einen Moment hatte ich das Gefühl, dass die Schule vielleicht gar nicht so schlecht sei.

Dann war da noch der Musiklehrer, Mr. Sharp, der *tatsächlich* etwas von Musik verstand. Er begann uns in die Geheimnisse der Notation einzuweihen und ich war fasziniert. Im Musikunterricht saß ich neben einem sehr freundlich wirkenden Jungen. Sein Name war Steve Bruce. Er war mir eine sehr große Hilfe, denn er wusste bereits sehr viel über Musiknotation. Es gab nichts, was Mr. Sharp lehrte, das Steve nicht bereits kannte. Somit hatte er also genügend Zeit, mir zusätzliche Nachhilfe zu geben. Ich war immer etwas langsam beim Lernen, aber wenn ich etwas verstanden hatte, dann merkte ich es mir für immer.

Steves Eltern waren Atheisten. Das war eine erfreuliche Tatsache. Es gab mir ein gewisses Maß an Vertrauen in meine beginnende Freundschaft mit ihm, da Alice Trevelyans Eltern ja auch Atheisten waren. Mit etwas Glück waren sie genauso aufgeschlossen und freundlich wie die Trevelyans. Ich sprach mit Steve über meine Faszination für die Religion der Wikinger und dass ich es bedauerte, dass diese in der Welt nicht mehr existierte.

Natürlich wusste ich fast nichts von der altnordischen Mythologie, abgesehen von dem Wenigen, das ich vom Fernsehen kannte. Ich hatte ein paar Filme gesehen und Bücher von Henry Treece gelesen, aber der Rest entstammte meiner blühenden Fantasie.

„*Was gefällt dir daran?*" fragte Steve.

„*Mir gefällt, dass es keinen Gott gibt, der angeblich alles erschaffen hat. Die nordischen Götter haben die Welt nicht erschaffen, sie sind nur ein weiterer Teil davon. Ein Teil, der ziemlich geheimnisvoll ist.*"

„*Das klingt interessant…*" antwortete Steve „*… ich nehme an… obwohl es eine primitive Religion ist, ist sie nicht so primitiv wie der Glaube an einen unerschaffenen Schöpfer.*"

Steve bemerkte, dass ich mit den Worten „*unerschaffener Schöpfer*" nicht viel anfangen konnte, und er erklärte es mir in einer etwas weniger obskuren Sprache. „*Das ist ein Gott, der alles erschaffen hat, aber es gibt niemanden, der ihn erschaffen hätte.*"

„*Ah…*" antwortete ich. „*Das ist offensichtlich lächerlich. Was mir weiters gefällt, ist, dass Dinge passieren, die in der gewöhnlichen Welt keinen Sinn ergeben.*"

„*Was meinst du damit…?*" fragte Steve.

„*Nun… es scheint mir, dass Leute wie unsere Lehrer denken, dass alles nach Regeln und Gesetzen funktioniert. Aber Thor und Odin halten sich nicht an diese Gesetze. Darum ist es unmöglich, ein Regelwerk zu formulieren, das* immer *anwendbar ist.*" PAUSE „*Ich denke, es gibt Dinge auf der Welt die einen Sinn haben, während andere Dinge keinen Sinn haben. Und… die Art und Weise, wie diese beiden Gegensätze irgendwie miteinander verwoben sind, ist das, was wir sehen, als… das Universum.*"

„*Ich verstehe…*" sagte Steve nachdenklich „*… so… wie die Dinge eine Mischung aus Mustern und Zufällen sind?*"

„*So etwa in der Art – ja.*"

„Meine Eltern erzählten mir, dass Menschen versucht haben, mittels Beispielen von Mustern oder Formen einen Beweis für „Gott" zu liefern. Aber es gibt auch Beispiele, bei denen es kein Muster gibt, oder wo das Muster einfach etwas ist, das aus offensichtlichen Gründen aufgetaucht ist, zum Beispiel weil sich das Klima verändert hat. Weißt du, so wie die Dinge, die wir in der Radioserie „How Things Began"[2] *über die Eiszeit erfahren haben."*

„Ich liebe diese Serie!" grinste ich. *„Abgesehen von Musik und Kunst ist es das Einzige, was die Schule interessant macht."*

„Ja. Aber wusstest du, dass es einige Menschen gibt, die an „Gott" glauben und denen nicht gefällt, was Darwin über die Evolution gesagt hat? Sie sagen, dass das alles nicht stimmt."

„Ja, meine Großmutter hat mir davon erzählt. Das ist wie bei den Nazis…" fügte ich hinzu *„… sie sagte, dass die Nazis im Krieg meinem Großvater nicht erlaubt hatten, an seiner Schule die Evolutionstheorie zu unterrichten. Stell dir das mal vor! Meine Mutter war erstaunt, als sie im British Museum zum ersten Mal ein Dinosaurierskelett sah. Meine Großeltern hatten sich nicht getraut, ihr davon zu erzählen."* PAUSE *„Sie wären eingesperrt worden, wenn es jemand herausgefunden hätte, und mein Großvater verlor sowieso seinen Job als Schulleiter, weil er nicht lehren wollte, was die Nazis darüber oder über die Juden sagten."*

„Genauso ist es" sagte Steve: *„Wenn wirklich alles Gottes Plan ist… dann muss Hitler auch Gottes Plan gewesen sein, und ich würde gerne wissen, was für ein wunderbarer Plan*—das—*gewesen sein soll."*

„Ja!" Ich schrie fast vor Freude, weil das alles so viel Sinn ergab: *„Und selbst wenn Hitler die Idee des Teufels gewesen wäre, dann hätte doch Gott in der Lage sein müssen, etwas dagegen zu unternehmen. Schließlich hat Gott den Teufel überhaupt erst erschaffen."*

„Ja, das Ganze ergibt keinen Sinn." Steve antwortete mit Nachdruck: *„Wenn man schon eine Mythologie haben möchte, dann kann man genauso gut eine wählen, die zumindest Spaß macht, wie zum Beispiel Walhalla. Ich würde gerne mal in Walhalla feiern."*

„Ja! Mit all den wunderschönen Walküren!" bemerkte ich.

2 *How Things Began* (Wie die Dinge begannen): Eine Schulradioserie der BBC (1941–1968)), welche die Urgeschichte und die Entwicklung des Lebens auf dem Planeten dokumentierte.

Steve musste grinsen. Die Vorstellung, dass wir irgendwann in der Zukunft einmal „Freundinnen" haben würden, beschäftigte uns.

„Weißt du, wenn wir schon über Walhalla sprechen, dann denke ich an Freyja und Frigg, die nordischen Göttinnen."[3]

„Wie schauen die beiden aus?"

„Freyja trägt die Halskette Brísingamen und einen Umhang aus Falkenfedern. Sie fährt auf einem Streitwagen, der von zwei Katzen gezogen wird, und an ihrer Seite läuft ein Wildschwein namens Hildisvini. Frigg ist weiß und strahlend und ich glaube, ich habe sie seit meiner Kindheit in meinen Träumen gesehen." Sobald die Worte aus meinem Mund kamen, wurde mir klar, dass ich viel mehr preisgegeben hatte, als ich eigentlich wollte. Ich sagte leise: *„Ich hoffe, du hältst mich nicht für einen Idioten, weil ich Frigg in meinen Träumen sehe."*

„Nein, Vic, das klingt fantastisch! Ich wünschte, ich hätte solche Träume."

Von diesem Tag an waren wir gute Freunde. Mein Vater war froh, dass ich einen männlichen Freund hatte, und noch dazu einen, dessen Vater Polizeikommissar war. Er war ziemlich beeindruckt und er schien der Meinung zu sein, dass ich in meinem Leben nun eine bessere Richtung eingeschlagen hatte.

Ich war froh, dass ich Steve von der Weißen Dame hatte erzählen können und dass es eine Möglichkeit gab, sie anhand der nordischen Göttinnen zu verstehen. Diese waren offensichtlich echt.

Klarerweise existierten sie noch. Wie sonst hätte ich von einer von ihnen träumen können? Wie sonst war *Frigg* plötzlich in meinem Schlafzimmer erschienen? Allerdings war Frigg nun schon seit einigen Jahren nicht mehr in meinem Schlafzimmer erschienen und ich fragte mich manchmal, ob Frigg früher denn *tatsächlich* in meinem Schlafzimmer erschienen war, oder ob es sich nur um sehr lebhafte Träume gehandelt hatte, wie meine Mutter vorgeschlagen hatte. Es gab keine Möglichkeit, das zu wissen, aber das Gefühl blieb, dass ihr Erscheinen echt *war*, obwohl sie „aus Licht bestand".

3 Freyja ist die nordische Göttin, die mit Liebe, Sex, Schönheit, Fruchtbarkeit, Gold und Tod assoziiert wird. Frigg ist die Frau von Óðinn, und wird mit Voraussicht und Weisheit in Verbindung gebracht.

Ich vermisste Alice immer noch. Ich habe Alice gegenüber Steve nicht sofort erwähnt, weil ich nicht wusste, was ich sagen sollte. Er war kein *unintelligenter Sportaffe*, wie die meisten anderen Jungen es waren, aber ich wusste nicht, wie er auf meine Erwähnung von Alice reagieren würde.

Steve war ein leidenschaftlicher Leser und er ermutigte mich auch zum Lesen. Er sagte, dass Leute, die nicht lasen, Idioten seien, und ich war fest entschlossen, dass ich in den Augen von Steve nicht als Idiot dastand. Ich hatte die Lektüre von Henry Treeces Wikinger-Trilogie[4] genossen, aber es fiel mir schwer, etwas anderes zu finden, das für mich ähnlich interessant war. Steve wies mich darauf hin, dass der Mangel an guten Romanen in der Schulbibliothek geradezu kriminell sei. Er las „Guy De Maupassant" [5] und dachte, „Die Fünf Freunde" und „Die schwarze Sieben" [6] seien für Kleinkinder geschrieben worden. Er erzählte mir von Büchern, die wesentlich interessanter waren. Sie waren schwerer zu lesen, aber viel besser, auch wenn man oft auf ein Wörterbuch zurückgreifen musste.

Steve hatte in seiner Kindheit lange an einer Krankheit gelitten[7]. Dies hatte allerdings den Nebeneffekt, dass seine Freude an der Literatur geweckt wurde. Ihm blieb kaum etwas anderes übrig, als im Bett zu liegen und die Bücher zu lesen, die seine Eltern ihm zutrauten und die ihrer Meinung nach interessant und unterhaltsam für ihn wären.

Mein Interesse an der nordischen Mythologie führte mich zu einem äußerst umfangreichen Buch, ein weitgehend unleserliches psychologisches Porträt der nordischen Götter. Ich brauchte fast ein Jahr, um die Hälfte davon zu lesen, und ich kann nicht sagen, dass ich tatsächlich sehr viel davon verstanden hatte. Es war eines dieser Bücher, bei denen man am Ende eines Satzes bereits vergessen hat, was die soeben gelesenen Worte bedeuteten.

4 Siehe Glossar: *Henry Treece*

5 Stephen Bruce war ungewöhnlich frühreif. Er hatte schon in jungen Jahren sehr viel gelesen und seine Eltern hatten ihn so lange ermutigt, bis er mit den meisten Werken der Literatur keinerlei Schwierigkeiten mehr hatte.

6 Siehe Glossar: *Enid Blyton*

7 Möglicherweise Drüsenfieber.

Man konnte alle Wörter eines Satzes einzeln verstehen, aber am Ende… war da keine Bedeutung. Ich musste dieses elende Buch immer wieder zur Farnham-Bibliothek zurückbringen, um es alle zwei Wochen zu verlängern. Jedoch irgendwann wollte es jemand anderes ausleihen und ich musste das Buch aufgeben.

Etwa zu dieser Zeit habe ich mich in der Schulbibliothek umgesehen und durch einen glücklichen Zufall zwei sehr interessante Bände über Tibet gefunden. Sie waren von zwei tschechoslowakischen Entdeckern geschrieben, Vladimír Sís und Josef Vaniš. Eines dieser Bücher hatte den Titel *Tibetische Kunst*[8] und enthielt überraschend lebendige Bilder von… Wesen. Manche wirkten sehr gelassen, aber ohne den frommen Blick, den ich aus christlichen Darstellungen kannte. Die friedvollen Wesen sahen weder heilig noch übertrieben demütig aus. Ihre religiöse Tugend schien sich nicht in übertrieben frommen Grimassen ausdrücken zu müssen, die ich anderswo gesehen hatte. Sie waren nicht durch Erhabenheit geprägt. Sie freuten sich, aber die Freude ruhte in gewisser Weise. Ich hatte den Eindruck, dass sie viel Energie hatten, aber nur für den Fall, dass sie diese auch tatsächlich benötigten. Sie sahen aus, als ob sie gerade viel Spaß gehabt hätten und sich nun entspannten. Sie blickten mit einem Gefühl der Zufriedenheit in die Welt, aber sie waren auch wunderbar wachsam gegenüber allem, was vor sich ging.

Ich habe viel aus diesen Gesichtern herausgelesen, vor allem, weil ich solche Gesichter noch nie zuvor gesehen hatte. Sie schienen mit mir persönlich zu kommunizieren.

Sie blickten mich aus den Seiten heraus an und teilten mir wortlos etwas mit, das knapp unterhalb oder oberhalb der begrifflichen Sinnhaftigkeit schwebte. Ich hatte keine Ahnung, was ihre Botschaft war, aber ich wusste, dass sie äußerst wichtig war. Als ich diese Bilder sah, und wortlos spürte, was sie vermittelten, hatte ich starke Erinnerungen an die Weiße Dame. Das war's! Es fühlte sich gleich an, aber jetzt strahlte es mir von den Seiten eines Buches entgegen. Irgendwie fühlte ich mich vollkommen bestätigt. Die Weiße Dame hatte nicht nur in meiner Fantasie existiert.

8 *Tibetan Art* (fotografiert von Vladimír Sís und Josef Vaniš) mit Texten von Lumír Jisl – übersetzt von Ilse Gottheiner, Spring Books, London.

Hier war ein Buch mit anderen Menschen, die der Weißen Dame ähnlich waren, und diese Bilder existierten in der realen Welt. Das Buch war für mich der vollständige Beweis dafür, dass die Weiße Dame wirklich existierte. Die Gesichter, die ich in dem Buch sah, waren nicht ganz so schön, wie das der Weißen Dame, aber eine von ihnen namens Tara[9] hatte eine erstaunliche Ähnlichkeit. Die Farben in dem Buch waren alle etwas gedämpft, und so ging ich davon aus, dass Tara in Wirklichkeit viel lebendiger und strahlender sein würde.

Zu der Zeit kehrte die Weiße Dame zurück und ich war überglücklich, sie wiederzusehen. Wenn ich tagsüber an sie dachte, dann fragte ich mich, warum sie nie mit mir sprach. Ich wunderte mich auch, warum ich sie nie fragte, wer sie war. Ich beschloss, dass ich diese Frage unbedingt stellen musste, aber irgendwie vergaß ich es immer. In ihrer Präsenz schaffte ich es nicht, diese Idee in meinem Kopf zu behalten. Sie sah mich nur an und ich war höchst erfreut, von ihr angeschaut zu werden. Abgesehen von Steve sprach ich mit absolut niemandem darüber, denn ich hatte nicht den Wunsch, irgendjemandem auf die Nerven zu gehen oder meinen Vater wieder über psychiatrische Kliniken reden zu lassen.

Dann gab es in dem Buch auch noch feurige Wesen. Sie waren unendlich grimmig und wild. Andererseits wirkten sie auf mysteriöse Weise wohlgesonnen, so als wären sie gute Freunde. Ähnlich wie Hunde, dachte ich: richtig gefährlich wirkend, wenn sie bellen, aber eigentlich sanft und zutraulich. Ich kannte solche Hunde, die so lange bellten, bis sie mich erkannten. Dann wedelten sie mit dem Schwanz und ich konnte sie streicheln. Es schien mir so, als verhielte es sich mit diesen feurigen Wesen ganz ähnlich.

Aus irgendeinem unerfindlichen Grund hatte ich die Illusion gehegt, dass Wikinger zwar furchterregende, letztlich aber durchaus freundliche Wesen waren. Die Wikinger waren zwar mit allen Merkmalen der Kriegsführung ausgestattet, ich betrachtete dies aber lediglich *als eine Art von persönlichem Stil.* Die riesigen Zweihandschwerter und doppelköpfigen Äxte waren einfach erstaunliche Dinge, die sie trugen. Ebenso ihre gehörnten und geflügelten Helme – einfach weitere Stilelemente.

9 Siehe Glossar: *Weiße Tara*

Ich hatte meine eigene Interpretation der nordischen Kultur entwickelt, in der diese Krieger, sowohl Männer als auch Frauen, in Langschiffen über das Meer zogen und dann wieder nach Hause kamen, um feine Bratengerichte zu genießen, die sie gemeinsam mit ihren wunderschönen goldhaarigen Schildmaiden zubereiteten.

Ich wusste natürlich, dass das nicht stimmte, aber meine Vorstellung war so, wie ich es gewollt hätte, wenn ich die Wikinger selbst hätte erschaffen können. Als ich älter wurde, verschwand mein persönlicher Mythos von der perfekten Wikingerkultur allmählich. Es wurde immer schwieriger, meine naive Begeisterung für eine Kultur aufrechtzuerhalten, die es so nie gegeben hatte. Als ich nun diese tibetischen Wesen sah, die sowohl furchterregend als auch freundlich waren, fühlte ich mich, als wäre ich nach Hause gekommen. Hier kam etwas meiner Wikinger-Fantasie sehr nahe, aber es war Teil der realen Welt. Es war mir plötzlich explosionsartig klar, dass ich meine Religion gefunden hatte. Ich war ein Vajrayana-Buddhist. Sobald es mir möglich wäre, nach Tibet zu fahren, würde ich dorthin gehen, denn *dort* gehörte ich hin.

Das andere Buch in der Schulbibliothek hieß *Reise durch Tibet*[10]. Tibet war nicht unbedingt Norwegen, da es ein Binnenland war, aber es hatte die erstaunlichsten Berge. Der Himalaya war das höchste Gebirge der Welt und *das* konnte nur gut sein. Ich sah mir die Fotos der Menschen in ihren riesigen dramatischen Landschaften an. Es gab reißende Flüsse, die von unsicheren Hängebrücken überspannt wurden. Es war sicherlich aufregend, diese zu überqueren! Es gab fantastische Festungen und sogenannte Gompas[11], die wie Festungen aussahen. Sie hatten Drachenköpfe an den Ecken der Dächer, was mich an die Drachen am Bug von Langschiffen erinnerte. Ich dachte, wie gerne ich in einem dieser Klöster leben würde. Aus irgendeinem Grund hat die Idee des Zölibats meine Vorstellung davon, wie das Leben in einem dieser wunderbaren Gebäude wohl sein würde, nicht allzu sehr beeinträchtigt. Ich hatte langhaarige Tibeter in atemberaubenden Kostümen gesehen, daher war mir klar, dass das Rasieren des Kopfes in Tibet nicht die einzige Möglichkeit war.

10 *On the Road Through Tibet*
11 Siehe Glossar: *Gompa*

Als ich die schöne Göttin namens Tara sah, wurde mir klar, dass es sich bei der Weißen Dame, die in meinem Schlafzimmer aufgetaucht war, nicht um Frigg handelte. Die Weiße Dame war Tara. Ich fragte mich, wie ich mehr über Tara herausfinden könnte, aber zu diesem Zeitpunkt war das weitgehend unmöglich.

In dem Buch sah ich auch ein riesiges dunkelblaues Yak-köpfiges Wesen mit vielen Armen und Beinen. Das war nun definitiv etwas ganz anderes, als die Bilder, die es in unseren Kirchen zu sehen gab. Auch schien es in der tibetischen Kultur kein Problem mit Nacktheit zu geben, denn das riesige dunkelblaue Yak-köpfige Wesen mit vielen Armen und Beinen war nackt und hatte sogar eine Erektion. In England schien es ein großes Problem mit Nacktheit zu geben. Ich erinnerte mich, dass ich einmal große Probleme bekam, als ich in der Volksschule nackte tanzende Teufel gemalt hatte. Meine Mutter musste vorbeikommen und sich die Beschwerden von der Schulleiterin anhören, welche deswegen eine Art Panikattacke erlitt. Meine Mutter erklärte der Schulleiterin, dass es wahrscheinlich an der strengen Reaktion meines Vaters lag, als die Trevelyans mich und drei Mädchen eines Sommers an einem heißen Tag mit einem Gartenschlauch abspritzten. Alice und ich waren, zusammen mit Bethany und Gillian, nackt im Wasserstrahl herumgesprungen und hatten das kühle Wasser und die Regenbögen genossen, die der Nebel verursachte.

Die Trevelyans dachten sich nichts dabei, wenn Fünfjährige nackt waren, aber für meinen Vater handelte es sich um äußerste Verdorbenheit. Es wurde mir verboten, weiterhin mit Alice zu spielen, und ich musste von da an heimlich die Trevelyans besuchen. Meine Mutter kooperierte mit mir und das Leben ging weitgehend normal weiter, abgesehen von meinen Gemälden mit den nackten Teufeln. Als Fünfjähriger hatte ich die Fantasie, dass es Gott war, der die unangenehme Sommerhitze erzeugte, nur um die fröhlichen, lebenslustigen Teufel zu quälen. Meine Bilder zeigten daher Teufel, die in kühlen Wasserstrahlen tanzten, um Gottes bösen Plan zu vereiteln. Dies war damals für mich die einzige Möglichkeit, eine Interpretation für die Welt zu finden, nachdem mir niemand sinnvolle Erklärungen geben wollte.

Es gab Regeln und Moralvorstellungen, aber woher sie kamen oder warum sie existierten, blieb ein Rätsel. Laut meinem Vater kam alles von Gott und demnach war Gott offensichtlich an allem erdenklichen Übel schuld.

Mit der Zeit erwiesen sich meine Vorstellungen, die ich als Fünfjähriger entwickelt hatte, natürlich als lächerlich. Ich hatte immer noch eine Sehnsucht nach einer sinnvollen Interpretation der Realität und hier war sie! In Tibet gab es die Lösung! Im Buddhismus drehte sich alles um Menschenliebe, aber er war auch aufregend und farbenfroh! Mr. und Mrs. Bruce bemerkten, nachdem Steve ihnen erzählt hatte, dass ich Buddhist war, dass der Buddhismus die einzige Religion wäre, die sie in Betracht ziehen könnten. Das lag daran, dass es im Buddhismus keinen *unerschaffenen Schöpfergott* gab, und das war logisch. „Logisch" bedeutete, dass es Sinn ergab – und *das* wiederum ergab für mich Sinn.

Das Christentum, mit dem ich aufgewachsen war, ergab für mich überhaupt keinen Sinn, und die Ansichten meines Vaters spiegelten sich in dem wider, was ich in der Schule zu hören bekam. Was für eine Erleichterung, dass es einen Ort auf der Welt gab, an dem die Menschen vernünftige Vorstellungen davon hatten, wie sie leben sollten! *Reise durch Tibet* zeigte ein Foto einer Frau, die gerade ein Dri melkt.[12] Sie hatte einen Kopfschmuck, der direkt aus einem Science-Fiction-Film hätte sein können; zwei riesige kreisförmige Ornamente, die aussahen, als kämen sie von einem anderen Planeten. Es *war* also möglich, farbenfrohe Kleidung zu tragen! Es war möglich, einzigartig zu sein! Einige der Damen trugen ihre Haare in außergewöhnlichen Hörnern aus Holz, an denen interessant geformte Gegenstände hingen. Es schien, als könnte man sich in Tibet so kleiden, wie man wollte! Ich beschloss, dass ich dorthin gehen und dort leben würde, sobald ich dazu die Möglichkeit hatte.

Die Weiße Dame erschien mittlerweile wieder an den meisten Abenden. In meinen Träumen begannen sich atemberaubende Episoden zu entfalten. Sie waren leicht beunruhigend, aber dennoch hypnotisch faszinierend.

12 Dri – das weibliche Yak.

Es gab Empfindungen, die ich mit furchterregenden Achterbahnfahrten vergleichen würde: Angst und Hochgefühl. Die Szenarien waren absolut faszinierend und ich schwankte abwechselnd zwischen klaren Träumen und gewöhnlichen Träumen. Mir war nie klar, um welche der beiden Traumarten es sich jeweils handelte.

Nachdem ich die Fotos in den Büchern über Tibet gesehen hatte, war mir klar, dass die Menschen in meinen Träumen Tibeter waren. Die Landschaft entsprach allerdings nicht den Landschaften, die ich in den Fotobüchern gesehen hatte. Tibet sah auf den meisten dieser Fotos ziemlich karg aus. Am Anfang gab es ein paar Fotos von Bergen und ein paar Almwiesen, aber der Rest der sepiafarbenen Fotos wirkte recht unwirtlich. Das hätte mich nicht davon abgehalten, dort leben zu wollen, aber diese Bilder entsprachen nicht dem, was ich in meinen Träumen sah. Ich sah in meinen Träumen keine Klöster, Tempel, Schreinräume oder Mönche, nur ein Zeltlager in einem hochalpinen Tal, wo eher einfach gekleidete Menschen entweder aufmerksam saßen oder ihren ruhigen Geschäften nachgingen.

Die Frauen trugen keine dieser fantastischen Kostüme oder Kopfbedeckungen, die ich im Buch gesehen hatte, sondern sie schienen sich in einem ähnlichen Stil zu kleiden wie die Männer. Das irritierte mich nicht besonders, denn es war klar, dass es in einem Land viele verschiedene Kleidungsstile geben musste. Manchmal schienen sich die Leute allerdings in bunte Stoffe zu hüllen. Einige trugen Hüte, die vage an geblümte Bischofsmützen erinnerten. Die geblümten Muster waren aber nicht in dem blassen Pastellstil, den ich von Damenkleidern oder von Sofas kannte, sondern in äußerst kräftigen Farben. Nach einigen Monaten der Stille begann ich, in meinen Träumen Klänge wahrzunehmen. Die Leute sangen manchmal auf unheimliche und doch schöne Weise. Diese Lieder schienen keine Lieder in der Art zu sein, wie ich sie kannte. Es lag nicht daran, dass sie fremd waren. Ich hatte in der Schule im Musikunterricht Lieder aus den verschiedensten Teilen der Welt gehört, und so fremdartig sie auch klangen, es waren doch immer noch erkennbare Lieder gewesen.

Was einige dieser Leute sangen, war etwas völlig anderes: Sie benutzten ihre Stimmen für einen bestimmten Zweck, aber ich konnte nicht sagen, wozu.

Ich ging fortan jeden Tag in die Bibliothek, um mir diese Bücher anzusehen, und ich kopierte die darin enthaltenen Bilder. Ich zeichnete sie im Kunstunterricht und die Lehrer schienen der Meinung zu sein, dass dies eine akzeptable Beschäftigung wäre. Die anderen Jungen schienen es vorzuziehen, Flugzeuge zu zeichnen. Sie zeichneten gerne Luftschlachten, bei denen sich die Flugzeuge nach und nach gegenseitig zerstörten und die gesamte Zeichnung allmählich im Chaos versank. Ich fand diesen Prozess völlig idiotisch, habe aber nie einen Kommentar dazu abgegeben.

Als mein Vater und meine Mutter zum Elternabend kamen, schauten sie sich meine Kunstwerke und die Kunstwerke der anderen Jungen an. Die Eltern konnten an der Wand eine Ausstellung unserer Arbeiten sehen. Mein Vater stellte Fragen zu meinen Bildern, weil sie sich so sehr von den Werken der anderen Jungen unterschieden, und Mr. Sharpe erklärte, dass ich von den beiden Büchern über Tibet inspiriert worden sei, die ich in der Bibliothek gefunden hatte. Meinem Vater gefiel es nicht, dass ich heidnische Götter malte, und er verlangte, dass ich keinen weiteren Zugang zu den Büchern habe.

Das war das Ende eines wundervollen Zeitabschnitts. Danach reduzierten sich die Besuche der Weißen Dame nur noch auf sporadische Erscheinungen, die jedoch immer undeutlicher wurden. Es schien, dass ich immer weniger Zugang zu den tibetischen Landschaften in meiner Traumwelt hatte, je mehr ich lernte, in der Nähe meines Vaters und von Autoritätspersonen im Allgemeinen zu leben, ohne dabei in Probleme zu geraten.

Ein Jahr verging und so sehr ich mich auch bemühte, meine Traumwelt verblasste zusehends. Es gab immer noch gelegentliche Reisen irgendwohin, vielleicht nach Tibet, aber es war nur noch sehr wenig Lebendigkeit übrig. Es fühlte sich immer weniger wie ein realer Ort an, sondern wurde einfach zu einem Teil meiner gewöhnlichen Träume. Nachdem ein Jahr vergangen war, schien meine tibetische Traumwelt der fernen Vergangenheit anzugehören.

Ich erinnerte mich nur noch vage daran, dass früher einmal *etwas Leuchtendes* passiert war. Ich beschrieb es als das Gefühl, wenn man nicht weiß, ob man etwas geträumt hat oder ob es wirklich passiert ist. Abgesehen davon, wusste ich bald nicht mehr, ob ich diese Dinge geträumt hatte oder ob ich nur *geträumt hatte, dass ich sie geträumt hatte.* Der Grad der Illusion war zu groß oder auch zu gering, um die Erinnerung auf Dauer aufrechtzuerhalten. Es folgten einige Monate, in denen mir die Idee der Weißen Dame kaum noch in den Sinn kam.

Steve hatte mit seinen Eltern gesprochen und diese schrieben meinen Eltern, da wir ja kein Telefon hatten. Es wurde vereinbart, dass ich gelegentlich am Wochenende bei ihm übernachten konnte. Glücklicherweise wurde daraus dann fast jedes zweite Wochenende und… mein Vater schien mit dem Arrangement zufrieden zu sein. Da Steves Vater Polizeikommissar war, stimmte mein Vater zu. *„Der Junge wird dort in einer gesunden Umgebung sein…"* verkündete mein Vater „*… nicht in einer schändlichen Höhle von fanatischen Nudisten-Vegetariern!*"

Ich schaute im Wörterbuch nach, was das Wort „fanatisch" bedeutete, und ich war überrascht, denn es war eindeutig mein Vater, der der Fanatiker war. Die Trevelyans waren so weit entfernt von fanatisch, wie man es sich nur vorstellen konnte. Sie waren freundlich, aufgeschlossen und neugierig.

Ich nutzte die Wochenenden bei Steve, um mehr über Musik zu lernen, Gitarre zu üben und der Überwachung meines Vaters zu entgehen. Steve schien dem Musikunterricht der Schule weit voraus zu sein und daher konnte ich ihm Fragen stellen. Ich brachte Steve bei, einige Blues–Nummern zu singen, was ihm Spaß machte. Er dachte, ich hätte eine gute Stimme.

Zu der Zeit rückten die Beatles, zusammen mit einer ständig größer werdenden Zahl von Bands aus Liverpool, immer stärker ins öffentliche Bewusstsein. Insofern schien die Idee, selbst eine Band zu gründen, recht naheliegend. Allem Anschein nach hatten Steve und ich das, was man für eine Band brauchte. Ich entwickelte mich gut als Sänger. Ich war laut und in keinster Weise schüchtern.

Allerdings verfiel ich mitunter dem Tempo Rubato, ohne dass ich die „geraubte Zeit“ wieder zurückgab.[13] Steve spielte sowohl Rhythmus- als auch Leadgitarre, und zwar beides äußerst hervorragend. Seine große Liebe galt jedoch dem Bass. Er hatte vor, auf den Bass zu wechseln, sobald seine Hände dafür groß genug waren. Alles, was wir somit noch brauchten, waren ein Leadgitarrist und ein Schlagzeuger – und schon wären wir einsatzbereit.

Ich begann darüber nachzudenken, dass ich besser Liedtexte als Gedichte schreiben sollte. Ich studierte die mir bekannten Blues-Texte und spielte mit einigen Ideen herum. Ich wusste, dass ich nicht über Dinge schreiben konnte, die in Amerika passierten. Stattdessen verbrachte ich viel Zeit damit, darüber nachzudenken, welche Art von Sprache in England funktionieren würde, ohne albern zu klingen. Steve konnte Musik lesen *und* schreiben. Somit konnte er unsere Ideen sammeln und daran arbeiten.

Steve hatte einen Bruder namens Mark, der drei oder vier Jahre älter war. Mark spielte Bassgitarre und hatte Steve bereits die Grundlagen des Instruments beigebracht. Als ich den Bass zum ersten Mal hörte, wusste ich, dass das *mein Instrument* war. Es fühlte sich an wie ein Erdbeben, als ob die Töne direkt aus der Erde kämen. Der Klang war kräftig und erzeugte Formen und Farben im Raum, die fast physisch greifbar waren.

Mark ließ mich eines Tages seinen Bass spielen, ein Ereignis, das mir für immer im Gedächtnis blieb. Im Jahr 1964 ertrank Steves Onkel Stan während eines Segelurlaubs im Mittelmeer. Onkel Stan hatte in Mr. Bruces Amateur-Jazzband gespielt. Er war der Bassist gewesen und so landeten schließlich alle seine Gitarren im Haus von Mr. Bruce. Er hatte einen GIBSON EB0[14] und einen HAGSTROM CORONADO VI, das ist ein 6-saitiger Bass. Der HAGSTROM war ein wunderbares Instrument, aber nicht besonders schön; für mich zumindest nicht.

13 Tempo rubato bedeutet „gestohlene Zeit“ . Die Idee dahinter ist, dass man, wenn man eine Note verlängert, eine andere verkürzen muss, um die zuvor gestohlene Zeit wieder zurückzuzahlen. Nur so bleibt man insgesamt im Takt.

14 Die GIBSON EB0 von 1961 war eine Bassgitarre mit einem Mahagoni-Korpus und einem 30½-Zoll langen kurzmensurigen Hals.

Der Hersteller war offensichtlich nicht in der Lage gewesen, alle benötigten Metallteile selbst zu produzieren, und so schienen für das Switching die Schalter von handelsüblichen Haushaltsgeräten verwendet worden zu sein. Der Bass sah daher eher wie eine Waschmaschine aus. Steves ästhetische Ansprüche waren völlig anders als meine und er fand den HAGSTROM in keinster Weise abscheulich. *„Ich sehe schon, was du meinst, Vic… aber die Schalter sind alle so präzise und eindeutig. Sie sind auch beim Spielen sehr schnell zu finden, weil sie so groß sind, und es ist eine* sehr *gute Verarbeitung. Weißt du, Onkel Stan war ein Perfektionist, und das war sein Lieblingsbass."*

„Ich bevorzuge die GIBSON EB0. *Sie sieht aus wie eine Gitarre, auf der Batman gespielt hätte, vor allem, weil sie schwarz ist! Ich liebe schwarze Gitarren."*

„Ich mag auch schwarze Gitarren."

„Ja…" überlegte ich *„… hier sind alle Instrumente schwarz, nicht wahr… sogar die* RICKENBACKERS *und der* FENDER PRECISION-*Bass deines Vaters…"* [15]

„Das liegt daran, dass die Jazzband meines Vaters „The Dixons' hieß.[16] *Bis auf Onkel Stan waren sie alle Polizisten und selbst er hatte eine schwarze Bassgitarre, somit passte er dazu."*

*„Sie hießen „*DIE DIXONS*"…?… wie „*DIXON OF DOCK GREEN*" …?"*

„Ja, der Name basiert auf einem Wortspiel."

„Das ist wunderbar!" kicherte ich: *„Ich hätte nie gedacht, dass ich einen Elternteil kennen lerne, der Wortspiele für einen Bandnamen verwendet. Obwohl… ich denke, dass die Trevelyans auch so etwas gemacht hätten."*

„Die Trevelyans…"

Ah… jetzt steckte ich etwas in der Klemme.

15 Siehe Glossar: *Gitarren*
16 Siehe Glossar: DIXONS

Ich hatte nicht vorgehabt, Alice zu erwähnen, aber… jetzt blieb mir nichts anderes übrig, als die Geschichte zu erzählen. *„Also… ich hatte eine Freundin namens Alice Trevelyan, als ich in der Vorschule war. Sie zog jedoch nach Herefordshire und… nun… ich habe sie danach nie wieder gesehen.“*

„Du hast früh angefangen!“ grinste Steve.

„Und auch wieder früh aufgehört…“

„Aber Hereford ist nicht Tasmanien. Warum hast du sie nicht mehr gesehen, nachdem sie nach Hereford umgezogen war?“

„… weil…“ Ich bekam einem Kloß im Hals, selbst nach fast einem halben Jahrzehnt. *„… mein Vater nicht wollte, dass ich eine Freundin habe. Ihre Eltern sagten, sie würden mich einladen, aber es ist dann einfach nie passiert.“*

„Sie haben nie geschrieben.“

„Nicht, dass ich wüsste… wahrscheinlich schon, aber es wurde mir nie gesagt.“

„Dieser Mistkerl…“ brummte Steve. Das war für Steve ziemlich extrem, denn er fluchte fast nie. Steve hatte meinen Vater kennengelernt, und es war Abscheu auf den ersten Blick. Er blieb ein Wochenende bei mir zu Hause, wollte diese Erfahrung aber nie mehr wiederholen. Seine Eltern hatten Verständnis für die Situation und waren völlig einverstanden, dass ich ohne Gegenbesuch viel Zeit bei ihnen verbrachte.

„… dieser verdammte Mistkerl…“ wiederholte Steve und wirkte ein wenig verlegen angesichts der plötzlichen Vorstellung, dass seine Eltern ihn gehört haben könnten.

„Nun… ja…“ PAUSE *„Meine Mutter meint, dass er Gründe hatte, die… zu kompliziert waren, um sie zu erklären, aber dass er es nur gut gemeint hat.“*

„Was!?“ Steve rief entrüstet aus: *„Was sollte* das *denn heißen!?“*

„Ich glaube… es hatte etwas damit zu tun, dass die Trevelyans Geld hatten, oder so was in der Art… oder zumindest viel mehr Geld als wir haben… und, ich nehme an, es gab irgendein Problem damit.“ PAUSE *„Meine Mutter sagte, sie könne ihn verstehen und dass ich vielleicht unglücklich geworden wäre oder so… aber egal…“* ich wechselte das Thema *„… wir waren beim „Wortspiel“ im Namen der Jazzband deines Vaters.“*

Steve bemerkte, dass ich lieber nicht mehr weiter über Alice sprechen wollte. *„Stimmt… ja… es ist auch ein doppelter Witz, und wirklich ziemlich clever. Abgesehen von meinem Onkel sind sie alle Polizisten, das ist der eine Teil, und der andere Teil ist, dass sie Dixieland Jazz spielen.“*

„Großartig!“ lachte ich. *„Das ist wirklich gut! Ich mag diese Art, mit Worten umzugehen. Ich versuche in meinen Gedichten ebenfalls Doppeldeutigkeiten zu verwenden. Das ist hervorragend. Es ist wie bei den Beatles, in denen das Wort „Beat“ vorkommt. Ich denke, die besten Namen sind alle so.“* PAUSE *„Weißt du…“* fuhr ich mit einem völlig anderen Thema fort *„… ich mag diesen* GIBSON EB0 *wirklich…“*

„Aber es ist nur ein Single-Pickup-Bass… ich meine… das gilt auch für den FENDER PRECISION, *deshalb hat mein Vater ihn modifizieren lassen. Nachdem er ihn dann modifiziert hatte, ließ er ihn professionell schwarz lackieren. Dieser* GIBSON EB0 *ist ein bisschen wie eine „Dampfwalze“ für den Jazz, weshalb mein Onkel Stan dann den* HAGSTROM *bekam. Mein Vater hat angeboten, ihn ebenfalls zu modifizieren, aber Onkel Stan meinte, er hätte sowieso lieber einen Bass mit einem langen Hals.“*

„Warum denn das…?“

„Nun, man bekommt mit dem langen Hals wesentlich mehr „Sustain“. Das ist viel besser… es sei denn, man möchte Noten biegen. In dem Fall ist der kurze Hals besser.“

„Ah… dann möchte ich auf jeden Fall den kurzen Hals, denn im Blues werden viele Noten gebogen.“ PAUSE *„Denkst du, dass… es irgendeine Chance gibt, dass ich… diesen* EB0 *kaufen könnte…?“*

„Ich weiß nicht… ich kann fragen, aber… wahrscheinlich wird ihn mein Vater nicht verkaufen wollen, weil er seinem Bruder gehörte… und… nun ja, sein… Tod… ist noch nicht so lange her.“

Dann wurde Steves Bruder Mark 17 und bekam sein erstes Auto.

Von einem Tag auf den anderen verlor er jedwedes Interesse an der Musik. Autorennen wurden zu seiner großen Leidenschaft und Steve erbte alle Bassgitarren. Steve war begeistert – und ich auch, obwohl ich selbst keine Gitarre hatte. Steve hatte plötzlich mehr Gitarren, als man sich vorstellen konnte.

Die Bruces waren eine musikalische Familie. Mrs. Bruce war mehr oder weniger eine Konzertpianistin. Sie interessierte sich hauptsächlich für Klassik und Barock und spielte viele wunderbare Stücke. Ich wünschte, mein Vater hätte Interesse am Musizieren gehabt. Ich dachte, es hätte ihm geholfen, weniger wütend auf alles in der Welt zu sein. Ich wusste, dass er schockiert gewesen wäre, wenn er erfahren hätte, dass Mr. Bruce ein Jazz-Fan ist, der E-Gitarre spielt. Darum habe ich ihm natürlich nichts davon erzählt.

Ich hatte ein Auge auf diesen GIBSON EB0 geworfen. Ich war wie besessen davon und wenn ich in seiner Nähe war, konnte ich an nichts anderes mehr denken. Steve war sich allerdings nicht sicher, ob es möglich wäre, ihn zu kaufen. Seine Eltern müssten zustimmen. Wir hatten gemeinsam über Mittel und Wege gesprochen, wie ich ihn kaufen könnte, zum Beispiel in Form von wöchentlichen Ratenzahlungen. Ich hackte Holz, mähte den Rasen und erledigte Besorgungen für die Nachbarn. Ich wusste also, dass ich mindestens ein Pfund pro Woche verdienen konnte. Es war jedoch die Gitarre seines Onkels gewesen und Mr. Bruce war seinem Bruder sehr nahe gestanden. Ihr gemeinsames Interesse am Jazz reichte schon sehr lange zurück. Sie hatten einmal sogar darüber nachgedacht, professionelle Musiker zu werden, aber das war nicht wirklich das Richtige, wenn man ein Familienleben haben wollte. Damals wurde mir klar, dass ein Opfer nötig sein wird, wenn ich ein Bluesmusiker werden wollte. Ich kam zu dem Schluss, dass ich dazu bereit war. Die ganze *tägliche Arbeitsroutine* würde ansonsten ja die Zeit verschlingen, die man zum Musizieren benötigte. Vielleicht würde alles anders sein, wenn ich Alice wiederfände, aber ohne Alice ergab die Idee einer Heirat emotional ohnehin keinen Sinn.

Steve erwähnte schließlich seinen Eltern gegenüber, wie sehr es mir der GIBSON EB0 angetan hatte. Überraschenderweise antworteten sie, dass sie mir das Instrument sehr gerne verkaufen würden, da ich ein Freund von Steve sei und gemeinsam mit ihm spielen würde.

Sie sagten, dass ich den Bass zusammen mit dem VOX-Bassverstärker[17] für 50£[18] haben könnte. Ich hatte über alle Möglichkeiten nachgedacht, wie ich in den Besitz dieser Gitarre gelangen könnte. Ich hatte über die Idee nachgedacht, dass dieser EB0 für sämtliche Geburtstags- und Weihnachtsgeschenke für den Rest meines Lebens stehen könnte, aber es sollte letztendlich nicht dazu kommen. Es erwies sich als unmöglich, obwohl die Bruces so freundlich waren, den Bass für viel weniger zu verkaufen, als er wert war.

Nachdem sie mich ein Wochenende lang dabei beobachtet hatten, wie ich auf dem EB0 herumzupfte, kamen sie zu dem Schluss, dass ich das Ding praktisch vergötterte. Ich war der beste Freund ihres Sohnes und Steve bevorzugte den FENDER PRECISION-Bass seines Vaters. Das führte letztlich dazu, dass sie die Absicht hatten, mich mit Steve gleichzustellen. Es muss für sie so ausgesehen haben, als würde ich immer die zweite Geige spielen, jedoch ohne Geige. Am Montag nach dem Wochenende schrieben sie einen Brief an meine Eltern, in dem sie die Gitarre zum Verkauf anboten. Aber mein Vater erlaubte keine E-Gitarre im Haus, selbst wenn ich sie in Raten von meinem eigenen Geld kaufen würde.

Mein Vater fand schließlich heraus, dass Mr. Bruce Gitarre spielte. Offensichtlich fand er es verwirrend, dass ein Polizist in einer Jazzband spielte, selbst wenn es sich nur um eine Freizeitbeschäftigung handelte. Obwohl er darüber nichts Abfälliges sagte, änderte es seine grundlegende Meinung in keinster Weise. Er muss „Mr. Bruce“ und „Jazz“ in zwei getrennte konzeptionelle Abteilungen geschoben haben, denn ich durfte weiterhin die Wochenenden bei den Bruces verbringen.

Mr. und Mrs. Bruce waren mir nach dieser Geschichte noch mehr zugeneigt. Sie taten ihr Möglichstes, um dafür zu sorgen, dass ich mich bei ihnen wohl fühlte. Der Umgang mit Gitarren war *alles*, was ich benötigte, um eine schöne Zeit zu haben, und so nutzte ich jede musikalische Gelegenheit, die sich mir bot.

17 Der VOX AC30 wurde erstmals 1958 hergestellt. Er hatte einen einzelnen 12-Inch GOODMANS 60-Watt Lautsprecher in einem Gehäuse, dass einem damaligen Fernseher ähnelte.

18 50.00£ im Jahr 1962 würden etwa 500.00£ im Jahr 2020 entsprechen.

Mr. Bruce fragte mich, welche Art von Musik mir gefiel und er war überrascht, als ich sagte: *„Big Bill Broonzy, Robert Johnson, Lead Belly, Bessie Smith, Memphis Minnie, Ma Rainey und Big Mamma Thornton.*" Er dachte, dass es sich um ziemlich alte Musik handelte und war überrascht, dass ein so junger Mensch wie ich diese Art von Musik mochte.

„Es ist meine Lieblingsmusik… " erklärte ich *„… aber ich mag auch Bach und die Beatles.*" Mr. Bruce fand das eine faszinierende Mischung.

Im Hause Bruce gab es ein „Stereogramm", ein 1,80 Meter hohes Gehäuse mit einem Lautsprecher an jedem Ende. Was immer man darauf spielte, klang besser als alles, was ich jemals zuvor gehört hatte. Auf dem Ding konnte ich mir sogar *„Midnight in Moscow"* anhören und es klang interessant, obwohl ich die Trompete nicht besonders mochte. Ich hielt Trompeten für „Militärinstrumente" . Mein Vater mochte Militärkapellenmusik und von daher hatte ich gewisse Vorurteile gegen jedwede Musik dieser Art. Mir gefiel jedoch die Art und Weise, wie die Musik in dieser Nummer anschwoll, und ich teilte Mr. Bruce mit, dass dies der beste Teil von „Midnight in Moscow" wäre. Ich genoss es, Mrs. Bruce am Klavier zuzuhören, und wünschte mir, dass wir immer noch ein Klavier in unserem Haus hätten. Sie spielte mir Bach-Stücke vor, sowie moderne Komponisten wie Eric Satie. Für mich war es erstaunlich, dass es so unterschiedliche Arten von Musik gab und dass man sie alle mögen konnte. Was mein Vater mir erzählt hatte, war definitiv falsch. Man *konnte* sowohl Bach als auch Blues mögen. Mrs. Bruce schätzte die Tatsache, dass ich Bach mochte. Sie sah darin einen guten Einfluss auf Steve, weil dieser sich hauptsächlich für den Jazz seines Vaters interessierte.

Nachdem ich mich seit meinem siebten Lebensjahr um eine Gitarre bemüht hatte (*und mir im Alter von neun Jahren ein äußerst vernünftiger Deal für eine* GIBSON EB0 *mit zugehörigem Verstärker verweigert worden war*), führten der Tod von Mr. Love und der Verlust seines Blues–Vermächtnisses bei meinem Vater schließlich zu einer gewissen Nachsicht bezüglich des Gedankens, dass eine Gitarre in die moralische Bastion unseres Zuhauses Eingang finden könnte. Zu meinem elften Geburtstag bekam ich schließlich eine Gitarre. Sie war aus Plastik.

Der Hals und die Bünde waren formgegossen und sie hatte nur vier Saiten, welche durch verrutschende Wirbel gestimmt wurden. Es handelte sich auch um keine richtigen Saiten, sondern um hohle Plastikfäden, die nicht einmal wie Nylonsaiten klangen. Offensichtlich war das Ding so gebaut, dass es keinen Ton von sich gab. Die Idee war, dass ein Kind so tun konnte, als würde es zu etwas spielen, ohne dass der Klang der „Gitarre“ die Musik störte.

Es war ein Spielzeug. Es hieß „Skiffle Junior“ . Darauf war ein Bild von einem Kerl mit Haartolle, der Elvis Presley nachempfunden hätte sein können. Die Form, in welche die Papierillustration eingefügt worden war, zeigte andere Modelle, unter anderem mit einem Bild von Mickey Mouse. Ich war entsetzt, musste aber dankbar und zufrieden aussehen. Ich musste zufrieden aussehen, obwohl das Wort „Skiffle“ nichts anderes als „verwässerter Blues“ bedeutete, wobei mein Vater das natürlich nicht wissen konnte. „Skiffle“ war einer dieser Versuche, schwarze Musik für ein weißes Publikum neu zu verpacken, und bereits im Alter von sieben Jahren wollte ich damit nichts zu tun haben. Immer wenn ich diese Plastikgitarre berührte, konnte ich sehen, wie Big Bill Broonzy, wo immer er jetzt auch sein mochte, höhnisch darüber lachte.

Meine Zukunft als Bluesmusiker sah nicht gerade rosig aus. Steve Bruce hatte eine echte Gitarre. Er hatte seit seinem fünften Lebensjahr Unterricht erhalten. Ich wäre mit dem allerschlechtesten gebrauchten Low-End-Instrument zufrieden gewesen, aber natürlich hatte ich keine Lust, diesen Plastikwitz als Musikinstrument zu spielen. Das wurde als sicherer Beweis dafür gewertet, dass eine echte Gitarre für mich eine Verschwendung gewesen wäre. Steve war ziemlich wütend über die Plastikgitarre und erzählte seinen Eltern davon. Er erzählte mir, dass sie sich meinetwegen auch etwas geärgert hatten und dass er sie in der Küche reden gehört hatte, nachdem er zu Bett gegangen war. Sie hatten darüber gesprochen, mir einfach den GIBSON EB0 zu schenken, aber sie entschieden sich dagegen, weil sie ihn mir nicht gegen den Willen meines Vaters geben konnten. Dann hatten sie eine *andere* Idee. Sie würden ihn mir zu meinem achtzehnten Geburtstag schenken, denn dann wäre ich rechtlich erwachsen und solch ein Geschenk wäre kein Problem mehr.

Ich hätte das an sich nicht wissen sollen, aber der Deal war besiegelt. Sieben Jahre und er würde mir gehören! Das schien jetzt nicht mehr *so* lange zu dauern. In ein paar Monaten würde ich auf die Netherfield Secondary School gehen, und wenn ich mit der fertig wäre, dann war es schon fast so weit.

5

Orakel und Dämonen

1964

Die Zeit verging. Ich war seit einem Jahr an der Netherfield School und stand kurz vor dem Beginn meines zweiten Jahres. Die Weiße Dame—oder Tara—tauchte wieder auf, nicht lange nachdem ich auf eine gemischte Schule ging. Die Präsenz von Mädchen war eine explosive Erfahrung, wenn auch undefinierbar und nicht greifbar. Ich fand ihre Körperhaltung und die Art, wie sie sich bewegten, nahezu hypnotisierend. Natürlich hatte ich schon in der Vorschule Mädchen gesehen, aber meine Jahre an einer reinen Jungen-Grundschule hatten eine gewisse Distanz geschaffen. Ich habe Mädchen zwar auch außerhalb der Schule gesehen, aber immer nur mit etwas Abstand. Es war mir nicht möglich gewesen, einfach da zu sitzen und ihnen zuzuhören, wie sie miteinander redeten. Es schien nie möglich zu sein, mit Mädchen zu reden, wenn sie durch Farnham oder Aldershot schlenderten, weil… man nicht einfach auf die Leute zuging und anfing zu reden. Das war in den 1950er-Jahren völlig undenkbar.

Ich hatte Tara vermisst, fast ohne zu bemerken, dass ich sie vermisst hatte. Ich wusste erst, dass ich sie vermisst hatte, als sie wieder auftauchte. Ich vermisste auch Alice. Auf seltsame Weise hatten sich die Weiße Dame, Alice und Frigg in der Form der Weißen Tara vereint. Als sie wieder erschien, wurde mir klar, dass sie die ganze Zeit über als undefinierbarer Gefühlston im Hintergrund gewesen war. Es war nicht möglich, etwas zu sehen oder zu hören, ohne in ihrer Gegenwart zu sein, aber es war unterschwellig: etwas, das ich wusste, ohne zu wissen, dass ich es wusste. Jetzt war sie zurück und ich war sowohl glücklich als auch etwas verwirrt darüber, welche Rolle sie für mich als aufstrebenden Bluesmusiker spielen würde.

Sehr zum Missfallen der anderen Jungen freundete ich mich mit den meisten Mädchen an, insbesondere mit Lindsay Goulding. Romantik war jedoch das Letzte, woran ich damals dachte. Es ging eher darum, dass sich die Mädchen für Poesie und Kunst interessierten, die Jungen jedoch nicht. Die Mädchen redeten über Kunst, Natur und andere interessante Dinge.

Die Buben schienen dieselben *feinen, jungen, sportbegeisterten Primaten* zu sein, die ich bereits in der Grundschule kennengelernt hatte. Ich tolerierte sie so gut es mir möglich war und versuchte, freundlich zu sein.

Mädchen hingegen hatten mich schon von frühester Kindheit an fasziniert, vielleicht gerade wegen der Weißen Dame. Die Weiße Dame war auf eine mir nicht vollständig erklärbare Weise durch Alice Trevelyan in Erscheinung getreten. Nicht, dass ich jemals gedacht hätte, dass Alice die Weiße Dame *war*, aber in gewisser Weise repräsentierte sie auf inspirierende Weise die Weiße Dame als zufällige poetische Botschafterin.

Eines Nachts erinnerte ich mich daran, wie die Weiße Dame mich auf mysteriöse Weise "in die Schweiz gebracht hatte". Ich wusste, dass es nicht die Schweiz gewesen war, aber ich hatte keine Ahnung, wo es sonst hätte sein können, bis ich die Fotos von Tibet in der West Street Junior School gesehen hatte. Da waren die beiden Mädchen in dieser Berglandschaft, die mir so unglaublich vertraut vorkamen. Ich hatte das Gefühl, als hätte ich wissen *müssen*, wer sie waren. Es gab eine Zeit wo ich glaubte, ich könnte die beiden einfach in Farnham oder Aldershot treffen, aber es war schon sehr lange her, dass ich solche unwägbaren Unmöglichkeiten in Betracht gezogen hatte. Man konnte nicht ernsthaft erwarten, dass man Menschen begegnete, die man im Traum gesehen hatte, es sei denn, man war nicht ganz bei Sinnen. Nichtsdestotrotz hatte es sich absolut real angefühlt, in diesen Bergen zu wandern und in der ekstatischen Gesellschaft von… ja von wem eigentlich? Es gab nichts, was ich mit dieser Frage anfangen konnte. Sie musste einfach *im Hintergrund* bleiben, während ich *vordergründig* über Blues nachdachte.

Am Anfang meines 2. Schuljahres entwickelte sich allmählich eine Idee. Sie war zunächst reichlich vage. Sie flatterte wie eine burleske Fledermaus im tonalen Ballett des Zwielichts, knapp außerhalb der Reichweite des Konzeptionellen. Ich erinnerte mich an Mr. Love und unsere vielen Gespräche über Blues. Ich erinnerte mich, dass er mir von einem besonderen Ort erzählte, an den ein Mensch gehen konnte, um ein großartiger Bluesmusiker zu werden.

Es handelte sich um *den Scheideweg*[1]…

Der Scheideweg war jener Ort, an dem man Papa Legba[2] treffen konnte. Alles, was man laut der Blues–Folklore tun musste, war um Mitternacht an eine Kreuzung zu gehen. Dort sollte man mit seiner Gitarre sitzen. Man musste etwas spielen, oder zumindest etwas singen, und ein großer schwarzer Mann, gekleidet wie Abraham Lincoln, würde erscheinen. Er würde seine Hand ausstrecken, als Geste, dass man ihm die Gitarre reichen sollte. Man würde ihm die Gitarre geben, er würde sie stimmen, und sie zurückgeben. Danach würde man wie Robert Johnson spielen. So oder so ähnlich könnte es sich zutragen, falls ich… irgendwann… endlich eine richtige Gitarre bekäme.

Es gab ein paar Fragen, die mich beunruhigten. War es für einen Buddhisten in Ordnung, Geschäfte mit einem afrikanischen Geist zu machen? Nachdem ich in der Grundschule die Bücher über Tibet gelesen und die Weiße Dame mehr oder weniger als Tara identifiziert hatte, war es weitgehend selbstverständlich, dass ich ein Buddhist war. Es gab keinen bestimmten Moment, an dem dies offenkundig geworden wäre. Ich war nicht durch einen gedanklichen Prozess zu meiner „Bekehrung" gekommen. Es war eher ein Erkennen dessen, was ich immer schon gewesen war.

Als Buddhist wollte ich natürlich wissen, ob es einen Unterschied zwischen den Orakeln von Tibet und Papa Legba gab? War Papa Legba etwa ein Jigten Srungma?[3] Ich hatte versucht, in einem Buch von René De Nebesky-Wojkowitz[4] über diese Wesen und über Orakel zu lesen. Das Buch hieß *Die Orakel und Dämonen von Tibet.* Ich hatte das Buch in der Farnham Library gefunden. Warum nur musste René De Nebesky-Wojkowitz so dicht und kompliziert schreiben? Das Buch war eine furchtbar schwülstige Lektüre. Ich musste mich durch fast 700 Seiten kämpfen, ohne wirklich viel zu verstehen, außer: *a. Es gab Lamas, die Wesen herbeirufen konnten. Sie hatten die Macht, den herbeigerufenen Wesen Aufträge zu erteilen; b. Es gab Menschen (hauptsächlich Mönche), die als Medien fungieren konnten.*

1 *The crossroads*

2 Siehe Glossar: *Legba*

3 Jigten Srungma *('jig rTen pa'i srung ma / lokapala)* – ein lokaler Beschützer, ein Geistwesen des Ortes.

4 Siehe Glossar: *Nebesky-Wojkowitz*

Sogenannte Dämonen konnten von ihren Körpern Besitz ergreifen, um dann durch sie zu sprechen.

Nun gut. Ich war nicht wirklich dazu bereit, dass irgendetwas oder irgendjemand von mir Besitz ergriff, aber einen einfachen Gefallen könnte ich mir schon vorstellen. Das war letztlich das *primäre Geschäftsmodell* von Papa Legba. Offensichtlich mochte er Leute, die Blues spielten und warum sollte er dann nicht eine Filiale in Großbritannien eröffnen? Mit der Zeit kam mir das alles immer vernünftiger vor und es erschien mir absolut in Ordnung, dass ich bei Papa Legba mein Glück versuchte.

Es gab noch einige andere Schriften von René De Nebesky-Wojkowitz, in Journalen, die ich sehr zum Erstaunen des Bibliothekars über die Farnham Library bestellte. *„Was will ein* 12-*jähriger Junge mit anthropologischen Artikeln aus gelehrten ethnografischen Fachzeitschriften anfangen?"* Ich sah verlegen aus. *„Es ist für einen Schulaufsatz"* log ich. Nach zwei Wochen gab ich sie alle wieder zurück, ohne sie zu verlängern. Der Stil war viel zu akademisch, als dass ich die Artikel hätte verstehen können. Ein Buch schien jedoch zugänglicher und menschlicher als die anderen. Es hieß *„Wo die Götter Berge sind*[5]*"* und ich habe es gierig verschlungen.

Es gab niemanden, den ich fragen hätte können, ob mein Plan für einen Buddhisten umsetzbar war oder nicht. Ich beschloss, mich wie ein Narr dorthin zu stürzen, wo Engel sich fürchteten, Rad zu fahren.[6] Aber… würde Papa Legba angesichts einer Plastikgitarre erscheinen? Könnte meine geplante dämonische Verabredung an jeder beliebigen Weggabelung stattfinden? Könnte es eine englische Kreuzung sein? Ich hatte keine Antworten auf diese Fragen. Da ich weder einen Hoodoo-Mann noch eine Hoodoo-Frau in der Nähe hatte, bei denen ich mich hätte erkundigen können, musste ich letztlich alles selbst entscheiden. Ich fürchtete, dass es wohl eher eine Kreuzung irgendwo in Mississippi sein müsste. Vermutlich irgendein abgelegener Ort am südlichen Ende des Highway 61.

5 *Where the Gods are Mountains: Three Years Among the People of the Himalayas,* (Wo die Götter Berge sind: Drei Jahre bei den Menschen des Himalaya), René de Nebesky-Wojkowitz, Weidenfeld and Nicolson, London, 1956.

6 *Fools Rush In (Where Angels Fear to Tread)* ist der Titel eines Jazzstandards, der 1940 erstmals in der Fassung von Bob Crosby erschien.

Wenn dem so wäre, dann gäbe es allerdings überhaupt keine Hoffnung, dass ich Papa Legba jemals treffen würde. Es blieb mir also nichts anderes übrig, als es hier zu versuchen.

Es gab eine Kreuzung unten bei Runfold[7], kurz nach Badshot Lea. Es war nicht Mississippi, aber es *gab* offene Felder. Diese breiteten sich in *allen vier Quadranten* der Kreuzung aus, so wie ich es mir nach meinen Gesprächen mit Mr. Love vorgestellt hatte. Ich hatte Mr. Love gebeten, mir den Scheideweg zu beschreiben, und er malte mit seinen Worten ein Bild davon, wie so eine Weggabelung aussehen könnte. *„Mississippi ist flach und es gibt keine Begrenzungen zwischen den Feldern und Straßen"* hatte er gesagt. Also… vielleicht sprach diese Ähnlichkeit für Runfold. Außerdem liegt Runfold auf einem alten Pilgerweg und hatte auch von daher eine gewisse Magie.

Ich ging nach der Schule zu der Kreuzung, um sie mir anzusehen. Runfold war tatsächlich so flach, wie man es sich nur vorstellen konnte. Die Felder rund um die Kreuzung waren nicht eingezäunt, genau wie ich es in Erinnerung hatte. Im Jahr 1964 befand sich die Kreuzung am abgelegenen Stadtrand von Farnham. Ich konnte mich vage daran erinnern, weil ich einmal mit dem Fahrrad auf den Hogsback[8] gefahren war. Die lange Bergstraße nach Guildford. Runfold war so ländlich langweilig wie ein Lauch. Die Runfold-Kreuzung sollte also der richtige Ort sein. Aber würde Papa Legba sich dazu herablassen, für einen weißen englischen Jungen mit einer Plastikgitarre zu erscheinen? Vielleicht. Vielleicht auch nicht, aber… Ich war doch nicht der durchschnittliche nullachtfünfzehn Weiße, oder? Nein. Auf keinen Fall. Ich war ein Bluesmann und das schon seit meinem achten Lebensjahr. So habe ich es zumindest damals gesehen. Ich konnte immer noch die Lieder singen, die ich im Alter von acht Jahren von Mr. Love gelernt hatte. Außerdem sollte ich an meinem 18. Geburtstag einen GIBSON EB0-Bass und einen VOX-Verstärker bekommen. Nur sechs Jahre bis dahin.

Ich war 12 und brannte darauf, mit Steve Bruce und den anderen Mitgliedern unserer Bluesband auf der Bühne zu stehen. Eine Bluesband… Das waren magische Worte, die mir durch den Kopf gingen.

7 Siehe Glossar: *Runfold*
8 Siehe Glossar: *Hogsback*

Dann, nachdem Papa Legba mich ermächtigt hätte, würde ich einen Blues–Namen bekommen. „Victor Howard Simmerson" wäre ich dann für immer los. Vielleicht würde ich mich STAMMERING STAN STRANGE[9] nennen… „Stotternd", weil einige der besten alten Bluesmusiker blind oder verkrüppelt waren oder so. Darin lag ein gewisser Stolz. Ich könnte einfach auf die Bühne kommen und sagen: *„Ich bin* STAMMERING STAN STRANGE, *Leute, und ich habe einige umwerfende S-s-Songs für euch alle."* Warum Stan? Weil Steves Onkel Stan Bassist war. Irgendwann würde ich seinen GIBSON EB0 erben, und es schien mir richtig, dass ich seinen Namen ehren sollte. Warum Strange? In der Schule gab es einen Jungen namens Gordon Strange und ich hatte diesen Namen immer bewundert. Was jedoch das Stottern anging… Ich hoffte, dass meine Logopädie es mit der Zeit beseitigen würde.

Die Krankenschwester, die mich jeden Dienstag besuchte, war äußerst attraktiv und folglich zeigte ich sehr große Begeisterung für meine Sprechübungen. Mir wurde gesagt, ich würde über das Stottern hinwegkommen, wenn ich regelmäßig die Übungen machen würde. Also habe ich intensiv geübt und auch die Nervenmedizin genommen, die meine Großmutter aus Deutschland mitgebracht hatte. Meine Tante Rikchen hielt den Vorrat aufrecht, nachdem meine Großmutter gestorben war. Ich weiß nicht, was es war, aber es war grün und schmeckte entsprechend abscheulich. Mein Vater hatte vom Arzt erfahren, dass mein Stottern sich bessern würde, wenn ich mich etwas mehr entspannen könnte. Er sagte ihm, dass eine *sanftere Art* helfen könnte. Tatsächlich bestand er darauf, dass die körperliche Züchtigung in angemessenen Grenzen gehalten werden müsse, andernfalls würde er die Behörden kontaktieren. Mein Vater war *natürlich* wütend, aber er war kein Mann, der völlig starrsinnig handelte. Tief im Herzen war er kein unfreundlicher Mann. Er war einfach nur zu militärisch in seinem Verhalten und zu drakonisch in seinem Sinn für angemessene Bestrafung.

9 Stotternder Stan Seltsam

Es fiel mir auf, dass sich die Atmosphäre bei uns zuhause etwas verbessert hatte, aber obwohl mein Stottern nachließ, blieb es immer noch ein gewisses Kommunikationshindernis, außer wenn ich bei Steve war oder ich mich mit den Mädchen in meiner Klasse unterhielt. Ich stotterte immer vor den Lehrern und ich hatte Angst, im Englischunterricht laut vorlesen zu müssen.

Ich überlegte Steve zu fragen, ob ich seine Eltern bezüglich meiner Idee mit dem Scheideweg konsultieren könnte. Ich entschied mich aber dagegen. Sie waren zwar Atheisten, hätten also kein Problem mit Papa Legba, aber sie standen nicht auf der wilden Seite des Lebens. Mr. Bruce war schließlich Polizeikommissar. Die Bruces wollten mir die GIBSON EB0-Bassgitarre nicht gegen den Willen meines Vaters schenken. Somit würden sie es sicherlich auch nicht gutheißen, wenn ich um Mitternacht mit dem Fahrrad zur Runfold-Kreuzung fuhr.

Ich dachte den größten Teil des Sommers über mein Vorhaben nach. Ich war 12 geworden und es kam mir so vor, als müsste ich die Mitternachtsfahrt zum Scheideweg noch *vor* meinem 13. Lebensjahr erledigen. Das war das magische Jahr, ab dem man sich offiziell als Teenager bezeichnen konnte. Meiner Meinung nach war ich seit meinem 10. Lebensjahr ein Teenager. Schließlich bestand 10 aus zwei Ziffern und Teen bedeutet 10, aber nicht alle sahen das so wie ich. Für mich folgte daraus, dass 10–13 die Jahre des Übergangs waren. Mr. Love hatte mir erzählt, dass es sich bei dem Scheideweg um eine Kulisse des Übergangs handelte; so ähnlich wie beim *Rand des Waldes* oder auch beim *Watt*, also bei jenem Bereich der Meeresküste, der abwechselnd Meeresboden oder Land ist.

Nun denn... die Kreuzung bei Runfold. Ich müsste mich eine Viertelstunde vor Mitternacht aus dem Haus schleichen, wenn ich sicher wäre, dass meine Eltern bereits schlafen. Ich müsste die quietschenden Treppen überwinden, wobei ich genau wusste, welche am lautesten quietschten. Dann müsste ich das Haus durch die Hintertür verlassen, damit sie nichts hörten. Die Hintertür hatte einen Schlüssel und so konnte ich sie hinter mir abschließen. Ich wollte nicht, dass während meiner Abwesenheit jemand in das Haus einbricht, und ich wollte das Haus auch in einem normalen Zustand zurücklassen.

Ich würde einen Mantel in mein Bett legen, damit es so aussah, als würde jemand darin liegen, und… dann würde ich nach Runfold radeln. So weit mein Plan. Es war mir aber klar, dass ich immer noch nicht in Mississippi war. Darum hatte ich das Gefühl, dass ich noch etwas mehr tun müsste… etwas Gefährlicheres. Was könnte ich tun, um die Situation gefährlicher zu machen? Ich könnte das Luftgewehr mitnehmen. Aber nein: Das war in der Werkstatt meines Vaters verschlossen und ich hatte keine Ahnung, wo er den Schlüssel aufbewahrte. Dann tauchte plötzlich ein schrecklicher Gedanke auf und ich bereute sein Erscheinen sofort, als er aufgetaucht war. Natürlich konnte ich, sobald der Gedanke da war, nichts mehr dagegen tun. Er ließ mich einfach nicht mehr los. Ich würde nackt mit dem Fahrrad zum Scheideweg fahren.

Die ganze Idee war ohnehin schon verrückt genug, *warum* musste ich alles noch schlimmer machen? Nun… natürlich… wusste ich *warum*. Ich musste alles tun, um sicherzustellen, dass Papa Legba auch erscheinen würde. Ohne die okkulte Intervention von Papa Legba würde ich keinen Gitarrenunterricht bekommen und auch noch lange keine richtige Gitarre besitzen. Ich müsste auf meinen 18. Geburtstag warten, wenn der GIBSON EB0-Bass und der VOX-Verstärker mir gehören würden. Der nächste Schritt bestand nun darin, den Tag festzulegen. Sobald der Tag feststand, müsste ich den Plan auch durchziehen. Also habe ich die Tage *„Mittwoch oder Donnerstag"* laut ausgesprochen – Óðins Tag oder Thors Tag. Beide schienen mir für das Abenteuer bestens geeignet zu sein. Ich warf eine Münze und bekam Thors Tag. Es war also beschlossene Sache.

An besagtem Tag überkam mich eine große Angst. Es war schon den ganzen Tag über recht schlimm, aber je näher der Abend rückte, desto nervöser wurde ich. Ich beschloss, früh zu Bett zu gehen, damit meine Eltern vielleicht auch schneller schlafen gingen. Der Trick schlug jedoch fehl und ich lag lange im Bett und hörte ihnen beim Reden zu. Ich war froh, dass es nicht einer dieser Abende war, an denen mein Vater wegen irgendetwas einen Streit anzettelte. Endlich gingen sie dann zu Bett. Endlich gingen ihre Lichter aus. Endlich begann mein Vater zu schnarchen. Ich musste noch etwa eine halbe Stunde warten, bevor ich mich auf den Weg machte. Ich schlich mich die Treppe hinunter und setzte mich ins Wohnzimmer.

Ich würde meinen Pyjama und meine Hausschuhe unter der Glasveranda zurücklassen, wo sich ein kleiner Schrank mit Gartengeräten befand. Sie würden dort nicht zu sehen sein. Ich holte also mein Fahrrad aus dem Fahrradschuppen und brachte es vor das Haus. Ich öffnete langsam die Tore und lehnte mein Rad und meine Gitarre an die Außenwand. Dann eilte ich zurück zur Glasveranda und versteckte meinen Schlafanzug und meine Hausschuhe. Es war totenstill und selbst meine nackten Füße schienen unnötig laute Geräusche zu machen.

Ich schloss die Tore, bestieg mein Fahrrad und in dem Moment wurde mir klar, dass ich bestimmte anatomische Probleme beim Nacktradfahren nicht berücksichtigt hatte. Die Pedale waren schon nicht bequem, aber der Sattel war noch deutlich schlimmer. Außerdem spürte ich die Schnur, an der meine Gitarre über meinem Rücken hing. Sie schnitt mir in die Schulter und ich wusste, dass ich wund gerieben sein würde, wenn ich nach Hause zurückkehrte, falls ich an diesem Abend jemals wieder nach Hause käme. Was wäre, wenn ein Polizeiauto vorbeifuhr und ich wegen unanständiger Entblößung verhaftet würde? Wie würde ich alles erklären?

„Herr Inspektor… ich wollte Papa Legba an der Runfold Kreuzung treffen, damit ich wie Robert Johnson Gitarre spielen kann.“ Sie würden mich wahrscheinlich nach Brookwood schicken.

Als ich in die Hauptstraße einbog, hatte ich einen weiteren Grund zur Sorge. Was wäre, wenn *irgendein* Auto auftauchte? Sobald ich Scheinwerfer sähe, müsste ich sofort in die nächstgelegene Einfahrt verschwinden. Ich musste hellwach bleiben, um jedwedes Anzeichen von Autoscheinwerfern vor mir oder hinter mir frühzeitig zu erkennen. Ich atmete erleichtert auf, als ich von der Hauptstraße in die Nebenstraße Richtung Runfold abbog. Die Straßenlaternen blieben zurück und ich rollte in die Dunkelheit. Das brachte natürlich ein anderes Problem mit sich, weil ich nun nicht mehr sehen konnte, wo ich hinfuhr. Durfte ich das Risiko eingehen, mein Vorderlicht einzuschalten? Es gab keine andere Wahl. Ich beschloss jedoch, das Licht immer nur für ganz kurze Zeit einzuschalten und dann jeweils so weit zu fahren, wie es mir die kurzfristige Beleuchtung ermöglichte. Das ging ganz gut, bis ich einmal plötzlich den Bordstein touchierte, als die Straße eine Kurve machte.

Darauf beschloss ich, dass es wohl doch besser wäre, das Licht ganz einzuschalten. Ich würde es nur ausschalten und anhalten, wenn mir irgendwo etwas Menschliches begegnete. Die Fahrt dauerte nicht lange und ich war früher da, als ich erwartet hatte. Meine Augen hatten sich an die Dunkelheit gewöhnt und bald konnte ich die Felder im Mondlicht erkennen. Da war er, der Scheideweg.

Die Schnur hatte mich nicht ganz so wund gerieben, wie ich befürchtet hatte. Ich lernte, mich so zu bewegen, dass die Gitarre nicht zu sehr hin und her schaukelte. Ich stellte mein Fahrrad auf einem der Felder ab und setzte mich am Straßenrand auf einen alten Randstein. Es gab keine Häuser in der Nähe, aber ich hatte plötzlich Angst davor, laut zu singen. Wie weit würde man meine Stimme hören? Ich fing an, den Crossroads Blues zu singen. Zunächst noch ganz leise, aber dann wurde mir klar, dass es keinen Sinn hatte, mich zurückzuhalten. Ich war bereits so weit gekommen und es wäre dumm, jetzt den ganzen Plan zu ruinieren. Ich ließ es krachen. Dann ließ ich es noch einmal krachen. Ich musste das Lied mindestens ein Dutzend Mal gesungen haben. Ein Hund bewegte sich über das Feld, während ich sang, und ich erschrak. Er heulte eine Weile. Ich fragte mich, ob es Papa Legbas Hund war. Mr. Love hatte mir erzählt, dass Papa Legba einen Hund hatte. Plötzlich überkam mich Angst. Würde Legba tatsächlich erscheinen? Was hatte ich getan? Würde ich hier lebend herauskommen? Was wäre, wenn es wirklich der Teufel wäre und nicht Papa Legba? Aber ich wusste im Grunde, dass es keinen Gott oder Teufel gab.

Als diese Überzeugung in mir zur Gewissheit wurde, ließ die Panik rasch nach und wich einer immer größer werdenden Enttäuschung. Ich saß vermutlich ein oder zwei Stunden da und mir wurde zunehmend kalt. Offensichtlich war Papa Legba in Mississippi mit wichtigeren Angelegenheiten beschäftigt. Schließlich radelte ich benommen vor Kälte nach Hause, ohne mir Gedanken darüber zu machen, verhaftet zu werden.

Das war es. Zurück ins Bett. Niemand hatte etwas gehört oder gesehen. Ich war also in Sicherheit.

„Sicherheit"… Was für ein abscheuliches Wort. Ich ärgerte mich über das Bedürfnis, mich *sicher* fühlen zu wollen.

Andererseits war ich froh, dass ich das Risiko in Kauf genommen hatte. Vielleicht war die Sicherheit, die sich nach dem Eingehen eines Risikos ergab, akzeptabel? Vielleicht, aber ich hütete mich davor, mich zu erleichtert zu fühlen.

Ich hatte gleichzeitig Erfolg und Misserfolg gehabt. Der Misserfolg? Das war offensichtlich. Aber worin bestand der Erfolg? Darin, dass ich die zielgerichtete Intention hatte, genau das zu tun, was ich mir vorgenommen hatte. Ich hatte meinen Plan vollständig umgesetzt. Ich hatte nicht aufgegeben. Das war wichtig für einen buddhistischen Praktizierenden. Wie weit jemand bereit ist, für seine Leidenschaften zu gehen, ist auch ein Maß dafür, inwieweit die Person fähig ist, buddhistische Ziele zu verwirklichen. Es wäre wahrscheinlich nicht „die Erleuchtung"—*ich konnte meinen Blick nicht so weit vorauswerfen*—aber es könnte auf jeden Fall etwas Wertvolles sein. Es musste mehr möglich sein, als ein *durchschnittliches* Leben mit *durchschnittlichen* Erwartungen in einem *durchschnittlichen* apathischen Vorstadtgebiet zu führen. Ich war entschlossen, nicht der scheinbar unausweichlichen Mittelmäßigkeit zum Opfer zu fallen. Ich wollte nicht das unvermeidliche Schicksal aller erleiden, die in den Home Counties aufwuchsen. Ich hatte beobachtet, dass dort alle wie Kleingartengemüse herangezogen wurden. Alles verlief in ordentlichen Bahnen. Ich wollte nicht in irgendeiner tristen Managerversion einer Fabrik arbeiten, nur um eine Hypothek auf eine Hundehütte aufnehmen zu können.

Es war ein seltsames Gefühl: Grübeleien über Grübeleien.

Alleine schon weil ich so durchfroren war, war ich ungeheuer froh, wieder im Bett zu liegen. Der Vollmond schien durch das Fenster. Zuerst fiel es mir gar nicht auf, wie hell es war, aber dann bemerkte ich, dass das Mondlicht den ganzen Raum zu erhellen schien. Ich fragte mich, ob das nicht bereits das Tageslicht wäre, doch die Uhr an der Wand besagte etwas anderes. Es war gerade einmal zwei Uhr früh.

Ich zitterte immer noch, aber mir war nicht mehr wirklich kalt. Dann wurde mir klar, dass die Weiße Dame anwesend war. Offensichtlich war sie schon seit einiger Zeit da, aber ich hatte sie nicht sofort bemerkt, als sie auftauchte. Ich lag da und starrte sie an. Dann hörte ich nach und nach auf zu zittern und schlief ein.

6

Die Mutter aller Erfindungen

1964

Das Erscheinen von Tara nach meiner nackten Radfahrt zum Scheideweg war ein freudiger Schock. Papa Legba war nicht erschienen, aber das war nicht allzu enttäuschend. Es war überhaupt nicht mehr enttäuschend, sobald Tara erschienen war. Ich hatte gehofft, dass sie nach dieser Nacht wieder auftauchen würde, aber diese Hoffnung war vergebens. Sie erschien nur in dieser einen Nacht und dann… vergingen die Tage und Wochen. Nichts.

Diese elende „Skiffle Junior" Plastikgitarre fühlte sich an, wie wenn ein synthetischer Albatros um meinen Hals hängen würde. Ich wollte sie loswerden, aber… es war ein Geschenk gewesen. Ich hatte das Gefühl, dass ich sie nicht in den Müll werfen konnte. Obwohl ich *nicht* allzu dankbar war, wollte ich auch keine Undankbarkeit zeigen. Mein Vater hatte es wohl gut gemeint und er hatte vermutlich nicht die geringste Ahnung, dass ich bereits Gitarrenkenntnisse hatte. Er durfte nicht wissen, dass ich tatsächlich bereits echte Gitarren gespielt hatte und nicht nur das. Ich hatte erstklassige Gibson und Fender-Gitarren gespielt. Mein Vater hatte keine Ahnung von Gitarren und er wusste nur, dass Kamingitter [1] vor dem Kamin angebracht wurden. Er hatte keine Ahnung, dass sein Geschenk einer Plastikgitarre für mich ungefähr so viel bedeutete, als würde man einem Cowboy ein Steckenpferd schenken.

Meine einzige Alternative bestand daher darin, etwas daraus zu machen. Die widerliche Bezeichnung „Skiffle Junior" musste verschwinden. Das war zumindest ein Manko, das sich leicht beheben ließ. Ich weichte das Plastikinstrument in einem Bad mit heißem Wasser ein und war erfreut zu sehen, wie leicht sich die Papiereinlage lösen ließ. Allerdings blieb eine gut erkennbare, unansehnliche Form bestehen. Offensichtlich wurde das Spielzeug als „Skiffle Junior" weitervermarktet, wobei das ursprüngliche Design darauf abzielte, Mickey Mouse zu verherrlichen.

1 Das Wortspiel funktioniert nur im Original. Fender bedeutet auf Englisch unter anderem Kamingitter.

Der Umriss des Cartoon-Mäusegesichts war nur allzu deutlich erkennbar. Durch den sorgfältigen Einsatz eines Meißels und etwas Nass- und Trockenschleifpapiers erzeugte ich eine saubere, aber dennoch matte Oberfläche. Anschließend lackierte ich die Vorderseite der Gitarre mit silberner Farbe, die an sich zum Bemalen von Modellflugzeugen bestimmt war.

Nach etwa einem Dutzend Farbschichten und der Anwendung von SOLVOL AUTOSOL[2] Chrompolitur, um die Pinselspuren zu entfernen, sah die Sache schon viel besser aus. Soviel zur Ästhetik. Als nächstes brachte ich Stahlsaiten an und stieß sofort auf ein großes Problem. Die glatten Stimmwirbel aus Aluminium erzeugten nicht genug Reibung, um eine Stimmung halten zu können, da sie sich im Plastik drehten. Ich verwendete die leichtesten Saiten, die ich finden konnte. Ich versuchte sogar eine Banjo-Saite als Obersaite, da es zu dieser Zeit keine leichten Gitarrensaiten zu kaufen gab und die Obersaite eines Banjos dünner war als die Obersaite einer Gitarre. Aber es funktionierte immer noch nicht. Ich dachte eine Weile darüber nach und nahm schließlich all meinen Mut zusammen, und fragte meinen Werklehrer, Mr. Reardon, ob ich daraus in der Holzarbeitsstunde ein Projekt machen könnte. Die Antwort war ja, wenn auch Holz im Spiel wäre.

Ich brachte die Gitarre am vereinbarten Tag in die Schule und Mr. Reardon half mir, die Wirbellöcher viel größer aufzubohren. Anschließend leimte ich vier Hartholzdübel ein. Als Material für die Dübel verwendete ich eine viktorianische Gardinenstange aus Mahagoni, die ich von der örtlichen Mülldeponie besorgt hatte. Ich habe daraus vier Stücke zugeschnitten, geschliffen und poliert. Sobald sie gut und fest eingeklebt waren, bohrte ich vier Löcher, die gerade groß genug waren, um die Aluminiumstifte hineinzustecken. Erfolg! Nein… es funktionierte *immer* noch nicht.

Ich nahm die „Gitarre“ mit einem leichten Gefühl der Niedergeschlagenheit mit nach Hause. Als sich mein Vater nach dem Projekt erkundigte, überraschte er mich mit seiner Hilfsbereitschaft. Er war erfreut über meine Fortschritte in Englisch in der Schule.

2 Die SOLVOL AUTOSOL Metallpolierpaste wurde 1929 in Solingen, Deutschland, entwickelt.

Ich war vom Klassenletzten in die Gruppe der Besten meines Jahrgangs aufgestiegen und er wollte mir dafür Anerkennung zollen. Er war auch beeindruckt von den Bemühungen, die ich unternommen hatte, um den Skiffle Junior zu verbessern. Er sah, dass ich mit meinem Projekt an eine Grenze gestoßen war, obwohl ich in der Schule im Holzverarbeitungskurs daran gearbeitet hatte. Er schien letztendlich zu erkennen (*etwas spät, wie ich fand*), dass das Ding einfach nur ein Spielzeug war und dass ich mein Bestes tat, um daraus ein wirkliches Instrument zu machen.

Mein Vater war ein Mann von Format, wenn es darum ging, etwas zu bauen. Er schlug mir vor, vier winzige seitliche Löcher durch die Seiten der Spindel zu bohren und dort vier dünne Messingschrauben anzubringen. Diese würden verhindern, dass sich die Hartholzdübel bewegten, wenn der Leim nicht genug Stabilität liefern sollte.

Ich raute die Aluminiumwirbel mit Schmirgelpapier auf und siehe da, es schien zu funktionieren, vor allem wenn ich das Geigenharz von Onkel Bernt verwendete. Jetzt würde ich das Unding stimmen können! Doch nein, es ging immer noch nicht. Die Aluminiumwirbel rutschten *noch immer.*

Mein Vater war bei solchen praktischen Problemen äußerst erfinderisch und er machte sich daran, mir zu zeigen, wie man aus der Mahagoni-Gardinenstange vier größere Wirbel machen konnte. Es war noch genügend Mahagoni übrig. Er schaute sich die Geige von Onkel Bernt an und kopierte das Muster mit seiner Tischdrehbank. *„Siehst du"* sagte er *„der Grund, warum diese Aluminiumstifte nicht funktionieren, ist, dass sie nicht konisch sind. Das ist der Grund, dass es nicht die erforderliche Reibung gibt."* Er hatte mir gezeigt, wie die Wirbel der Geige funktionierten, und ich sah sofort, wie das Problem gelöst werden konnte. Die von uns hergestellten Wirbel waren viel größer und sahen wirklich gut aus. Ich war erfreut. Es war immer noch keine *echte* Gitarre, aber es war auch kein Spielzeug mehr. Es war nun etwas, das ich Papa Legba überreichen konnte, ohne dass er mir damit voller Abscheu auf den Kopf schlagen würde.

Ich stimmte sie auf einen Akkord – keine Ahnung, welcher es war – und spielte dann abwechselnd die Saiten am 3., 5. und 12. Bund.

Es klang tatsächlich nach Delta Blues, weil die Bünde nie dazu gedacht waren, auch nur annähernd die korrekte Intonation wiederzugeben. und auch die Klänge jenseits der Tonleiter empfand ich passend, da sie eine gewisse Traurigkeit vermittelten.

Als ich sie Steve zeigte, war er so freundlich zu sagen, dass das eine enorme Verbesserung darstellte. Er versuchte sie zu spielen und verzog das Gesicht, als hätte er in eine höllisch saure Zitrone gebissen. *„Vic… das klingt verdammt schrecklich. Fast jede Note ist entweder zu hoch oder zu tief, kaum eine ist dort, wo sie sein sollte.“*

„Ich dachte mir schon, dass sie nicht ganz richtig klingt…“

„Nicht ganz richtig?“ Steve schüttelte bestürzt den Kopf. *„Es ist eher so, dass sie gerade mal nicht vollkommen falsch klingt.“*

„Also…“ Ich versuchte es mit verzweifeltem Zweckoptimismus, der aus den tiefsten Tiefen des Wunschdenkens herrührte *„… glaubst du, dass ich irgendetwas tun könnte, um sie zu verbessern?“*

Steve schüttelte den Kopf *„Nein, Vic… das ist unmöglich… es sei denn, du schleifst den Hals ab und setzt neue Bünde drauf – und das würde ein Vermögen kosten, weil du es zu einem Gitarrenbauer bringen müsstest und ich bezweifle, dass ein Gitarrenbauer das tun würde. Selbst wenn du einen Gitarrenbauer finden könntest, dann würde dieser sich wohl weigern, an einer Plastikgitarre zu arbeiten.“*

„Oh…“

Steve bemerkte meinen traurigen Blick und fügte hinzu: *„Es könnte… noch* eine *Möglichkeit geben… Ich werde meinen Vater fragen und sehen, was er sagt.“*

Mr. Bruce warf einen Blick auf die Plastikgitarre und sagte: *„Das Einzige, was du tun könntest… und das könnte die Situation tatsächlich verbessern… wäre, einen Saitenhalter und einen separaten Steg anzubringen. Mein Bruder Stan bastelte früher an Gitarren und auf dem Dachboden liegt eine Kiste mit Gitarrenteilen, die früher ihm gehörten. Ich werde sehen, was ich finden kann.“*

„Vielen Dank, Mr. Bruce, das ist wirklich sehr nett von Ihnen.“

„Kein Problem, Vic. Ich helfe gerne.“

Und so begab sich Mr. Bruce auf den Dachboden, während Steve und ich mit hoffnungsvoller Miene am Fuß der ausziehbaren Leiter standen. Nach ein paar Minuten, in denen wir die knarrenden Geräusche von Kisten hörten, die hin und her bewegt wurden, stieg Mr. Bruce mit zwei Gegenständen in seinen Händen die Leiter herab: einem Saitenhalter und einer Brücke. *„Der Steg ist kaputt und der Saitenhalter ist ziemlich verrostet, aber wenn man daran arbeitet, sollten diese Dinger passen.“* PAUSE *„Das Hauptproblem wird sein, wie man den Saitenhalter am Kunststoffkörper anbringt. Ich bin mit so etwas nicht vertraut, aber ich denke, es braucht ein Stück Holz, das in den unteren Teil der Decke eingelassen werden muss.“*

Mr. Bruce bemerkte meine Verwirrung und fuhr fort: *„Die beiden Ausbuchtungen der Gitarre werden „Bug“ genannt. Der obere Bug ist die Stelle, an der der Hals mit dem Korpus verbunden ist, und am unteren Bug befinden sich der Saitenhalter und der Steg.“* PAUSE *„Nun… ich möchte deinem Vater nicht sagen, was er tun soll, weil es sich nicht gehört, dass ich da irgendwelche Ratschläge gebe, aber… wenn er einen Weg findet, einen Holzklotz in den unteren Bug zu stecken… das sollte genug Stabilität liefern, um den Saitenhalter zu fixieren.“*

„Vielen herzlichen Dank, Mr. Bruce! Das ist wunderbar!“

„Freu dich noch *nicht zu früh, Vic. Ich kann dir nicht versprechen, dass das funktionieren wird. Meine Idee wäre, dass man durch die Anpassung der Position und des Winkels vom Steg…* vielleicht *die Intonation korrigieren kann, aber… das ist auch eine gewisse Glückssache. Sei nicht zu enttäuscht, wenn es nicht funktionieren sollte. Die Bünde sind… nur ungefähr an den richtigen Positionen, aber vielleicht kannst du dann etwas darauf spielen. Du magst den Delta Blues. Vielleicht ist der resultierende Klang nicht allzu weit davon entfernt. Einige dieser alten Blues–Spieler verwendeten Instrumente von ziemlich schlechter Qualität.“*

„Fantastisch!“ strahlte ich. *„Damit wird es viel authentischer!“*

„Ich bewundere deinen Enthusiasmus, Vic.“ Er lächelte und ließ Steve und mich zurück, um den Steg und den Saitenhalter zu untersuchen. Der Steg war an einem Ende kaputt, aber das war kein Problem, da meine Gitarre nur vier Saiten hatte. Ich könnte es einfach zuschneiden. Den Rest des Stegs würde ich in der Mitte der Stegwiege zwischen den Steghöhenverstellrädern positionieren.

Wir brachten den Saitenhalter in die Küche und wechselten uns dabei ab, ihn mit SOLVOL AUTOSOL Chromreiniger zu polieren. Es dauerte mehr als eine Stunde, aber am Ende glänzte er wie neu.

„Du musst die vier mittleren Löcher benutzen" sagte Steve zu mir. *„Mit diesem Saitenhalter und einem richtigen Steg wird es viel besser aussehen, aber die Mutter oben ist immer noch aus Kunststoff und die ist ein Teil dessen, was den Klang dämpft. Sie sollte besser aus Knochen sein."*

„Ach so… ich nehme nicht an, dass dein Vater auch dafür etwas Passendes auf dem Dachboden hat?"

Steve fragte seinen Vater und dieser untersuchte pflichtbewusst noch einmal den Dachboden, fand aber nichts, das von Nutzen gewesen wäre. *„Dann muss ich wohl meinen Vater fragen… und hoffen, ihn gut gelaunt vorzufinden."*

Als ich nach Hause kam, zeigte ich meinem Vater den Steg und den Saitenhalter und beschrieb, wie Steve und ich daran gearbeitet hatten. Mein Vater sah sich die beiden Teile lange an und sagte: *„Nun… ich denke, ich kann vielleicht einen Weg finden, einen Holzblock in den Sockel dieser Gitarre einzulassen, nachdem Mr. Bruce so zuvorkommend war, die beiden Teile zur Verfügung zu stellen."*

Wir gingen zu dem Gartenschuppen, den er „Werkstatt" nannte, und er schaute sich die verschiedenen Holzstücke an, die er auf einem Regal gestapelt hatte.

Da gab es noch ein Stück dunkelrotes Iroko-Holz, etwa 7 x 5 x 5 Zoll, das vom Bau einer Gartenbank übrig geblieben war. Er zeichnete die Kurve des unteren Bogens ab und schnitt den Block in die richtige Form. Er hobelte ihn so zurecht, dass er genau in die Gitarre passte. Dann begann er, zu meinem Schrecken, in die Gitarre hineinzuschneiden. Ich schaute ängstlich auf das so entstandene Loch, aber schon bald hatte er das Stück Holz an Ort und Stelle fixiert. Er überlegte einen Moment bevor er sagte: *„Das Problem ist, dass der Saitenhalter dadurch zwar jetzt eine sichere Halterung bekommt, diese aber auf die Festigkeit des Rests der Gitarre angewiesen ist und Plastik bietet nun mal keine Festigkeit. Ich denke, wir brauchen eine Stange, die den Hals mit dem hölzernen Ankerstück verbindet."* Dann tat mein Vater etwas ganz Erstaunliches: Er *erfand* den Halsspannstab.

Er hatte keine Ahnung von Halsstäben und dieser war natürlich nicht verstellbar, aber nichts desto trotz war es mehr oder weniger ein Halsstab. Er verwendete jedoch eine Eisenstange, denn das war das einzige, was er hatte, das funktionieren würde und mein Vater hatte immer die Tendenz, zu massiv zu bauen. Ich erinnerte mich daran, wie er die lederne Motorradjacke von Onkel Bert reparierte und dazu ein Stück Linoleum daran befestigte. Es war furchtbar hässlich, aber es hielt den Wind ab und mein Onkel Bert freute sich wie ein Schneekönig. Ich freute mich auch wie ein Schneekönig, weil die Eisenstange das Gewicht der Gitarre vervierfachte.

Er bohrte winzige Löcher durch den Kunststoff in das Holz und benutzte einen Senkbohrer, damit die Schraubenköpfe nicht über die Oberfläche hinausragten. Anschließend befestigte er den Holzblock mit zwei Dutzend kleinen Messingschrauben.

„*Da die Vorderseite freiliegt, weil ich das Plastik wegschneiden musste, habe ich den Holzblock genau auf gleicher Höhe mit der Oberfläche der Gitarre angebracht. Um etwaige Schwachstellen in der Struktur auszugleichen, setze ich diese Schrauben in den Boden und in die Seiten ein…*" erklärte er mir „*… damit der Zug der Saiten so weit wie möglich über den gesamten Korpus verteilt wird. So wird der Kunststoff unter der Belastung nicht nachgeben.*"

Dann setzte er einen kleinen Messingstab an der Stelle ein, wo sich die vorhandene Mutter befand. Mit einer feinen Feile machte er vier Rillen, in die er die Saiten legte, und die Arbeit war vollendet.

Mein Vater war bei den Royal Engineers in der Armee gewesen und er schien so Sachen wie „Belastungsfaktoren" und viele andere geheimnisvolle Dinge zu verstehen. Plötzlich war sie fertig und alles, was ich noch zu tun hatte, war, die Saiten neu zu montieren und auf den Steg zu setzen. Bei einem Wochenendausflug zu Steves Haus machte sich sein Vater daran, den Steg so zu platzieren, dass das Ding tatsächlich wie ein Musikinstrument klang.

„*Nun, Vic… dein Vater kann mit seinen Händen wohl so ziemlich alles anfertigen. Das hätte ich ihm nie zugetraut. Das ist ja fast schon eine richtige Gitarre. Ich schaffe es noch nicht, sie über den gesamten Hals korrekt zu stimmen, aber solange man nur bis zum 7. Bund spielt, sollte es nicht allzu schlecht klingen. Ganz und gar nicht schlecht.*"

Ich bedankte mich überschwänglich bei Mr. Bruce bevor Steve und ich uns auf den Weg machten, um zu sehen, welchen Sound wir aus dem Gerät herausholen konnten. Mir gefiel die Tatsache, dass es jetzt Holzteile hatte. Mir gefielen auch die sichtbaren Messingschraubenköpfe auf dem Resonanzboden und die Messingmutter. Ich mochte den matten Glanz des Saitenhalters aus Stahl. Der Klang ließ zu wünschen übrig, aber insgesamt war die Verbesserung atemberaubend. Das war ein Instrument, das wohl eher Papa Legbas Aufmerksamkeit gefunden hätte. Es war die Gitarre eines armen Mannes, aber Bluesmänner *waren* arm, somit sprach das eindeutig für sie. Steve stimmte die Gitarre für mich in *offener* E-*Stimmung* und gab mir einen Satz Stimmpfeifen, damit ich sie adjustieren konnte, wenn die Stimmung verloren gehen sollte.

„Ich habe sie auf die obersten vier Saiten einer Gitarre gestimmt, Vic, damit sich der Hals nicht durchbiegt. Ich habe sie auch tiefer als üblich gestimmt. Es ist also nicht wirklich E, *sondern* D, *aber die Form des Akkords ist immer noch* E.*"* PAUSE *„In dieser Stimmung… könntest du… zum Beispiel das machen."* Dann zeigte er mir einige Griffe, bei denen ich verschiedene Saiten anschlug, um einen einfachen Blues zu spielen. Ich verstand das Prinzip sofort und begann damit herumzuspielen. Nach einer Weile fand ich einen erstaunlichen Trick, bei dem ich wiederholt eine Note anschlagen konnte, bevor ich eine Reihe von anderen Noten spielte. Ich brauchte eine gewisse Zeit, aber nach ein oder zwei Stunden hatte ich herausgefunden, wie man den „Crossroads Blues" spielte. Ich hatte allerdings Probleme mit dem Refrain, bis Steve einen Vorschlag machte.

„Sing es mal und ich werde schauen, ob ich Dir die passenden Griffe zeigen kann."

Ich sang die Strophe und Steve probierte ein paar Dinge auf seiner Gitarre aus: *„Ah. Es beginnt mit* D, *dann geht die zweite Zeile auf* G. *Also… wenn du die zweite Saite genau dort anschlägst, dann sollte das einen Akkord ergeben, der für* G *funktioniert."*

So machten wir weiter, bis ich mit dem ganzen Lied fertig war. Sobald ich es spielen konnte, fing ich an zu singen und zwar laut genug, um die Aufmerksamkeit von Mr. Bruce zu erregen.

> *"I sat down at the crossroads, with my gui-tar 'cross my knees / I sat down at the crossroads, with my gui-tar 'cross my knees / Papa Legba have some mercy, on this po' white boy – if you please."*[3]

Natürlich war das nicht der Originaltext, aber ich hatte diesen noch nie aufgeschrieben gesehen und ich machte für mich passende Änderungen von dem, woran ich mich erinnern konnte.

> *Going down to the crossroads, take my midnight ride, / Going down at the crossroads, take my midnight ride,/ Nobody gonna see me, so I'll just ride on by.*
>
> *Going down to Runfold, Gonna ride there by-an-by. Yeah going down to Runfold / I'm gonna ride there by-an-by. / Then I'll play that barrel-house baby, down by the riverside.*
>
> *I don't run, I can't run, tell my friend Stephen Bruce / Run, I can't run, yeah – tell my friend Stephen Bruce / That I'll be riding to the crossroads, Lawd I b'lieve I'm cuttin' loose.*[4]

Mr. Bruce war in der Tür gestanden, während ich gesungen hatte, und kam jetzt gemeinsam mit Mrs. Bruce herein. Sie hatten beide ein breites Lächeln im Gesicht, als sie mir applaudierten.

„*Delta Blues in Surrey, England, ha! Das hätte ich nie geglaubt*!" kicherte Mr. Bruce. „*Wo hast du das gelernt? Und wie clever von dir, den Text zu verändern!*"

„*Der Text stand auf einer Schallplatte, die Mr. Love hatte, aber die Worte sind nicht identisch, wie Sie bemerkt haben.*

3 *„Ich setzte mich an die Weggabelung, mit meiner Gitarre quer über die Knie / Ich setzte mich an die Weggabelung, mit meiner Gitarre quer über die Knie / Papa Legba, hab Mitleid mit diesem armen, weißen Jungen – wenn du so gut wärst."*

4 *Ich gehe zur Weggabelung runter und mache meine Mitternachtsfahrt. / Ich gehe zur Weggabelung runter und mache meine Mitternachtsfahrt. / Niemand wird mich sehen, also fahre ich einfach weiter.*
Ich fahre runter nach Runfold, ich werde auf jeden Fall dorthin fahren. / Ja, ich fahre runter nach Runfold. Ich werde auf jeden Fall dorthin fahren. / Dann spiele ich das Barrel-House Baby unten am Flussufer.
Ich renne nicht, ich kann nicht rennen, sag das meinem Freund Stephen Bruce / Rennen, ich kann nicht rennen, ja – sag das meinem Freund Stephen Bruce / Dass ich bis zur Kreuzung radeln werde. Oh, Herr, ich denke ich mache besser Schluss.

Mr. Love sagte, dass Bluesmänner immer den Text von Liedern veränderten, um sie zu ihren eigenen zu machen. Er lebte in unserer Straße, aber er starb… Er wollte mir in seinem Testament seine Plattensammlung hinterlassen, aber das geschah dann nie, weil er in eine Nervenheilanstalt musste, wo ich ihn nicht besuchen durfte."

Der Gesichtsausdruck von Steves Eltern veränderte sich: *„Es tut mir so leid, Vic. Es klingt, als ob… als ob du… eine glückliche Zeit mit ihm verbracht hättest."*

„Ja, Mrs. Bruce… das stimmt… und ich werde mich immer an ihn erinnern. Er war sehr nett zu mir, ebenso wie seine Schwester Mrs. Love."

Ich hatte dieses beengende Gefühl und meine Augen wurden ganz feucht. Ich tat mein Bestes, um nicht zu weinen, und es gelang mir, aber Mrs. Bruce bemerkte es und sagte, wie traurig es gewesen sein muss.

„Ja…" sagte Mr. Bruce. *„Ich war auch sehr traurig, als mein Bruder Stan starb. Aber ich bin froh, dass du jetzt diesen Saitenhalter und die Brücke hast. Stan hätte dich gerne dieses Lied singen hören und ich muss sagen, deine Stimme ist für einen so jungen Menschen sehr kraftvoll."*

„Vielen Dank, Mr. Bruce. Ich möchte eines Tages ein Bluesmann sein und dafür muss man eine kraftvolle Stimme haben."

Mr. Bruce hatte von Robert Johnson gehört, der den Crossroad Blues geschrieben hatte. Wir unterhielten uns eine Weile über die verschiedenen Bluesmänner und -frauen, die ich kannte: Bessie Smith, Big Mama Thornton, Ma Rainey, Son House, Charlie Patton, Peetie Wheatstraw, Blind Lemon Jefferson und natürlich Big Bill Broonzy. Mr. Bruce mochte Bessie Smith, weil ihr Blues in mancherlei Hinsicht dem Jazz nahe stand. Er holte seine Gitarre hervor und spielte eines ihrer Lieder. Es war sehr komplex und er sang nicht dazu, aber ich erkannte das Lied *„A Fo'd is a car ever'body wanna ride, jump on an' you will see—I got Fo'd engine moo'ments in ma heerps—it's un'er ma gua'antee"*[5] stimmte ich ein.

„Natürlich…" hüstelte Mr. Bruce am Ende des Liedes *„ist das kein Lied, das man… einfach so… singen sollte… es ist etwas…"*

5 *Ein Ford ist ein Auto, das jeder fahren möchte, steig ein und du wirst schon sehen—ich hab Ford-Motor Bewegungen in meinen Hüften—das kann ich dir garantieren.*

„*Gewagt?*“ schlug Mrs. Bruce vor.

„*Ja, meine Liebe, durchaus. Aber ich nehme an, man muss den historischen Kontext berücksichtigen… und… vielleicht, Vic, solltest du aufpassen, dass dein Vater dich nicht so etwas singen hört.*“

„*Es tut mir leid, Mr. und Mrs. Bruce, ich wollte nicht…*“

„*Denk dir nichts dabei, Vic. Denk dir nichts dabei. Es gibt viele Dinge von großem historischen Interesse, die nicht ganz angemessen sind, und es wäre eine Schande, diese Dinge aus den Augen zu verlieren. Jedenfalls habe ich angefangen, das Lied zu spielen, also war es vollkommen in Ordnung, dass du mitgesungen hast. Es liegt ganz in meiner Verantwortung – und du hast sehr gut gesungen.*“

Steve konnte nicht mehr, vor lauter Lachen, nachdem seine Eltern den Raum verlassen hatten. „*Du bist ja total verrückt, Vic!*“ lachte er. „*Das hat meine Eltern wirklich überrascht, aber ich denke, es hat ihnen auch Spaß gemacht. Ich konnte meine Mutter lächeln sehen, also ist das Ganze kein Problem.*“

„*Tut mir leid, Steve. Ich weiß nicht, was über mich gekommen ist… ich hab mich einfach dazu hinreißen lassen, nachdem dein Vater meine Stimme gelobt hatte. Als er angefangen hat, diese Bessie Smith-Nummer zu spielen, war ich wirklich aufgeregt, weil ich den Text kannte.*“ PAUSE „*Vielleicht… könntest du deinen Eltern sagen, dass ich so etwas nie zu Hause singe. Ich möchte nicht, dass sie sich darüber Sorgen machen oder so.*“ PAUSE „*Ich werde so etwas hier auch nicht noch einmal singen.*“

„*Ich denke, das wäre vielleicht besser…*“ lachte Steve. „*… oder zumindest nicht, wenn meine Eltern in der Nähe sind. Ich glaube nicht, dass es ihnen etwas ausmacht, aber sie fühlen sich wahrscheinlich verantwortlich und möchten nicht, dass dein Vater erfährt, dass mein Vater dich beim Singen dieses Bessie Smith-Lieds begleitet hat. Er würde wahrscheinlich durch die Decke gehen.*“

Ich war zufrieden damit, dass ich aus einem dummen Stück Plastik eine brauchbare Gitarre gemacht hatte, aber in gewisser Weise war es der gesamte Einfallsreichtum bei dem Prozess, der mich wirklich glücklich machte. Es war aufregend, dass solche Dinge möglich waren. Zunächst ist da nur ein unnützes, wertloses Objekt. Dann gibt es eine Idee und diese Idee kann umgesetzt werden.

Es erfordert harte Arbeit und Ausdauer, aber schlussendlich entsteht etwas Wertvolles daraus. Es schien faszinierend, wie andere Menschen plötzlich bereit waren zu helfen, wenn sie sahen, dass man es ernst meinte und hart daran arbeitete, etwas zu bewirken. Wer hätte gedacht, dass Mr. Bruce und mein Vater *beinahe* kooperiert hätten, um mich auf den Weg ins Mississippi-Delta zu bringen?

Ich dachte lange über die Frage von *Erfindung* und *Erfindungsreichtum* nach und kam zu dem Schluss, dass Erfindungsreichtum im Buddhismus wichtig sein musste. Es musste wichtig sein, da Ideen aus dem Nichts auftauchten. Ideen entstanden aus der Leere, so wie alles aus der Leere entsteht.[6] Man könnte einfach da sitzen und plötzlich entstand eine Idee. Ich hatte den Begriff „Plenum-Leere“ [7] gelesen. Es stand in einem der buddhistischen Bücher, mit denen ich zu kämpfen hatte und die mir ein besseres Gefühl dafür vermittelten, wie das Universum funktioniert. Die „Plenum-Leere“ war das *Nichts*, das ständig *etwas* entstehen ließ.

In der Wissenschaft gab es Leere und dann gab es plötzlich Atome. Dann wurden die Atome—unendliche Billionen davon—zu einem festen Körper. Dann explodierte diese Festigkeit und formte Sonnen, die in alle Richtungen davonflogen, einige von Planeten umkreist und einige dieser Planeten wiederum von Monden umkreist. Diese vereinfachte Vorstellung hatte ich aus dem Naturkundeunterricht der Grundschule, wo wir die BBC-Radioserie “How Things Began“ hörten.

Abgesehen vom *nichtdualen Bewusstsein*[8] schienen sich Wissenschaft und Buddhismus in ihrer Sichtweise der existierenden Welt recht ähnlich zu sein. Alles ist aus dem Nichts entstanden: Protonen, Neutronen und Elektronen. Die Protonen und Neutronen sind das Zentrum des Atoms und die Elektronen fliegen um sie herum.

6 Leere – tongpa nyid *(sTong pa nyid / shunyata)* and tongpa'i ting-ngé'dzin *(sTong pa'i ting nge 'dzin / shunyata samadhi)* meditative Vertiefung in der Leere.

7 Im Original: *plenum-void*

8 Rigpa *(rig pa / vidya).*

Mit Ideen verhielt es sich ganz genau so. Sie entstanden einfach *aus dem Zustand ohne Gedanken* und auch Erfindungen passierten auf diese Weise. Wenn man also kreativ und erfinderisch war, dann tat man einfach das, was das Universum auch tat.

Buddhisten waren natürliche Erfinder… und Tara war *die Mutter aller Erfindungen!*

Was für ein Gedanke!

7

Euphorie

1964–1966

Obwohl es mir im September 1964 nicht gelungen war, Papa Legba an der Kreuzung in Runfold zu treffen, war das Jahr kein völliger Verlust in Bezug auf das, was mir wichtig war. Tara war erschienen, wenn auch nur einmal, und ich wurde Mitglied der Buddhistischen Gesellschaft[1]. Damit erhielt ich deren vierteljährlich erscheinende Zeitschrift „*The Middle Way*".[2]

1964 erwarb ich das Buch „*Experiment im Gewahrsein*" von Konteradmiral EH Shattock[3]. Ich hatte über die buddhistische Gesellschaft in London von dem Buch gehört und fand es interessant. Es wurde als Meditationshandbuch beschrieben, aus dem jeder das Meditieren lernen konnte. Ich wurde nicht enttäuscht. Bereits nach ein paar Kapiteln von dem Buch begann ich nach den Anleitungen von Konteradmiral EH Shattock zu meditieren. Von diesem Zeitpunkt an begann die Weiße Dame wieder in meinen Träumen zu erscheinen. Ich hatte allerdings ein starkes Verlustgefühl, da es mir so vorkam, als wäre sie nicht mehr so lebendig wie in meiner frühen Kindheit. In meiner fühlbaren Erinnerung war ihre Lebendigkeit wesentlich größer als nun in meinen Träumen und mir kam der Gedanke, dass meine Meditationspraxis diese Lebendigkeit wiederherstellen könnte.

Dies verlieh mir die Willenskraft, jeden Tag so lange wie möglich zu sitzen. Es begann mit viertelstündigen Sitzungen und steigerte sich, je mehr ich mich daran gewöhnte. 1964 erschien auch „*House of the Rising Sun*" von den Animals. Dann kam „*Good Morning Little Schoolgirl*" von den Yardbirds und „*Little Red Rooster*" von den Rolling Stones. Ich war begeistert von Little Red Rooster, weil es *wirklicher* Blues war und nicht nur Rhythm & Blues.

1 Siehe Glossar: *Die Buddhistische Gesellschaft*

2 *The Middle Way (Der Mittlere Weg)* ist die vierteljährlich erscheinende Zeitschrift der Buddhistischen Gesellschaft. Sie enthält Artikel von buddhistischen Lehrern und Gelehrten. Weiters findet man in jeder Ausgabe Buchrezensionen, das Programm der Gesellschaft und buddhistische Nachrichten aus Großbritannien und der ganzen Welt.

3 Siehe Glossar: *Shattock*

Die Stones spielten auch richtig langsam, genau so wie Blues eigentlich sein sollte. Von da an gab es in meinem Leben immer Buddhismus und Blues; fast wie Leere und Form. Buddhismus war der Leerheitsaspekt, weil außer Steve fast niemand von meinem Interesse für Buddhismus wusste. Meine Mutter bemerkte die vierteljährliche Ankunft von *„The Middle Way"* und war besorgt darüber, was mein Vater sagen würde, wenn er jemals Wind davon bekäme. Als er schließlich davon erfuhr, half die Tatsache, dass der Präsident der Gesellschaft ein britischer Richter am Obersten Gerichtshof war. Dadurch wurde die Sache in seinen Augen akzeptabel gemacht. Er warf einen Blick auf das Magazin und fand es intellektuell so undurchschaubar, dass er nicht viel mehr als einen Absatz las. Meine Mutter erzählte mir später, dass er es als wertvollen Beitrag für meine Bildung sah. Es wäre gut, wenn ich durch diese akademische Sprache herausgefordert würde, und dass sich dadurch meine Englischnoten in der Schule verbessern würden. Glücklicherweise verbesserten sich meine Englischnoten tatsächlich und so erhielt „The Middle Way" ein positives Urteil.

1965 hatte ich zum ersten Mal eine Bandprobe. Percy Gordon, ein Junge aus St. Mary's (*einer Schule zwischen meinem Zuhause und Netherfield*), hatte eine Gruppe zusammengestellt. Sie nannten sich „The Applause". Percy dachte daran, den Namen in „Percy's Applause" zu ändern, und er scheute sich nicht davor, mir von der Idee zu erzählen. Er sprach mich häufig an, wenn ich auf dem Heimweg an seiner Schule vorbeikam. Er war scheinbar beeindruckt davon, dass ich eine Strophe von den Animals kannte, die nicht auf der herausgebrachten Single war.

Percys Gruppe brauchte einen Sänger, weil keiner von ihnen singen konnte. Niemand von ihnen kam auch nur in die Nähe des Stimmbruchs und von daher kamen sie als Sänger einer Band schlicht und einfach nicht in Frage. Widerwillig ließ ich mich von Percy überreden, es bei ihnen als Sänger zu versuchen. Der Grund für meine Zurückhaltung war, dass ich keiner Band beitreten wollte, in der mein Freund Steve nicht Mitglied war.

Ich erzählte Steve von der Sache und überraschenderweise ermutigte er mich, es auszuprobieren.

Er sagte mir, es wäre gut, um Erfahrung zu sammeln, vor allem, weil „The Applause" über ein Mikrofon verfügten. Er schätzte meine Loyalität, meinte aber, dass er in der Probe keine Bedrohung für unser langfristiges Ziel sehe. Also… ging ich zum Vorsingen bei „The Applause" und… wir hielten gegenseitig nicht viel voneinander. Ich war ein Bariton, der mit schwarzer Intonation, Synkopen und Rubato sang. Sie waren eine musikalisch infantile Popgruppe, die von den Eltern verwöhnt wurde. Entsprechend war ich natürlich etwas eifersüchtig, was ihre Instrumente anging. Sie brauchten einen Sänger. Ich hatte meinen Stimmbruch bereits, als ich noch in die Grundschule ging und so hatte ich mich nun schon gut an meine Erwachsenenstimme gewöhnt.

Wenn ich Tenor gewesen wäre, dann hätten sie kein Problem gehabt, aber sie konnten ihre Lieder nicht transponieren. Der Rhythmusgitarrist war ein Vier-Akkord-Wunder. Lead und Bass konnten zusammen vielleicht gerade mal sechs verschiedene Töne spielen. Percy war der Schlagzeuger und vielleicht noch der beste von den vier Gruppenmitgliedern. Sie spielten Popmusik und hassten fast alle Songs, die ich mochte. Percy Gordon erwies sich als Rassist und drohte mir ein paar Tage nach dem desaströsen Vorsingen mit einem Kampf, weil ich es gewagt hatte, schwarze Musik zu mögen. Scheinbar hatte ich ihn vor seinen Freunden, die allesamt *„gute junge Rassisten"* wie er selbst waren, gedemütigt. Also… sollte ich für meine fast kriminelle Unverschämtheit büßen.

Ich seufzte. *„Percy… wenn du anfängst… dann muss ich zurückschlagen."* Percy fuhr fort mich übelst zu beschimpfen und ich war von seinem Einfallsreichtum überrascht. Ich war auch entsetzt darüber, dass ich im Begriff war, in eine gewalttätige Auseinandersetzung verwickelt zu werden. Wie war das passiert? Ich wollte Percy wirklich nicht schlagen, aber ich würde auch nicht zulassen, dass er mich schlug. Dieses „Hinhalten der anderen Wange" mochte für Christen in Ordnung sein, aber es berücksichtigte nicht, dass dadurch die Gewaltbereitschaft des Angreifers verstärkt werden konnte.

Ich kam zu dem Schluss, dass ich besser etwas sagen sollte, das ihn abschrecken würde.

„Weißt du, Percy, das letzte Mal, dass ich jemanden geschlagen habe, war in der Grundschule. Ich wollte es damals auch nicht tun, aber der Junge konnte nach meinem Schlag nicht wieder gleich aufstehen. Ich möchte dich wirklich nicht schlagen… aber… wenn du versuchst, mich zu schlagen, dann muss ich mich verteidigen. Das bedeutet, dass ich dich so hart schlagen muss, wie ich kann. Ich glaube wirklich nicht, dass das eine gute Idee ist. Vielleicht kannst du einfach meine Entschuldigung dafür annehmen, dass ich nicht der Sänger bin, den du wolltest. Es liegt jetzt an dir.“ Ich bewegte mich einen Schritt zurück, ich ballte meine Fäuste und machte mich bereit, direkt auf seine Nase loszugehen. Percy stand einfach nur da und sah leicht verwirrt aus. Also sagte ich: *„Nun… sollen wir das Ganze vielleicht besser bleiben lassen?“*

Ich stand da und atmete. Ich atmete so, wie ich beim Meditieren atmete. Ich starrte einfach in Percys Richtung, ohne ihn anzusehen. Plötzlich brach Percy in Tränen aus und lief weg. Ich war erstaunt. Wie war *das* passiert? Was hatte Percy denn geglaubt? Dachte er, ich würde weglaufen, oder was? Vielleicht war er es gewohnt, Menschen einzuschüchtern, aber er hatte überhaupt keine Erfahrung mit der Realität von kämpferischen Auseinandersetzungen. Ich war außerordentlich froh, dass ich ihn nicht schlagen hatte müssen, denn ich fand die ganze Idee des Kämpfens primitiv und abscheulich.

Das war das letzte Mal, dass ich Percy Gordon gesehen habe.[4] Es tat mir leid, dass es so schlecht endete, aber ich war froh, dass ich ihn nicht schlagen musste. Ich erzählte Steve von dem Vorfall und er dachte einen Moment nach. *„Weißt du… es wäre vielleicht besser gewesen, wenn du ihn geschlagen hättest, denn jetzt hast du ihn gedemütigt und das ist um einiges schlimmer. Wenn man sich gestritten hat, dann kann man sich vielleicht danach anfreunden. Andererseits… mit einem Rassisten möchte man sowieso nicht befreundet sein, also gehe ich davon aus, dass nichts verloren ist.“*

„Interessante Perspektive, Steve…“ antwortete ich, wobei ich mir etwas dumm vorkam. *„Ich hatte nicht an die Demütigung gedacht, die er möglicherweise empfunden hat. Aber ja, du hast recht…“* PAUSE *„Obwohl… was hätte ich sonst tun können?“*

4 Der Autor sah Percy im Sommer 1968 wieder, als dieser dem ersten Auftritt von Savage Cabbage in der Weyflood Village Hall beiwohnte. Percy schien den Autor allerdings nicht zu erkennen und es gab keine Kommunikation zwischen den beiden.

„Weggehen?"

„Ja, natürlich. Nun… warum habe ich nicht daran gedacht? Das wäre so einfach gewesen."

„Na ja… vielleicht auch nicht" meinte Steve. *„Vielleicht hätte er versucht, dich von hinten anzuspringen oder so."*

„Schon möglich… aber es gefällt mir nicht, dass ich kein besseres Gespür für solche Situationen habe. Ich meine… ich versuche, im Sinne von Weisheit und Mitgefühl angemessen zu handeln und dann ist das Beste, was ich tun kann, jemanden zu demütigen."

„Du musst auch bedenken…" unterbrach mich Steve *„… dass ich nur vermute. Percy hat es wahrscheinlich schon wieder vergessen. Er scheint nicht der Typ zu sein, der sich lange an etwas erinnert, wenn es nicht zu seinem Vorteil ist."*

Und so haben wir uns unterhalten und die Sache aus verschiedenen Blickwinkeln betrachtet. Steve war darin immer sehr gut und er hatte immer im Hinterkopf, dass ich Buddhist war. Es war manchmal so, als ob er es als seine Pflicht betrachtete, mich auf Schiene zu halten. Ich war Steve immer dankbar für seine Beobachtungen und er schien erfreut zu sein, dass ich ihn ernst nahm. Für mich war Steve immer das beste Beispiel dafür, wie ein guter Freund sein sollte.

1965 kam auch die fabelhafte Miss Elphinstone an unsere Schule, als neue Schauspiellehrerin in Netherfield. Sie trug bodenlange selbstgemachte Kleider, skandalöse marokkanische Sandalen und höchst ungewöhnlichen Schmuck. Sie hatte eine achteckige Brille mit einem blauen Farbton, was ich großartig fand. Zu dieser Zeit bekam ich auch eine Brille. Ich beschloss, die alte Brille meines Vaters aus der britischen Armee zu übernehmen. Sie ähnelte einer Krankenkassenbrille, war aber besser verarbeitet: vernickelt, mit stark zurückfedernden flachen Bügeln, an Stelle des dünnen Drahts der Krankenkassenbrille. Ich bat um einen blauen Farbton. Mein Vater schien den leicht bläulichen Farbton nicht zu bemerken und ich war erstaunt, dass ich unentdeckt davongekommen war. Mein Vater erkannte normalerweise jede kleinste Abweichung von der Norm. Vielleicht… waren blaue Farbtöne ja relativ normal.

Miss Elphinstone ließ uns ein Gedicht mit dem Titel „Der Kongo" vortragen, das einen bluesartigen Rhythmus hatte, wenn man die Worte richtig betonte. Das war etwas, das ich ohne die geringste Schwierigkeit tun konnte.

> *Wild crap-shooters with a whoop and a call / Danced the juba in their gambling-hall / And laughed fit to kill, and shook the town, / And guyed the policemen and laughed them down / With a boomlay, boomlay, boomlay, boom / Then I saw the Congo, creeping through the black, / Cutting through the jungle with a golden track.*
> Vachel Lindsay—*The Congo*—1914[5]

Selbst als ich an der Reihe war, alleine zu lesen, ging alles gut. Es war sogar besser als in der Gruppe, weil der Rest der Klasse mich nicht länger zurückhielt. Ich hatte die Freiheit, mich auszutoben, als würde ich Robert Johnson singen und ich war knapp davor zu singen. Das Wunderbare daran war, dass mein Stottern verschwand und am Ende las ich viel mehr, als ursprünglich mein Auftrag war. Miss Elphinstone war offensichtlich begeistert aber auch etwas erschrocken. *„Hast du so etwas in der Art schon einmal gemacht?"* lächelte sie. *„Nicht ganz, Miss Elphinstone, aber es ist wie Blues und ich bin ein Blues Sänger und deshalb… habe ich es einfach so gelesen."*

Miss Elphinstone beschloss, dass ich das Stück solo vortragen sollte, wobei der Blues–Rhythmus der dominierende Modus sein sollte. Das schien gut zu funktionieren und alle Mitschüler klatschten im Takt. Sogar die Jungs in der Klasse waren beeindruckt.

> *The ebony palace soared on high / Through the blossoming trees to the evening sky. / The inlaid porches and casements shone / With gold and ivory and elephant-bone. / And the black crowd laughed till their sides were sore /*

5 *Wilde Scharfschützen schrien und jauchzten alle / Tanzten den Juba in der Spielhalle / Sie lachten wie wild, und erschreckten die Stadt, / Verhöhnten Polizisten und lachten sie platt / Mit einem Boomlay, Boomlay, Boomlay, Boom / Dann sah ich wie der Kongo durch die Schwärze glitt, / Er eine goldene Spur durch den Dschungel schnitt.* Vachel Lindsay, *Der Kongo,* 1914 (frei übersetzt)

At the baboon butler in the agate door, / And the well-known tunes of the parrot band / That trilled on the bushes of that magic land.
Vachel Lindsay—*The Congo*—1914[6]

Ich saß mit Lindsay Goulding auf der niedrigen Mauer am Mädchenende des Schulhofs. Sie war, wie auch einige andere Mädchen, seit dem ersten Jahr eine gute Freundin von mir und wir saßen oft zusammen und unterhielten uns. Wir schrieben beide Gedichte und so gab es immer etwas zu besprechen.

„Weißt du…" sagte ich zu Lindsay *„es war ein Traum von mir, so etwas in der Art zu tun."*

„Ich wette, du bist sehr zufrieden" antwortete sie mit einem breiten Grinsen. *„Das war der größte Spaß, den ich je in einer Schulstunde hatte."* PAUSE *„Ich war überrascht… na ja… du hast gar nicht…"*

Ich beendete ihren Satz *„…gestottert? Nein… ich stotterte überhaupt nicht. Das mache ich – nie – wenn ich singe."*

A troupe of skull-faced witch-men came, / Through the agate doorway in suits of flame, / Yea, long-tailed coats with a gold-leaf crust / And hats that were covered with diamond-dust. / And the crowd in the court gave a whoop and a call / And danced the juba from wall to wall. / But the witch-men suddenly stilled the throng / With a stern cold glare, and a stern old song. Vachel Lindsay—*The Congo*—1914[7]

Eine öffentliche Aufführung von „Der Kongo" war geplant, der die Eltern und Freunde von Schülern beiwohnen hätten können.

6 *Der Ebenholzpalast ragte hoch empor / Über blühende Bäume bis zum Himmelstor. / Der Veranden und Flügel strahlender Schein / stammte von Einlagen aus Gold und Elfenbein. / Und die schwarze Menge lachte, bis alles weh tat, / Über den Pavian-Butler in der Tür aus Achat, / Aus den Büschen klangen Lieder einer Papageienband, / Die in dem magischen Land wirklich ein jeder kennt.* Vachel Lindsay, *Der Kongo*, 1914 (frei übersetzt)

7 *Totenköpfige Hexer ganz ungestüm, / kamen durch das Achattor im Flammenkostüm. / Sie trugen lange Mäntel mit Blattgoldsaum / Und Hüte, bedeckt mit Diamantstaubflaum. / Und die Menge im Hof die jubelte und schrie / Und sie tanzte den Juba wie noch nie. / Doch die Hexer brachten plötzlich die Menge zur Ruh / Mit einem strengen, kalten Blick und einem Lied dazu.* Vachel Lindsay, *Der Kongo*, 1914 (frei übersetzt)

Ich hätte der Star der Show sein sollen, aber der Schauspielkurs kam zu einem unerwarteten Ende, als Mr. Davies und die äußerst sinnliche Miss Elphinstone eines Mittags *in flagranti* im Chemielabor erwischt wurden. Beide wurden entlassen. Ich konnte die ganze Aufregung nicht so ganz verstehen, da keiner von beiden verheiratet gewesen war. Der Schauspielunterricht wurde daraufhin durch kein anderes englischsprachiges Fach ersetzt, was mir sehr leid tat, da mir der Schauspielunterricht sehr viel Spaß gemacht hatte.

Miss Elphinstones geplante Aufführung von „Der Kongo" wurde aufgrund ihres plötzlichen Abschieds abgesagt. Eine Schulaufführung, direkt im Anschluss an solch einen Akt der Zügellosigkeit war völlig undenkbar. Das Gedicht wurde aufgrund seiner moralischen Fragwürdigkeit ein Opfer der Zensur.

Lindsay sagte mir, dass sie sehr verärgert darüber sei, dass ich nicht auftreten konnte. *„Es ist verdammt unfair"* bemerkte sie ziemlich wütend.

Ich hatte noch nie ein Mädchen fluchen hören, aber ich wusste ihre empathische Reaktion auf meinen Verlust zu schätzen. *„Ja… ich hatte mich darauf vorbereitet, auf der Bühne zu stehen. Ich konnte bereits die Scheinwerfer sehen… aber das muss jetzt warten, bis Steve und ich unsere Blues-Band zusammengestellt haben."*

„Das stimmt. Du brauchst nicht die dicke Elphinstone, um Blues zu singen, Vic. Du kannst jederzeit singen. Trotzdem… ich bin wirklich sauer auf sie, weil sie dir alles vermasselt hat. Und überhaupt, welcher verdammte Idiot hat in der Mittagspause Sex im Chemielabor?"

Ich hätte fast geantwortet, dass ich es mit Miss Elphinstone *überall* gerne getan hätte, aber… manche Dinge sollte man besser unausgesprochen lassen.

Miss Elphinstone war ein trauriger Verlust, aber kurz darauf tauchte Ron Larkin auf und ein glorreiches neues Kapitel wurde geschrieben: Mr. Lightning Ron war ein neuer Freund von Steve.

Ron lebte in Farnham, besuchte aber als Tagesschüler das Internat Grayshot Grange. Steve hatte ihn bei einem Gitarrenseminar kennengelernt und stellte mich ihm vor.

Wir spielten gemeinsam Blues und sobald er anfing zu spielen, wusste ich, dass wir eine Band hatten. Wir hatten mehr als nur eine Band, denn Ron war nicht nur gut, er war ein atemberaubendes musikalisches Phänomen. Wenn Eric Clapton ein Gitarrengott war, wie manche behaupteten, dann hatte Ron Larkin als Gitarrist die Auszeichnung GCMG verdient: God Calls Me God.[8]. Er schien sich beim Spielen kaum anzustrengen und seine Riffs beschränkten sich nicht auf den engen, kleinen Bereich am oberen Ende des Gitarrenhalses. Ron nutzte die gesamte Länge des Halses und er spielte am unteren Ende genauso schnell wie am oberen Ende.

Ron lehnte es ab, beim Spielen Grimassen zu schneiden. Er sah das als „infantile Haltung“, obwohl er für schwarze amerikanische Musiker eine Ausnahme machte. Ron stand einfach nur da, die Füße etwa einen Schritt auseinander, und dominierte mit seiner Präsenz die gesamte Bühne. Wir haben schnell gelernt, dass man als Bluesspieler nicht sitzt, einmal abgesehen von Pianisten. Man musste auch so üben, als ob man auf der Bühne stehen würde. Ron kommunizierte diese Dinge als ultimative Tatsachen, während Steve und ich seine Worte als *Gipfel der Weisheit* akzeptierten. Was würde man sonst tun, wenn man einem Wunderkind gegenübersteht, einem Virtuosen, einem Genie? Wir spielten nie wieder im Sitzen.

Für Steve war sofort klar, dass Ron ihm musikalisch überlegen war. Ron hatte mit 12 Jahren bereits Musik auf O-Level und mit 13 Jahren auf A-Level belegt.[9] Er hatte auch Musikunterricht außerhalb der Schule besucht und hätte locker einen Platz an einer Musikuniversität bekommen können, wenn er nicht zu jung dafür gewesen wäre. Die Tiefe seines Wissens der Musiktheorie war laut Steve „erschreckend“.

Ron konnte sehen, dass Steves Bemühungen denen aller anderen, die er getroffen hatte, weit voraus waren. Er war sich aber offensichtlich nicht sicher, ob ich der Mühe wert war.

8 Siehe Glossar: *God Calls Me God*

9 „A-Level“ und „O-Level“ sind Prüfungsniveaus des britischen Bildungssystems. “A-Level“ entspricht dem Abitur und „O-Level“ entspricht dem mittleren Schulabschluss.

Da Ron wusste, dass ich ein Sänger war, bat er mich, zu singen, und ich tat ihm den Gefallen und begann, ohne Begleitung, „In My Time of Dying" zu singen. Steve grinste am nächsten Tag *„Ron sagte, er hätte noch nie eine Stimme wie deine gehört, die nicht aus Chicago kommt."*

Ich war überrascht. *„Ich weiß, dass ich singen kann, aber ich kann nichts anderes als Mundharmonika spielen, und selbst das ist immer noch etwas primitiv."*

„Nun… Rons Wunsch ist es, eine elektrische Chicago-Blues-Band zusammenzustellen" antwortete Steve. *„Er sagte, dass es keine Rolle spiele, wie gut er Gitarre spielt, oder wie gut ich am Bass bin. Wir müssen einen Sänger haben, der Hoochie Coochie Man singen kann und das ernst meint. Er sagte…"* lachte Steve *„… irgendein schwacher weißer Wichser aus den Home Counties, der wie ein Chorknabe klingt, würde es einfach nicht bringen."*

Ich war emotional verblüfft. *„Ich weiß, dass ich kein Chorknabe bin und mit dem Akzent der schwarzen Südstaaten komme ich auch ganz gut zurecht, aber es gibt andere Leute, die viel besser singen…"*

„Vielleicht, aber wenn es sie gibt dann hat Ron sie noch nicht kennengelernt. Und die, die er gehört hat, sind alle mindestens zehn Jahre älter als du."

„Ja… ich vermute mal, wir könnten nicht unbedingt Jack Bruce bekommen, oder?"

„Nein, aber Ron ist nicht so scharf auf Jack Bruce wie du. Er hält ihn eher für einen Jazzsänger und er meint, dass er deine Stimme bevorzuge."

„Hmm… nun ja, das ist originell, aber… ich denke, ich sollte mich freuen. Ich seh es selbst nicht wirklich so. Ich denke, Jack Bruce ist State-of-the-Art."

Und so trafen wir uns jede Woche, manchmal sogar mehrmals pro Woche, um zu üben. Wir waren eine Band. Durch Ron war das fast über Nacht möglich geworden. Ich war unendlich dankbar, denn der große Traum war kein Traum mehr. Es war Realität. Eine riesige, strahlende Realität.

Ich war auch dem Englischlehrer Mr. Preece äußerst dankbar, auch wenn er streng, sarkastisch und etwas hart war. Er war ein altmodischer Lehrer, obwohl er noch relativ jung war.

Er war jedoch ein guter Mann mit einem ausgeprägten Sinn für Fleiß und Integrität.

Er war intelligent, philosophisch, intellektuell und ich hatte auch keine Probleme mit seinem Sarkasmus. Ich sah den Witz in seinen Bemerkungen und irgendwie gefielen sie mir, selbst wenn er mich zum Objekt seiner Betrachtungen machte. Ich wollte seine Wertschätzung und im Gegensatz zur Wertschätzung meines Vaters gab es einen direkten Weg, sie zu erhalten: harte, unermüdliche Arbeit. Die Sitzordnung in der Klasse von Mr. Preece basierte auf den Noten am Ende des Semesters. Ich begann mehr oder weniger am Ende und stieg neben Lindsay Goulding an die Spitze der Klasse auf. Mr. Preece wurde mit der Zeit deutlich freundlicher zu mir und es freute ihn offensichtlich, dass ich immer besser wurde. Er fing an, mich anzulächeln, wenn ich mich hinsetzte und mich zu begrüßen, wenn ich ihn auf dem Weg zur Schule traf.

Eines Tages nahm ich all meinen Mut zusammen und zeigte ihm meine Gedichte. Obwohl er nicht besonders beeindruckt war, nahm er sich die Zeit, mir die Mängel meiner Texte zu zeigen. Er glaubte nicht an das Konzept, Lob als Ermutigung zu verwenden, aber er war absolut bereit, mir zu helfen. „*Freie Verse sind ja schön und gut…*" sagte er „*… aber wenn du die Regeln brechen möchtest, dann musst du zuerst in der Lage sein, fließend innerhalb der Regeln zu schreiben, die du brechen möchtest. Jeder Narr kann wirre Wörter aufs Papier werfen und sie Poesie nennen.*" Er zeigte mir die Werke großer Dichter und erwartete von mir, dass ich Aufsätze darüber schreibe.[10]

Im Mathematikunterricht schrieb ich Gedichtaufsätze. Ich schrieb ab und zu ein paar Zahlen aufs Papier, damit es so aussah, als hätte ich an den gestellten Aufgaben gearbeitet. Es dauerte nicht lange, bis der Mathematiklehrer mich als hoffnungslosen Fall aufgab. „*Simmerson leidet an Dyskalkulie und es hat keinen Sinn, dass er in dieser Klasse ist.*"

10 Harriet Arbuthnot, William Blake, Rupert Brooke, Robert Bridges, Elizabeth Browning, Byron, Chaucer, Samuel Coleridge, Robert Graves, Thomas Gray, John Keats, Christopher Marlowe, John Masefield, William Shakespeare, Percy Bysshe Shelley, Alfred Lord Tennyson, Willoughby Weaving und Mary Wollstonecraft.

Er sagte es dem Schulleiter und so durfte ich die Zeit für zusätzliches Englisch nutzen. Man kam zu dem Schluss, dass es eine Verschwendung von Schulgeldern wäre, wenn ich Oberstufenmathematik belegen würde.

Ich versuchte meinen Weg zur Schule immer so zu planen, dass ich auf Mr. Preece traf. Er war ein großer, dünner Mann und es war nicht einfach, mit ihm Schritt zu halten. Sein ganzes Verhalten schien darauf ausgelegt zu sein, mich hart arbeiten zu lassen, aber ich wurde durch seine Betreuung reichlich belohnt.

Er mochte die Beat–Poeten nicht, aber er gab seiner subjektiven Meinung kein übermäßiges objektives Gewicht. Ich sollte die Regeln und die Struktur der Poesie lernen und die *englische Sprache vollständig meistern.* Erst dann könnte ich anfangen zu experimentieren.

Ich begann, die Penguin Classics-Reihe zu lesen und es war eine Offenbarung: ein neuer Horizont voller faszinierender Persönlichkeiten und ihrer künstlerischen Philosophien. Ich las Nikolai Wassiljewitsch Gogol, Honoré de Balzac, Gustave Flaubert, François-Marie Arouet – dessen Pseudonym Voltaire war, Jean Paul Sartre, Albert Camus, Jean Genet, Franz Kafka und im Allgemeinen *jeden* Autor mit einem interessanten nicht-englischen Namen.

1966 war das Jahr, wo sich im Sommer etwas Seltsames und Beunruhigendes ereignete. Ein junger Mann namens James Kirkpatrick, der zuvor Netherfield besucht hatte, wurde von der Polizei gesucht. Wir erfuhren dies in den Nachrichten am Tag nachdem sich folgendes lokale Drama bei uns zugetragen hatte. Wir saßen am Abend im Wohnzimmer und schauten Patrick McGoohans Fernsehserie „The Prisoner“ an.[11] Mir gefiel der Surrealismus der Serie, meinem Vater hingegen nicht. Der Surrealismus wurde an diesem besonderen Abend noch verstärkt, als ich hörte, dass es am Ende unserer Straße einen Autounfall gegeben hatte. *„Am Ende unserer Straße gab es gerade einen Autounfall, Dad.“*

Mein Vater war etwas verblüfft über meine scheinbare Lässigkeit und sprang von seinem Stuhl auf.

11 Siehe Glossar: *McGoohan*

Ich ging zur Tür, um zu sehen, ob ich mit meiner Einschätzung des Geräusches, das ich gehört hatte, richtig lag. Mein Vater folgte mir auf die Straße, um sich mir anzuschließen. Wir standen ein wenig verwirrt da, als plötzlich ein junger Mann mit so großer Geschwindigkeit an uns vorbeirannte, dass es fast übermenschlich erschien. *„Ihm nach!"* schrie mein Vater und ich rannte sofort die Straße hinauf. Ich fragte mich, was genau ich tun sollte, wenn ich ihn wirklich einholen sollte. Die Erfolgsaussichten waren aber äußerst gering, da ich nie ein guter Läufer war. Es dauerte nicht lange und ein Polizist rannte an mir vorbei. Er fragte mich, was ich da mache. *„Mein Vater sagte mir, ich solle ihn verfolgen."*

Der Polizist schüttelte den Kopf, als hätte er noch nie etwas so Absurdes gehört, und antwortete: *„Geh nach Hause, Junge. Guter Versuch, aber wir werden uns darum kümmern."* Dann rannte er los, um die anderen Polizisten einzuholen, die versuchten, James Kirkpatrick zu erwischen.

Am nächsten Tag wurde der Vorfall in den Nachrichten gemeldet und es stellte sich heraus, dass James Kirkpatrick wegen bewaffneten Raubüberfalls gesucht wurde. Die Polizei hatte ihn in dieser Nacht nicht gefasst und er soll sich irgendwo versteckt haben, vielleicht im Wald oder irgendwo weiter weg. Mein Vater gab zu, dass er mich nicht hätte auf den Kerl loslassen sollen, aber aufgrund meiner Lässigkeit, mit der ich den Autounfall gemeldet hatte, dachte er, dass ich zu einer solchen Heldentat bereit wäre. Er war wirklich entsetzt, als er erfuhr, dass James Kirkpatrick wegen bewaffneten Raubüberfalls gesucht wurde und dass er möglicherweise bewaffnet war, als ich ihm die Straße entlang nachjagte. Ich sagte meinem Vater, dass ich bereit gewesen wäre, ihn zu verfolgen, egal ob bewaffnet oder nicht, und wenn die Polizei mich nicht zurückgewiesen hätte, dann hätte ich ihn weiterverfolgt. Das war natürlich alles reine Angeberei, aber dann überraschte mich mein Vater, indem er mich anstrahlte, als wäre ich das Licht in seinen Augen. Es geschehen noch Zeichen und Wunder.

Später an diesem Tag saß ich mit meiner Gitarre im Garten, unter dem Apfelbaum in der Nähe der Straße, und las für die Schule ein Buch über Kriegspoesie aus dem Ersten Weltkrieg. Ich versuchte, Rupert Brookes[12] neuntes Gedicht „Der Soldat" auswendig zu lernen. Mein Vater hielt es für richtig und wichtig, dass ich solche Arbeiten studierte, auch wenn er die satirischen Antikriegsgefühle einiger Kriegsdichter nicht gebilligt hätte.

> *If I should die, think only this of me: / That there's some corner of a foreign field / That is for ever England. There shall be / In that rich earth a richer dust concealed; / A dust whom England bore, shaped, made aware, / Gave, once, her flowers to love, her ways to roam…*
> Rupert Brooke—*The Soldier*—1914[13]

Mein Bruder Græham rief mir plötzlich zu: *„Vic! Mama will dich im Haus haben."*

Ich ging ins Haus, um zu sehen, worum es ging und meine Mutter fragte mich, wo ich die Hosenbeine meiner Levi's gesäumt haben wollte. Sie hatten kein Paar mehr in meiner Länge und daher mussten diese gekürzt werden. Ich hatte im Verhältnis zu meinem Taillenumfang schon immer etwas kurze Beine, somit hatte ich dieses Problem öfters. Nachdem ich die Levi's anprobiert und die Hosenbeine auf die richtige Länge hochgekrempelt hatte, kehrte ich zu meinen Kriegsgedichten zurück und… wo war die Gitarre? Ich starrte einen oder zwei Augenblicke lang dumm in die Luft und suchte dann schnell die Gegend ab. Die Gitarre war weg. Mein Vater war in seiner Werkstatt und ich fragte mich, ob er sie vielleicht dort hineingebracht hatte. Das hatte er nicht. Græham hatte sie auch nicht genommen. Doch gerade als ich Græham danach fragte, stürmte mein Vater voller Wut ins Haus. Diesmal war er jedoch nicht auf mich wütend.

12 Rupert Chaucer Brooke (1887–1915) war ein englischer Poet, der für seine Sonnette bekannt war, die er während des Kriegs geschrieben hatte.

13 *Wenn ich einst sterben sollte, dann denke nur folgendes über mich: / Dass es einen Winkel in einem fremden Feld gibt / Der für immer England sein wird. Es wird / in dieser reichen Erde ein noch reicherer Staub verborgen sein; / Ein Staub, den England gebar, formte und bewusst machte, / Er gab einst seine Blumen der Liebe, und streifte wandernd durchs Land…* Rupert Brooke, *Der Soldat,* 1914

„Es wird der Verbrecher gewesen sein, den die Polizei jagt! Sie sagten, er könnte sich immer noch im Wald verstecken! Er wird derjenige sein, der die Gitarre gestohlen hat!" Und damit marschierte er die Straße entlang zur öffentlichen Telefonzelle und rief die Polizei an.

Nach diesem Ereignis hoffte ich auf zwei Dinge: Einerseits, dass die Gitarre gefunden würde. Andererseits war da die noch größere Hoffnung, dass mein Vater mir einen Ersatz kaufen würde. Die Gitarre kam nie wieder ans Licht, obwohl James Kirkpatrick gefangen genommen und eingesperrt wurde. Mein Vater erwähnte den Verlust meiner Gitarre nie wieder. Es war nicht so ein wundervolles Instrument gewesen, aber es war einzigartig. Nach all der Arbeit, die darin steckte, stellte ich fest, dass sie mir mehr fehlte, als ich gedacht hätte. Und es waren noch vier Jahre, bevor ich 18 wäre und den lang ersehnten GIBSON EB0 erhalten würde.

1966 Im Herbst dieses Jahres lernte ich Anelie Mandelbaum in der Diskothek „Euphoria" kennen, ein 22-jähriges Au-Pair aus der Schweiz. Sie hatte etwas an sich, das mir unter die Haut ging und mich in gewisser Weise an die Weiße Dame erinnerte, so wie sie in meinem Zimmer oder in meinen Träumen aufgetaucht war, als ich noch ein Kind war. Sie schien auf eine übernatürliche Weise zu strahlen, für die es keine sinnvollen Worte gab. Solch ein Strahlen war mir bei Damen im Allgemeinen aufgefallen, aber einige strahlten mehr als andere. Es hatte nichts mit Schönheit zu tun, auch nicht mit Attraktivität. So hatte zum Beispiel die ältere Mrs. Love solch ein Strahlen. Es hatte auch nichts mit Freundschaft zu tun, denn Steve strahlte nicht. Ich hatte dieses Leuchten noch nie bei Männern beobachtet.

Ich dachte zurück und es schien mir, dass die Anwesenheit von Mädchen oder Frauen für mich immer auf eine Art und Weise magisch gewesen war, die ich nicht definieren konnte. Es war fast so, als hätte der Anblick der Weißen Dame etwas in meinem Gehirn bewirkt. Vielleicht hatte ich durch sie gelernt anders zu sehen, so wie Insekten ultraviolettes Licht wahrnehmen, das für Menschen unsichtbar ist.

Ich hatte in einer von Steves Naturzeitschriften gelesen, dass trichromatische Insekten, zum Beispiel Bienen, so wie Menschen drei Arten von Pigmentrezeptoren haben.

Sie unterscheiden ein breiteres Farbspektrum als andere Insekten, allerdings stimmen ihre Pigmentrezeptoren nicht mit denen des Menschen überein. Das für Insekten sichtbare Farbspektrum ist etwas höher, als jenes, das für Menschen sichtbar ist. Die niedrigste Frequenz, die wir sehen, ist Rot, was für Insekten unsichtbar ist. Umgekehrt ist Violett zwar die höchste Frequenz, die Menschen wahrnehmen, viele Insekten sehen jedoch Ultraviolett und noch höhere Frequenzen. Vielleicht war mir ja so etwas in der Art passiert und jetzt leuchteten und strahlten Damen für mich.

Ich war durch meine Überlegungen nicht so sehr abgelenkt, dass es mir nicht aufgefallen wäre, dass die junge Dame beim Tanzen ab und zu in meine Richtung blickte. Sie hatte etwas Ungewöhnliches an sich, abgesehen davon, wie strahlend schön sie war. Da war etwas in ihrem Gesichtsausdruck, das mich an Alice erinnerte. Es war, als ob Alice plötzlich ein paar Jahre älter geworden wäre als ich. Sie erinnerte mich auch an Tara aus dem Buch über Tibet, das ich in der Grundschule gesehen hatte, denn sie hatte etwas an sich, das nicht gerade englisch war. War es ihre Kleidung? War es ihre Art zu sitzen oder ihre projizierte Persönlichkeit?

Ich bekam mehr und mehr das Gefühl, als würde ich speziell für sie tanzen. Ich achtete darauf, nicht zu auffällig zu wirken, als ich mich ihr, wie ich hoffte, in unmerklichen Schritten näherte. Plötzlich grinste sie breit und klatschte. In der Diskothek „Euphoria" klatschte nie jemand und so standen wir im Mittelpunkt der Aufmerksamkeit. Ich fühlte mich etwas unbeholfen, verneigte mich und reichte ihr meine Hand. Das muss ich in einem Film gesehen haben. Sie schien meine Geste charmant zu finden und gesellte sich zu mir auf die Tanzfläche.

Wir tanzten eine Stunde lang, bis sie sagte: *„Ich bin jetzt etwas müde und es ist an der Zeit, dass ich nach Hause gehe."* Meine Enttäuschung war mir offensichtlich ins Gesicht geschrieben, denn sie fragte: *„Möchtest du mit mir nach Hause kommen?"*

„Nichts lieber als das!" antwortete ich.

Irgendwie hatte sie den Eindruck, ich sei etwa 16 und zu meiner Schande muss ich gestehen, dass ich nichts unternahm, um sie von diesem Irrtum zu befreien.

Als ich dann herausfand, dass sie 22 war, kam ich zu dem Schluss, dass Ehrlichkeit definitiv nicht die beste Strategie wäre. Was waren schon ein paar Jahre mehr oder weniger?[14]

An diesem Tag bewegte ich mich von der frühen Pubertät in die glorreiche Zukunft des Erwachsenenlebens und blickte nie mehr zurück. Das Treffen mit Anelie bedeutete die Rückkehr von Tara. Ab diesem Zeitpunkt tauchte sie wieder in meinen Träumen auf. Die Lebendigkeit kehrte zurück, aber nun mit einer sexuellen Dimension, die es zuvor nicht gegeben hatte. Die Sexualität war nicht mit Tara verbunden, sondern mit zwei Mädchen, die möglicherweise ihre Töchter waren. Zuerst dachte ich, ich träumte von Anelie, aber deren Haare waren blassblond, fast schon weiß, während die Mädchen in den Träumen so dunkelhaarig waren, dass ihre Locken auch schwarz hätten sein können.

14 Mir war damals nicht bewusst, dass ich Anelie möglicherweise in einen strafrechtlich relevanten Kontext brachte, da das Schutzalter für Kinder in Großbritannien bei 16 Jahren liegt.

8

Die fünf Grundsätze

Februar 1968

„Deine Eltern werden dich umbringen, *wenn sie jemals etwas über Anelie herausfinden, besonders dein Vater"* bemerkte Steve mit einer seltsamen Mischung aus ernster Besorgnis und unverhohlener Freude.

„Ich glaube nicht, dass ich mehr als getötet *werden kann, Steve."*

„Sehr witzig, Vic, aber du weißt schon, was ich meine. Sie würden ausflippen… und du würdest—ohne—Ende bestraft werden. Sie würden dich nie wieder irgendwohin gehen lassen."

„Wenn dem so ist, Steve…" seufzte ich *„… dann wäre es wohl besser, wenn sie es nicht herausfinden."* PAUSE *„Ich meine… was würdest* du *an meiner Stelle tun? Hättest du es sein lassen, nur weil deine Eltern ausrasten würden, wenn sie davon erfahren?"*

„Ich weiß es nicht, ich weiß es wirklich nicht. Aber… ich schätze… ich—bin *—verdammt neidisch… und ich schätze… ich muss sagen… dass… ja in Ordnung… ich würde wahrscheinlich das Gleiche tun. Anelie ist scharf, ich meine—wirklich—scharf.*[1] *"*

„Ja." PAUSE *„Schau mal… ich hatte nicht unbedingt vor, eine Beziehung mit einem 22-jährigen Au-pair-Mädchen zu haben, oder?"*

„Nein, aber du hast diesen Zufall trotzdem sehr gut hinbekommen" lachte Steve.

„Wie auch immer, Steve, sieh es mal so. Erstens: Bei uns zu Hause gibt es kein Telefon. Zweitens: Meine Eltern werden kaum die Straße zur öffentlichen Telefonzelle entlanggehen, nur um mit mir zu plaudern, wenn ich bei dir bin, oder? Drittens: Sie kennen nicht einmal eure Telefonnummer. Viertens: Naja… vielleicht reichen drei."

„Sie haben aber meine Adresse…"

1 Im Original 'fierce', gebraucht als Superlativ in der Sprache der damaligen Jugendkultur.

„Ja…" stöhnte ich leicht ungeduldig *„… also fährt mein Vater hierher, nur um nachzusehen, ob ich kein Heimweh habe, oder was? Das glaube ich wirklich nicht. Ich komme seit meinem achten Lebensjahr zu dir nach Hause und bin noch an nichts gestorben. Nichts ist in die Luft gesprengt oder überschwemmt worden. Für meine Eltern gibt es also keinen Grund zur Sorge."* PAUSE *„Abgesehen davon, dass… dein Vater ein Polizeiinspektor ist. Von daher ist dies für meinen Vater der nächstbeste Ort für mich außerhalb des Gefängnisses. Das ist für ihn wie ein Hochsicherheitstrakt oder so ähnlich."*

*„Na gut—*na gut*—du hast mich überzeugt… Es ist nur, was würde passieren, wenn sie es herausfinden würden; ich meine, mit meinen Eltern?"*

„Was mich betrifft, Steve… wenn ich hier weggehe… denkst du, ich gehe nach Hause. Ich habe dir nie etwas erzählt. Du weißt von nichts."

„Mmmm… ich versuche nicht, mich da irgendwie herauszuwinden, aber ich fühle mich nicht allzu *gut dabei, meine Eltern anzulügen."*

„Nein… das kann ich verstehen. Ich mag deine Eltern, wie du weißt, aber du hast es aus mir herausgepresst, nicht wahr? Ich habe dir doch gesagt, dass es besser wäre, wenn du nicht wüsstest, wohin ich gehe, oder?"

„Ja… das hast du…" PAUSE *„… ja… und… ich weiß, dass es nicht deine Schuld ist. Ich habe weitergebohrt, bis du es mir gesagt hast."*

„Die Sache ist so, Steve… du lügst nicht auf die übliche *Art. Du lügst nicht, damit deine Eltern nicht herauszufinden, was* du *getan hast. Du lügst nicht, damit deine Eltern nicht herauszufinden, dass* du *etwas tust, was sie nicht möchten. Du erfindest keine Geschichten. Du sagst ihnen einfach nicht, dass ich nicht* wirklich *nach Hause gehe… wenn ich hier weggehe."*

„Ja… na ja… das hört sich tatsächlich besser an als zu lügen."

„Und überhaupt, Steve… das geht schon seit… Februar 1966*… und du weißt es seit… März letzten Jahres… und Anelie wird im April endgültig in die Schweiz zurückkehren. Bis dahin ist es noch ein Monat, also ist es jetzt etwas spät, sich darüber Sorgen zu machen, unehrlich zu sein. Der Zeitpunkt dafür wäre vor einem Jahr gewesen."*

„Du hast recht… natürlich. Ich glaube, ich hatte nur eine gewisse Panik, als mein Vater fragte, ob du eine Freundin hättest. Weißt du, als ich scharf auf Susan French war und es nicht geklappt hat.

„Er schlug vor, dass ich mit dir darüber rede und... da kam die Frage auf, ob du ein Mädchen als Freundin hast."

„Ah... ja... ich verstehe... ich kann mir vorstellen, dass das schwierig gewesen sein muss." PAUSE *„Du hast also „Nein" gesagt?"*

„Ja – ich meine, ja, ich habe „Nein" gesagt..."

„Na ja, da warst du dann ja mehr oder weniger ehrlich, denn obwohl man eine 22-Jährige vielleicht gerade noch als Mädchen bezeichnen könnte, ist eine 24-Jährige definitiv eine Frau."

„Himmel, Vic! Du bist ja total verrückt!" lachte Steve. *„...aber...ich nehme an, dass du theoretisch recht hast. Es liegt eher daran, dass ich dachte, ich würde lügen. Ob Anelie nun als Mädchen oder als Frau gilt, das ist doch reine Haarspalterei."*

„Ja... das kann ich nicht leugnen, Steve... Ich kann nur versuchen, dass du dich dabei besser fühlst." PAUSE *„Ich könnte einfach aufhören, am Wochenende vorbeizukommen... wenn das alles einfacher machen würde."*

„Nein... das würde auch nicht funktionieren, denn meine Eltern würden sich fragen, warum du nicht mehr kommst. Abgesehen davon wäre das wirklich nicht gut, oder? Wir haben unsere Nummern zu bearbeiten und all die Pläne für unsere Bluesband."

„Ich weiß, Steve... ich möchte auch nicht auf unser gemeinsames Musizieren verzichten. Außerdem bist du mein bester Freund, daher wäre es in jeder Hinsicht eine schlechte Idee."

„Ja... das wäre es..." Steve schüttelte den Kopf. *„Du hast keine anderen dunklen Geheimnisse, oder?"*

„Nun... es gibt da eine Sache, die ich mit 12 getan habe, die dir wahrscheinlich die Haare zu Berge stehen lassen wird."

Ich erzählte Steve von meinem nackten Ausflug an der Runfold-Kreuzung, um Papa Legba zu treffen, und er lachte, bis ihm die Tränen in den Augen standen. Ich war froh darüber, denn danach schien er ein viel besseres Gefühl zu haben, was meine Rendezvous mit Anelie betraf. Ich erzählte ihm, dass ich Anelie davon erzählt hatte und dass es sie auch zum Lachen gebracht hatte.

„*Nun…*" Steve lachte „*wenn du damit durchgekommen bist, dann kommst du wahrscheinlich mit allem durch. Allerdings, es gibt da etwas, das ich dich schon immer fragen wollte… Wie passt es zur buddhistischen Ethik, dass man „nicht die Wahrheit" sagt…? Ich meine, gehört das nicht zu den buddhistischen Geboten oder Regeln, oder wie heißen die?*"

„*Grundsätze. Ja… das ist einer der fünf Grundsätze.*[2]"

„*… und… das sind Dinge, die man wie Gelübde ablegt?*"

„*Ja…*"

„*Also… was sind sie genau. Ich meine, kannst du mir sagen, was die fünf sind?*"

„*Kein Töten oder Morden; kein Diebstahl oder Wegnehmen von Dingen, die nicht freiwillig gegeben werden; kein sexuelles Fehlverhalten; keine Unehrlichkeit; und sich nicht zu betrinken.*"

„*Also…*" begann Steve, kam aber nicht weiter.

„*Also, nicht unehrlich zu sein… Ja… ich fühle mich nicht unbedingt* gut *dabei. Ich würde* lieber *in allem offen und ehrlich sein… aber… ich bin in einer Situation, in der mein Leben nicht mein eigenes ist. Meine Eltern regieren das Haus. Sie bestimmen zu einem großen Teil mein Leben. Nun… ich habe dem nie zugestimmt. Es war nicht meine Idee. Ich habe sie nicht gebeten, meine Eltern zu sein, na ja… nicht bewusst. Also… ich befinde mich hier, unter ihrer Herrschaft, oder genauer gesagt unter der Herrschaft meines Vaters, weil er derjenige ist, der alle Regeln aufstellt. Wie du weißt, ist meine Mutter völlig in Ordnung und wesentlich gelassener. Bist du soweit einverstanden?*"

„*Ja… aber die Wahrheit ist immer noch die Wahrheit…*"

„*Ja, ich versuche nicht, dir zu sagen, dass ich nicht lüge, auch wenn ich hauptsächlich durch Unterlassung lüge. Das ist nicht ganz der Punkt, den ich ansprechen möchte.*"

„*Dann lass mal hören, was genau dein Punkt ist. Nicht, dass ich etwa versuchen würde, dich zu kritisieren. Ich möchte einfach nur wissen, wie du die Dinge siehst.*"

2 Siehe Glossar: *Die fünf Grundsätze*

„Na gut… nun denn… ich denke, dass ich ein extremes Beispiel verwenden muss, um dir zu zeigen, wie ich die Dinge sehe. Angenommen… du würdest im nationalsozialistischen Deutschland leben und angenommen du hast eine jüdische Familie versteckt, die gerade versucht, aus Deutschland zu fliehen. Dann nimm an, dass die Gestapo oder die SS *an deine Tür klopft und sagt: „Wir suchen eine jüdische Familie, die versucht, nach England zu fliehen. Haben Sie irgendwelche Informationen, die zu ihrer Festnahme führen könnten?“ Was antwortest du? Sagst du „Ja, Herr Offizier, sie verstecken sich oben auf unserem Dachboden.“ Oder lügst du?“*

„Naja, nun gut… natürlich würde ich lügen. Aber das ist ein extremes Beispiel.“

„Ja, ich habe gesagt, dass es sich um ein extremes Beispiel handelt. aber der Punkt ist, dass Wahrhaftigkeit keine „ultimative Haltung“ ist. Sobald es eine Ausnahme gibt, muss das Gesetz, die Regel oder die Ethik als flexibel angesehen werden.“

„Ich dachte, es wäre die Ausnahme, die die Regel bestätigt?[3] *“*

„Das ist jetzt ein Fall, *Steve…“* lachte ich *„wo ich vielleicht etwas über die englische Sprache weiß, das du nicht weißt. Das Wort „prove“ bedeutet in diesem Sprichwort „Test“, wie in „Waffenprüfung“ oder „Alkoholprüfung“. Dieser Spruch wird also missverstanden. Er bedeutet in Wirklichkeit: „Es ist die Ausnahme, die die Regel auf die Probe stellt“.“*

„Richtig… das macht viel mehr Sinn. Ich frage mich, warum ich nie selbst daran gedacht habe. Jetzt, wo du es mir erklärst, ist es offensichtlich.“

„Wie auch immer… wenn es einmal eine Ausnahme gibt, muss man sich fragen, welche anderen Ausnahmen es geben könnte. Also… für mich… würde die Ehrlichkeit gegenüber meinen Eltern meine Freiheit beeinträchtigen und was mich betrifft, füge ich niemandem irgendeinen Schaden zu. Ich habe nie zugestimmt, meinen Eltern zu gehorchen, und ich bin nicht damit einverstanden, wie sie die Welt sehen, insbesondere nicht mit der Sicht meines Vaters. Er ist für die Todesstrafe und er würde Homosexuelle aus Prinzip hängen.“

„Ich sehe, was du meinst…“ stöhnte Steve.

3 Das Sprichwort lautet im englischen Original: „The exception proves the rule.“

„Sie haben also Macht über mich, ohne völlig wohlmeinend zu sein. Mein Vater ist ein Befürworter der Prügelstrafe, er spricht sich dafür aus, Menschen zu hängen und auszupeitschen. Was Lügen betrifft, macht es meiner Meinung nach einen Unterschied, ob man lügt, um sich einen unfairen Vorteil zu verschaffen oder um jemanden zu verletzen, oder ob man das nicht tut. Es ist immer noch nicht gut, jemanden zu täuschen, aber hier geht es um Freiheit und ich bevorzuge persönliche Freiheit gegenüber unnötiger Ehrlichkeit."

„Einverstanden… ich verstehe das mehr oder weniger… *oder zumindest kann ich erkennen, dass Ehrlichkeit keine einfache Sache ist."*

„So sehe ich das und im Hinblick auf den Buddhismus gibt es in Bezug auf die Ethik nichts „Absolutes". Wichtiger als das, was man tut, ist, warum man es tut. Im Buddhismus geht es mehr um die Motivation. Also… ich habe keine schädliche Motivation bei dem, was ich tue. Ich tue niemandem weh. Ich nehme niemandem etwas weg." PAUSE *„Das ist alles. Es tut mir leid, dass ich es tun muss. Ich wäre lieber ehrlich, aber: Wem würde es helfen, wenn ich ehrlich wäre? Wem würde es schaden? Geheimhaltung oder das bloße Zurückhalten von Informationen stellt keinen Verstoß gegen das Gebot dar, wenn niemand verletzt wird und niemand etwas verliert."*

„… Das macht absolut Sinn. Ich bin nur froh, dass ich meinen Eltern gegenüber offen sein kann."

„Also… versteh mich nicht falsch, aber erzählst du deinen Eltern jedes Mal, wenn du einen erotischen Traum hast?"

„Oh…" Steve schüttelte den Kopf *„… es sieht so aus, als hätte sich meine Vorstellung, dass ich meinen Eltern gegenüber völlig offen wäre, gerade in Luft aufgelöst…"*

„Tut mir leid. Das war nicht meine Absicht, Steve. Ich wollte nur meine Situation erklären und dir verdeutlichen, dass ich die fünf Gebote wirklich sehr ernst nehme… während… ich so lebe, wie ich lebe, mit dem, was mir wichtig ist."

„Ja… ich kann sehen, dass es dir dein Vater schwer oder sogar unmöglich gemacht hat, ehrlich zu ihm zu sein. Also… ist er offensichtlich dafür verantwortlich, dass du Dinge vor ihm verbergen musst." PAUSE *„Es ist viel einfacher für mich… abgesehen von… na ja…"*

Ich beschloss, die Worte „erotische Träume" nicht einzufügen, weil ich Steve offensichtlich mit meinen konsequenten logischen Schlussfolgerungen etwas in Verlegenheit gebracht hatte.

„Gut, dass du es so siehst." PAUSE *„Und… deshalb komme* ich *immer hierher und* du *kommst nie zu* mir *nach Hause. Ich mache dir deswegen nicht den geringsten Vorwurf, denn ich bin sowieso lieber hier als zu Hause."*

„Das heißt es gibt alle möglichen Arten von Unehrlichkeit, nicht wahr?" überlegte Steve. *„Zum Beispiel haben meine Eltern deinem Vater nicht gesagt, was sie von ihm halten, als er dir nicht erlaubte den* EB0-Bass *zu kaufen… Ich weiß, sie haben ihn nie getroffen, aber…"*

„Ja…"

„Und… sie wollen ihn dir nun zu deinem 18. *Geburtstag schenken, wohlwissend, dass es ihm auch dann nicht gefallen wird."*

„Es freut mich, dass du das verstehst, Steve…" seufzte ich aber nicht aus Verzweiflung über Steve, sondern aus Verärgerung über die Situation, in der ich mich befand. Es tat mir weh, ein Gebot brechen zu müssen, auch wenn ich es nicht brach, um Schaden anzurichten oder mir einen unfairen Vorteil gegenüber jemand anderem zu verschaffen. *„Und natürlich halte ich deine Eltern für nichts anderes als ehrenhaft. Mein Vater lässt ihnen keine Wahl, wenn sie etwas Gutes für mich tun wollen."*

„Stimmt." PAUSE *„Und wie steht es um das „sexuelle Fehlverhalten"? Bedeutet das dasselbe wie in den Zehn Geboten, etwa keinen Ehebruch zu begehen?"*

„Ja… aber es bedeutet mehr als das. Es bedeutet, dass Männer und Frauen einander nicht auf stereotype Weise betrachten oder sich gegenseitig so behandeln, als würde man den jeweils anderen in Schubladen einordnen."

„In Ordnung…" bemerkte Steve. „*… ich glaube, ich verstehe, was du meinst, aber könntest du mir ein Beispiel geben, wie das in der Praxis aussieht?"*

„Nun, das ist einfacher zu beantworten als die vorherige Frage. Es bedeutet, dass deine Freundin eine echte Freundin ist und nicht nur ein „Mädchen", das dir als eine Art Hobby oder Zeitvertreib dient. Man würde intelligente Gespräche führen, nicht viel anders als die, die wir führen."

Steve grinste. *„Und so ist es auch mit Anelie?"*

„Das ist exakt so, wie es mit Anelie ist. Es gibt Leidenschaft und es gibt Gespräche. Wir respektieren die Meinung des anderen, auch wenn wir nicht einer Meinung sind. Wenn wir nicht einer Meinung sind, sprechen wir über unsere unterschiedlichen Standpunkte und es gibt immer etwas Interessantes zu lernen. Wir diskutieren Ideen und… wir sind gute Freunde."

„Ja, das sehe ich" Steve nickte. *„Ich glaube, mein Vater und meine Mutter sind gute Freunde. Sie reden viel miteinander. Er respektiert ihre klassische Musik, sie respektiert seinen Jazz, und beide hören zu und genießen es. Sie haben offensichtlich Vorlieben, aber sie empfinden die Musik des anderen nicht als minderwertig oder langweilig."* PAUSE *„Und… das ist Buddhismus?"*

„Ja, das ist Buddhismus soweit ich ihn verstehe. Aber das bedeutet nicht, dass diese Ideen nicht auf natürliche Weise entstehen können, wenn die Menschen aufgeschlossen sind und wenn sie der üblichen Indoktrination entgehen." PAUSE *„Dann gibt es natürlich noch das Gebot nicht zu töten."*

„Das ist dann wohl ziemlich schwarz-weiß, oder…"

„Nein, das solltest du doch wissen, Steve. Erinnerst du dich daran, dass mein Onkel Bernt an der Verschwörung der Brandenburger Kompanie zur Ermordung Hitlers beteiligt war?"

„Tut mir leid. Ja, das war mir entfallen. Ich erinnere mich, dass du mir davon erzählt hast und wie er und seine gesamte Division an die russische Front geschickt und innerhalb von Sekunden ausgelöscht wurden."

„Ja… also Onkel Bernts *Motivation zu töten war, den Zweiten Weltkrieg zu beenden. Für mich ist das eine sehr wertvolle Geschichte, weil sie in der heutigen Zeit spielt und in meiner eigenen Verwandtschaft passiert ist. Es gibt eine Geschichte über einen Kapitän, der dem Buddha gesteht, dass er einen Mord begangen hat. Er hat einen Räuber an Bord seines Schiffes getötet. Der Buddha fragte ihn nach den Umständen und der Kapitän erzählte ihm, dass der Räuber das Schiff versenken wollte, damit fünfhundert Kaufleute ertrinken und er ihr Gold stehlen könne.*

„Der Buddha erklärte dem Kapitän, dass er nicht schlecht gehandelt hatte, denn obwohl er den Räuber tötete, war er nicht mit Hass erfüllt. Seine Absicht war es, Leben zu retten."

„Das ist wirklich interessant. Ich bevorzuge die Geschichte über deinen Onkel, weil sie real ist… nicht, dass die Geschichte von Buddha und dem Kapitän nicht real wäre, aber sie ist so weit von allem entfernt, was jetzt passieren könnte. Sind also alle Gebote so? Ich meine, sind das alles eher… Richtlinien?"

„Genau Steve, es sind eher Richtlinien als absolute Gesetze."

„Ich glaube nicht, dass meinem Vater diese Idee gefallen würde. Für die Polizei sind Gesetze nicht wirklich anpassungsfähig."

„Das sind sie, zum Beispiel wenn es einen Krieg gibt. Nachbarn zu töten ist gesetzeswidrig… aber feindliche Soldaten zu töten war in den Weltkriegen nicht gesetzeswidrig und all diese Soldaten waren Nachbarn von irgendjemandem. Ich weiß nicht, wie viele in Hiroshima und Nagasaki getötet wurden, aber es müssen Hunderttausende gewesen sein, die gestorben sind. Dann gab es den britischen Brandbombenangriff auf Dresden. Dresden war kein militärisches Ziel, es war eine Porzellanstadt. Es hätte also ein Kriegsverbrechen sein sollen, aber irgendwie… es lag nicht nur daran, dass Großbritannien den Krieg gewonnen hat. Also… was legal ist und was nicht, kann je nach den Umständen ziemlich vage werden."

„Und nicht jeder akzeptiert, dass Töten im Krieg in Ordnung ist, nicht wahr, etwa Kriegsdienstverweigerer.… Offensichtlich ist das eine ziemlich große Frage."

„Ja… wie die Todesstrafe… Es ist legal, Menschen zu töten, die Menschen töten, aber es ist nicht legal, Menschen zu töten, die das Todesurteil fällen oder einen Gefangenen an den Galgen bringen."

Und so redeten wir den ganzen Abend, bis es Zeit zum Schlafen wurde. Anelie war kein Thema mehr. Steve hatte beschlossen, dass er einfach damit leben müsste, und das tat er auch. Es dauerte nicht lange, bis Steve sich diesbezüglich entspannt hatte und zum Glück fragten seine Eltern nie wieder, *ob Vic eine Freundin hatte.* Was das Auge nicht sah… oder das Gehirn nicht erkannte… hatte keine wirklichen Konsequenzen. Wie dem auch sei, keiner von uns wusste, dass ich Anelie in einen kriminellen Zusammenhang gebracht hatte, weil sie eine sexuelle Beziehung zu einem Minderjährigen hatte.

Vielleicht war das auch gut so, denn Steve hätte mit dieser Situation eher nicht umgehen können.

Die Zeit verging wie im Flug. Gelegentlich wanderten meine Gedanken immer noch in die Vergangenheit und es tauchten Bilder der Weißen Dame auf, die mit Alice Rosalind Trevelyan verschmolz… während sie im Wald zwischen den Bäumen hin und her huschte.

Es wäre alles so einfach gewesen, wenn Alice nicht in die walisischen Grenzgebiete verzogen wäre. Wir wären inzwischen praktisch verheiratet… Ich hatte wegen meiner Beziehung zu Anelie schon lange kein schlechtes Gewissen mehr… schließlich hätte ich auch nicht erwartet, dass Alice eine alte Jungfrau wird, nur weil wir einst als Kinder verliebt waren. Das wäre völlig unvernünftig gewesen. Das Gleiche musste demnach auch für mich gelten und doch musste ich mich regelmäßig an diese logische Schlussfolgerung erinnern.

Die Erinnerung an Alice war eine seltsame Sache und sie wurde mit der Zeit immer seltsamer. Ich stellte fest, dass ich meine visuelle Erinnerung von Alice mit jener von Tara verwechselte. Auf eine bestimmte Weise waren sie vage zu derselben Person oder zu zwei Erscheinungsformen derselben Person geworden. Tara hatte nie mit mir gesprochen und so erinnerte ich mich an die Gedanken, die mir in den Sinn kamen (*als ich Tara traf*), als wären sie mit Alices Stimme gesprochen worden. Wenn ich mich an Alice erinnerte, war sie kaum ein kleines Mädchen, sondern eher jemand von undefinierbarem Alter. Ich hatte kein Foto von Alice und so verschwamm mein Bild von ihr mit der Zeit zu einer kraftvollen, aber fragmentierten *Traumerinnerung.*[4]

Steve war fast zwei Jahre älter als ich, aber ich war für mein Alter sehr groß. Im Alter von 11 Jahren hatte ich mit 1,75 Meter bereits meine endgültige Körpergröße erreicht. Meine Stimme brach mit 10 Jahren und die ersten Spuren eines Schnurrbartes tauchten im Alter von 12 Jahren auf. Ich lernte Anelie mit 14 kennen und wirkte damals mehr oder weniger wie ein 16-Jähriger.

4 Viele Jahre später tauchte ein Foto von ihr auf. Es befand sich im Besitz meiner Mutter und sie schenkte es mir, als ich 51 Jahre alt war.

An sich hatte ich damit gerechnet, dass ich 1,85 Meter oder noch größer werden würde, aber als ich 1,75 Meter groß war, passierte nichts weiter. Mein Vater führte es auf „Selbstmissbrauch" zurück, wie ich eines Nachts nach dem Zähneputzen zufällig von ihm hörte. Ich musste den Begriff nachschauen und als ich herausfand, dass es Masturbation bedeutete, wollte ich am liebsten zu meinem Vater sagen: *„Mach dir keine Sorgen, Papa! Diese Zeiten sind vorbei! Ich habe diese wirklich nette Freundin, also gibt es keinen Grund mehr für Selbstmissbrauch! Keine Notwendigkeit, für mich Handschellen zu kaufen! Ich bin gerettet!"* Nein… lebenslange Haft und Zuchthausstrafe in Tasmanien wären die Folge gewesen.

Meine Mutter sagte meinem Vater einfach, dass er dankbar sein sollte, dass ich so groß sei, wie ich sei, und mein Vater sagte ausnahmsweise nichts mehr zu diesem Thema. Er selbst war 1,60 Meter groß und hatte, obwohl er ein lautstarker Streiter war, die Würde zu wissen, wann er geschlagen worden war. Es kam selten vor, dass meine Mutter die Oberhand behielt, aber das war eine Gelegenheit, bei der ich mir ein ganzes Taschentuch in den Mund stopfen musste, um mein Lachen zu unterdrücken. Mein Vater war praktisch ein Zwerg und bei diesem Gedanken kam mir „Grumpy" aus „Schneewittchen und die sieben Zwerge" in den Sinn.[5]

Es kam mir der Gedanke, dass mein Vater, der klein war, vielleicht sozusagen aus erster Hand über die Auswirkungen von Selbstmissbrauch Bescheid wusste. Schließlich war mein Vater ein Junge gewesen, und Alice hatte mit Jungen im Allgemeinen recht gehabt. Die meisten von ihnen waren unverbesserliche Insektenmörder und manische Masturbatoren. Sie schienen nichts mehr zu lieben, als alles Lebendige zu Tode zu stampfen. Es war abscheulich. Kein Wunder, dass es Nazis gegeben hatte. Meine deutsche Großmutter hatte mir von den Schrecken des Nazi-Regimes in Deutschland erzählt und wenn ich die Jungen in meinem Alter betrachtete, konnte ich sehen, dass um mich herum eine weitere Generation von Nazis heranwuchs.

5 Die Sieben Zwerge heißen in der englischen Version Doc, Dopey, Bashful, Grumpy, Sneezy, Sleepy und Happy. In der deutschen Version wird Grumpy übersetzt als Brummbär. Er ist meist schlecht gelaunt und hat immer etwas auszusetzen.

Ich sah dies alles äußerst negativ, aber meine Mutter sagte mir, dass meine Sicht der Dinge wohl etwas zu extrem sei. *„Diese Jungs werden nicht immer so sein. Sie werden später noch etwas über Freundlichkeit lernen, aber ich kann sehr gut verstehen, warum du Mädchen in deinem Alter bevorzugst. Bitte erwähne das einfach nicht deinem Vater gegenüber, denn er wird es nicht verstehen und nur wieder mal wütend auf dich werden.“*

Ich hatte Glück, dass meine Mutter die Welt verstand und sie mir erklären konnte. Mein Vater schien einfach alles unverständlich zu machen. Seiner Argumentation zufolge bestand das Problem darin, dass ich ein Dummkopf war. Er dachte, dass ich mich irgendwie bewusst dafür entschieden hatte, sinnlose Ansichten zu vertreten. Meine Vorlieben und Abneigungen waren alle nur dazu geschaffen, um ihn zu irritieren. Aus dem gleichen Grund hatte ich zu stottern begonnen. Ich hätte gewusst, dass es ihn wütend machen würde, und aus diesem Grund hatte ich absichtlich angefangen zu stottern. Meine Mutter erklärte mir, dass der Arzt gesagt hatte, dies sei unmöglich und dass der Arzt mit meinem Vater „geredet“ habe. Danach schien sich mein Vater etwas zu beruhigen und das Leben wurde weniger von seiner unerklärlichen Wut beherrscht. Das war mittlerweile zehn Jahre her und mein Stottern hatte etwas nachgelassen. In der Gegenwart von Anelie stotterte ich überhaupt nicht und so hatte ich das Gefühl, sowohl die Kindheit als auch die Jugend hinter mir gelassen zu haben.

Im Juni würde ich 16 Jahre alt werden. Das war das Alter, in dem ich hätte sein sollen, als ich Anelie kennengelernt hatte. Nach dieser Schätzung müsste ich mittlerweile 18 sein… und… eigentlich sollte es keine Notwendigkeit mehr geben, aus unserer Beziehung ein Geheimnis zu machen. Vielleicht war das in der Schweiz anders und die 18-Jährigen waren dort noch unter der Obhut ihrer Eltern. Vielleicht hatte ich Glück, dass Anelie die Unterschiede zwischen unseren kulturellen Gepflogenheiten nicht so genau kannte.

Ich habe oft mit Steve darüber gesprochen, wie schwierig meine Situation zu Hause war, und deshalb war er auch ziemlich nervös bei dem Gedanken, wozu mein Vater fähig sein könnte, vor allem im Hinblick auf Anelie, sollte er es jemals herausfinden.

Ich verließ Steves Haus und dort wartete, wie aufs Stichwort, Anelie direkt an der Abzweigung zu der Allee, in der Steve wohnte. *„Veek… Hallo, ich lache gerade vor mich hin über den „Dong With the Luminous Nose“, von Edvard Lear und über das Gedicht, das du mir vorgelesen hast. Ich habe das Exemplar in meiner Handtasche*“ rief mir Anelie aus dem Autofenster zu. *„Wenn ich heimkomme, muss ich mich nur noch um die Klavierstunde kümmern. Danach werde ich frei sein: Den ganzen Tag und die ganze Nacht!*“ Sie lachte, als sie das Lied von den Kinks zitierte.

> *I'm not content to be with you in the daytime / Girl, I want to be with you all of the time / The only time I feel alright is by your side / Girl, I want to be with you all of the time / All day and all of the night.*[6] Ray Davies—Kinks—*All Day and All of the Night*—1965

„Gut gemacht, Anelie, du hast den Bogen raus.“ Anelie hatte meine Angewohnheit übernommen, Rocksongs zu zitieren. Es machte ihr Spaß und es half ihr dabei, ihre Umgangssprache in Englisch zu verbessern. Mit der Zeit wurde sie richtig gut darin.

„Vielleicht hören wir uns noch einmal Bob Dylan an und du hilfst mir, den Text zu verstehen?“

„Mit Vergnügen. Alles, was die Dame glücklich macht. Du kennst mich ja.“

Anelie lachte und stieß mir auf die Art und Weise in die Rippen, wie sie es häufig tat. *„Was glücklich macht kommt später, zuerst Bob Dylan!“* Sie lachte und ich lehnte mich zurück und fühlte mich wie Gott in Frankreich.

Als wir zum Haus zurückkamen, huschte ich in die Einliegerwohnung und wie üblich schien mich niemand zu bemerken. Es war die blinde Seite des Haupthauses und jemand hätte nach mir Ausschau halten müssen, um mich zu bemerken. Natürlich war es kein Problem, dass Anelie Gäste hatte.

6 *Es genügt mir nicht, tagsüber bei dir zu sein / Mädchen, ich möchte die ganze Zeit bei dir sein / Die einzige Zeit, in der ich mich gut fühle, ist wenn ich bei dir bin / Mädchen, ich möchte die ganze Zeit bei dir sein / Den ganzen Tag und die ganze Nacht.*

Es war nur eine Frage des Zeitpunkts, wann sie das Haus verließen, und so musste ich mich am Montagmorgen immer auf dem Rücksitz ganz klein machen und meinen Mantel so weit wie möglich über mich ziehen. Es kam mir immer ein bisschen wie in den Filmen aus dem Zweiten Weltkrieg vor, in denen jemand auf dem Weg zur Schweizer Grenze oder wo auch immer an den Nazi-Wachen vorbeigeschmuggelt wird. Ich erzählte Anelie davon und das Bild brachte sie zum Lachen. Mir kam der Gedanke, dass wir beide unehrlich waren; ich bei meinem Alter und sie bei ihrem Vermieter. Somit… waren wir in der Beziehung quitt. Sie hat mich nie nach meinen Eltern gefragt und ich habe sie nie nach ihren Arbeitgebern gefragt. Es gab bessere Dinge, über die man reden konnte, zum Beispiel über *„Stuck inside of Mobile with the Memphis Blues again."*

„Nun gut. Leg die Platte auf und ich notiere mir die Worte. Dann kannst du mich nach den Dingen fragen, die für dich keinen Sinn ergeben."

Wir hörten uns das Lied mehrmals an, während ich so schnell schrieb, wie ich nur konnte.

„Also… zuerst ist da… das Postamt wurde gestohlen und der Briefkasten ist verschlossen[7]*…"*

„Mmmm… nun ja… das erste, was mir dazu einfällt…" Ich streckte meine Beine aus, um es mir bequem zu machen *„… ist, dass Kommunikation unmöglich ist. Briefe können nicht verschickt und weder bearbeitet noch zugestellt werden."*

„Ja, das sehe ich, aber… wie wird das Postamt gestohlen?"

„Nun, es ist unmöglich, ein Postamt zu stehlen, daher… das deutet wohl darauf hin, dass alles so schlimm wie möglich geworden ist, wenn nicht sogar noch schlimmer." PAUSE *„Natürlich erzählt er uns als erstes, dass das Postamt gestohlen wurde. Dann ist es fast überflüssig zu erwähnen, dass der Briefkasten verschlossen ist… aber… es liefert das endgültige Siegel, dass… er in Mobile feststeckt."*

„Ja… und wenn ich fragen darf… warum „innerhalb" von Mobile und nicht einfach nur „in Mobile"…?"

7 *… the post office has been stolen – and the mail box is locked*

„Da hast du mich am linken Fuß erwischt… Vielleicht ging es nur um den richtigen Rhythmus… aber… „innerhalb", klingt auch mehr nach eingeschlossen wie „in",… Es hört sich fast so an, als wäre Mobile so etwas wie ein Motor. Weißt du, ein Auto ist ein Automobil, also fühlt sich Mobile vielleicht wie eine riesige, schreckliche Maschine an." PAUSE *„Außerdem… er verwendet wahrscheinlich den Städtenamen „Mobile", nur deshalb, weil der Name diese Konnotationen hat. Der Song hat vielleicht nichts mit Mobile zu tun, sondern mehr mit einem Geisteszustand."*

Anelie war damit beschäftigt, sich Notizen zu machen und wie immer musste ich grinsen und erinnerte sie daran, dass es sich seltsam anfühlte, dass sie das, was ich sagte, so ernst nahm. *„Du gibst mir das Gefühl, eine Art Universitätsprofessor zu sein, was wirklich ziemlich… nun ja… solange du glücklich bist, werde ich mein Bestes geben. Denke aber daran, dass Dylan vermutlich nichts so meint, wie ich es interpretiere."*

„… alle Eisenbahnarbeiter trinken dein Blut wie Wein[8]" begann Anelie. *„Das scheint einfach zu sein. Es bedeutet wohl, dass sie dich ausbeuten werden?"*

„Ja, das passt."

„… aber dann… er hat einfach meine Augenlider geraucht und meine Zigarette geschlagen[9]…?"

„Ich glaube, das ist auch für mich ein Rätsel… obwohl… wenn man es umdreht… er hat mir nur auf die Augenlider geschlagen und meine Zigarette geraucht…', dann könnte das bedeuten… zusammengeschlagen und ausgeraubt zu werden. Aber ich möchte den Bogen nicht überspannen." PAUSE *„Weißt du, Anelie… manchmal ist das Zeug einfach surreal… und das weiß ich, denn wenn ich schreibe… kommt mir manchmal eine Zeile in den Sinn, die funktioniert, und ich habe keine Ahnung warum."*

„Ah ja… das sieht man auch in surrealistischen Gemälden. Ich vergesse immer, dass es mit Wörtern genauso sein kann." PAUSE *„Vielleicht sagst du mir einfach, wenn du etwas als surreal empfindest?"*

8 *… all the railroad men – drink your blood like wine*

9 *… he just smoked my eyelids – and punched my cigarette*

„Das würde es einfacher machen… Ich werde jedoch mein Bestes geben, die Dinge zu interpretieren, wenn es so aussieht, als ob es für mich möglich wäre… oder ich werde es zumindest versuchen."

„Sehr gut." PAUSE *„Also… dann… er hat ein Feuer auf der Hauptstraße errichtet und lauter Löcher hineingeschossen.*[10]*… ?"*

„Ich liebe dieses Bild… ich stelle mir eine Westernstadt vor… einen Ort, an dem man Holz heranschleppen und ein Feuer errichten konnte, ohne dass jemand auftaucht, der einen aufhält. Dann steht man da, mit einem völlig verrückten Gesichtsausdruck, und schießt mit einer Pistole ins Feuer." PAUSE *„Das ist ein starkes Bild und ich vermute, dass Opa tatsächlich die Kontrolle verloren hat… Vielleicht muss man sich da den ganzen Vers anschauen, in dem es darum geht, dass Menschen schockiert sind und natürlich, dass Opa bereits im Felsen begraben ist… also war das vielleicht ein wirklich harter, alter Mann, der dagegen ankämpfte, dass ihm seine Freiheit genommen wird. Ich denke, es gibt da eine Menge Empathie für den Wilden Westen und vielleicht war Opa eine Art Hippie vom Ende des* 19. *Jahrhunderts und er ist zu einem Symbol für etwas geworden, das gerade jetzt passiert."*

„… und dann, der nächste Vers scheint nicht so schwierig zu sein, aber danach… hier „… sah der Prediger so verblüfft aus, als ich ihn fragte, warum er sich mit zwanzig Pfund Schlagzeilen bekleidet habe, die er an seine Brust geheftet hatte[11]*…"."*

Das klang für mich ziemlich einfach, also habe ich sofort geantwortet. *„Ich würde sagen,* 20 *Pfund Schlagzeilen an seine Brust geheftet, ist nur eine andere Art auszudrücken, dass der Prediger durch die Indoktrination, die er erfahren hat, völlig gelähmt ist."*

„Ah… ja… das leuchtet mir ein. Also zwanzig Pfund Schlagzeilen… *sind es die Zeitungen und die Fehlinformationen, die sie oft beinhalten? Und geheftet bedeutet, dass er es nicht mehr aus dem Kopf bekommt?"*

„Das würde ich so sehen…"

10 *… he built a fire on Main Street – and shot it full of holes*

11 *… the preacher looked so baffled - when I asked him why he dressed with twenty pounds of headlines – stapled to his chest*

„Gut… also… der Regenmann gab den Männern zwei Heilmittel“,… „Texas-Medizin und… Eisenbahn-Gin“, [12]*… und er mischte sie… sein Verstand wird erstickt… die Leute werden hässlicher… und er hat kein Zeitgefühl mehr.“*

An diesem Punkt brach ich in Gelächter aus. *„Tut mir leid, Anelie, da muss ich aufgeben. Ich habe keine Ahnung, was mit „Regenmann“ gemeint sein könnte… Ich höre ihn immer „Ragman“ singen, was ein anderes Wort für einen Landstreicher oder Desperado sein könnte… aber Texas-Medizin und Eisenbahn-Gin… keine Ahnung, außer dass er nur zwei extrem schlechte Alternativen hatte und er machte den Fehler, beide gleichzeitig auszuprobieren…“*

„… also gut, der nächste Vers ist wieder nicht so schwer, aber dann,… du musst über meine Debütantin Bescheid wissen und sie sagt: „Deine Debütantin weiß genau, was du brauchst, aber ich weiß, was du willst[13]*…“?“*

„Mmmm… na ja… du weißt, was eine Debütantin ist…?“ fragte ich und Anelie nickte. *„Es scheint also unwahrscheinlich, dass er in der Position ist, tatsächlich eine zu kennen… somit ist es vermutlich eher eine Umkehrung der Bilder, da eine Debütantin wahrscheinlich eher dazu neigen würde, etwas zu wollen, als zu brauchen. Wenn man hingegen arm ist, dann wird man typischerweise eher etwas brauchen, als dass man etwas will. Das Wollen kommt tendenziell später.“*

„Ja!“ lachte Anelie *„Bald sind wir fertig! Dann kann alles geschehen, was wir brauchen und wollen!“* PAUSE *„…also…wer sind die Neon-Verrückten? Der Rest ist einfach.“*

„… die Neon-Verrückten… keine Ahnung… Weißt du, Anelie, ich denke, Dylan bringt diese Bilder manchmal nur wegen ihrer Farbe und wegen ihrer… Inkongruenz ins Spiel… Dann… ist da auch noch einfach der Klang der Worte und das trifft natürlich wahrscheinlich auf sehr viele der Sätze zu, die ich für dich interpretiert habe…“

Anelie beendete das Schreiben ihrer Notizen zu Bob Dylans Lied und wir stürzten uns in die Nacht.

12 *Texas medicine and railroad gin. Texas medicine* ist Umgangssprache für Meskalin. *Railroad gin* ist Umgangssprache für Bremsflüssigkeit.

13 *Your debutante knows just what you need – but I know what you want…*

Die Tage und Wochen vergingen und dann, als wäre es völlig unerwartet, war Anelie plötzlich verschwunden. *Gegangen, gegangen, darüber hinausgegangen, völlig darüber hinausgegangen.* Sie war dauerhaft verschwunden, ohne eine Adresse zu hinterlassen. Sie wollte es so. Ich konnte den Grund dafür aus ihrer Sicht gut nachvollziehen. Anelie war eine seltsame Mischung aus Romantik und Pragmatismus. Sie war offensichtlich traurig, mich zurückzulassen, aber… sie wusste, dass unser Leben nicht gemeinsam weitergeführt werden konnte. Sie hatte Karrierepläne in der Schweiz. Ich hatte die Kunstschule vor mir, auch wenn ich damit zwei Jahre später beginnen würde, als sie gedacht hatte. Ich hatte auch eine Bluesband, die darauf vertraute, dass ich als ihr Sänger fungierte, und so gab es keinen realistischen Platz für Reisen in die Schweiz. So war es von Anfang an vereinbart worden und es gab keine Möglichkeit, das zu ändern, was wir vereinbart hatten. Ich hatte dem vorübergehenden Charakter unserer Verbindung von Beginn an zugestimmt und es wäre sowohl dumm als auch unhöflich gewesen, mich zu beschweren, als sich das Ende einstellte. Ich war erwachsen gewesen… und jetzt… war ich etwas anderes, da mir noch zwei Monate bis zu meinem 16. Geburtstag fehlten.

Steve und Ron hatten die Notwendigkeit eines Schlagzeugers erwähnt. Ich war darauf weniger erpicht, aber stimmte der Idee gerne zu; solange sich nichts an dem Ethos änderte, den wir als Trio entwickelt hatten.

Ich hatte mich gerade mal an die Idee gewöhnt, dass wir einen Schlagzeuger brauchten, als Jack Hackman auftauchte. Er war gerade auf die Farnham Grammar School gekommen, weil seine Eltern aus Wiltshire hierhergezogen waren. Steve erfuhr auf die damals übliche Art und Weise, dass Jack ein Schlagzeuger war, denn Musik war in den 1960er-Jahren ein alltägliches Gesprächsthema. Jack konnte mit improvisierten Trommelstöcken ausgefallene Trommelwirbel auf der Schulbank spielen und Steve kam zu dem Schluss, dass er es wert war, vorgestellt zu werden. *„Jack hat eine… seltsame Frisur*[14]*, aber er scheint kompetent zu sein. Ich denke, wir sollten ihn ausprobieren."*

14 Jack hatte einen *Vokuhila* (Vorne kurz, hinten lang) – siehe Glossar: *Vokuhila*

Ich fand das in Ordnung, aber Ron war vorsichtig. „*Ich…hoffe, er denkt nicht, dass wir ihn einfach so aufnehmen werden. Wir müssen es ihm sagen können, wenn er nicht gut genug ist.*"

Steve sah ein wenig verärgert aus. „*Natürlich, Ron. Er weiß, dass er nur zum Vorspielen kommt.*"

„*Nun…*" warf ich ein „*… wann genau legen wir Jack auf die Folterbank?*"

Jack kam. Wir begannen mit Rolling and Tumbling. Jack spielte mit. Ron runzelte die Stirn. Steve und ich sahen verlegen aus, als wir Rons Gesichtsausdruck bemerkten. Ron schaute drein wie ein verärgerter Erziehungsberechtigter und bat Jack, sein Schlagzeug zu verlassen. Er bedeutete Steve und mir zu spielen, also begann ich auf Rons Telecaster einen einfachen 12-Takt Standardblues zu spielen und Ron zeigte Jack, wie man Blues–Percussion spielt. Nach ein paar Runden Standardblues gab Ron die Trommelstöcke an Jack zurück und fragte: „*Kannst du das machen?*" Jack nickte und gehorchte. Er machte einige Fehler, aber nach ein paar Minuten hatte er es geschafft. Es war ein äußerst schwieriges Vorspielen für Jack gewesen, der die ganze Zeit über sehr nervös wirkte. Ron akzeptierte ihn schlussendlich, aber nur unter der Bedingung, dass er täglich viel intensiver üben müsse.

Plötzlich waren wir eine Band. Plötzlich brauchten wir einen Namen. Wir verbrachten einen Abend mit Brainstorming und landeten schließlich bei der Savage Cabbage Blues Band. Dann bekam auch ich—unerwartet—einen neuen Namen. Farquhar Arbuthnot. Wer hatte schon jemals von solch einem Namen gehört? Allerdings hatten Steve Bruce, Ron Larkin und Jack Hackman tatsächlich allesamt gute Namen für Bluesmusiker. Aber Victor Howard Simmerson… wurde als unwürdig erachtet. Ich sollte entweder gefährlich klingen, oder aber komisch. Mein Vorschlag lautete Frank Schubert. Ron fand das gut, aber Jack gefiel es nicht und da ich bereits den Namen Savage Cabbage erfunden hatte, hielt Jack es nur für fair, dass ich nun meinen neuen Namen dankbar annehmen sollte. Ich akzeptierte dankbar, denn wer war ich schon, dass ich mein *Selbst* hätte verteidigen müssen?

9

Als ob man Engel sehen würde

1967

Im Jahr 1965 bemerkten Steve und ich, dass sich die Welt veränderte. Wir veränderten uns beide. Unsere Haare hatten angefangen, unsere Ohren zu bedecken, und somit war eine gewisse Vorsicht geboten, sowohl in der Schule als auch bei den Eltern. Wir mussten uns immer so weit wie möglich frontal positionieren, damit die Länge unserer Haare von hinten oder von den Seiten nicht so deutlich zu sehen war. Die militärische Frisur mit „kurzem Nacken und kurzen Seiten" gab es für uns schon lange nicht mehr und wir hatten die Absicht, das auch so beizubehalten. Ich war zwar Buddhist, aber für einen buddhistischen Bluesmann war die zölibatäre Form, wie perfekt sie auch immer für tibetische Mönche passen mochte, kein praktikables Arrangement. Ich wusste, dass Son House[1] einmal Prediger gewesen war und so gab es offensichtlich eine respektable Tradition von Religion und Blues. Son House hatte *Johannes der Offenbarer* gesungen und mir kam der Gedanke, dass ich vielleicht eines Tages dasselbe tun würde, wenn sich das richtige buddhistische Thema anböte.

> *You know Christ had twelve apostles and three he laid away / He said "Watch with me one hour, 'til I go yonder and pray." / Tell me who's that writing: John the Revelator. / Tell me who's that writing: John the Revelator. / Who's that writing: John the Revelator. / Wrote the book of the seven seals.*[2] Son House—*John the Revelator*

Steve hielt das für durchaus möglich, da George Harrison auf dem Revolver Album der Beatles ja auch Songs mit einem Hauch klassischer Hindustani-Musik geschrieben hatte.[3]

1 Siehe Glossar: *Son House*

2 *Ihr wisst, dass Christus zwölf Apostel hatte und drei davon entließ / Er sagte: „Wache eine Stunde mit mir, bis ich dorthin gehe und bete." / Sag mir, wer das schrieb: Johannes der Offenbarer. / Sag mir, wer das schrieb: Johannes der Offenbarer. / Wer schrieb das: Johannes der Offenbarer. / Schrieb das Buch der sieben Siegel.* Son House, *John the Revelator*

3 Siehe Glossar: *George Harrison*

„Ich denke, so etwas könnte man machen, denn die Art wie du mit Riffs experimentierst klingt irgendwie orientalisch, weißt du."

Ich überlegte eine Weile und schrieb dann ein paar Zeilen. Es stellte sich als viel schwieriger heraus, als ich es mir vorgestellt hatte. Was ich geschrieben hatte war klobig und etwas albern. Es schien, dass Vajrayana nicht wirklich zu dieser Liedform passte, zumindest nicht so, wie ich es probiert hatte. Ich müsste nach einer anderen Herangehensweise suchen.

> *Pema Jung-né had twenty five disciples / And he told 'em all where to stay / Said "Climb up to those caves and practise – you'll hear me teach again someday." / Tell me who's that flying: Lady Yeshé Tsogyel. / Tell me who's that flying: Lady Yeshé Tsogyel. Tell me who's that flying: Lady Yeshé Tsogyel./ Wrote the texts that'd be revealed.*
> Vic Simmerson—*Padmasambhava and Yeshé Tsogyel*

Steve nickte *„Vielleicht könntest du es mit dem wilden Instrument begleiten, das du selbst gemacht hast, diesem riesigen, massiven Sitar-Ding."*

„Oh, das…" stöhnte ich. *„Das war eine Katastrophe. Es war nie für irgendetwas zu gebrauchen. Es war nur ein Holzbrett mit einem völlig gescheiterten Versuch eines Resonanzkörpers."*

„Es hatte 16 *Saiten, nicht wahr?"*

„Ja… sogar 28, *wenn man die* 12 *Resonanzsaiten mitzählt und das alles zusammen mit den klobigen Stimmstäben aus Stahl, die ich im Metallbaukurs gemacht habe. Das Problem war, dass es eher für Robin Hood geeignet gewesen wäre, da es durch die Spannung der Saiten fast schon die Form eines Bogens bekam. Es wäre einfacher gewesen, damit Pfeile abzuschießen, als darauf zu musizieren."*

Wolken zogen am Himmel vorbei und so schien die Sonne mit unregelmäßigen Unterbrechungen durch das Fenster von Steves Wohnzimmer. Es war ein unheimlicher Effekt, weil es den Raum zeitweise optisch veränderte. Er dehnte sich aus und schrumpfte wieder. Das Licht verkleinerte den Raum und die plötzliche Abwesenheit von Sonnenlicht schien den Raum größer werden zu lassen. Als diese Eindrücke meine Sinne überfluteten, erschien die Weiße Dame und ich saß einen Moment da und starrte… und dann war sie wieder weg.

„Vic?" Steve hatte mehrmals meinen Namen gerufen *„Vic, geht es dir gut?"*

„Ja, danke, Steve." Meine Stimme klang, als käme sie aus großer Entfernung. Ich konnte mich selbst sprechen hören, aber es war, als ob ich nicht mit Steve im Raum wäre; und doch war ich es.

„Was ist passiert?" Steve erkundigte sich: *„Deine Augen sahen aus, als ob… als ob du nichts sehen würdest."*

Ich wusste wirklich nicht, was ich sagen sollte. Ich wollte es nicht erklären, aber ich wollte Steve auch nicht ausschließen.

„Das mag jetzt komisch klingen, Steve, aber… ich habe das Gefühl, ich sollte es dir sagen…"

„Du leidest an Epilepsie…" fragte Steve offensichtlich besorgt. Er hatte einen Cousin, der an Epilepsie litt, und so hatte er von seinen Eltern einiges darüber gehört.

„Nein, Steve" lachte ich. *„Nichts in der Art. Naja, soweit ich weiß nicht. Es ist nur so, dass es da diese Weiße Dame gibt… Ich sehe sie, seit ich… seit ich ein Baby war, nehme ich an. Früher erschien sie jede Nacht in Träumen und manchmal auch außerhalb von Träumen."*

„Tagträume?"

„Nein… ich schätze, ich müsste es wohl eher Visionen nennen… oder so etwas."

„Wie christliche Heilige, die Engel sehen?" fragte Steve, aber ohne dabei spöttisch zu klingen.

„Ich weiß es wirklich nicht, Steve… Ich kann nicht sagen, was passiert, weil ich noch nie mit jemandem darüber gesprochen habe. Wenn ich Christ wäre, könnte ich mit dem Pfarrer oder dem Bischof oder wem auch immer reden, aber es gibt niemanden, an den ich mich in dieser Angelegenheit wenden kann. Ich müsste nach Tibet gehen und ich müsste Tibetisch lernen und das würde noch Jahre dauern…" PAUSE *„… ich habe vor langer Zeit mit meiner Mutter darüber gesprochen."*

„Was hat sie gesagt?"

„Weißt du… ich kann mich wirklich nicht mehr genau erinnern. Ich glaube, sie dachte, es seien Träume. Nun ja… einige davon waren es, aber einige davon waren definitiv keine Träume. Ich habe den Fehler gemacht, es meinem Vater zu sagen, und er dachte, ich würde in der Irrenanstalt landen. Es war wirklich eine ziemlich schlimme Zeit, weil ich zu jung war, um damit klarzukommen, dass er sich als Gedankenpolizist aufführte."

„Spricht sie mit dir?"

„Nein…" ich schüttelte den Kopf. *„Ich höre keine Stimmen oder so etwas. Sie spricht nicht, aber sie… sie scheint zu kommunizieren. Das wird jetzt völlig seltsam klingen, aber sie scheint wie eine Art Fernsehsender zu funktionieren und… ich scheine zu empfangen, was sie sendet. Es geschieht jedoch nie in Worten. Ich weiß einfach bestimmte Dinge, aber es gibt keine Worte dafür. Es ist, als wüsste man, dass man glücklich, traurig oder entspannt ist."* PAUSE *„Ich meine, wie würdest du „glücklich fühlen" erklären, wenn es nichts gäbe, worüber du glücklich bist?"*

Steve bestätigte, dass er es nicht wusste. Er könnte nur sagen, dass er sich glücklich fühlte und könnte sonst nichts hinzufügen. *„Also… war sie gerade da?"*

Zu diesem Zeitpunkt verstummte ich, weil mir die Antwort, die ich geben würde, ziemlich seltsam vorkam: *„Ja… aber nur für einen Moment… und dann war sie weg."*

„Es war kein Moment, Vic. Du warst für ein paar Minuten irgendwie weg."

Ich sagte Steve, dass es sich nicht länger als einen Augenblick angefühlt hatte, aber dass die Zeit dazu neigte, ihre gewohnte lineare Form zu verlieren, wenn ich Visionen hatte. Steve saß eine Weile schweigend da und sagte dann: *„Weißt du… wenn mir das jemand anderer gesagt hätte, hätte ich es nicht geglaubt. Aber ich kann sagen, dass das nicht erfunden ist und es ist auch nicht verrückt… Ich weiß einfach nur nicht, was es ist."*

„Ich bin froh, dass wir darüber sprechen können. Ansonsten habe ich niemanden, mit dem ich darüber reden könnte. Ich denke nicht, dass du deinen Eltern oder sonst jemandem davon erzählen solltest, weil… es einfach nicht nachvollziehbar ist. Selbst ich verstehe es nicht, obwohl es mir passiert."

„Nein, Victor… Ich werde es nicht erwähnen. Ich verstehe, dass das keine gute Idee wäre. Aber sagst du es mir, wenn es wieder passiert?"

„Ja. Ich erzähle dir gerne alles, was du wissen möchtest, aber es könnte sein, dass es keinen Sinn ergibt. In alltäglichen Worten ergibt es für mich auch keinen Sinn. Oft fehlen mir einfach die Begriffe dafür. Ich kann dir sagen, was ich sehe, aber ich kann dir nicht sagen, was es „bedeutet". Ich meine… wenn ich etwas zu wissen scheine, aber nicht genau weiß, was ich eigentlich weiß." Das klang zunehmend absurd und Steve zuckte völlig verständnislos mit den Schultern, also fuhr ich fort: *„Vielleicht ist es besser, es so auszudrücken: Warum magst du Camembert?"*

„Weil er gut schmeckt."

„Nun gut. Was genau ist es, das gut schmeckt?"

Plötzlich war da ein Ausdruck in Steves Gesicht, der mir sagte, dass er etwas verstanden hatte. *„OK… jetzt glaube ich, dass ich es verstanden habe. Ich kann einfach nicht sagen, warum ich Camembert mag. Ich kann nur sagen, dass ich ihn mag. Ich könnte sagen, er ist cremig, aber das gilt auch für Brie. Ich könnte alles Mögliche sagen, aber das würde es nicht wirklich erklären. Ich glaube nicht, dass mein Vater erklären könnte, warum er Jazz mag, und das Gleiche gilt für meine Mutter mit klassischer Musik, und bei dir für Blues."*

„Das ist richtig. Ich habe ihn eines Tages gehört und es hat mir gefallen. Ich könnte sagen, dass es anders war und dass ich es aufregend fand, weil es anders war. Aber jetzt gibt es jede Menge Blues zu hören und ich mag ihn immer noch. Ich weiß auch, dass ich Blues immer *mögen werde."*

Einige Wochen später hörte ich Mike Cooper[4] beim Farnham Blues Festival im Bush Hotel spielen. Ich versuchte später nachzuahmen, was mir von seinem Stil in Erinnerung blieb. Er kam mit zwei NATIONAL RESOPHONIC Gitarren[5] auf die Bühne: einer TRICONE und einer STYLE „O". Ich war sowohl von ihrem Aussehen als auch von ihrem Klang wie hypnotisiert. Das war Musik *aus einer anderen Welt*, aus Afrika und dem Mississippi-Delta oder aus einer fernen Galaxie, wo Gitarren aus Stahl und Autos aus gepressten Blumen hergestellt wurden. Diese Umkehrung war für mich erstaunlich.

4 Siehe Glossar: *Mike Cooper*

5 Siehe Glossar: *Resonanzgitarre*

Das waren Gitarren, wie Gitarren sein *sollten.* Ich erzählte Steve davon und er war fasziniert. Wir fragten seinen Vater danach und er wusste genug, um uns zu sagen, dass wir sie in Großbritannien wahrscheinlich nicht finden würden.

Ich beschloss, dass ich meine eigene NATIONAL RESOPHONIC-Gitarre bauen musste. Ich hatte eine Vorliebe für völlig unmögliche Projekte, wie zum Beispiel als einsamer Buddhist in den Home Counties zu leben… Ich fand eine völlig kaputte spanische Gitarre, die für einen lächerlichen Preis zu haben war, weil sie in einem so schlechten Zustand war. Ich kaufte sie in einem Trödelladen namens *Dawn's Bargains.* Ich wusste genug über Gitarren, um Dawn noch um ein Pfund und zehn Schilling herunterzuhandeln. Ich wies auf den gebogenen Hals und den schockierenden Zustand des Lacks hin. Ich wies auf die schlimmen Risse im Resonanzboden und die Dellen an den Seiten hin, wo sie offensichtlich einige Schläge abbekommen hatte.

Ich arbeitete drei Monate lang daran und am Ende wurde die alte, mit Nylon bespannte Gitarre zu einem wahren Wunderwerk. Herkömmliches Spielen war mit ihr nicht möglich, aber für das Spielen von Lapslide, wie ich es von Mike Cooper gesehen hatte, war sie *gerade noch geeignet.* Ich beschloss, sie DEBIL zu nennen, in Anlehnung an die Art und Weise, wie „Devil“ manchmal in Blues–Songs ausgesprochen wird. Meine DEBIL war eine *teuflische* Schöpfung, vielleicht nicht im infernalischen Sinne, aber musikalisch. Es war wie eine Mischung aus Drehleier und Mülltonne. Der Körper wirkte allerdings fast so perfekt wie die Karosserie eines alten Rolls Royce oder Bentley. Das lag an der Mühe, die ich in das Polieren der silbernen Autolackierung gesteckt hatte, mit der ich die Gitarre beschichtet hatte.

Die Farbe dämpfte den Klang, aber das wurde kompensiert durch das Scheppern der Innereien und das schockierende optische Erscheinungsbild. Das Innere der DEBIL war vollgestopft mit Ferrotyp-Membranen, die bei Temperaturen über 60° Fahrenheit wie verrückt summten. Das war wichtig, denn ohne die Aktivierung dieser Ferrotyp-Membranen war die DEBIL etwas zu dezent. Am Ende wog das Instrument mehr als 5 kg zusammen mit der Aluminium-Abdeckplatte und dem perforierten Zink.

Das zentrale Schallloch wurde mit einem Stück perforiertem Zink hinterlegt und das Ergebnis war optisch großartig. Ich hatte mehrere hundert Löcher in konzentrischen Kreisen gebohrt.

Das Wort DEBIL war in eine Kupferplatte geätzt, durch die die Stimmköpfe hervortraten, und der mit smaragdgrüner Glanzfarbe gefüllte Schriftzug war teilweise weggerieben. Zum Schluss sah das Ganze dann ein wenig nach Grünspan aus und verlieh dem Instrument etwas… Geheimnisvolles. DEBIL war auch in den Saitenhalter und in die Strebe auf der Rückseite eingraviert, sodass das Instrument aussah, als wenn es professionell gefertigt worden wäre; naja, zumindest für jemanden, der sich mit Gitarren nicht so gut auskannte.

Mein Vater begann mir zu helfen, als er mich mitten im Produktionsprozess erwischte. Ich hatte heimlich im Fahrradschuppen an dem Projekt gearbeitet und er erbarmte sich meiner, genauso wie er es auch 1964 bei dem Skiffle Junior-Projekt getan hatte. Wenn ich *so* unbedingt eine Gitarre wollte… dann konnte er mir genauso gut dabei helfen, die Arbeit bestmöglich zu erledigen. Er war handwerklich auch richtig gut, sogar brillant, und er schien alles über Werkzeuge und Schleifmittel zu wissen, was man nur wissen konnte. Er war bei den Royal Engineers gewesen und hatte viel Erfahrung im Umgang mit allen möglichen Materialien. Ausnahmsweise fand er hier in mir einen guten Schüler und ich arbeitete unzählige Stunden an dem Gitarrenprojekt.

Ich kaufte einen Saitenhalter und eine Brücke, um die am Korpus befestigte Einheit zu ersetzen. Obwohl Gitarren mit Stahlsaiten an sich ähnliche Anordnungen von Brücke und Saitenhalter haben, wollte ich so viel Unterschied wie nur möglich zu der verachteten Gitarre mit Nylonsaiten schaffen, welche die DEBIL einst gewesen war. Der Hals war gebogen, daher fertigte ich eine Stütze dafür an, um die Belastung der Stahlsaiten aufzunehmen. Dann tauschte ich die Muttern aus, um die Höhe der Saitenlage bis hinunter zum Hals zu erhöhen. Sobald das erledigt war, konnte ich mit einem verchromten Badetuchhalter die Saiten auf- und abgleiten, als wäre ich im Mississippi-Delta geboren.

Ich fing auch an, Bluesharp zu spielen. Ich begann den kompletten Satz von 12 Stück zu sammeln, um alle Tonarten zu besitzen.[6] Ich musste mir wieder Alben anhören, um den Stil zu kopieren, aber ich war fest entschlossen, um jeden Preis ein Bluesmusiker zu werden. Ich hörte Little Walter und Big Walter Horton. Sie waren so fabelhaft unterschiedlich. Es erstaunte mich auch, dass es mir viel leichter fiel, die Bluesharp zu spielen als die Gitarre. Mit diesem Instrument konnte ich es tatsächlich zu etwas bringen. Nach einigen Monaten des Übens bat ich Steve, einen Blues in D zu spielen, damit ich ihn auf meiner G-Harp begleiten konnte.[7]

„Wo hast du das gelernt?" fragte Steve reichlich erstaunt. *„Du bist nicht Little Walter, aber du bist auch nicht sehr weit weg von ihm."*

„Danke" grinste ich. *„Ich bin der Virtuose Vic Irgendetwas!"*

„Wer auch immer du bist, Ron muss das hören!"

Und so geschah es. Es sah so aus, als würde ich bei der Savage Cabbage Blues Band Bluesharp spielen.

6 Wie mir Mr. Love erklärt hatte, benötigt ein Bluesharp-Spieler 12 Harps, um jede Tonart im chromatischen Bereich abzudecken.

7 Diese Art zu spielen nennt man „cross harp', dabei liegt die gewählte Bluesharp eine Quart über der Tonart des Liedes. Das bedeutet, dass die Bluesharp, obwohl sie in einer Dur-Tonart gestimmt ist, Moll-Noten in der Tonart des Liedes verwendet.

10

Es ist, als ob man ein Einsiedler wäre

Juni 1968

Ich hatte mich mit den zornvollen Bewusstseinswesen und Beschützern des Vajrayana vertraut gemacht und ich hätte meinen Vater von daher nicht als Oger bezeichnet, obwohl Lindsay und ihre Freundin Sandra ihn als solchen beschrieben. Je älter ich wurde, desto mehr Traurigkeit spürte ich hinter seiner Wut. Er war überhaupt kein schlechter Mensch. Er war einfach ein Mann, der einige unglückliche Entscheidungen getroffen hatte. Er hatte unrealistische Erwartungen an seine Beförderung in der Armee gehabt und war zu stolz, um sein Schicksal als Offizier der Arbeiterklasse anzunehmen. Die Situation war nicht fair, aber das gilt auch für viele andere Formen von Elitismus, Chauvinismus und Rassismus. Man kann diese Dinge bekämpfen und es ist gut, sie zu bekämpfen, aber die Konsequenzen des Kampfes müssen akzeptiert werden. Offenbar gab es niemanden, der ihm erklärte, wie man das Spiel richtig spielt. Vielleicht hatte es jemanden gegeben. Vielleicht hatte er nicht zugehört. Ich würde es nie erfahren, weil es nicht möglich war, mit ihm darüber zu sprechen. Ich konnte nur anhand der Hinweise, die er von Zeit zu Zeit von sich gab, Vermutungen anstellen, woher seine Bitterkeit kam.

Ich versuchte, *eine möglichst buddhistische Einstellung* ihm gegenüber zu entwickeln. Ich wusste, dass ich das am ehesten erreichen konnte, wenn ich mich bemühte, seine Sozialisation zu verstehen. Es ist nicht leicht, einen erzkonservativen Mann aus der Arbeiterklasse zu verstehen, der gelegentlich unerwartete Anfälle von Sozialismus zeigt. Er beklagte sich mehrmals über die Ungerechtigkeit, dass der Angestellte eines Kürschners seiner Frau nie einen Mantel kaufen könne, wie er ihn für seine Kundschaft anfertigte. Es gab viele Aspekte seines Lebens, die nicht mit seiner rechten politischen Haltung vereinbar waren. Es gab viele Aspekte seines Lebens, die er überhaupt nicht begreifen konnte. Einer davon war ich.

Sandra lebte in der Straße, in der Alice früher gewohnt hatte, im letzten Haus auf der linken Seite vor Weyflood Woods. Sandras Eltern besaßen einen MG MGB GT[1]. Das Auto kam einem kleinen Wunder gleich. Ich fand es beeindruckend, dass ein Auto einfach nur mit einer Reihe von Initialen benannt werden konnte. Meine Fähigkeit, die Buchstabenkombination rasch herunter zu rattern, verschaffte mir bei den Jungs in meiner Klasse eine seltsame Anerkennung. Lindsay wollte meinen Vater besuchen und ihm ihre Meinung sagen, aber Sandra hielt das für unklug. Sie dachte, es würde mich noch mehr in Schwierigkeiten bringen. Lindsay und Sandra konnten ihn nur mit ihren eigenen Vätern vergleichen, die beide deutlich jünger waren.

Die Probleme, die mein Vater mit dem Nachkriegs-England hatte, stammten daher, dass er ein Edwardianer mit einer starken Portion viktorianischer Moral war. Er wurde 1902 geboren und war daher wahrscheinlich ein mehr oder weniger anständiger Mann, für die Zeit und Kultur, in der er aufgewachsen war. Auch Dschingis Khan[2] war zu seiner Zeit ein anständiger Mann gewesen. Er ritt mit seiner Armee in eine Stadt und gab der Bevölkerung drei Möglichkeiten zur Wahl. Die erste Option war, dass die Bevölkerung bleiben konnte und dass das Leben genauso weiterginge wie bisher, nur dass sie Teil des wachsenden Reiches von Dschingis Khan sein würden. Die zweite Option bestand darin, dass sie alle gehen könnten ohne daran gehindert zu werden. Sie konnten nehmen, was sie brauchten, und sich auf den Weg machen. Die dritte Option war, dass sie versuchen könnten, ihre Stadt zu verteidigen, aber wenn sie das taten und verloren, würden alle bis auf den letzten Einwohner durch das Schwert getötet werden. Fast alle entschieden sich für die erste Wahl, und… das Leben ging einfach weiter, aber mit der zusätzlichen Sicherheit der Herrschaft Dschingis Khans.

1 MG MGB. Der MGB ist ein zweitüriger Sportwagen, der von 1962 bis 1980 von der British Motor Corporation als Vierzylinder-Roadster mit Stoffverdeck hergestellt wurde. Ein Modell war das dreitürige 2+2-Coupé MG MGB GT (1965–1980).

2 Siehe Glossar: *Dschingis Khan*

Wenn man sich nun Dschingis Khan ansieht und ihn nach modernen Kriterien beurteilt, dann war er ein imperialistischer Kriegsherr, der die Weltherrschaft anstrebte. Nun… mein Vater war nicht gerade Dschingis Khan, aber es gab gewisse Ähnlichkeiten. Es wäre von daher besser für mich gewesen, wenn ich Option eins gewählt hätte.

Meine Erinnerungen an die frühe Kindheit sind, was sie sind. Es ist wichtig zu erwähnen, dass mein Vater oft großzügig sein konnte. Er baute ein Klettergerüst, auf dem Græham und ich viele Stunden lang Spaß hatten. Er fand großen Gefallen daran, als ich lernte, kopfüber in diesem Ding zu hängen. Ich konnte *Sport* nun mal nicht leiden und es war für meinen Vater eine große Erleichterung, wenn ich Dinge tat, die den Eindruck erweckten, ich wäre ein normaler Junge. Manchmal kam mein Vater mit besonderen Leckereien, wie zum Beispiel Schinken, nach Hause. Dann gab es ein Festmahl mit Pommes und Spiegeleiern.

Es ist schwierig, sich ein realistisches Bild von Major Ernest Mathers Simmerson, Royal Engineer im Ruhestand, zu machen. Seine Großzügigkeit wurde, in meinen jungen Augen, oft von seiner eisernen Herrschaft in den Schatten gestellt. Er war ein altmodischer Martinet[3]. Seine Wut war sein eigenes Problem und er litt wahrscheinlich mehr darunter als ich. Er hatte einen Sinn für moralische Ordnung, der im Widerspruch zur damaligen Gesellschaft stand. Die soziale Ordnung seiner Zeit erzürnte ihn jeden Tag aufs Neue. Das edwardianische England war verschwunden und er schien nicht bereit, diese Tatsache zu akzeptieren. Großbritannien hatte den Krieg gewonnen, aber den Frieden verloren, zumindest im Hinblick auf die gesellschaftlichen Gebräuche, die ihm wichtig waren. Das Ende des Krieges hätte der Beginn eines Lebens sein sollen, das er genießen wollte. Doch sobald der Krieg vorbei war, begannen sich die Regeln zu ändern. Die gesellschaftlichen Sitten wurden zunehmend flexibel. Die Leute küssten sich im Fernsehen und es gab keine öffentliche Empörung. In Filmen waren kurze flüchtige Blicke auf Brüste zu sehen und niemand wurde für diese Straftat inhaftiert.

3 Siehe Glossar: *Martinet*

Mein Vater hatte in einer Zeit gelebt, in der *Lady Chatterley's Lover*[4] ein Skandal war und in der es zur öffentlichen Empörung kam, als Rhett Butler zu Scarlett O'Hara sagte: *„Ganz ehrlich, meine Liebe, es ist mir verdammt egal."*[5]

Er tobte allein und ungehört. Meine Mutter tat so, als wäre sie mit ihm einverstanden, um den Frieden zu wahren, aber ich wusste, dass sie einen weitaus offeneren Geist hatte. Wenn ich seinen Schmerz verstanden hätte, hätte ich um ihn geweint, aber ich hatte keine Ahnung, warum sein Kiefer sich jedes Mal versteifte, wenn er die Nachrichten hörte.

1968 wurde er 66 Jahre alt und seine Kräfte ließen bereits etwas nach, was dazu führte, dass er allmählich immer sanfter wurde. Mein Vater war mir schon immer alt erschienen. Er war 22 Jahre älter als meine Mutter und leider hat er sie älter gemacht, anstatt dass sie ihn jünger gemacht hätte. Das Jahr 1968 erwies sich als das letzte Jahr, in dem mein Vater die Herrschaft über mein Leben als Monarch in der Woodsfield Lane 17 bestimmte, denn *die Zeiten änderten sich*[6].

Kurz nach meinem sechzehnten Geburtstag warf mir mein Vater den Fehdehandschuh hin. Das Ultimatum betraf die Länge meiner Haare. Ich sollte mir einen „konventionellen Haarschnitt" machen lassen, womit er einen militärischen Schnitt mit „kurzem Nacken und kurzen Seiten" meinte, oder das Haus verlassen. Ich wählte Option 2 von Dschingis Khan. Option 3 (Kämpfen) wäre für mich unehrenhaft gewesen. Es war sein Haus und er arbeitete, um die Hypothek und die Rechnungen zu bezahlen und Essen auf den Tisch zu bringen.

„Okay, Papa, dann gehe ich" seufzte ich. *„Ich verstehe deine Position und hege keinen Groll gegen dich."*

4 Siehe Glossar: *Lady Chatterley's Lover*
5 Ein Zitat aus dem Film *Vom Winde verweht* – siehe Glossar.
6 Im Original ein Zitat von Bob Dylan: „because *the times they are a-changing*"

Ich streckte meinen Arm aus, um seine Hand zu schütteln, als wäre ich eine Figur aus *Jeeves und Wooster*[7]. Er nahm meine Hand mit einem Ausdruck unglaublicher Verwirrung im Gesicht. Wir schüttelten uns die Hände. Ich ging los, um zu packen. Da ich dachte, dass dies die letzten Worte wären, die ich jemals mit meinem Vater wechseln würde, wollte ich gute Worte sprechen und nicht Worte, die ich später einmal bereuen würde. Seltsamerweise empfand ich keine Wut und keinen Groll gegenüber meinem Vater. Ich fühlte mich einfach wie ein unabhängiger Erwachsener. Es war einfach nobler, höflich zu sein. Es wäre unedel und aus meiner Sicht sogar kindisch gewesen, irgendeine Art von Auseinandersetzung mit ihm zu haben.

Für meinen Vater kam das völlig überraschend. Mein Wunsch, ihm bei der Trennung vom Elternhaus die Hand zu schütteln, hatte ihn offensichtlich aus der Fassung gebracht. Es musste für ihn die unwahrscheinlichste Reaktion gewesen sein. Es war mir damals nicht bewusst gewesen, dass ich ihm, als ich ihm die Hand reichte, keine andere Wahl gelassen hatte, als sie anzunehmen. Schließlich war er ein edwardianischer Major.

Das Letzte, was er sich hätte vorstellen können, war, dass ich freiwillig ins Nirgendwo aufbrechen würde, mit der Möglichkeit, kein Dach über dem Kopf zu haben und vielleicht in einer Herberge für Obdachlose oder irgendwo unter einer Brücke zu schlafen. Ich hätte ein beliebiges Feld oder eine Hecke einem Obdachlosenheim vorgezogen, aber ich hatte keine Ahnung, wohin ich gehen würde.

Meine Mutter war entsetzt und völlig ratlos, wie sie mit der Situation umgehen sollte. Ihr Mann war stur, ihr Sohn aber auch. Keiner von beiden würde auf die Stimme der Vernunft hören. Nun, das stimmt nicht ganz. Ich *hörte* auf die Stimme der Vernunft.

7 *Jeeves und Wooster* war eine britische Comedy-Serie, die auf den „Jeeves“ - Geschichten von PG Wodehouse basierte. Bertie Wooster ist ein jugendlicher Junggeselle und niedriger Aristokrat (*mit einer Mischung aus nonchalanter Naivität und vornehmer Verwirrung*) und Jeeves ist sein genialer, schlagfertiger Diener. Die Geschichten sind in den 1920er und 1930er Jahren angesiedelt.

Ich hätte mich nie geweigert, meiner Mutter *zuzuhören*, ich war einfach nicht mit der Art ihrer Argumentation einverstanden. Sie schlug einen Kompromiss vor, aber die Zeit für Kompromisse war vorbei. Sie war vorbei, seit die Beatles 1966 das *Revolver*-Album veröffentlicht hatten. Ich hatte meine Haare bereits einmal zu oft geschnitten. Ich erklärte meiner Mutter meinen Standpunkt: „*Es tut mir leid, Mama, aber ich bin* 16. *Mein Körper gehört niemandem außer mir. Mir gehören meine Haare. Niemand sonst besitzt einen Teil von mir. Niemand hat das Recht, irgendeinen Teil meines Körpers ohne meine Zustimmung zu verändern.*"

Ich könnte mir vorstellen, dass ich mit der Art meiner Argumentation als erster die Technik der hängengebliebenen Schallplatte erfunden hatte. Was auch immer gesagt wurde, ich brachte die Diskussion wieder auf die Tatsache zurück, dass ich die endgültige Entscheidung über alles haben musste, was meinen Körper betraf. Niemand besaß mich. Ich brach kein Gesetz. Ich forderte lediglich das Recht auf alleinige Kontrolle über mein Aussehen. Mein Vater musste akzeptieren, dass er *keinerlei Macht* über meinen Körper hatte. Ich wollte nicht unbedingt rebellieren. Weit davon entfernt. Ich bestand einfach nur darauf, mein eigenes Aussehen zu bestimmen.

In allen anderen Bereichen war ich durchaus bereit den Regeln zu folgen, etwa dass ich nicht zu laut Musik hörte oder dass ich Ordnung in meinem Zimmer hielt. Für mich war das kein Problem, da ich in Sachen Lautstärke nie ein Headbanger gewesen bin. Außerdem war ich auf natürliche, oder vielleicht unnatürliche, Weise ordentlich.

Dann passierte etwas überaus Seltsames. Mein Vater gab nach. Er sagte mir, dass es mir freistehe, so auszusehen, wie ich wollte. Er warnte mich aber, dass meine Wahl meine Chancen auf einen angemessenen Lebensunterhalt beeinträchtigen würde. Ich sagte ihm, dass ich das verstehe, dass ich aber bereit wäre, dieses Risiko einzugehen. Damit war die Sache erledigt. Es wurde nie wieder darüber gesprochen.

Nach dem kurzen, aber intensiven Haardebakel traten mein Vater und ich in eine neue Phase unserer Beziehung ein, in der ich *der gute Sohn* wurde; der Sohn, der nie stritt oder seine politischen Ansichten in Frage stellte. Mein Vater war ein überzeugter Konservativer, was für mich schwierig war, weil ich entschieden marxistisch-anarchistische Neigungen hatte. Es war allerdings mein Bruder Græham, der sich nun plötzlich für die Jugendrebellion im Haus einsetzte und meinen Vater jedes Mal zur Rede stellte, wenn er zu absurde, rechtsgerichtete Ansichten von sich gab.

Steve war auf meinem *Weg in die Freiheit* bei jedem Schritt dabei, denn ich gab ihm einen fortlaufenden Kommentar über den Stand der Konfrontation mit meinem Vater. Steve kam nie zu mir nach Hause, weil mein Vater seinem eigenen Vater zu unähnlich war, als dass er mit ihm irgendeine Beziehung hätte eingehen können. Mein Vater war für Steve so etwas wie ein Charakter von Charles Dickens. Er konnte mit seinem eigenen Vater und auch mit seiner Mutter fast so sprechen, wie Erwachsene untereinander sprechen, aber mein Vater ließ eine solche Beziehung nicht zu. Ich konnte Steves Reaktion vollkommen verstehen.

„*Wie hältst du das nur aus?*“ fragte Steve: „*Ich meine… du bist Lieutenant Loony*[8], wie kannst du da zuhause nicht *verrückt werden? Es muss sich doch so anfühlen, als wärst du ein Eremit…*“

„*Nun, vielleicht bin ich Field Marshall Mayhem, General Disorder, Brigadier Bizarre, Major Débâcle, Captain Chaos, Warrant-officer Weird, Sergeant Surreal, oder sogar Private Parts…*[9]“ fügte ich hinzu und unterbrach damit Steves Redefluss. „*… aber ich bin auch eine Art Eremit. Ein Buddhist ist* immer *eine Art Eremit.*“

„*…sehr lustig, aber im Ernst, wie kannst du überhaupt ein Gespräch mit ihm führen?*“

„*Gar nicht.*“

8 Ausdruck für „schräger Vogel“.

9 Weitgehend unübersetzbare Wortspiele als Antwort auf „Lieutenant Loony“ die jeweils einen militärischen Rang plus Namen als Alliteration beinhalten, dabei aber zum Teil auch eine andere Bedeutung haben. Die wörtliche Übersetzung wäre in etwa „Feldmarschall Chaos, Allgemeine Störung, Brigadier Bizarr, Großes Debakel, Kapitän Chaos, Stabsfeldwebel Seltsam, Sergeant Surreal, oder sogar Geschlechtsteile.“

„Aber ist das… ist das nicht so…"

„Als wäre ich ein Eremit?" warf ich ein und beendete Steves Satz für ihn. *„Ja, es ist als wäre ich ein Eremit."*

„Aber du bist ein Freidenker… Deine kreativen Ideen gleichen einem riesigen Kartenspiel, und du mischst sie dann neu und gibst sie spontan aus, als gäbe es kein Morgen. Und du redest gern über all deine Ideen."

„Ich rede gerne über Ideen, Steve, aber es ist nicht zwanghaft. Ich explodiere oder implodiere nicht, wenn ich nicht sprechen kann."

„Ich bin erstaunt, dass du das so ein- und ausschalten kannst…"

„Nun… ich habe darin ein gewisses Training."

„Training?" lachte Steve überrascht.

„Stille Sitzmeditation" Steve sah verwirrt aus, also versuchte ich es ihm zu erklären. *„In der stillen Sitzmeditation lässt man Gedanken los. Du lässt alles los, was dir in den Sinn kommt: alle Ideen; alle Pläne; alles. Du bleibst unbeteiligt. Wenn ich also zu Hause bin, kann ich gegenüber dem Bedürfnis, mich ausdrücken zu wollen, unbeteiligt bleiben."*

„Das ist…" PAUSE *„… eine ziemlich große Sache… du musst verdammt viel Selbstbeherrschung haben."*

„Es ist nett von dir, Steve, das zu sagen, aber „Selbst"-Beherrschung ist nicht so eine große Sache, wenn du versuchst, die Vorstellung von „Selbst" loszulassen. Du musst dein „Selbst" nur dann beherrschen, wenn das „Selbst" eine große Sache ist."

Steve lachte. *„Aber dein „langhaariges Selbst" war eine extrem große Sache, wenn ich mich nicht irre, oder gibt es da irgendeinen logischen Punkt, den ich nicht verstehe?"*

„Guter Punkt, Steve, da hast du mich erwischt" grinste ich. *„Darüber muss ich nachdenken…"* Fast eine Minute verging. *„Nun… du hast natürlich recht und theoretisch sollte es keine Rolle spielen, wie ich aussehe. Ich hätte meine Mutter nicht unglücklich machen sollen… das war egoistisch von mir und ich hätte… Verdammt, ich weiß nicht, wie ich es anders hätte machen können."* PAUSE *„Ich bin nicht „erleuchtet", weißt du, ich bin noch nicht einmal in der Nähe…*

„Ich bin noch nicht einmal so nahe, dass ich sagen könnte: „Ich bin noch nicht einmal in der Nähe", Vielleicht werde ich nie besondere Fortschritte machen, also gebe ich fürs Erste mein Bestes, um das „Selbst" loszulassen, wenn dieses Gefühl des „Selbst" nur dazu dient, gegen etwas zu kämpfen… wo kein Kampf notwendig ist. Was meine Haare betrifft… sie sind Teil meines kreativen Lebens als Bluesmusiker und das ist etwas, das auch dich beeinflussen würde, wenn du mit mir auf der Bühne stehst."

„Ja, das verstehe ich… das macht Sinn."

„Darüber hinaus ist es Teil meines Gefühls der Wertschätzung und ich muss in der Lage sein, meine Wertschätzung wachsen zu lassen." PAUSE *„Und überhaupt, wie würde dir und Ron ein Sänger mit kurzem Nacken und kurzen Seiten gefallen?"*

„Himmel, nein! Das würde unser Image komplett ruinieren! Niemand würde uns ernst nehmen, wenn du wie ein Squaddie[10] aussehen würdest."

„Genau." PAUSE *„Also… diese „Selbst-Sache"… es ist ein verzwicktes Problem… im Hinblick auf mein Verständnis des Buddhismus…"* und dann fehlten mir die Worte. *„Schau mal… ich versuche immer noch „Fehlen von Selbst" mit Mitgefühl in Einklang zu bringen… weil Mitgefühl jeden und alles einschließt, überall, und dazu gehöre auch „ich" – was auch immer „das" sein mag. Und Mitgefühl bedeutet auch Wertschätzung. Ich kann mich also nicht einfach selbst brutal behandeln, nur weil das die „selbstlose" Vorgangsweise wäre. Das wäre auf Dauer auch nicht gut für meinen Vater. Dadurch würde ich ihm nur dabei helfen, mich unglücklich zu machen und dir und Ron und Savage Cabbage alles zu verderben."*

„Ja… das kann ich auch sehen, aber was haben Mitgefühl und Wertschätzung miteinander zu tun?"

„Nun… Mitgefühl—im buddhistischen Sinne—kann nicht von Wertschätzung oder von Liebe, Verlangen, Leidenschaft und Lust getrennt werden…"

„Das lässt Mitgefühl viel interessanter klingen, als es die Religionen normalerweise machen. Nicht, dass ich gerne ohne Mitgefühl sein würde, aber es kam mir immer etwas zu „heilig" vor."

10 Britische Umgangssprache in den 1960ern für Soldat.

„Genau, Steve. Mitgefühl bedeutet eher enorme Wertschätzung *zu haben als „heilig" zu sein und du kennst mich, ich bin nicht gerade heilig, oder?"*

Steve lachte darüber: *„Nicht ganz, nein. Ich kann mir nicht vorstellen, dass du heilig bist, wenn es um Anelie geht, also ist es gut, dass mit buddhistischem Mitgefühl auch Lust verbunden ist."*

„Nun… es ist nicht gerade „Lust" wie wir es normalerweise verstehen, es ist die…" PAUSE *„… es ist Lust ohne Kennzeichnung… Lust ohne eine Vorstellung von der Trennlinie zwischen dem, der die Lust empfindet, und dem, was begehrt wird. Es ist, wenn alles gleichzeitig passiert und es keinen Beobachter in deinem Kopf gibt, der die Dinge betrachtet und daraus eine Dokumentation macht. Es ist äußerst schwer zu erklären."* PAUSE *„Aber wie auch immer… deshalb ist es für mich so ein heikles Problem, dass ich meine Mutter überhaupt nicht berücksichtigt habe, als ich bereit war, das Haus zu verlassen."*

„Du hast überhaupt nicht darüber nachgedacht, wie es ihr dabei geht?" fragte Steve mit leicht entsetzter Stimme.

„Doch… das habe ich, Steve." PAUSE *„Das war das Schwierigste an der Situation. Es war schmerzhaft, aber es schien keine andere Wahl zu geben. Ich meine, selbst wenn ich nachgegeben hätte, hätte es meiner Mutter wehgetan, mich unglücklich zu sehen. Mehr als das, meine Mutter und mein Vater hätten sich darüber gestritten. An all das habe ich gedacht, als ich meine Wahl getroffen habe."* PAUSE *„Schau… ich habe noch nicht die endgültige Antwort darauf gefunden, wie ich mich in jeder Situation optimal verhalten soll, aber eines Tages werde ich eine Antwort finden. Ich muss einfach weiter stillsitzen und es wird dazu kommen."*

Steve sah mich fragend an *„Wie funktioniert dann die „Selbstlosigkeit', wenn es in Ordnung ist, keine Gespräche mit deinem Vater führen zu können? Ist das nicht…schrecklich?"*

„Nein… es ist einfach so, wie es ist. Mein Vater hat, soweit ich es sehe, nichts, das mich interessieren könnte. Er war in Indien und China und ich habe ihn danach gefragt, aber er hatte nichts Interessantes dazu zu sagen. Er erzählt zwar Geschichten, aber sie drehen sich ausschließlich um das Leben in der Armee und die komplexen Probleme, die er im Umgang mit Menschen hatte, die ihre Arbeit nicht pünktlich erledigten.

Er hat sich in keinster Weise mit der indischen oder chinesischen Kultur befasst, also führten meine Fragen ins Leere." PAUSE „*Wie auch immer… es gibt zwischen uns keine Unterhaltung, wenn mein Vater zuhause ist. Er redet und erwartet, dass wir alle zuhören, aber das ist für mich kein Problem, da ich dann einfach nur sitzen und zuhören kann. Es besteht kein Grund, etwas zu sagen und weißt du, solange er mein Aussehen in Ruhe lässt, ist es eigentlich perfekt.*"

„*Perfekt!*" stöhnte Steve.

„*Ja, perfekt. Meine Mutter ist jetzt glücklich, vor allem, weil ich immer höflich zu meinem Vater bin. Ich gebe ihm immer in allem recht. Ich erlaube ihm seine Tiraden über Hängen und Auspeitschen und über die Übel des Kommunismus und den Ruhm des Britischen Empire und alles andere… ohne ihm zu widersprechen.*"

„*Du stimmst ihm also einfach zu?*"

„*Ja, oder zumindest erwecke ich den Anschein, dass ich ihm zustimme. Ich stimme nicht wirklich mit ihm überein, aber da ich ihn nicht ändern kann, indem ich ihm widerspreche, lass ich es einfach bleiben. Es ist also perfekt. Es ist auch perfekt, weil ich mir nie wieder die Haare schneiden muss und… jetzt… anziehen kann, was mir gefällt… und… was will ich mehr. Ich kann mit dir sprechen. Ich kann mit meinem Bruder Græham sprechen. Ich kann mit meiner Mutter reden… und… ich kann auch mit deinen Eltern reden. Dein Vater und deine Mutter sind brillant und deshalb glaube ich, dass ich nichts verpasse. Auf dem Weg zur Schule kann ich mit Mr. Preece, dem Englischlehrer, reden, und… na ja, es ist alles gut.*"

„*Ist es auch gut, dass Anelie zurück in die Schweiz gegangen ist?*"

„*Nein, Steve… das ist* nicht *gut, aber…*" PAUSE „*Ja… ich weiß, was du meinst.*" Ich seufzte. „*Ich bin jetzt in einer lächerlichen Situation und… eigentlich hätte ich die ganze Zeit wissen müssen, dass ich in eine lächerliche Situation geraten werde.*"

„*Was ist daran lächerlich? Du hattest einen fantastischen Lauf und bist durchgekommen, ohne erwischt zu werden! Das finde ich total genial!*"

„Ja… wenn man es so betrachtet.“ PAUSE *„… aber das ist nicht das, was ich meine. Meine Situation ist lächerlich, weil ich mich in Doctor Who*[11] *verwandelt habe. Ich bin durch die Zeit in meine eigene Zukunft gereist, oder was meine eigene Zukunft sein könnte. Ich hatte zwei Jahre lang eine völlig erwachsene Beziehung mit Anelie und jetzt bin ich zurück in der Gegenwart, ohne eine funktionierende Zeitmaschine.“*

„Oh… richtig… ja… ich verstehe… aber zumindest bist du durch die Zeit gereist. Du solltest dankbar sein. Ich würde jederzeit mein Leben mit deinem tauschen!“

„Mit meinem Vater und meinem Stottern?“

„Na gut, einverstanden, aber ich denke, du musst für die schöne Zeit, die du hattest, auch dankbar sein.“

„Ja, Steve… das bin ich. Ich weiß, was du meinst. Ich bin dankbar. Ich bin enorm dankbar. Aber ich bin auch ziemlich traurig, weißt du.“

„Ja das kann ich verstehen. Ich denke, ich wäre auch traurig, aber wie gesagt, zumindest hat dich dein Vater nie dabei erwischt. Er wäre an die Decke gegangen.“

Darauf musste ich grinsen. *„Schwierig bei seiner Größe, seinem Gewicht und seinem Alter, Steve.“* Steve hatte Tränen in den Augen vor lauter Lachen. Als er sich wieder gesammelt hatte, fuhr ich fort: *„Aber… weißt du… ich habe das Gefühl, dass mein Vater damit hätte klarkommen können. Meine Mutter wäre sicher damit klargekommen und… mein Vater wäre vielleicht sogar erleichtert gewesen, den endgültigen Beweis zu haben, dass ich nicht homosexuell bin.“*

„Was!?“ rief Steve ungläubig.

„Habe ich dir das nie erzählt?“

Steve schüttelte den Kopf. “*Nein. Ich meine, warum…?*“

11 DOCTOR WHO ist eine britische Science-Fiction-Fernsehsendung der BBC, die 1963 begann. Sie zeigt die Abenteuer eines Zeitreisenden namens „The Doctor“ vom Planeten Gallifrey. Er erkundet das Universum in einer Zeitmaschine namens TARDIS, die einer Telefonzelle der Polizei ähnelt. Nachdem die Serie Kultstatus erlangte, wurde Doctor Who ein Teil der britischen Populärkultur.

„Weil ich Sport hasse und… weil ich künstlerisch veranlagt bin… ich schreibe Gedichte und bevorzugte die Gesellschaft von Mädchen seit meiner frühen Kindheit.“

„Ja, das macht wirklich sehr viel Sinn!“ Steve lachte. *„Ich habe noch nie gehört, dass die Vorliebe für Mädchen einen homosexuell macht!“*

„Wie Hamlet sagte… „… daher, als Fremder, heiß' es willkommen. Es gibt mehr Dinge im Himmel und auf Erden, Horatio, als sich deine Philosophie erträumen würde…“[12] *Obwohl mir seine Verdächtigungen unangenehm waren… machten sie es zumindest unwahrscheinlich, dass er mich jemals verdächtigt hätte, eine 22-jährige Schweizer Freundin zu haben.“*

„Sehr lustig, aber im Ernst, das ist das Verrückteste, was ich je gehört habe.“

„Das Lustigste ist eigentlich die Tatsache, dass es ihn beruhigt hat, dass wir so gute Freunde geworden sind. Ich meine… wir beide hätten die letzten Jahre ohne sein Wissen praktisch jedes Wochenende miteinander schlafen können.“

„Ich wäre total im Arsch, wenn mir das gefallen würde!“ lachte Steve.

„In der Tat.“ PAUSE *„Natürlich, es gab noch andere Dinge, die mein Vater vermutete.“*

„Was zum Beispiel?“

„Zum Beispiel, dass ich unter einer psychischen Erkrankung leide, weil er mich manchmal beim Meditieren erwischte. Natürlich sah er nur, dass ich regungslos dasaß.“

„Musstest du das machen, wenn er in der Nähe war? Ich meine, hättest du es nicht etwas zurückgezogener angehen können?“

„Das habe ich klarerweise versucht. Ich habe immer nur in meinem Schlafzimmer meditiert, aber er hatte die Angewohnheit, unerwartet in mein Schlafzimmer einzudringen und mich zu fragen, warum ich auf dem Boden sitze und nichts tue. Natürlich versuchte ich zu erklären, dass ich etwas *tat, aber dass es darum ging, still zu bleiben. Ich habe versucht, es einfach und ohne jedweden Bezug zu östlichen Religionen zu erklären.“*

„Wie zum Teufel hast du das geschafft?“ fragte Steve ungläubig.

12 William Shakespeare, *Hamlet,* Akt I, Szene 5.

„Nun, das war nicht so schwer. Ich habe ihm einfach erklärt, dass es eine Methode der mentalen Disziplin sei, die ich aus einem Buch von Konteradmiral EH Shattock *gelernt habe."*

„Und er hat das geglaubt?"

„Ich zeigte ihm den Buchumschlag und er schien zufrieden, denn er sah den Titel und den Namen des Autors. Mein Vater kannte diesen Namen, weil er viel Zeit in der Armee im Osten verbracht hatte. Er sagte, dass der Name oft in Nachrichten über den Verlauf des Krieges zitiert worden sei. Mein Vater war sowohl in China als auch in Indien und kannte daher seine hohe Reputation."

„Ein glücklicher Zufall, oder…?"

„Genau!"

„Also… hattest du es so geplant?"

„Nein!" lachte ich *„Das wäre ein brillanter Schachzug gewesen, aber ich bin nicht so gerissen. Das Buch hieß „An Experiment in Mindfulness", und ich las eine Rezension, in der das Buch als ausgezeichnetes Meditationshandbuch beschrieben wurde, dem jeder folgen könne. Das war alles. Ich sagte ihm, er könne es lesen, wenn er mehr wissen wolle, aber er sagte, es sei akzeptabel, da es vom berühmten Konteradmiral EH Shattock geschrieben worden sei! Es schien ihn zwar ein wenig zu verwirren, dass ein Konteradmiral dafür plädierte, „still zu sitzen" er kam aber zu dem Schluss, dass daran etwas Wissenschaftliches sein musste. Wie dem auch sei… Ich war einer der eingefleischten Exzentriker, die sich zu so etwas hingezogen fühlten. Ich erklärte ihm, dass es mir helfen würde, mich in der Schule zu konzentrieren und so meinte er, dass es nicht schaden könne, solange ich nicht zu viel davon mache."*

„Also war er am Ende damit einverstanden?"

„Mehr oder weniger, aber er fragte dann immer „Wie lange sitzt du schon da?", und ich musste dann antworten „Oh, nicht lange. Nicht länger als fünf Minuten". Dann sagte er: „Nun, das ist ja wahrscheinlich lange genug", und ich musste dann aufstehen und etwas anderes tun. Dann ging ich normalerweise spazieren und setzte mich in den Wald."

„Wie lange sitzt du jetzt, nur so aus Interesse?"

„Oh… im Durchschnitt etwa eine halbe Stunde pro Tag, etwas länger, wenn ich es schaffe. Manchmal eine Stunde, aber nicht zu Hause.“

„Also, funktioniert es?“

„Das ist schwer zu beantworten, Steve“ lachte ich. *„Man sollte es nicht so sehen, als ob irgendetwas passieren würde. Ich würde aber sagen, dass es mir sehr hilft, mit dem umzugehen, was passiert. Nimm zum Beispiel die Sache mit Anelie. Wenn ich zu viel an sie denke, kann ich mich entscheiden, nur in der Gegenwart zu sein und einfach zu sehen, was ich sehe, und zu hören, was ich höre. Auf eine gewisse Art befreit mich das davon, mich zu sehr… traurig zu fühlen oder was auch immer.“*

„Das klingt nützlich, aber ich glaube nicht, dass ich so etwas tun könnte. Wird es nicht wirklich langweilig, nur da zu sitzen und nicht nachzudenken?“

„Nein, Steve…“ lachte ich wieder. *„Es kann nicht langweilig sein, wenn es* keine *„Gedanken“ gibt. Es ist nur langweilig,* wenn es *„Gedanken“ gibt; Ich meine, „Gedanken“ die ich nicht haben möchte. Sobald ich in der Lage bin, die „Gedanken“ loszulassen, dann gibt es keinen Grund mehr, mich zu langweilen. Man braucht „Gedanken“ um sich zu langweilen. Weißt du, Langeweile besteht aus „Gedanken“.“*

„Ich fürchte, das ist mir etwas zu hoch, Vic. Ich nehme an, wir sind alle unterschiedlich.“

„Das ist auf jeden Fall korrekt.“

„Also…“ fuhr Steve fort *„… ist deine Meditation jetzt anders als damals, als du diese Visionen hattest? Ich meine… hast du immer noch diese Visionen?“*

„Meine Visionen von der Weißen Dame… ja… ich habe sie immer noch… aber nein, was jetzt zu passieren scheint, ist, dass der Raum, der übrig bleibt, wenn Gedanken nicht da sind… irgendwie… das zu sein scheint, was sie ist… und…“ An dem Punkt fehlten mir die Worte und ich saß da und starrte.

„Also…“ fragte Steve *„was passiert jetzt? Es ist ein bisschen unheimlich, wenn du das machst.“* Mit „das“ bezog sich Steve darauf, dass ich eine Zeit lang ins Leere starrte, ohne zu sprechen und, in seinen Worten, *„ausschaute, als wäre ich gestorben oder so etwas.“*

„Ich warte auf Worte, Steve. Es ist ein bisschen schwer, die Worte dafür zu finden, aber… wenn ich hier bei dir zu Hause bin, dann weißt du, dass ich hier bin. Wenn ich auf die Toilette gehe und dieser Sessel leer ist, dann weißt du, dass ich immer noch hier im Haus bin, aber du sagst dir wahrscheinlich nicht ständig, dass ich hier bin. Tatsächlich denkst du wahrscheinlich überhaupt nicht an mich, aber das Gefühl, dass ich hier bin, ist einfach da – unausgesprochen. Macht das irgendeinen Sinn?“

Steve nickte *„Ja… irgendwie seltsam, aber das beschreibt die Situation. So hatte ich mir das noch nie vorgestellt.“*

„Nun ja, das würdest du auch nicht. Ich meine, es ist nicht nötig, so etwas in Worte zu fassen.“

„Vielleicht ist es das, was Philosophen tun.“ schlug Steve vor.

„Vielleicht… aber ich denke, ich bleibe bei den buddhistischen Büchern. Die sind schon schwierig genug, ohne dass man noch Philosophie hinzufügt. Ich habe versucht, Wittgenstein[13] *zu lesen, und es war diabolisch schwer. Wie auch immer, abgesehen von dem „Sessel-Beispiel“, es scheint so, als wären die Weiße Dame und der Raum, in dem es keine Gedanken gibt, dasselbe geworden.“*

„Meinst du, ich sollte zu meditieren beginnen?“

„Wenn du das wirklich tun möchtest… ja… aber irgendwie… wäre es mir fast lieber, wenn du einfach nur weiterhin Bass übst. Auch das ist, soweit ich das beurteilen kann, Meditation, wenn man beim Spielen über nichts nachdenkt. Wenn du nur spielst.“ PAUSE *„Also… wann kommt Ron vorbei?“*

„Noch eine Stunde… Ich wünschte, er käme früher, denn ich würde gerne mit dem Üben von unserem Set beginnen, das wir bei unserem Auftritt in der Weyflood Village Hall spielen werden.“

„Ja…“ sagte ich mit einem breiten Grinsen *„… das wird… der Beginn der besten Zeit meines Lebens sein.“*

„Besser als die Zeit mit Anelie?“

„…in mancher Hinsicht ja. Du weißt… Anelie war von Anfang an nur… temporär, und so… obwohl es wunderbar war… war es auch…“

„temporär…“ unterbrach Steve.

13 Siehe Glossar: *Wittgenstein*

„*Ja, während* das *ist jetzt… dauerhaft… bis das der Tod uns scheidet, sozusagen.*"

„*Glaubst du, dass wir es tatsächlich zu etwas bringen werden?*"

„*Mit dir und Ron!? Da hab ich nicht den geringsten Zweifel! Wenn wir durchgestartet sind, wird Cream im Vergleich wie Magermilch aussehen… Im Ernst, ihr beide seid unschlagbar.*"

„*Nun… Ron ist ein Weltklasse-Musiker, das weiß ich. Aber ich habe noch einen weiten Weg vor mir.*"

„*Vielleicht Steve, aber soweit ich das gehört habe, kommst du recht schnell voran. Ich weiß, dass Ron eine Mischung aus einem Blues-Bach, einem Mojo-Mozart und einem Boogie-Beethoven ist, aber du hast dich in den letzten drei Jahren auch unglaublich weiterentwickelt. Du bist jetzt wirklich schnell und geschmeidig geworden und du beherrscht das Bending sogar auf deinem langen Bass.*"

„*Es stimmt schon, ich bin viel besser geworden, Vic… aber vielleicht liegt das nur an Ron. Ich bekomme viel Unterstützung von ihm, weißt du. Wenn man mit ihm gemeinsam spielt, ist es wie in einer Meisterklasse.*"

Steve nahm seinen FENDER PRECISION-Bass in TELECASTER-Form und bewegte seine Finger in einer Reihe ausgefeilter Bewegungen am Hals auf und ab, die bei mir große Augen hervorriefen.

„*Ich habe diese Reihe von Riffs gestern Abend einstudiert. Es passt zu* Rolling and Tumbling *und ich möchte sehen, was Ron davon hält.*"

„*Es sieht spektakulär aus! Schalte das Ding ein, damit ich es richtig hören kann.*"

Steve steckte wie gewünscht das Kabel ein und begann, mit subtiler Geschicklichkeit, dröhnende Klänge aus dem Bass hervorzuzaubern. Als Steve ans Ende der Riffsequenz kam, bat ich ihn, es noch ein paar Mal zu wiederholen. Nach etwa einem Dutzend Wiederholungen beschloss Steve, dass er seine Finger besser für später aufheben sollte.

„Ich denke, dass Ron das wirklich mögen wird… Ich meine, ich finde es umwerfend… Es ist wie nichts, was ich je zuvor gehört hätte, und ich kann mir vorstellen, wie es Rolling and Tumbling *in etwas ganz anderes verwandeln wird… „Es beinhaltet gewisse Jazz-Akzente, die… tatsächlich etwas Interessantes bewirken."* PAUSE *„Das wird für mich den Gesang etwas schwieriger machen, weil ich versucht sein werde, dir zu folgen und nicht mehr der Melodie, die ich eigentlich singen sollte."*

„Das ist aber gut für dich… denn, wenn du jemals den Backup-Bass spielen willst, musst du in der Lage sein, zu singen, während du mit dem Bass etwas anderes spielst."

„Guter Punkt… vielleicht sollte ich mir dafür einen Bass zulegen… Ich weiß, dass deine Eltern mir zu meinem 18. *Geburtstag diesen* GIBSON EB0 *schenken werden, aber es dauert noch ziemlich lange bis dahin… Glaubst du, es würde sie stören, wenn du mir in der Zwischenzeit diesen* DANELECTRO *leihen würdest?"*

„Mmmm… ich sehe keinen Grund, warum nicht… und… es gibt einen Ersatzverstärker, den du verwenden könntest. Er ist nicht großartig, nicht besonders laut, aber zu laut möchtest du am Anfang sowieso nicht sein."

„Stimmt… Bitte erwähne das Ganze Ron gegenüber noch nicht… Ich möchte das Thema erst dann zur Sprache bringen, wenn ich das Gefühl habe, dass er der Sache zustimmen könnte."

„Kluger Schachzug, Vic, kluger Schachzug."

Plötzlich ertönte die Türklingel und Ron war da. Er wartete an der Tür, sein TELECASTER-Koffer stand auf seinem linken Fuß während er mit beiden Händen darauf lehnte. Ron wirkte immer wie der Inbegriff von Coolness. *„Bereit, Geschichte zu schreiben?"* lachte er.

„Bereit wie immer" antwortete Steve. Ron kam herein, öffnete seinen Koffer und schloss ihn an den Verstärker an, den Steves Vater benutzte. Es war ein FENDER-Verstärker, der Ron fast genauso gut gefiel wie sein MARSHALL. Es war ein FENDER VIBROVERB aus dem Jahr 1963.

„Weißt du… ich kann mich nie ganz entscheiden, welcher besser ist, mein MARSHALL *oder der* FENDER *deines Vaters… vielleicht muss ich eines Tages beide haben und sie für verschiedene Nummern verwenden.“*

„Gute Idee, Ron… er hat tatsächlich einen ganz eigenen Klang.“

„Weißt du… Steve… diese Dinger sind mittlerweile schon ziemlich schwer zu finden… FENDER *hat seine Verstärker im Jahr* 1963 *überarbeitet und der hier ist genau aus diesem Jahr, ein Blackface… ein* SUPER REVERB *mit zwei* 10*-Zoll-Lautsprechern! Schade, dass die Produktion* 1964 *eingestellt wurde. Dein Vater muss einen der letzten bekommen haben! Wenn er sich jemals davon trennen möchte, würde ich ihn mir sofort schnappen.“*

„Das kann ich mir beim besten Willen nicht vorstellen, aber man weiß ja nie. Sollte er jemals andeuten, dass er mit den DIXONS *aufhören möchte, dann werde ich es ihm gegenüber erwähnen. Ich nehme an, er möchte vielleicht nicht ewig mit der Band spielen, aber er wird vermutlich für immer daheim spielen.“*

„Ja… dann braucht er vielleicht einen kleineren Verstärker… oder?“ Ron setzte sein diabolisches Grinsen auf, das für ihn typisch war. *„Nun denn… wie auch immer…“* er ließ eine komplexe Abfolge von Tönen los, die alle aus dem Nichts kamen, aber so perfekt waren, wie man es sich nur wünschen konnte. *„… du sagtest, du hättest dafür eine neue Basslinie!“* und er begann mit Rolling and Tumbling. Zum Glück hatte ich mein Mikrofon bereits an die PA-Anlage der THE DIXONS angeschlossen und wir starteten unmittelbar.

„Ähm… Ron… Steve… macht es euch etwas aus, wenn wir das mit halber Geschwindigkeit angehen?“

„Halb!?“ schnaubte Steve ungläubig.

„Halb“ sagte ich trocken *„ich weiß, dass alle anderen das Stück beschleunigen, aber wir* müssen *das nicht tun, oder?“*

„Vic hat Recht, Steve“ riet Ron. *„Weißt du, es wäre viel besser als Adagio… nicht ganz… Molto Grave… das würde uns viel mehr Raum für Improvisationen und High-Speed-Riffs geben.“*

> *Lawd I was rolling and tumbling – God the whole night long / Said I was rolling and tumbling – god the whole night long / But when I woke up in the morning – all I had was gone / Well y'know my little baby – she gonna jump and shout / Yes you know my little baby – she gonna jump and shout / When that train come rolling in – and I come walking out. / Well you see my little baby – she got her red dress on / Said you see my little baby – she got her red dress on / and when that sun go sinking down – it won't be—on—for long.*[14]

Steve nickte und wir fingen nochmal an. Ron wählte das Tempo und traf es perfekt. Ich konnte mit mehr Leidenschaft singen und obendrein noch etwas Stimmakrobatik einbauen. Als wir uns nach der Probe unterhielten, runzelte Ron plötzlich die Stirn: *„Riecht ihr das auch?"*

„Riechen wir was?" fragte Steve.

Ich wusste, was Ron meinte, ich sagte aber nichts.

„Es riecht nach… nach Erbrochenem…"

Ron konnte meinen rechten Stiefel riechen. Mein Bruder Græham war auf einer Party und kam zur vorgeschriebenen Zeit nach Hause, ging aber auf der Stelle ins Bett. Ich kam einige Stunden später nach Hause und er schlief schon tief und fest, als ich ins Zimmer kam. Ich bemerkte zwar einen gewissen Geruch, aber ich war hundemüde und schlief sofort ein, sobald mein Kopf das Kissen berührte. Dann, als ich aufwachte, erkannte ich sofort die hässliche Wahrheit. Græham hatte sich in meinen Stiefel übergeben. Ich leerte ihn mehrmals aus und füllte ihn mit kaltem Wasser, bevor ich es mit heißem Seifenwasser versuchte. Ich ließ den Stiefel im Garten trocknen, aber ohne Erfolg. Er stank immer noch nach Erbrochenem. Meine Mutter versuchte zu helfen und tat alles, was man sich vorstellen konnte. Sie benutzte sogar Eau De Cologne.

Nichts half. Es roch immer noch leicht nach Erbrochenem, wenn der Stiefel sich über einen bestimmten Punkt erwärmte.

14 Siehe Glossar: *Rolling and Tumbling Blues*

Ich legte Steve und Ron gegenüber ein Geständnis ab, und die beiden lachten so lange, bis ihnen die Tränen übers Gesicht liefen.

„*Nun…*" sagte ich mit einem schwachen Lächeln „*ich bin froh, dass ich euch beide so gut unterhalten konnte.*"

„*Vic…*" kicherte Ron „*ich weiß, dass du Anelie vermisst, aber gibt es nicht bessere Möglichkeiten, eine neue Freundin zu vermeiden, als einen Stiefel zu tragen, der nach Kotze riecht?*"

Sie lachten beide erneut und dieses Mal schloss ich mich ihnen an. „*Na gut… die Stiefel gehen zum Oxfam-Shop… vielleicht wird ihr nächster Besitzer denken, dass sie auf eine besondere Weise gegerbt sind und darum so komisch riechen.*"

Jack war mit seinen Eltern auf Urlaub und irgendwie gefiel es mir, wenn es kein Schlagzeug gab. Ron sagte immer, es sei absolut notwendig, aber Steve und ich hätten auch ohne leben können. Es war einfacher, ohne Schlagzeug zu proben, weil wir dann nur zu Steves Haus gehen mussten und das DIXON-Equipment verwenden konnten. Wir drei mussten die Show ohnehin alleine machen, da Jack am Schlagzeug zumindest derzeit noch nicht so weit war. Ron hatte ihm sehr eindringlich ins Gewissen geredet, dass er sich verbessern müsse und Jack hatte versprochen, mehr zu üben und Ginger Baker zu hören, so viel er nur konnte. Jack hatte sich verbessert, daran bestand kein Zweifel, aber Ron hatte das Gefühl, dass er noch einen langen Weg vor sich hatte.

Ich mochte Jack und hatte das Gefühl, dass ich ihm eine richtige Chance geben wollte. Ich hatte das Gefühl, dass mir eine Chance gegeben worden war und dass ich Glück hatte, dass weder Steve noch Ron singen konnten. Ich hatte das Gefühl, dass ich jederzeit ersetzt werden hätte können, genau wie Jack, aber irgendwie fand Ron, ich sei in einer eigenen Kategorie. Steve und ich waren schon seit jeher befreundet, während Ron später dazukam; er war neu und unfassbar talentiert. Ich hatte Glück, dass Ron meine Stimme mochte und die Art, wie ich die Gesangslinie quälte. Ich hatte in vielerlei Hinsicht Glück und diese Tatsache hab ich nie vergessen.

11

Ich bin ein Dichter

1968

Leere geschieht. So habe ich Situationen wahrgenommen. Nachdem ich immer wieder Artikel über Leerheit in der Zeitschrift der Buddhist Society gelesen hatte, war dies zu einer Tatsache meines Lebens geworden.

Ein Kyil'khor[1] kann aus farbigem Kreidestaub hergestellt werden. Unerwartet weht der Wind und das Muster ist nicht mehr das, was es war. Man kann über das verlorene Muster trauern oder die Vermischung der Farben und die seltsamen Formen genießen, die durch den schrittweisen Zerfall entstehen. Man kann versuchen, ein soziales Milieu zu schaffen, indem man die passenden Freunde zur richtigen Zeit an den perfekten Ort einlädt. Dann verändert sich ein kleiner Aspekt und die Situation wird chaotisch. Das Leben schien eine Art existentielles Kaleidoskop zu sein, in dem der Sinn nur im Augenblick liegen konnte. Wenn man versuchte, die Bedeutung über den Moment hinaus auszudehnen, dann konnte diese Bedeutung zunehmend bedeutungslos werden.

Die Savage Cabbage Blues Band hatte zwei erfolgreiche Auftritte und dann machten wir Urlaub. Ron und Steve hatten familiäre Verpflichtungen und es war mir nicht möglich, Jack zu besuchen. Auf Anordnung seiner Eltern hatte ich bei Jack Hausverbot. Für sie war ich ein geistesgestörter Subversiver der Arbeiterklasse. Ich hatte Haare, die viel länger waren, als für sie verkraftbar war. Ich war zu unkonventionell gekleidet. Ich besuchte eine weiterführende Schule und nicht ein Gymnasium. Und, als sei das noch nicht genug, hatte ich doch tatsächlich vor, eine Kunstschule zu besuchen, den Hort der Sünde und Verderbtheit. Das Schlimmste an mir war laut Jack allerdings mein Wortschatz. Er war deutlich größer als ihrer.

Obwohl sie akzeptierten, dass Jack im Rahmen der Savage Cabbage Blues Band mit mir verkehren musste, wollten sie mich nicht in ihrem Haus haben.

1 Siehe Glossar: *kyil'khor*

Ich durfte nicht einmal bei ihnen zu Hause anrufen. Jack konnte mich nicht anrufen, weil wir kein Telefon hatten, und so… hätte Jack genauso gut in Litauen leben können.

Ich würde die Musik vermissen, aber dafür würde ich mehr Zeit für stille Sitzmeditation haben und für alle Bücher mit Bezug auf Tibet und Vajrayana, die ich in die Hände kriegen konnte. Da es nicht so viele Bücher gab, las ich sie immer wieder. Die meisten Bücher waren akademisch und unglaublich schwer zu lesen. Je öfter ich sie also las, desto besser.

Ich hatte ein schönes Motorrad, dass ich mir mit mehrjähriger Wochenendarbeit beim Reinigen der Böden im Farnham Hospital verdient hatte. Es gab unzählige Kilometer Landstraße. Die 500er-BSA pulsierte wie ein Säbelzahntiger, der böse Dinge im Sinn hatte. *„Ich habe* böse *Dinge, ich habe böse Dinge im Kopf*“[2], sang ich, während ich gemächlich die Crondal Lane hinunterbrauste. Es war merkwürdig, dass ich darüber singen konnte, dass mir *böse Gedanken durch den Kopf gingen*, ohne dass diese Worte irgendetwas mit meinem Geisteszustand zu tun hatten. Ich hatte keine „bösen Dinge“ im Kopf, aber das Singen der Worte hatte eine ganz eigene Bedeutung. Ich war Buddhist, und trotzdem sang ich jeden Morgen auf der Schulversammlung Hymnen und hatte große Freude daran, die meisten davon zu singen. Ich war Atheist, aber ich konnte Gott mit großer Begeisterung lobsingen. Ich habe es einfach geliebt zu singen. In diesem Sinne waren Blues und Hymnen wie Theaterstücke und ich war ein Schauspieler in diesen Stücken. Opernsänger können Bösewichte spielen, insofern konnte ich alles singen, einfach aus reiner Freude an den Klängen und der abstrakten Poesie von *Bedeutung* ohne *Gemeinheit*[3].

Auf einem Motorrad zu sitzen hatte etwas an sich, das sowohl zum Buddhismus als auch zum Blues passte, vor allem auf einem Easy-Rider-Chopper.

Ich musste mich auf entspannte Weise konzentrieren, aufmerksam, aber nicht ängstlich aufmerksam sein. Sich der Manöver anderer Autofahrer bewusst zu sein, denen es mitunter an Präzision mangelte, war eine Form der andauernden Wachsamkeit.

2 Von Robert Johnson's *Rambling on my Mind*, Mai 1937.

3 Im Original *„meanings* sans *meanness*“. Das Wortspiel ist nicht zu übersetzen.

Es war herrlich, dass alles Meditation sein konnte, wenn man für diese Erfahrungsdimension offen war.

Die Motorradfahrten, egal wohin, waren fast unübertrefflich, besonders zu den Zeiten wo ich keine Freundinnen hatte und es keine Proben mit Savage Cabbage gab. Das Motorrad brachte mich an Orte, an denen ich sitzen und in den Himmel starren konnte. Ich hatte gelesen, dass das Starren in den Himmel eine Meditationspraxis sei, aber das war nur eine Bemerkung in einem Buch und es wurden keine Details genannt. Also saß ich einfach mit offenen Augen da, schaute in den Himmel und ließ die Gedanken los, wenn sie aufkamen.[4] Es war ungewöhnlich, mit weit geöffneten Augen zu sitzen, aber ich stellte fest, dass ich dabei viel weniger zum Nachdenken neigte, als wenn ich mit teilweise geöffneten Augen saß.

Mein Bruder Græham war damals aus irgendeinem unerfindlichen Grund in Deutschland bei der Familie einer jungen Cousine. Sie hatte im Jahr zuvor einige Zeit bei uns verbracht, um ihr Englisch zu verbessern. Mein Vater schien der Meinung zu sein, dass der Gefallen erwidert werden sollte, und so wurde Græham nach Deutschland geschickt. Ich konnte nie ganz verstehen, warum, da Græhams Deutschkenntnisse selbst im Vergleich zu meinen äußerst dürftig waren. Er war schon einige Tage weg und sollte noch drei Wochen dort verbringen, als meine Mutter sagte: *„Viktor... ich habe gerade einen ziemlich traurigen Brief von deinem Bruder Græham erhalten.“*

„Was sagt er?“ Ich nickte und streckte meine Finger in einer Geste aus, um anzudeuten: „Ich möchte es hören.“ Meine Mutter lachte leise: *„Dein Vater konnte dir das Gestikulieren nie abgewöhnen. Er gibt mir die Schuld“* kicherte sie. *„Er sagt, die Engländer gestikulieren nicht.“*

„Nun...“ grinste ich *„ich bin ja nur ein halber Engländer und... nachdem ich mastiziere, postuliere, rekapituliere, prognostiziere und artikuliere, kann ich sicherlich genauso gut auch gestikulieren.“* PAUSE *„Naja...wie auch immer, was hat Græham zu sagen?“*

„Ja, ja, ja... er sagt, er sei bei Wilhelmina Rübenhacker und ihrer Familie nicht glücklich. Und... sie schreiben, er sei... phlegmatisch.“

4 Namkha Ar-tè *(nam kha ar gTad)*: Gegen den Himmel gerichtete Dzogchen Meditationspraxis.

„Phlegmatisch…?“ Ich musste lachen: *„Græham ist nicht phlegmatisch, er ist Engländer.“* Ich erklärte, mit gespieltem Oberschichts-Akzent und einem Anflug von Verärgerung über Menschen, die kurzsichtige, subjektive Werturteile fällen: *„Ich denke, es gibt einen subtilen Unterschied. Græham ist gelassen, ruhig und unerschütterlich, und das könnte für jemanden, der aufgeregt, fieberhaft oder emotional inkontinent ist, als phlegmatisch angesehen werden. Ich habe Wilhelmina noch nie getroffen… ist sie etwa so?“*

„Ja… das hab ich mir auch gedacht… sie lacht die ganze Zeit, selbst wenn es gar nichts gibt, worüber man lachen könnte.“ PAUSE *„Also… er möchte nach Hause kommen… aber… dein Vater will nichts davon hören. Er sagt, dass Græham sich nicht wie ein kleines Kind benehmen soll. Er muss lernen, erwachsen zu werden und seinen Mann zu stehen.“*

„Nun ja… aber ich denke nicht, dass Græham besonders unreif ist. Er ist wirklich ziemlich ausgeglichen und unabhängig. Ich meine, er arbeitet oben im Black Prince und macht Vorspeisen und verdient dabei auch ganz ordentlich.“ PAUSE *„Weißt du, Mama… es ist eine ziemlich schwierige Situation, an einem Ort gefangen zu sein, an dem man keinen Spaß hat, speziell wenn man die Sprache nicht beherrscht.“* PAUSE *„Ich wünschte, mein Deutsch wäre besser und… ich wünschte, du hättest uns zweisprachig erziehen können, aber ich glaube, es wäre mir leichter gefallen als Græham, drei Wochen allein in Deutschland zu verbringen.“*

„Ja, ich weiß, dass das stimmt“ sagte meine Mutter mit Nachdruck. *„Das ist genau das, was ich mir auch dachte.“* PAUSE *„Und das ist der Grund, warum ich dir gerne eine Frage stellen würde.“*

Ich zog die Augenbrauen hoch, um zu zeigen, dass ich auf Ihre Frage wartete: *„Frag mich einfach. Ich werde deiner Bitte gerne nachkommen, wenn es mir irgendwie möglich ist.“*

„Ich habe mich gefragt… Viktor… ob du nicht gerne nach Deutschland fahren würdest, um Græham Gesellschaft zu leisten.“ PAUSE *„Ich denke auch, dass du vielleicht bei Onkel Arnold und Tante Rikchen übernachten könntest und vielleicht auch Tante Ruth und Onkel Otto besuchen möchtest? Du kennst ihre Töchter. Maren ist ungefähr in deinem Alter und Antje ist eher in Græhams Alter. Vielleicht wäre es dort also für euch beide schöner als bei Wilhelmina. Wilhelminas Mann… naja. Horst… ist manchmal ein komischer Kauz. Ich denke… der Krieg… ja… der Krieg hat ihn negativ beeinflusst. Weißt du, so wie Mr. Love.*

„Er ist manchmal nicht ganz bei Verstand.“ PAUSE *„Nicht so schlimm wie bei Mr. Love, aber in etwas schwächerer Form… er hat Launen und wird leicht wütend.“*

Meine Mutter fuhr nach einer Pause fort: *„Ich weiß, dass Mr. Love immer freundlich war, aber Horst ist immer… ein bisschen zu praktisch und das macht ihn… streng und hart.“*

„Selbstverständlich… wir können nicht zulassen, dass Græham eine Art Gefängnisstrafe absitzen muss.“ Ich nickte, um meiner allgemeinen Zustimmung zu der Idee Ausdruck zu verleihen. *„Ich muss mir nur noch einen internationalen Führerschein besorgen, aber das dürfte nicht länger als ein paar Tage dauern.“* Es gab nichts, was ich für meine Mutter nicht getan hätte. Sie war mein ganzes Leben lang so freundlich zu mir gewesen, dass es völlig klar war, dass ich ihren Wunsch erfüllen würde. Außerdem tat es mir leid, dass Græham unter solch unmenschlichen Bedingungen seine Zeit verbringen musste.

> *Oh Polly love, oh Polly, the rout has now begun / We must go a-marching to the beating of the drum / Dress yourself all in your best and come along with me / I'll take you to the fol-de-rols in High Germany.*[5]

„Also Viktor… ich habe ein bisschen Geld gespart.“

„Mach dir darüber keine Sorgen, Mama, ich kann das Benzin bezahlen.“

„Aber du musst auch für die Fähre bezahlen, also gebe ich dir das nötige Geld fürs Benzin. Du darfst *dafür nicht bezahlen.“*

„Nun… wenn du darauf bestehst, Mama… dann haben wir alles geklärt. Ich werde mich morgen um meinen kontinentalen Führerschein und um meine Versicherung kümmern. Es sollte nicht lange dauern und die GB-Aufkleber[6] sind nicht schwer zu bekommen.“

5 *Oh Polly, meine Liebe, oh Polly, die Zusammenrottung hat jetzt begonnen / Wir müssen im Takt der Trommel marschieren / Zieh dir deine beste Kleidung an und komm mit mir / Ich bringe dich zu den Angebern in Hochdeutschland.* Siehe auch Glossar.

6 In Europa müssen Autos ihre Nationalität durch einen am Fahrzeug angebrachten Aufkleber kennzeichnen. Im Falle Großbritanniens lautete der Aufkleber „GB“ für Großbritannien.

„Nein… nicht so rasch, Viktor. Zuerst… muss ich mit deinem Vater sprechen und ich muss Briefe schreiben. Ich glaube nicht, dass dein Vater ein Problem damit haben wird, wenn du sagst, dass du fahren willst. Nichts was du jetzt tust ist noch irgendwie problematisch, weil du immer so höflich zu ihm bist.“ Meine Mutter sah einen Moment lang ein wenig traurig aus und fügte hinzu: *„Aber Viktor… was wird aus Savage Cabbage? Wird es Stephen und Ronald nicht Schwierigkeiten bereiten?“*

„Überhaupt nicht, Mama. Sie sind sowieso für drei Wochen weg und tatsächlich… hab ich eigentlich gar nichts vor. Ich habe einige Bücher zu lesen und Gitarre zu üben, aber das kann ich sowohl in Deutschland als auch hier machen und es wird schön sein, Græham zu sehen. Er verwandelt sich in einen richtigen jungen Teufelskerl.“

„… Teufel…“ Meine Mutter schüttelte den Kopf und gluckste bei dem Wort „Teufel“. Sie lächelte mich aber trotzdem breit an. Meine Mutter neigte dazu, Ausdrücke wörtlich zu nehmen, und konnte sich nicht vorstellen, dass etwas, das mit dem Teufel zu tun hatte, gut sein könnte. Ebenso ging es ihr mit wild, cool, heftig und vielen anderen Slang-Wörtern.

Ich war wirklich froh, etwas für sie tun zu können. Ich hatte auch das Gefühl, dass ein Trip auf der Autobahn mit meiner Chopper BSA genau das war, worauf ich Lust hatte. Mein Vater schien die Reise zu befürworten. Er schätzte es sehr, dass ich meiner Mutter derart entgegenkam. Ihm war völlig bewusst, dass ich mein eigenes Leben führen musste. Er verfolgte meine täglichen Aktivitäten und wusste daher, dass ich immer beschäftigt war; ich hatte immer Termine einzuhalten. Die Zeiten hatten sich geändert und es schien, als würde ich in den Augen meines Vaters immer „das Richtige tun“ . Leere passiert. Das umkämpfte Vater-Sohn-Szenario der letzten 16 Jahre hatte sich einfach in Luft aufgelöst.

Es wurde vereinbart, dass ich Græham mit meinem Motorrad nach Hause bringen würde. Dadurch musste seine Heimreise nicht neu organisiert werden. Wilhelminas Mann hatte ihn aus England abgeholt und sollte ihn an sich auch wieder nach Hause bringen. Er reiste häufig aufgrund seiner Arbeit nach Großbritannien, die mit Kühlgeräten oder etwas Ähnlichem zu tun hatte.

Seine Geschäftsreisen hätten also den Anfang und das Ende von Græhams Inhaftierung in einer etwas gefälligeren Version von Colditz [7] markieren sollen.

Meine Reise war also geplant. Ich verbrachte eine Nacht bei meiner Tante Ivy in Gillingham und besuchte Onkel Bert und Tante Elsie. Onkel Bert war in jungen Jahren ein begeisterter Motorradfahrer gewesen und besaß ein bemerkenswertes Paar militärischer Motorradtaschen aus Leder aus dem Zweiten Weltkrieg. Mein Onkel lächelte über mein seltsames Motorrad. *„Wir müssen ein paar spezielle Halterungen für deine „Kreation" anfertigen…"* PAUSE *„… ich denke… ich habe ein paar Messing-Türschwellenkanten und Treppenstangen, die für diesen Zweck verwendet werden könnten."*

Es stellte sich heraus, dass mein Onkel auch ein hervorragender Mechaniker war. Er hatte in der Armee nicht den gleichen akademischen Weg eingeschlagen wie mein Vater, sondern war im Spektrum des Ingenieurwesens eher im handwerklichen Bereich angesiedelt. Mein Vater war als Handwerker immer ziemlich geschickt gewesen, aber Onkel Bert war ein Genie. Er untersuchte mein Motorrad und fertigte ein paar Zeichnungen mit genauen Maßen an und innerhalb von drei Stunden hatte ich einen robusten und dennoch eleganten Satz Halterungen. Als er alle Teile fertiggestellt hatte, machte ich mich mit nassem und trockenem Schleifpapier, SOLVOL AUTOSOL Chrompolitur und schließlich BRASSO an die Arbeit. Schon bald glänzten die fertigen Klammern in der Abendsonne. Onkel Bert war von meinen Polierkünsten genauso beeindruckt wie ich von seinen technischen Fähigkeiten.

Ich war immer erstaunt darüber, wie Dinge erzeugt werden konnten. Selbst wenn ich Teil des kreativen Prozesses war, so blieb die Kreation doch immer noch eine Art Wunder. Es gab keinen Gott, aber jeder kreative Mensch, jeder Künstler, war eine Art Gott. Kreativität ist ein natürliches Phänomen, das in uns allen pulsiert und unsere Rolle als Wesen besteht darin, es aus dem Urmeer der Existenz an die Oberfläche kommen zu lassen.

7 Schloss Colditz diente im Zweiten Weltkrieg als Kriegsgefangenenlager für alliierte Offiziere. Es ist berühmt für die oft abenteuerlichen Fluchtversuche der Offiziere, wobei es insgesamt mehr als 300 Ausbruchsversuche gab.

Onkel Bert und ich hatten während der Arbeit interessante Gespräche und später gingen er und Tante Elsie mit mir zu Tante Ivy zum Abendessen. Es gab Lammbraten mit herrlichen Beilagen. Ich brauchte die Packtaschen, um Græham aus Deutschland nach Hause zu bringen. Ich würde mein eigenes Gepäck darin verstauen, um seinen Koffer am Gepäckträger zu befestigen. Diese Packtaschen erwiesen sich im Laufe der Jahre als äußerst nützlich und ich habe immer darauf geachtet, mich gut um sie zu kümmern, wenn sie nass wurden. Das Leder, aus dem sie hergestellt wurden, war erstaunlich: mindestens einen halben Zentimeter dick mit einer tiefen Narbung und einer wunderschönen Patina. Ich habe bei Lederprodukten schon immer besonders auf die Pflege geachtet, da es mir bewusst ist, dass es sich dabei um die Haut eines Tieres handelt. Ich hatte schon immer den Drang, dies zu respektieren und dafür zu sorgen, dass es Bestand hat. Wenn man Lederwaren angemessen pflegt, können sie Generationen überdauern.[8]

Die Anreise nach Hannover verlief größtenteils problemlos. Ich genoss die Fahrt auf der Fähre von Dover nach Ostende. Belgien plagte mich mit Fäkalienaromen, deren Intensität mir beinahe Übelkeit verursachte. Der Gestank änderte sich alle paar Kilometer und ich war entsetzt darüber, wie viele verschiedene Versionen von *Abscheulichkeit* es geben konnte. Ich war nicht unglücklich, als ich diese olfaktorische Version der Hölle hinter mir gelassen hatte.

Ich hatte die verrückte Idee, die ganze Nacht nach Deutschland durchzufahren, um bereits zum Frühstück anzukommen. Allerdings erwies sich die Vorstellung von meiner eigenen Ausdauer und meinem Durchhaltevermögen als etwas übertrieben. Ich war mit angenehmen 100 Kilometer pro Stunde über die Autobahn geschnurrt, als ich träumte, ich sei in Farnham Park. Ich war über irgendetwas gestolpert und fiel in Zeitlupe zu Boden. Als ich auf dem Boden aufschlug, war er überraschend weich und ich prallte ab und richtete mich wieder auf, allerdings sehr langsam. Als ich mich auf ungefähr 30° aufgerichtet hatte, begann ich wieder zurück in Richtung Boden zu driften. Dann richtete ich mich wieder auf und das Muster wiederholte sich.

8 Ich besaß diese Packtaschen 40 Jahre lang und habe sie schließlich einem jungen Motorradfahrer geschenkt, unter der Bedingung, dass er darauf achtete, sie immer gut zu pflegen.

Ich genoss gerade diesen amüsanten Aspekt des Traums, als sich mein Gesichtsfeld entzündete. Es gab einen intensiven Lichtblitz, in dem die Weiße Dame erschien. Sie war für den Bruchteil einer Sekunde da. Ich hatte meine Augen sofort geöffnet, als ich dieses Licht sah, denn es fühlte sich an, als würde ich in die Scheinwerfer eines entgegenkommenden Autos starren. Aber sobald ich meine Augen öffnete, war die Weiße Dame das erste Bild, das ich sah.

Dann war sie weg und da war eine leere Autobahn. Vielleicht waren es die Scheinwerfer eines Autos, die ich gesehen hatte. Als ich meine Augen öffnete, wurde mir klar, dass ich in den Mittelstreifen der Autobahn gerutscht war, mit einem leisen Knall am Bordstein gestreift war und dann wieder herausdriftete. Es war die plötzliche Vision der Weißen Dame, oder der Scheinwerfer eines Autos, die mich geweckt hatte. In der Ferne hinter mir war kein Auto zu sehen, aber ich konnte mir trotzdem nicht sicher darüber sein. Wenn es mit sehr hoher Geschwindigkeit gefahren wäre, wäre es vielleicht bereits verschwunden, aber hätte ich es dann nicht in der Ferne gehört? Das Ganze blieb ein Rätsel.

Ich hatte vielleicht vier oder fünf Berührungen mit dem mittleren Bordstein, während ich geschlafen hatte. Dies war offensichtlich keine wünschenswerte Situation; also fuhr ich, immer noch halb schlafend, mit meinem Motorrad auf den Grasstreifen mitten auf der Autobahn. Als ich dort anhielt, war es völlig dunkel und still. Vor Müdigkeit verwirrt, verwechselte ich den Mittelstreifen mit dem linken Rand, wie es auf einer britischen Autobahn üblich gewesen wäre. Ich schaffte es gerade noch, die Maschine auf den Ständer zu ziehen und den alten Armeeschlafsack meines Vaters vom Gepäckträger herunterzunehmen. Ich hatte das Ding nur mitgebracht, um meine DEBIL vor den Elementen zu schützen, aber jetzt war ich äußerst dankbar, das Ding um mich herumzuwickeln und das Bewusstsein zu verlieren.

Ich erwachte in einem völlig anderen Setting. Auf beiden Seiten von mir rasten Autos vorbei und ein Angehöriger der Deutschen Polizei rief *„Aufwachen! Aufwachen! Was machen Sie hier!?“* Ich lächelte verlegen und antwortete in stockendem Deutsch: *„Entschuldigung, aber ich war zu müde um weiterzufahren.“* Der Motorradpolizist war tatsächlich ein freundlicher Kerl.

Er schüttelte nur den Kopf, als wollte er „*Idiot*" sagen und murrte „*Ja… Engländer…*" PAUSE „*… Ja, na klar… wer auch sonst…*" Er überprüfte meinen Pass, Führerschein und Versicherungspapiere. Dann stoppte er den Verkehr, bis ich auf die andere Straßenseite kam. Er wartete, bis ich die DEBIL in den Armeeschlafsack gewickelt und am Gepäckträger befestigt hatte, bevor er den Verkehr verlangsamte, damit ich wieder auf die Autobahn fahren konnte. Ich war berührt von der Freundlichkeit des deutschen Polizisten. Er hätte mir eine Geldstrafe auferlegen können oder was auch immer einer Person gebührt, die am Mittelstreifen auf der Autobahn schläft. Der Vorfall erinnerte mich an die inhärente Güte des Menschen. Das ursprüngliche Gutsein, das die Grundlage aller fühlenden Wesen ist. [9]

Nach nur wenigen Kilometern stieß ich auf eine Autobahnraststätte[10] und aß zwei herzhafte Portionen Frühstück und trank eine Tasse Kaffee. Ich fühlte mich sofort wieder fit für eine Fahrt durch Deutschland, Polen und weiter durch Russland in die Mongolei. In dem Alter hatte ich kaum jemals das Gefühl, dass ich irgendwelche Grenzen oder Einschränkungen hätte.

Die Tatsache, dass ich bei 100 Kilometer pro Stunde auf meinem Motorrad eingeschlafen war, ließ mich über die Natur des Traum-Yoga nachdenken. Ich hatte das Buch über tibetische Yogas von Evans-Wentz[11] gelesen und war mit der Idee von Mi-lam oder Traum-Yoga[12] vertraut. Daraus ergaben sich Fragen zu meinem Bewusstseinszustand. Hatte ich nur teilweise geschlafen, war ich teilweise wach gewesen, oder schwankte ich zwischen Schlaf und Wachheit? Was war das? Hatte ich im Traum Bewusstsein erlangt, oder was war passiert?

Ich hatte die Weiße Dame gesehen. Sie tauchte immer wieder an verschiedenen Stellen in meinem Leben auf. Mir war schon vor Jahren klar geworden, dass sie eine Existenz haben musste, die außerhalb meiner Vorstellungskraft lag. War sie möglicherweise erschienen, um mich zu beschützen? War das möglich?

9 Död-né zangwa (*gdDod nas bZang ba*) – ursprüngliche Güte, ein Ausdruck, der oft von Chögyam Trungpa Rinpoche verwendet wurde.

10 'Motorway services' in Großbritannien und 'rest stop' in den USA.

11 Siehe Glossar: *Walter Yeeling Evans-Wentz*

12 Siehe Glossar: *Mi-lam*

War sie eine Art buddhistischer Schutzengel? Gab es buddhistische Schutzengel? Es *gab* Schützer, aber diese mussten angerufen werden… und man musste ein Lama sein, um sie anzurufen. Irgendein dahergelaufener Tobgyal, Dé-kyi oder Tashi konnte sie nicht herbeirufen[13]. Irgendwann würde ich jemanden danach fragen müssen, aber soweit ich wusste, gab es in Großbritannien keine tibetischen Lamas; nicht einmal bei der Buddhist Society in London[14]. Dies war eine Fragestellung, die ich beiseitelegen musste und zu der ich erst zurückkehren könnte, wenn es mir jemals gelingen sollte, in den Himalaya zu gelangen.

Ich konnte eher über die Frage nachdenken, wie ich es geschafft hatte, im Schlafzustand auf meinem Motorrad sitzen zu bleiben. Ich hatte versucht, etwas von dem anzuwenden, was ich über Mi-lam gelesen hatte, aber mit relativ geringem Erfolg. Ich hatte in meinen Träumen viele Momente der Klarheit erlebt, in denen ich wusste, dass ich träumte, aber diese Erfahrungen waren verstreut und von keiner großen Dauer.

Drei oder vier Nächte im Monat waren das Beste, was ich damals erreichen konnte. Ich hatte mich durch andere Bücher von Evans-Wentz gekämpft[15], empfand sie aber alle als ziemlich anstrengend. Ich kam zu dem Schluss, dass ich solche Bücher jeweils mindestens ein Dutzend Mal lesen musste, um etwas daraus zu lernen. Aber wenn schon, denn schon. Ich war entschlossen, in diese Texte einzudringen und mein Verständnis von Vajrayana weiterzuentwickeln.

Die Idee von Mi-lam ging mir während der Fahrt durch den Kopf. Die Zeit verging überraschend schnell und als ich am frühen Abend in Ahlten angekommen war, hatte ich nicht wirklich ein tieferes Verständnis für mein Traumerlebnis entwickelt.

13 „Tobgyal, Dé-kyi, oder Tashi“ sind weitverbreitete tibetische Namen. In der Redewendung werden sie verwendet wie im deutschen „Hinz und Kunz“ .

14 Ich wusste damals nichts von den Kagyüd-Lamas, die zu diesem Zeitpunkt in Großbritannien angekommen waren. Lama Chime Yönten Rinpoche, Lama Akong Rinpoche, Lama Ato Rinpoche und Chögyam Trungpa Rinpoche waren zu dieser Zeit alle bereits in Großbritannien. Ich traf Lama Chime Yönten später, als ich 1970 die Farnham Art School besuchte.

15 *Das tibetische Totenbuch*, 1927, Oxford University Press; *Tibets großer Yogi Milarépa*, 1951, Oxford University Press; *Das tibetische Buch der Großen Befreiung*, 1954, New York, Oxford University Press.

Ahlten war ein großes Dorf in der Nähe von Hannover, in dem mein Onkel Arnold Rathmann und meine Tante Rikchen lebten. Græham sollte zwei Tage später eintreffen, da Horst Rübenhacker, Wilhelminas launischer Ehemann, es nicht früher arrangieren konnte, ihn nach Ahlten zu bringen. Das allein war schon lästig, aber Tante Rikchen hatte mich auch noch darauf hingewiesen, dass meine Haarlänge für Herrn Horst Rübenhacker ein Problem sei. Er stand politisch etwas rechts von Goebbels und erlaubte Græham nicht, dass er mit einem Hippie auf dem Motorrad fahren würde, obwohl ich sein Bruder war und ihn nach Hause bringen würde. Herr Rübenhacker war daher von dem Plan nicht unterrichtet worden, dass ich ihn mit meinem Motorrad nach Hause bringen werde. Græham hätte ansonsten seine Haftstrafe bis zum Ende absitzen müssen. Herr Rübenhacker war, nachdem er ein Foto von mir gesehen hatte, der Meinung, dass ich im Gefängnis an eine Wand gekettet werden sollte. Ein Jahr zuvor wäre mein Vater vermutlich derselben Meinung gewesen, aber… die Zeiten hatten sich geändert.

Schlussendlich war aber alles gut und Herr Rübenhacker erfuhr nichts von meiner Anwesenheit in Ahlten. Tante Rikchen und Onkel Arnold hielten Horst Rübenhacker für verrückt und sagten ihm deswegen nichts. Sie waren unglaublich freundlich und unkompliziert und obwohl sie ein wenig Angst hatten, ich könnte wegen meiner langen Haare verhaftet werden, fanden sie mein „schockierendes Aussehen“ keiner Erwähnung wert.

Ich war Renates ältester Sohn und das machte mich für sie zu einem guten Jungen. Offensichtlich hielt meine Mutter mich trotz meiner Haare und meiner ausgefallenen Kleidung für einen netten Kerl und so akzeptierten sie mich mit Leichtigkeit so wie ich war.

Es gab herrliche Wurst zu essen und ganz wunderbaren Kaffee zu trinken. Auch Dagmar Strauß war zu Besuch. Dagmar war ein Jahr älter als ich und in irgendeiner Weise mit meiner Tante und meinem Onkel verwandt, aber ich habe nie herausgefunden wie genau. Wie auch immer, ich wurde ihr vorgestellt und sie erwies sich als äußerst freundlich und aufgeweckt. Sie schien von der Tatsache fasziniert zu sein, dass ich „mehr oder weniger berühmt“ war.

Ich war mit ihren Helden der britischen Rockmusik auf Augenhöhe und ich habe mich, wie ich zu meiner Schande gestehen muss, nicht allzu sehr bemüht, diesen Eindruck zurechtzurücken. Ich habe nicht gelogen, aber ich habe auch nicht versucht, ihre Vorstellungskraft zu unterminieren. Mit meinen rudimentären Deutschkenntnissen war das auch nicht allzu schwierig.

In der kurzen Zeit, die wir zusammen verbrachten, schmökerte ihre Mutter in der Fernsehzeitschrift HÖRZU. Sie las dort von einem Popsong-Wettbewerb und schlug vor, dass ich daran teilnehmen sollte. Schließlich war ich eine Art Popstar, warum also nicht. Außerdem wäre es eine gute Übersetzungsübung für ihre Tochter. Wie konnte ich Nein sagen? Hätte ich erklären sollen, dass ich Popmusik hasste und dass mir die Teilnahme an solch einem Wettbewerb ein Gräuel war? Nein... das wollte ich nicht. Ich musste also zustimmen und ehe ich mich versah, fing ich an, den Prozess wirklich zu genießen.

Ich versuchte einen meiner Songs mit dem Titel „Dead Man's Hand" umzuschreiben, aber das erwies sich als schwieriger, als ich erwartet hatte. Dagmar fand mein Englisch völlig unverständlich und ich musste erklären, dass es sich um kein normales Englisch handelte. Es war Poesie und darüber hinaus war es Poesie mit einer afroamerikanischen Note. Ich durchlief einen Prozess, der mich daran erinnerte, wie ich Anelie Mandelbaum die Songs von Bob Dylan erklärte. Kurz bevor Græham ankam, hatten wir den Text vollendet und schickten ihn an die HÖRZU.

> *I look at the deal – but can't understand, / Dealer's lookin' through me at the piana–man, / The clothes I'm wearin's all contraband, / Seems like I'm lookin' at the dead man's hand.*[16]

Abends schauten wir uns die deutsche Fernsehproduktion „Der Abenteuerliche Simplicissimus" [17] an.

16 Siehe Glossar: *Dead Man's Hand*

17 Die Barocknovelle *Der Abenteuerliche Simplicissimus* stammt von Hans Jakob Christoffel von Grimmelshausen und wurde 1669 veröffentlicht. Die Geschichte wurde vom 30-jährigen Krieg inspiriert, der Deutschland zwischen 1618 und 1648 ins Chaos stürzte. „Der Abenteuerliche Simplicissimus" gilt als der erste deutschsprachige Abenteuerroman.

Ich konnte der Handlung großteils folgen, da sich die Geschichte recht offensichtlich entwickelte. Dagmar half mir, die komplizierten Teile zu verstehen, und hielt mich über das Geschehen auf dem Laufenden. „Der Abenteuerliche Simplicissimus" folgt den Höhen und Tiefen eines Jungen namens Simplicissimus, des Sohnes einer Bauernfamilie aus dem Spessart. Er wird von plündernden Dragonern aus seiner Heimat verschleppt, entkommt ihnen und wird von einem Waldeinsiedler adoptiert. Als er sich gerade an das Leben als Einsiedler gewöhnt hatte, wird er erneut zum Militärdienst eingezogen. Nachdem er in dieser verdorbenen Umgebung zur Reife gelangt, schließt er sich abwechselnd den verfeindeten Armeen beider Seiten an, wobei der Wechsel seiner Loyalität rein zufällig von den Umständen beeinflusst wird. Seine Geschichte besteht aus ständiger Veränderung: Reichtum und Armut; Triumph und Niederlage; Romantik und Verderbtheit. Voller Kummer über die Verkommenheit der Welt kehrt er schließlich zu dem inzwischen verstorbenen Waldeinsiedler zurück. Er übernimmt die Einsiedelei und verbringt dort den Rest seiner Tage in Ruhe.

Als ich mir „Den Abenteuerlichen Simplicissimus" ansah, wurde mir klar, dass mein Leben dem seinen gar nicht so unähnlich war, nur dass mein Leben von starken Veränderungen auf der emotionalen Ebene geprägt war. Würde ich als Einsiedler enden? Schließlich war ich Buddhist und in Tibet gab es buddhistische Einsiedler. Vielleicht würde es irgendwann einmal Sinn machen, aber ich hatte das weltliche Leben *noch lange nicht satt*, auch wenn es seine Höhen und Tiefen hatte. Ich befand mich gerade auf einem ziemlichen Hoch und obwohl mir bewusst war, dass ich *den einen Geschmack* von Genuss und Schmerz finden musste, hatte ich überhaupt nichts gegen Genuss. Vielleicht müsste ich einfach akzeptieren, dass man im *Restaurant Wirklichkeit* beides aus der Speisekarte auswählen musste. Würde mir das jemals gelingen? Ich wollte es und hatte gleichzeitig Angst davor.

Ich hatte allerdings noch ein Leben lang Zeit, um den Punkt zu erreichen, dass ich, wenn ich Hoffnung und Angst begegnete, *diese beiden Betrüger völlig gleich behandeln* würde. Ein Fragment von Rudyard Kiplings Gedichten kam mir in den Sinn, das dem Stück namens „*If*" entstammte.

If you can dream – and not make dreams your master;
If you can think – and not make thoughts your aim;
If you can meet with triumph and disaster
And treat those two impostors just the same…[18]

Tiefgründige Worte. Und ja, das wollte ich. Oder zumindest war das der Zustand, den ich anstrebte. Rudyard Kiplings „zwei Betrüger" erinnerten an die „acht Betrüger", die der Buddhismus nennt. Man muss herausfinden, ob sie denselben Geschmack haben.[19] Man musste Triumph und Katastrophe, genauso wie Lob und Tadel, auf eine Art und Weise erleben, dass sie denselben Geschmack haben. Die Idee, dass es sich um „Betrüger" handelte, war interessant. Es ging ja lediglich um die öffentliche Meinung, die sich als Realität ausgab. Das Tragen eines bestimmten Kleidungsstücks könnte Anlass zu Applaus oder Spott geben, aber keine der Reaktionen wäre real. Die Welt ist voller bedeutungsloser Meinungen und man konnte entweder ein Sklave dieser Meinungen sein oder nicht.

If you can make one heap of all your winnings
And risk it on one turn of pitch-and-toss,
And lose, and start again at your beginnings
And never breathe a word about your loss…[20]

Nun… ich habe nie ein Wort über den Verlust von Alice verloren, oder den Verlust von Mr. Love oder von Anelie. Steve hatte mir ein paar Worte entlockt, aber ich hatte mich eher spärlich ausgedrückt. Ich war es gewohnt, alles zu verlieren und von vorne anzufangen. Soweit ich sehen konnte, war das die Art und Weise, wie das Leben halt nun mal war. Vielleicht könnte es mir also gelingen, einen halbwegs guten Buddhisten aus mir zu machen.

18 *Wenn du träumen kannst, und die Träume nicht zu deinem Meister machst; / Wenn du denken kannst, ohne die Gedanken zum Ziel zu machen;/ Wenn du Triumph und Katastrophe erleben kannst/ und diese beiden Betrüger genau gleich behandelst*
Aus dem Buch *A Choice of Kipling's Verse* von Rudyard Kipling, 1943

19 Siehe Glossar: *Acht weltliche Belange*

20 *Wenn Du Deinen gesamten Gewinn zu einem Stapel formst/ Und alles riskierst für eine Runde Kopf oder Zahl, / Und du verlierst und fängst wieder von vorne an/ Und verlierst niemals ein Wort über Deinen Verlust*

Ich war traurig, als ich mich von Dagmar verabschieden musste, weil… na ja… ich glaube, wir hatten beide begonnen, uns füreinander zu interessieren. Bei Anelie hatte ich jedoch meine Lektion gelernt und ich war nicht mehr bereit für eine weitere Beziehung mit einer Frau, die in einem anderen Land wohnte. Ich war sowieso mit der Savage Cabbage Blues Band verheiratet und konnte keine Affären eingehen, die mich von ihr entfernen würden.

Græham war offensichtlich überglücklich, mich zu sehen, und wir unterhielten uns die halbe Nacht. Græham verschlang förmlich das Englisch, als ob er knapp vor dem Verhungern gewesen wäre. Wir führten ausgelassene Gespräche, in denen er Horst Rübenhacker als eine Mischung aus Herman Munster[21] und Lamburger Gestler[22] beschrieb.

Wir haben mit Tante Rikchen und Onkel Arnold ein paar wunderschöne Tage verbracht und dabei hervorragende Mettwurst, Jagdwurst, Bratwurst und Bockwurst gegessen. Wir tranken den wunderbarsten Kaffee und aßen Brötchen mit der allerköstlichsten Kirschmarmelade. Wir verbrachten einen Nachmittag damit, Tante Rikchen dabei zu helfen, die Sauerkirschen in ihrem Schrebergarten zu pflücken, ein Kirschgarten, auf den Tschechow neidisch gewesen wäre[23], und so war es umso köstlicher, die Marmelade aus den Kirschen vom vergangenen Jahr zu essen. Wir gingen zum Schützenfest, bei dem ich mehrere hundert Schraubenzieher gewann, indem ich auf Kreidestücke schoss, die auf Drähten befestigt waren. Wann immer ich fünf Kreidestücke traf, gewann ich einen Schraubenzieher.

Sie fragten mich, nachdem ich offensichtlich ein toller Schütze war, ob ich nicht auf die Zielscheibe schießen wollte, um bessere Preise zu gewinnen. Ich antwortete darauf, dass ich lieber auf die Kreidestücke schieße und Schraubenzieher gewinne. Am Ende hatten sie keine Schraubenzieher mehr und sie boten mir an, sie gegen ein Radio einzutauschen. Ich nahm das Angebot dankend an und schenkte das Radio Tante Rikchen und Onkel Arnold. Sie

21 Siehe Glossar: *Munster*

22 Siehe Glossar: *Lamburger Gestler*

23 *Der Kirschgarten* ist ein Stück von Anton Tschechow, in dem eine russische Aristokratin kurz vor der Versteigerung zur Begleichung einer Hypothek auf ihr Familienanwesen (*zu dem auch ein großer Kirschgarten gehört*) zurückkehrt.

freuten sich darüber und sagten mir, sie seien stolz auf mich, trotz meiner langen Haare. Sie hatten bereits erfahren, dass das Wort die Runde machte, dass ein englischer Hippie in ihrem Haus wohnte. „*Er sieht fürchterlich aus, aber er ist höflich und er kann gut schießen.*"

Alle meine entsprechenden Fähigkeiten verdankte ich meiner Mutter. Sie war eine ausgezeichnete Schützin. Sie gewann bereits als Teenager jede Menge Medaillen im Gewehrschießen. Wir hatten ein paar .177er Luftgewehre zu Hause, die mein Vater gekauft hatte, um meine „Männlichkeit" zu fördern. Zu seiner Freude fand ich am Schießen Gefallen und ich schien mit etwas Hilfe von meiner Mutter immer besser zu werden. Sie konnte eines dieser Dinger mit einer Hand über ihre Schulter schwingen und daraufhin nach nur einem Sekundenbruchteil *ins Schwarze* treffen.

Als mein Vater einmal behauptete, Kimme und Korn seien verstellt, bat sie darum, das Gewehr ausprobieren zu dürfen. Sie schoss durch das Esszimmerfenster, das Gewehr in der einen Hand und das Geschirrtuch in der anderen. „Das Visier ist korrekt", kommentierte sie, gab meinem Vater die Waffe zurück und widmete sich wieder dem Kochen des Sonntagsmahls. Mein Vater gab zu, dass er wohl besser an seiner Treffsicherheit arbeiten sollte. Er war nie eitel, selbstverliebt, aufgeblasen, gereizt oder ungerecht, auch wenn er äußerst anmaßend sein konnte.

Die letzten beiden Tage verbrachten wir bei Tante Ruth und ihren beiden Töchtern. Was waren *das* für nette junge Damen! Beide sprachen bemerkenswert gut Englisch und spielten Musikinstrumente: Flöte und Klavier. Sie waren begeistert von meiner DEBIL und auch begeistert, Blues zu hören. Ich spielte ihnen ein paar Nummern vor und schrieb die Texte auf, damit sie mit mir singen konnten. Sie liebten es zu singen und hatten großen Spaß daran, sich am Englisch mit Delta-Akzent zu versuchen, oder zumindest an meiner Version davon.

Die Familie Kogelheide war charmant, liebenswürdig, großzügig und überaus gastfreundlich. Eines Abends machten sie einen Punsch aus rosa Champagner und mehr Erdbeeren, als man sich vorstellen konnte. Der Champagner wurde aus Rücksicht auf das Alter ihrer Töchter und von Græham mit Mineralwasser verdünnt, aber das tat der Köstlichkeit keinen Abbruch.

Und dann war alles vorüber. Wir hatten eine lange Heimfahrt und unsere Schilderungen von der Reise bereiteten unseren Eltern sichtlich Freude. Eine Woche später traf ein Paket mit einer Krawatte ein. Es war von der Zeitschrift HÖRZU. Ich hatte den zweiten Platz gewonnen und der Preis war diese himmelblaue Krawatte mit rosa Wolken darauf und geschmückt mit den herrlichen Worten *„Ich bin ein Dichter"*. Nun… das wusste ich bereits.

Meine Mutter war mächtig stolz auf meine Leistung und seltsamerweise auch mein Vater. Ich war ein wenig enttäuscht, dass ich nicht den ersten Preis gewonnen hatte. Ich ertappte mich dabei, wie ich enttäuscht war, und fühlte mich wie ein völliger Idiot. Wollte ich denn *tatsächlich* einen Popsong-Wettbewerb gewinnen? Nein. Was bedeutete das? Nichts. Was kümmerte es einen Vajrayana-Buddhisten, wenn er Wettbewerbe gewann oder verlor? Ich musste die Krawatte *„Ich bin ein Dichter"* auch nicht ablehnen, weil sie eine Illusion war. Die Ablehnung wäre nur eine weitere Illusion gewesen. Ich musste nicht in illusorischen Kreisen laufen um zu versuchen, der Illusion der populären Medien zu entkommen. Ich musste lachen.

„Was ist so lustig, Vic?" fragte Græham.

Als Antwort hielt ich die Krawatte hoch und verkündete mit gespieltem Hochmut: *„Ich bin ein Berliner!"*[24]

„Nein…" Græham lachte *„Du bist ein Hamburger!"*

24 Anspielung auf die berühmte Rede von John F. Kennedy 1963 in Berlin.

12

Der Buddhist und der Bluesmusiker

September 1968

Es blieb nur noch wenig Zeit, bis ein neuer Lebensabschnitt an einer anderen Schule beginnen würde. Ich befand mich in einem weiteren Bardo, einer Periode zwischen diesem und jenem, in der ich nicht klar definiert war.[1] Die nächste Definition von mir würde erst entstehen, wenn sich neue Muster etablieren würden.

Ich war „triumphierend" aus Deutschland zurückgekehrt und es folgte eine kurze Auszeit, die ich primär mit Steve und Ron verbrachte. Wir hatten ein paar Savage Cabbage-Proben. Den Rest der Zeit verbrachte ich stundenlang mit stillem Sitzen. Mein Vater lobte meine Begeisterung für Waldspaziergänge und da er selbst nie im Wald spazieren ging, bestand keine Gefahr, dass er jemals herausfinden würde, dass ich meine Zeit damit verbrachte, in den Zweigen einer alten Eibe zu sitzen.

Damals saß ich etwa eine Stunde am Tag und es kam immer häufiger zu Phasen gedankenfreier Präsenz. Ich war alles andere als stabil, was stilles Sitzen anging, aber ich hatte das Gefühl, dass ich eine Richtung und ein Ziel hatte. Das Gefühl, dass eine frühere Version von „mir" gestorben war, und sich dieses Sterben ständig fortsetzte, wurde zunehmend präsent und bestimmte die Vorstellung davon, *was sich denn da durch das Leben bewegte. Was sich durch das Leben bewegte*, könnte man mit „Ich" und dem, was „ich" erlebte, abkürzen. Es erschien jedoch immer weniger plausibel, dass es sich bei dem „Ich" um eine feste Entität handelte. Mir war bewusst, dass es einen Wahrnehmungsort gab, der sich einem Chamäleon gleich veränderte, je nachdem, wo ich mich gerade befand, und mit wem ich zusammen war.

Wenn ich mit Savage Cabbage zusammen war, dann sah und fühlte dieser Wahrnehmungsort wie ein Bluesmusiker mit Freunden. Wir lebten in einer Welt, die aus sich heraus einen Sinn ergab.

1 Siehe Glossar: *Bardo*

Ich hatte keinen Grund, *diese* Welt in Frage zu stellen, aber später, wenn ich nach Hause kam, bekam ich als Sohn und Bruder eine andere Definition. Da waren mein Vater, meine Mutter und Græham. In diesem Kontext wurde ich *zu einer anderen Form der Wahrnehmung*, in der der Bluesmusiker zu einer Erinnerung wurde. Mir war bewusst, dass ich mir nie zu sehr wünschte, woanders zu sein, und das sorgte für einen weitgehend reibungslosen Ablauf jedes Übergangs. Dann kam der Montag, an dem ich zur Virginia Water School aufbrechen sollte, die etwa 20 Kilometer von zuhause entfernt lag.

Meine Aufnahme in die sechste Klasse war von Miss Sparshott, der Schulleiterin der Farnham Girls' Grammar School, ermöglicht worden. Ich hatte mich in einem leicht verrückten Akt für einen Platz in der sechsten Klasse der Farnham Girls Grammar School beworben. Warum? Nun ja… die Netherfield School endete mit dem fünften Jahr. Für das Abitur benötigte man zwei weitere Schuljahre, entweder an der Farnham Boys' Grammar School oder an einem der beiden Technischen Colleges, Farnborough oder Guildford. Es gab jedoch ein Problem: Um an der Farnham Boys' Grammar School aufgenommen zu werden, brauchte man fünf „O"-Level Kurse und für jedes der beiden Technischen Colleges vier „O"-Levels. Ich hatte drei „O"-Levels: Englische Sprache, Englische Literatur und Geographie. Ich hatte auch Geschichte besucht, aber der Lehrer hatte die Schule verlassen und wurde nicht ersetzt. Das Gleiche galt für Theater, Kunst und Musik, wobei diese Fächer bereits im dritten Jahr endeten. Schließlich *hätte* ich im Religionsunterricht das „O"-Level Niveau erreicht, wenn die Durchfallsrate bei dem Lehrer nicht bei 86 Prozent gelegen wäre. In meinem Jahrgang hatte *niemand* die Prüfung bestanden. Ich war etwas schockiert, weil ich regelmäßig bei den Tests über 70 Prozent der Punkte bekam. Dennoch… ich hatte in Englischer Sprache und Englischer Literatur die Note „A" erhalten, deshalb hielt ich meine drei „O"-Levels für relativ respektabel. Da die Farnham Girls' Grammar School nur drei „O"-Levels erforderte, dachte ich, ich könnte mich dort bewerben.

Ich hatte vorsichtshalber nur den Anfangsbuchstaben von meinem Vornamen gemeinsam mit meinem Nachnamen angegeben und wurde ordnungsgemäß zu einem Vorstellungsgespräch eingeladen.[2]

Nach einer ersten Bestürzung verwandelte sich Miss Sparshotts Verärgerung über meine Torheit in eine gewisse Heiterkeit. Sie verstand die Situation mit dem Religionslehrer, weil sie die gleiche Beschwerde von allen Netherfield-Mädchen gehört hatte, die das Fach belegt hatten. Sie hatte auch von der libidinösen Geschichte gehört, wo Mr. Davies und Miss Elphinstone eines Mittags im Chemielabor *in flagranti* ertappt und daraufhin in Ungnade entlassen wurden. Der Schauspielunterricht wurde nicht durch ein anderes englischsprachiges Fach ersetzt und es war mir nicht möglich, das „O"-Level Niveau in Schauspiel zu bekommen, das ich leicht erreicht hätte. Schlussendlich hatte Miss Sparshott Mitleid mit mir. Obwohl ich nicht an der Farnham Girls Grammar School aufgenommen wurde, schrieb sie einen Brief an Herrn Ironsides, den Schulleiter der Virginia Water Comprehensive School, und so wurde ich dort zu einem Vorstellungsgespräch eingeladen und durfte die Schule besuchen.

Nachdem ich gefrühstückt und alle benötigten Bücher in meine Tasche gegeben hatte (ich hatte sie alle im Sommer gelesen), fuhr ich in Richtung Farnborough Road. Ich folgte ihr, bis zur Kreuzung mit der London Road. Ich hatte eine Wegbeschreibung und der Weg war leicht zu finden. Ich kam früh und ohne Probleme an, parkte mein Motorrad auf dem Schulparkplatz, und machte mich auf die Suche nach meinem Klassenzimmer. Dort war niemand. Als ich so allein dastand, sagte mir ein hilfsbereiter Lehrer, dass der Rest der Sechstklässler im Gemeinschaftsraum der 6. Klasse sein würde. Ich schlenderte zu einem kleinen Gebäude, das vom Hauptgebäude der Schule getrennt war, und trat ein.

„*Hallo*" begann ich. „*Ich bin Vic. Ich gehe hier in die sechste Klasse.*"

Es stellte sich heraus, dass die Person, die ich ansprach, Pete Bridgewater war, der sich mit der Zeit als guter Freund herausstellen sollte.

2 Eine ausführliche Version des Interviews mit Miss Sparshott findet man in Kapitel 11 *Good morning little school girl* von *an odd boy*, Band I von Doc Togden, Aro Books WORLDWIDE, 2011.

„*Willkommen in der Hölle*" lachte Pete.

„*Du hast auch einen Deal mit Legba gemacht?*" fragte ich.

„*Legba?*" erkundigte sich Pete und ich erzählte ihm von der Weggabelung. Während wir uns unterhielten, kam Greg Ford dazu und es war klar, dass ich den richtigen Ton getroffen hatte. Die Virginia Water School war Bluesville. Greg Ford war ein Rocker, der durch und durch wie ein Rocker aussah.

Er hatte eine schöne, würdevoll gealterte schwarze Lederjacke, schwarze Winklepicker-Stiefel mit Reißverschluss[3] und langes dunkles Haar. Er war äußerst schlagfertig und als er erfuhr, dass ich Mitglied der Savage Cabbage Blues Band war, war meine Glaubwürdigkeit gesichert und alles Weitere folgte problemlos. Ich wurde den anderen Blues-Fans vorgestellt und der Schultag begann.

Es gab zwei Dinge im Leben, von denen ich nie so recht wusste, was ich davon halten sollte: *die Szene* und *wer ich in „der Szene"* war. Natürlich war es besser, *in der Szene*, als *außerhalb der Szene* zu sein, wie ich es in Netherfield gewesen war. Allerdings musste beides als Illusion angesehen werden, wenn man ein ernsthafter Buddhist war, und ich bemühte mich sehr, ein ernsthafter Buddhist zu sein. Ich bemühte mich auch ernsthaft darum, ein Bluesmusiker zu sein, und daran hatte ich auch nicht den geringsten Zweifel. Ich war mir allerdings nicht ganz so sicher, was den Buddhismus betraf. Wenn ich ein echter Buddhist wäre, würde ich dann nicht alles liegen und stehen lassen und mich auf den Weg in den Himalaya machen? Ja… aber mit welchem Geld? Ich könnte die Schule abbrechen und auf Baustellen arbeiten, aber dann müsste ich Savage Cabbage aufgeben. Ich hatte eine Verantwortung gegenüber Steve und gegenüber Ron und es tat mir in keinster Weise leid, dass ich diese Verantwortung hatte. Ich war eine Mischung aus verschiedenen Identitäten und ich konnte diese nicht einfach voneinander trennen.

3 Winklepicker (Strandschnecken) waren in den späten 1950er und frühen 1960er Jahren beliebte Stiefel. Rocker trugen sie weiterhin, nachdem sie aus der allgemeinen Mode der Jugendkultur verschwunden waren. Die Spitze des Schuhs erinnerte an Strandschnecken, welche in Großbritannien ein beliebter Snack am Meer waren. Die Strandschnecken wurden mit einer Nadel gegessen, um die weichen Teile aus der gewickelten Schale zu lösen.

Die Natur der Realität, was auch immer sie war, veränderte sich ständig. Meine derzeitige Lebensphase war die letzte in einer Reihe von Gastauftritten auf der Bühne des Lebens und was auch immer „ich" sein mochte, ich lief darin lächelnd umher und mir wurde lächelnd Anerkennung gezollt. Ich lächelte zurück. Ich wusste, dass ich solche Gedanken niemandem in meinem Umfeld erklären könnte, mit Ausnahme von Steve. Aber auch sein Verständnis hatte Grenzen, wenn es darum ging, über Leere zu diskutieren. Als ich die Idee erwähnte, dass die Realität nicht *dieses*, nicht *jenes*, nicht *dieses und jenes* und auch nicht *weder dieses noch jenes* sei, sagte er einfach: *„Ist es nicht einfach so, wie es ist?"* und ich antwortete: *„Ja! Genau! Und das ist es, was Dharma bedeutet: „wie es ist"*,." Und damit war das Gespräch mit einem schallenden Gelächter beendet. Mir wurde schnell klar, dass es in der Gegend eine florierende Partyszene gab und dass Partys regelmäßig in Camberley, Frimley, Woking, Bracknell, Slough und Farnborough stattfanden. Die gesamte Gegend rund um Virginia Water war ein Gewirr von Vorstadtstraßen und so gab es *immer* irgendwelche Partys. Zu dieser Zeit war es üblich, dass man uneingeladen auf jeder Party erscheinen konnte, solange man eine Flasche Wein unter dem Arm hatte, und obwohl ich kein absoluter Partylöwe war, tauchte ich als Teil meines Virginia Water Akklimatisationsprozesses in diese Partyszene ein. Ein Glück dass ich dies tat, denn so lernte ich eine der großen Lieben meines Lebens kennen: Lindie Dale.

Von Johannes dem Täufer heißt es im Matthäusevangelium, er sei der wiedergekommene Elias[4]. Als ich Lindie traf, war es, als wäre sie sowohl die wiedergekommene Alice, als auch die wiedergekommene Anelie. Für uns beide war es Liebe auf den ersten Blick und von da an wuchs die Liebe exponentiell[5]. Wir hatten alles Erdenkliche gemeinsam, abgesehen von akademischem Talent und der Fähigkeit, Fremdsprachen zu lernen. Lindie war eine allumfassend kulturenzyklopädische und überaus belesene Universalgelehrte. Sie war auch das schönste Wesen, das ich *je* gesehen hatte.

4 *„Denn alle Propheten und das Gesetz haben folgendes zu Johannes geweissagt. Und wen ihr da empfangt, das ist Elias, der da kommen sollte."* King-James-Bibel (11:13–11:14).

5 Eine Beschreibung dieses ersten Treffens findet man im Kapitel 1 *Easy Rider* von *an odd boy*, Band I von Doc Togden, Aro Books WORLDWIDE, 2011.

Sie hatte leuchtend rotes Haar und blaugrüne Augen, die wirkten, als seien es Lichter zur Erkundung der Umgebung. Jede Pore ihres Körpers schien Lebendigkeit auszustrahlen. Ihr Lächeln machte mich schwindelig. Ich war plötzlich das glücklichste Geschöpf auf dem ganzen Planeten. Ich war definitiv nicht für das klösterliche Leben geschaffen. Damit schien die Frage, ob ich die Schule abbrechen und in den Himalaya aufbrechen sollte, auch geklärt zu sein, allerdings stürzte es mich in einen Wirrwarr von widersprüchlichen Vorstellungen, in denen ich den Überblick über meine persönliche Identität verlor. Ich schien das zu sein, *was auch immer geschah* oder *was auch immer sich entfaltete.* Es war nicht unangenehm, aber es hatte gewisse Parallelen zu dem, was ich über LSD-Trips gehört hatte. Es war, als würde ich *das Leben halluzinieren* und der einzige feste Boden, den ich hatte, war stilles Sitzen; ein Zustand, in dem es keinen Boden gab.

Die Virginia Water School war an sich schon recht angenehm, aber plötzlich wurde sie zu einem riesigen Vergnügen. Ich hatte das Glück, dass ich nur wenige Fächer besuchen musste. Für die Kunstschule brauchte ich nur fünf „O"-Level und zwei „A"-Level und hatte von daher nicht sehr viel Druck. Ich brauchte keine hervorragenden Noten für die „O"-Level, sie waren also kein großes Problem. Soziologie und Geschichte waren interessant und vermittelten mir etwas mehr politisches Gespür. Kunst war absolut brillant und ich hatte insgesamt einige sehr gute Lehrer.
Mr. Havilland, der Englischlehrer, war jedoch eine Enttäuschung. Obwohl er genauso altmodisch war wie Mr. Preece, fehlte ihm jedwede Ausstrahlung und er war auch keine literarische Autorität. Mr. Havilland war pedantisch, ein Verfechter kleinlicher Regeln. Er hatte Einwände dagegen, dass ich keine Schuluniform trug, obwohl der Schulleiter mir gesagt hatte, dass es in Ordnung wäre, den dunkelgrauen dreiteiligen Fischgrätenanzug aus Wolle meines Onkel Charles zu verwenden, solange das Schulabzeichen befestigt war. Das Schulabzeichen war befestigt, was war also das Problem?

Mr. Ironsides, der Schulleiter, hielt es für eine unnötige Ausgabe, eine Uniform für zwei Jahre zu kaufen. Er fand den Anzug ziemlich schick. Seiner Meinung nach ging es um eine gewisse „Eleganz" und nicht darum, die Regeln exakt einzuhalten. Mr. Havilland beschwerte sich und die Beschwerde wurde abgewiesen.

Dies führte dazu, dass er mich mit einer gewissen Strenge behandelte. Allerdings gab ich meine Arbeit immer pünktlich ab und meine Noten lagen immer in den 70ern und 80ern. Er hatte also keinen Grund, mich zu bestrafen. Nicht, dass an dieser Schule jemand tatsächlich physisch bestraft worden wäre, aber ich konnte in seinen Augen einen gewissen Ausdruck sehen, der den Wunsch nach Vergeltung verriet. Glücklicherweise war er aber letztendlich ein ehrenhafter Mann und so betrachtete er zwar mein Aussehen mit anhaltendem Missfallen, unternahm aber nichts, um mich dafür zu bestrafen.

Ich hatte von meinem Onkel Charles nach seinem tragischen Ableben eine umfangreiche Garderobe geerbt. Er litt an Kehlkopfkrebs und war bereits in seinen Fünfzigern gestorben. Er war ein Kavallerieoffizier gewesen und dementsprechend immer sehr gut gekleidet. Ich erbte von ihm einen dreiteiligen weißen Anzug, eine samtene Smokingjacke und allerlei Edwardianische Kleidung. Die Smokingjacke hatte einen Satinkragen und wunderschöne Manschettenknöpfe. Jack sagte immer, ich solle sie auf der Bühne tragen, aber das entsprach nicht meiner Vorstellung von einem Bluesmusiker. Das mochte für Jimi Hendrix in Ordnung sein, aber ich hatte das Gefühl, dass die Bühnenkleidung von weißen Bluesmusikern tendenziell eher ein Understatement sein sollte. Afroamerikanische Blues-Künstler konnten eine Garderobe von *außergewöhnlicher Extravaganz* anlegen und es war *absolut passend.* Weiße hingegen sahen einfach lächerlich aus, wenn sie versuchten diesen Stil nachzuahmen.[6]

Ich stellte mir die Kleidung eines Bluesmusikers folgendermaßen vor: Levis 501s, kragenloses Hemd und Demob-Anzugweste[7]. Dies entsprach dem Aussehen eines Arbeiters. Blues war ein Metier der Arbeiterklasse und genau so trat ich auch auf, als wir zum ersten Mal im Queen's Oak spielten[8].

6 Diese Sicht ist offensichtlich rassistisch, aber ich fand meinen Zugang weitgehend akzeptabel, so lange Afroamerikaner bevorzugt wurden.

7 Ein Demob-Anzug war ein Zivilanzug, der einem Mann bei seiner Demobilisierung aus den britischen Streitkräften am Ende des Zweiten Weltkriegs überreicht wurde.

8 Ich erbte von meinem Onkel auch den Kavallerie-Gehrock, den ich in der kälteren Jahreszeit trug, falls die Spielorte nicht beheizt waren

Steve und Ron folgten diesem Beispiel, aber Jack trat auf, wie er es immer tat, und sah in seinem Blumenhemd aus Seide und seinen samtenen Loon Pants[9] durch und durch wie ein Darsteller aus einer Burlesque-Vaudeville-Cabaret-Show aus.

Die Tatsache, dass ich in einer Bluesband spielte, traf in der Schule auf sehr großes Interesse, und zu unserem ersten Auftritt kamen viele Leute, um zu sehen, was es mit Savage Cabbage auf sich hatte. Als Steve, Ron, Jack und ich die Bühne betraten, gab es jede Menge Jubelrufe, und in dem Moment fühlte sich alles richtig an. Das Publikum hatte die MARSHALL-Verstärker und die LUDWIG-Traps[10] registriert und nun sah es auch unsere Gitarren: Ron auf FENDER TELECASTER; Steve am FENDER PRECISION-Bass und 6-saitigem HAGSTROM-Bass; und ich auf dem GIBSON EB3. Der GIBSON EB3 gehörte Ron, aber er lieh ihn mir für unsere Auftritte.

Steve konnte Ron von der Idee überzeugen, dass der Backup-Bass ein kreativer Vektor sei, der uns von jeder anderen Band unterscheiden würde. Ich spielte lediglich die einfachsten Riffs. Dies gab Steve die Freiheit, auf extravagante Weise den gesamten Umfang seines Basses auszuschöpfen. Steve stimmte höher und ich stimmte tiefer. Er spielte lauter und ich spielte etwas leiser, damit meine Fehler nicht zu sehr auffielen. Ich spielte Hintergrund-Bass und ich lernte zu spielen, während ich sang. Das war nicht immer einfach, vor allem bei *„Born Under a Bad Sign“*, und so übernahm Steve mitunter die Basslinie, wenn ich sang. Meine Zeit zu spielen kam in den improvisatorischen Instrumentalabschnitten, wenn Steve zu Höhenflügen rhapsodischer Bassvirtuosität ansetzte und es mir überließ, eine einfache Base-Line zu spielen.

Da waren wir also. Wir begannen mit *„Rolling and Tumbling“*, einem äußerst interessanten Stück, bei dem Steve Slide am Bass spielte und ich meine Bluesharp malträtierte. Im Publikum mussten fast alle grinsen und wir wussten, dass es in Zukunft an den meisten Orten so sein würde.

9 Ab 1966 wurden Glockenhosen zunehmend populär. Sie verbreiterten sich unterhalb vom Knie und hatten am Ende oft einen Durchmesser, der dem Hüftumfang glich. Loon Pants waren eine Variante davon, mit einer noch größeren Verbreiterung, ohne Bund und ohne Hosentaschen.

10 *Traps* ist im Englischen eine Abkürzung für ‘contraptions’ und bezeichnet die Trommeln.

Ron war *wie immer* der Star und als er abhob, fingen die Leute an, ab und zu ekstatische Sprachfetzen von sich zu geben, die ich aber nie ganz verstand. Es ist erstaunlich zu sehen, wenn das Publikum das genießt, was man gerade spielt. Es ist auch etwas surreal, weil man es irgendwie nicht ganz glauben kann. Ich konnte es von Ron und Steve glauben, denn obwohl sie unter 18 waren, waren sie absolut professionell. Ron war im Alter von 11 Jahren bereits ein Weltklassespieler gewesen und jetzt war er 16. Steve, mit fast 18 Jahren, bewegte sich stetig in diese Richtung, nachdem er seit der Begegnung mit Ron rasante Fortschritte gemacht hatte. Neben Ron zu spielen war für uns alle eine Inspiration, denn er war Bach, Mozart und Paganini in einer Person. Er war alle vier Kings auf einmal: BB, Albert, Freddie und Earl. Er war Robert Johnson, Muddy Waters und Buddy Guy. Es gab fast nichts, was er nicht war, wenn es um Musik ging. Er spielte auch Klavier und spielte oft Klavierriffs auf der Gitarre und Gitarrenriffs am Klavier.

Zwischen den Liedern kam mir der Gedanke, dass es nur gut war, dass ich nicht der Illusion erlag, das zu sein, wofür ich mich hätte halten können. Durch Ron und Steve stand ich im Mittelpunkt der Aufmerksamkeit. Ich hatte wohl eine gute Stimme, aber ohne die beiden wäre ich ein Niemand gewesen. Das war keine „buddhistische Demut". Ich habe mir nie viel aus Demut gemacht, weder aus buddhistischer noch aus anderer Demut. Es war einfach meine eigene realistische Sicht. Ich hatte nicht das Gefühl, unwürdig zu sein. Ich dachte auch nicht, dass Savage Cabbage einen besseren Sänger bekommen könnte. Ich war froh, genau dort zu sein, wo ich war, aber ich hatte nicht das Gefühl, dass der Applaus mir gegolten hätte.

Unmutsäußerungen des Publikums wären beunruhigend gewesen. Ich hatte seit meiner Kindheit in Netherfield keine Ablehnung mehr erfahren, als ich fast wöchentlich geschlagen wurde, nur weil ich eine deutsche Mutter hatte. Einmal wurde ich so schwer zusammengeschlagen, dass die Polizei gerufen werden musste. Danach hörten die Übergriffe auf.

Worum ging es hier also? Wer war ich? Ich hatte keine Ahnung, abgesehen von den Themen, die mich faszinierten: Buddhismus, Blues und Kunst.

Die Meditation würde schließlich die Natur dessen enthüllen, *was da aus den Sinnen herausschaute*, um die Phänomene wahrzunehmen, aber in der Zwischenzeit… wo war die Realität hinter all den Charakteren, die meinen Namen innehatten:

> *Der Versager in Mathematik und Sport; der Buddhist und der Bluesmusiker; der realistische Entdecker und der surrealistische Dichter? Der Stotterer und der Sprachgewandte? Mr. English und Herr Deutsch? Der englische Gentleman des frühen 20. Jahrhunderts und der Hippie mit gestärkten und gebügelten Levis? Der Kerl mit der Edwardianischen Smokingjacke; und der Mann im weißen Anzug?*

Ich war ein *leerer Raum*, der gewisse Bilder bewohnte, die einerseits *das darstellten, was ich war*, die sich andererseits äußerlich auf einen *Raum* bezogen, der das leere Fundament darstellte. Diese Beschreibung könnte wie die einer Person mit einer Identitätskrise klingen, wenn man sie *auf diese Weise* analysieren würde, aber ich hatte nicht das Gefühl, mich in einer Krise zu befinden. Ich war so glücklich wie nie zuvor, aber ich fühlte mich, als wäre ich Teil eines *Stegreifspiels*, das in einem *Theater* spielte, das genau *wie die Welt* aussah.

Ich litt an keinem Mangel an Leidenschaften, aber ich wurde durch meine Leidenschaften nie allzu sehr definiert, wenn ich mich nicht gerade im Kontext einer bestimmten Leidenschaft befand. Was auch immer die Leidenschaft im Moment war, sie flog wie ein Drache. Vielleicht lag das daran, dass ich im Jahr des Wasserdrachen des tibetischen Kalenders geboren war. Leidenschaft war immer kontextbezogen und es schien nie einen Konflikt zwischen meinen verschiedenen Leidenschaften zu geben. Ob ich mit Lindie zusammen war, auf meiner Chopper BSA unterwegs war, Bass spielte, im Wald spazieren ging, Gedichte schrieb, malte, zeichnete oder schweigend in den Zweigen einer Eibe saß, ich bin immer vollständig darin aufgegangen.

Die Erfahrung von Leidenschaft ist schön und gut, wenn im Leben alles gut zu laufen scheint, aber wie sieht es mit Schicksalsschlägen aus?

Ich hatte *solche* schon erfahren, oder was auch immer einem Kind tragisch vorkommen mochte: die Abreise von Alice nach Herefordshire; der Tod von Mr. Love; und die Abreise von Anelie in die Schweiz.

Ich bin mir nicht sicher, ob ich dachte, ich wäre *Dr. Blues, der Überlebende*, oder *der aufstrebende Buddhist, der versucht, die Vergänglichkeit gelassen zu ertragen*, aber als ich an diesem Abend auf der Bühne stand, hatte ich keine Ahnung, dass der Schnellzug des schrecklichen Schmerzes und der tränenreichen Tristesse gerade direkt auf mich zuraste.

Brigadier Dale und seine liebe Frau wollten wissen, wer ihrer Tochter Lindie den Hof machte. Sie nannten sie Linda und ich sollte sie während dem Verhör ebenfalls Linda nennen. Sie waren nicht damit einverstanden, dass der Name ihrer Tochter verändert wurde, obwohl Lindie selbst ihren Namen entsprechend verändert hatte. Das hätte für mich eine Warnung sein sollen. Ich wurde zu Nachmittagstee und Kuchen eingeladen.

Ich ging, ich aß, und am nächsten Tag war meine Beziehung mit Lindie vorbei. Unsere Liebesbeziehung wurde als völlig unangemessen eingestuft. Ich war für sie ein langhaariger Lümmel, ein unverbesserlicher drogenkonsumierender Perverser, und vermutlich auch ein verdorbener Krimineller. Sie zogen weder meinen Anzug noch meine guten Umgangsformen in Betracht. Sie zogen nichts anderes in Betracht, abgesehen von meiner äußeren Erscheinung, die sie instinktiv verabscheuten[11]. Lindie wurde befohlen, in der Schule nicht einmal mehr mit mir zu sprechen. Einzig in diesem Punkt lehnte sie sich gegen ihre Eltern auf und sprach weiterhin mit mir, aber es gab keinerlei Treffen mehr außerhalb des Schultors.

Warum also dachte ich, *Vergänglichkeit* wäre so eine so wunderbare Sache? Alles und jeder kam und ging, war *das* nicht die grundlegende Idee? Sollte ich mich nicht einfach zurücklehnen und alles als Illusion betrachten? Es stellte sich heraus, dass ich ein brillanter Buddhist war.

11 Das Treffen mit Lindies Eltern wird in Kapitel 5 von *an odd boy*, Band II von Doc Togden, Aro Books WORLDWIDE, 2012 ausführlich beschrieben. Lindie wird auch im Kapitel 9 desselben Buchs erwähnt.

Trotzdem… niemand hatte gesagt, dass es mir gefallen würde. Es war einfach so, wie es ist – und wie es immer sein würde. Man haftet an einem Aspekt der Realität an, und die Realität sorgt früher oder später dafür, dass man davon losgelöst wird. Wenn ich still dasaß und die Gedanken losließ, war alles in Ordnung. Ich konnte oft einfach nur die Farben und Geräusche genießen, die ich sah und hörte. Ich konnte auch weiterhin lachen, denn es fiel mir leicht, mich über die verschiedensten Dinge zu amüsieren. Dennoch würde selbst die Annahme einer positivistisch-eternalistischen Religion nichts an der Tatsache ändern, dass Lindie als romantische Partnerin nicht zur Verfügung stand.

Ich war kein gottverdammter Gottfried Leibniz[12]. Der Gedanke, dass *„in der besten aller möglichen Welten alles zum Besten ist"*, war abartig. Gottfried Leibniz war ein Idiot. Es überrascht kaum, dass Voltaire seine Philosophie in Candide verspottete[13]. Das war also das Leiden, von dem Shakyamuni Buddha sprach[14]. Nun… ich hatte das schon einmal durchgemacht und jetzt war ich wieder hier, abgesehen davon, dass der musikalische Teil meines Lebens besser war als je zuvor. Ich entschied, dass es ein Akt der Dummheit wäre, zuzulassen, dass sich die Tragödie meines Liebeslebens negativ auf Savage Cabbage auswirkte. Wann immer ich mich wegen des Verlusts von Lindie zu schlecht fühlte, praktizierte ich stilles Sitzen oder ich sang.

Ich saß da und ließ *die Lindie-Gedanken* immer wieder los. Dann ließ ich sie wieder los. Und wieder. Und noch einmal. So lange bis es mir gelegentlich gelang. Und dann gab es natürlich Zeiten, in denen die Musik dieselbe Funktion erfüllte wie Sitzmeditation, wenn Musik alles war, was *im Moment* existierte. Die Momente, wenn ich auf der Bühne stand und sang, oder während der Proben, wenn ich mit *„Born Under a Bad Sign"* loslegte: „*… if it wasn't for bad luck – I wouldn't—have—no luck at all.*[15]" Das traf natürlich nicht auf mich zu, Lindie zum Trotz, aber der Text des Liedes ging über das hinaus, was die Worte bedeuteten. Blues war für mich schon immer so.

12 Siehe Glossar: *Leibniz*
13 Siehe Glossar: *Candide*
14 Siehe Glossar: *Leiden*
15 *… wenn es kein Unglück (schlechtes Glück) gäbe, dann hätte ich überhaupt kein Glück.*

Ich konnte jede Zeile singen und sie auf eine ganz andere Weise interpretieren als das, was *die Worte normalerweise bedeuten* würden. Blues war ein Medium, durch das ich einfach *der Klang dessen sein konnte*, was ich gerade sang.

Ron und Steve meinten, dass der Verlust von Lindie meinem Gesang eine zusätzliche Schärfe verliehen habe und dass ich seither eine Gesangslinie entwickelt hätte, die einigermaßen schockierend war.

„Ich weiß nicht, wie du das machst, Vic…“ kommentierte Ron mit einem verwirrten Kopfschütteln *„… aber deine Stimme ist mörderisch.“*

„Danke Ron, aber für mich selbst klinge ich nicht wirklich anders als früher.“

„Vielleicht, aber ich kann es in den Gesichtern des Publikums sehen, wenn du anfängst, auf deine einzigartige Weise die Gesangslinie zu malträtieren. Es ist wie wenn ich eine meiner langen Improvisationen spiele. Das Publikum reagiert auf deinen Gesang in gleicher Weise. Manchmal ist es, als würdest du mit deiner Stimme Gitarre spielen.“

„Nun… ich bin froh, dass es gut klingt.“

„Was hat Deiner Meinung nach diese Veränderung bewirkt?“ fragte Ron.

„Keine Ahnung…“

Steve bewegte seine Hände und blickte Ron auf eine Art und Weise an, die deutlich machte, dass es wohl keine gute Idee war, dieses Thema weiter zu verfolgen, auch wenn es schmeichelhaft war. Ron verstand Steves Hinweis nicht und sagte: *„Ich nehme an, es könnte wegen Lindie sein…“*

„Ich nehme an, es könnte…“ antwortete ich und wechselte das Thema *„… aber ich denke, ich reagiere hauptsächlich auf das, was du und Steve spielen. Ihr beide seid eine große Inspiration. Es ist, als wäre ich mit Cream on Stage.“*

„Ja…“ lachte Ron *„… abgesehen davon, dass Ginger Baker fehlt.“*

„Ja… na ja…“ lächelte ich etwas gezwungen *„… es stimmt schon, aber Jack hat sich etwas verbessert, nicht wahr?“*

„*Etwas…*“ antwortete Ron leicht verbittert „*Weißt du… du verteidigst ihn immer, während er sich ständig darüber beschwert, dass wir uns von deinem Tempo Rubato leiten lassen müssen.*“

„*Vielleicht hat er ja recht?*“ antwortete ich.

„*Blödsinn*“ zischte Ron. „*Und das weißt du auch.*“

„*Ja, Vic…*“ Steve zuckte grinsend mit den Schultern „*… Ron und ich haben kein Problem mit deiner Gesangslinie, denn da steckt eine gewisse Logik dahinter, der wir folgen. Was Ron damit sagen will, ist im Grunde, dass Jack deine Unterstützung nicht wirklich verdient.*“

„*Vielleicht nicht…*“ überlegte ich „*… aber ich sehe das nicht im Sinne von Fairness. Ich möchte nicht, dass das, was er sagt, Einfluss auf das hat, was ich sage, und ich halte das Schlagzeug sowieso nicht für so wichtig. Ich könnte ganz auf das Schlagzeug verzichten. Es macht mir also nichts aus, dass es einfach oder rudimentär ist oder was auch immer.*“

Ron und Steve lachten beide und Steve sagte: „*Also, in einem Satz hast du Jack verteidigt und ihn ganz abgeschrieben.*“

„*Richtig…*“ lachte ich „*… ich habe nie behauptet, dass ich nicht zur Paradoxie neige, aber… was ich über das Schlagzeug sage, betrifft Jack nicht persönlich. Ich tendiere nur dazu, das Gefühl zu haben, dass Percussion generell überflüssig ist. Bei den meisten Bands ist das Schlagzeug einfach zu laut. Was ich hören möchte, ist die Musik und nicht ein Gedonner. Ich habe das Gefühl, dass es der Melodie im Weg steht.*“

„*Aber die Melodielinie braucht Interpunktion*“ erklärte Ron.

Also antwortete ich und klatschte zwischen leisen Worten laut in die Hände: „*Ja* – **klatsch, klatsch** – *Ron* – **klatsch, klatsch** – *ich* – **klatsch, klatsch** – *sehe* – **klatsch, klatsch** – *was* – **klatsch** – *du* – **klatsch, klatsch, klatsch** – *meinst.*“

Ron und Steve krümmten sich beide vor Lachen. „*Gegen dich kann man nicht gewinnen, oder?*“ kicherte Ron.

„*Entschuldigung…*“ antwortete ich und es tat mir tatsächlich leid „*… ich sollte euch beiden wirklich nichts über Musik erzählen. Ihr wisst, dass ich viele recht spezielle eigene Ideen habe. Ihr müsst nicht davon ausgehen, dass ich selbst glaube zu wissen, wovon ich rede.*“

„*Nun ja…*“ grinste Ron „*… wir wissen ja, dass du zu der Art von verdammten Heiligen gehörst, die sich nie über jemanden lustig machen, aber wir nehmen das, was du sagst, ernst; obwohl du nie die Möglichkeit hattest, Musik zu studieren. Aber du lebst die Musik und das macht den Unterschied. Was du zu sagen hast interessiert mich also immer. Vielleicht sollten wir eine Nummer pro Set ohne Schlagzeug spielen? Was denkst du, Steve?*“

„*Ja, warum nicht? Das könnte interessant sein, aber was würde Jack in der Zwischenzeit machen?*“

„*Scheiß auf Jack!*“ lachte Ron.

„*Du zuerst*“ witzelte ich, woraufhin Ron sich krümmte vor lauter Lachen.

„*Aber im Ernst…*“ fuhr ich fort „*… er müsste eine Rolle spielen. Vielleicht könnte ich mit ihm ein Duo mit meiner Bluesharp spielen; einen Train Time*[16]*, wo ich ihn führen lasse. Dann könnte er alles bestimmen und ich folgte einfach den Rhythmen, die er spielte.*“

Und so unterhielten wir uns bis in den Abend hinein, voller Ideen, die nur so aus uns heraussprudelten, und eine Zeit lang dachte ich nicht an Lindie.

Auf der Fahrt nach Hause dachte ich darüber nach. Es kam mir seltsam vor, dass ich für eine gewisse Zeit frei von Gedanken an Lindie sein konnte und mich ganz unbeschwert fühlte. Vielleicht hatte die Meditationspraxis das möglich gemacht. War das ein Zeichen von Erfolg, wenn auch nur minimal? Ich wünschte, es hätte jemanden gegeben, den ich hätte fragen können. Selbst konnte ich es nicht beurteilen. Mir wurde klar, dass ich dringend einen Lehrer brauchte. Ron und Steve konnten mir sagen, wo ich musikalisch stand, aber es gab niemanden, der mir sagen konnte, wo ich im Buddhismus stand. Es war für mich offensichtlich, dass ich dringend Unterweisungen von einem Lama, einem buddhistischen Lehrer, benötigte.

16 Das Duett *Train Time* spielten Ginger Baker am Schlagzeug und Jack Bruce an der Bluesharp und mit Gesang auf dem Album *Wheels of Fire*.

13

Es fühlt sich „so" an

November 1968

Ich schüttelte ungläubig meinen Kopf, als ich den Artikel im MELODY MAKER las. *„Ich habe keine Ahnung, warum irgendjemand etwas über das Leben anderer Menschen lesen möchte…"* ich seufzte mit einem gewissen Maß an Verärgerung *„… es sei denn, es handelt sich um ein glorreiches Leben."*

„Damit sie etwas zum Lachen haben, denke ich" bot Jack an.

„Ja… ich denke, es kann amüsant sein zu hören, dass Faschisten ihre gerechte Strafe bekommen" warf Ron beiläufig ein *„aber ich denke, Vic wird jetzt darüber philosophieren. Ich kann es sehen, er hat diesen seltsamen Ausdruck in seinen Augen."*

„Wie üblich" lachte ich. *„Es sind nur diese widerlichen Details, die sie über das Privatleben von Musikern drucken. Ich möchte wirklich nichts davon wissen."* PAUSE *„Schau dir mal dieses abstruse Gelaber an."* Ich gab Jack den MELODY MAKER, in dem ein Journalist seine unappetitliche Meinung von sich gegeben hatte.

„Aber… das ist doch die Wahrheit, oder?" kommentierte Jack.

„Nun, falls *das alles wahr sein sollte, ja. Aber selbst* wenn *es wahr ist, wen interessiert das? Es ist sowieso nur ein Teil der Geschichte. Das Leben der Menschen ist komplizierter, oder? Meistens will die Presse sich entweder über etwas lustig machen oder es in eine gehässige Perspektive rücken. Sie schmeicheln nur jenen, für die es gerade an der Tagesordnung steht. Zum Beispiel, wer der neueste Gitarrenheld mit den schnellsten Fingern ist, oder was auch immer."*

„Stimmt" sagte Steve mit einem starken, zustimmenden Kopfnicken, bevor er aufstand, um fortzufahren. Steve stand oft auf, wenn er etwas Ernstes zu sagen hatte. *„Ich meine, was hätte die Presse aus Vic und Anelie gemacht? Könnt ihr euch das vorstellen? „Sexskandal als Minderjähriger in der düsteren Vergangenheit des Savage Cabbage-Sängers Farquhar Arbuthnot entdeckt." So würden sie es präsentieren. Und es wäre ja auch eine Möglichkeit, die Geschichte zu betrachten."*

„Ja, aber es wäre fantastisch für die Publicity. Das Zeugs hat den Stones nie geschadet, oder?" Jack lachte. *„Die ganze Geschichte über Mick Jagger und Marianne Faithful mit dem Marsriegel war wild.*[1] *"*

„Der Punkt, den Steve anspricht, Jack…" sagte Ron und verdrehte ein wenig irritiert die Augen *„… ist, dass es kein realistisches Bild von Vic wäre, oder?"* PAUSE *„Ich meine, Vic ist ein eingefleischter Romantiker, der es nicht mag, wenn Mädchen „Birds",* [2] *genannt werden."*

„Nicht einmal „Chicks"?" fragte Jack und wandte sich an mich.

„Nein, Jack…" antwortete ich mit einem Grinsen *„… Chicks sind schlecht.*[3]*"*

„Ich dachte, dass du sie absolut liebst?" lachte Jack.

„Jack…" sagte Ron und verdrehte erneut die Augen und schüttelte frustriert den Kopf. *„Benutze doch mal deinen Verstand, du Gnom… Vic macht einen Witz. „Chick", bedeutet Küken, und Hühner sind Geflügel."* Als Ron dann Jacks leicht belämmerten Gesichtsausdruck sah, buchstabierte er: *„F-O-W-L. Wie bei Enten, Gänsen, Truthähnen, Auerhühnern und Fasanen, du unterwürfiger Bauer."*

„Ah… jetzt verstehe ich es… äußerst lustig, Mister Arbuthnot, da bin ich mir verdammt sicher."

„Wie auch immer…" fuhr Ron fort *„… der Punkt ist, dass die verdammte Presse alles verzerrt und ob Marsriegel gute Werbung sind oder nicht, sie haben vermutlich nichts mit dem zu tun, was tatsächlich passiert ist."*

„Ja, na gut" schwenkte Jack ein. Jack gab immer nach, wenn Ron einschritt. Jack würde die ganze Nacht mit mir streiten, oder zwanzig Minuten lang mit Steve, aber Ron hatte bei Jack fast den Status eines Elternteils.

1 Eine erfundene Geschichte aus der damaligen Zeit. Wer dies wünscht, kann die Story im Internet nachlesen.
2 *Birds* und *Chicks* sind englische Slang-Ausdrücke für Mädchen.
3 Im Original lautet der Satz *„Chicks are fowl"*. Das Wortspiel lässt sich auf Deutsch nicht wirklich übersetzen. Erstens hat Küken im deutschen Sprachgebrauch nicht dieselbe Konnotation wie „chicks" für Mädchen, zweitens klingt „fowl" genau so wie „foul" und somit hat man die Doppelbedeutung „Hühner sind Geflügel" bzw. „Hühner sind faul" (im Sinne von verfault).

Soweit ich sehen konnte, war das auch gut so, denn manchmal musste Jack in seine Schranken gewiesen werden. An diesem Punkt drehte sich Ron zu mir, nickte mit dem Kopf während er seine Augen leicht zusammenzog. Das war sein übliches „Komm schon, sag deinen Teil" – Zeichen.

„Nun… die Presse scheint es zu lieben, Menschen in die Gosse zu werfen, nachdem sie sie zuvor in den Status von Halbgöttern erhoben hat. Sie lebt von dieser Polarität. Ich habe das Gefühl, dass der schnellste Weg, sich an bestialische Banalität zu gewöhnen, darin besteht, Journalist zu werden, oder schlimmer noch, Zeitungsreporter. Menschen, die als normale, humane Wesen mit dem Wunsch zu schreiben beginnen, können am Ende zu perversen Manipulatoren der öffentlichen Meinung werden, ohne überhaupt zu wissen, wie es dazu gekommen ist."

„Ja…" nickte Ron seufzend *„… aber… die perverse Klatschpresse würde ohne ihr von Klatsch besessenes, sensationsgeiles Publikum nicht existieren. Solange die Leute lesen wollen, wer mit wem im Bett war, werden sie es weiter drucken."*

Steve schüttelte den Kopf. *„Ja, Ron, aber es ist doch ein Henne-Ei-Problem, nicht wahr? Die Leute wollen schlechte Nachrichten, weil sie damit aufgewachsen sind. Vielleicht denken die Leute nur, dass sie schlechte Nachrichten gerne lesen, weil das immer so war. Zeitungen stehen zum Verkauf, also kaufen die Leute sie. Sie kaufen sie, weil die Leute das nun mal tun."*

„Dem kann ich nicht widersprechen" stimmte Ron zu.

„Also…" folgerte ich *„die Gesellschaft ist indoktriniert und denkt, dass „Nachrichten" notwendig sind. Die Leute haben mich gefragt: „Woher weißt du, was los ist, wenn du nicht Zeitung liest oder Nachrichten schaust?", und ich antworte: „Ich weiß immer was los ist: Irgendwo lügt oder betrügt jemand, oder beutet jemanden anderen aus. Es müssen auch wunderbare, aufregende Dinge passieren, aber die Presse schreibt kaum über diese Geschichten, es sei denn, es handelt sich um die Lokalzeitung, die über den örtlichen Flohmarkt berichtet. Ansonsten beschränken sich die positiven Nachrichten auf den Fußball und darauf, wer das Spiel gewonnen hat."* PAUSE

„Wisst ihr, jemand hat mich gefragt, ob ich das Match am Wochenende gesehen habe, und ich habe geantwortet: „Ja, es war eine Swan Vesta[4]*, und sie hat sehr gut Feuer gefangen.“*

Ron und Steve lachten darüber, aber Jack war ein wenig distanziert, weil er spürte, dass seine Beiträge zu dem Gespräch nicht besonders willkommen geheißen worden waren. Er war ein begeisterter Fußballfan und mir wurde klar, dass ich diese Bemerkung besser nicht hätte machen sollen. Aber was sollte ich tun? Ich konnte nicht so tun, als wäre ich anders als ich war. Irgendwann bei der nächstbesten Gelegenheit musste ich darauf achten, Jack zu unterstützen.

„Dieses Land würde sich im Handumdrehen in Nazi-Deutschland verwandeln“ meinte Steve. *„Mein Vater macht sich manchmal Sorgen über die Einstellung bei der Polizei. Er sagt, dass Nationalismus problematisch sein kann, wenn die Leute zu aufgeregt sind.“*

„Ja…“ lachte Jack *„… die Leute schreien Halleluja, weil Großbritannien seine verdammten Kanonenboote wohin schickt, um Aufstände an einem Ort zu unterdrücken, an dem wir nichts zu suchen haben. Dann drucken die Boulevardzeitungen chauvinistische Schlagzeilen und jeder Depp lässt sich „Rule Britannia“, auf den Penis tätowieren, nur um zu behaupten, es würde „Land der Hoffnung und des Ruhms“ bedeuten, wenn er eine Erektion hätte.“*

„Da ist was dran, Jack“ kommentierte ich. Ich war froh, eine von Jacks Aussagen unterstützen zu können, auch wenn „Rule Britannia“, und „das Land der Hoffnung und des Ruhms“, unterschiedliche Kompositionen waren.

„Für mich ist „Nachrichten hören“, gleichbedeutend mit „sich indoktrinieren lassen“, “ erklärte Ron. *„Mein Vater fordert mich immer dazu auf, die Zeitung zu lesen, als ob das ein verdammtes Zeichen dafür wäre, dass man erwachsen ist.“*

„Früher war es bei meinem Vater genauso, aber jetzt hat er aufgegeben. Ich glaube, er hat akzeptiert, dass ich eine Anomalie bin und dass man mit mir nichts anfangen kann.“

„Nun, da hat er Recht“ verkündete Jack lachend.

4 „Match“ bedeutet im Englischen nicht nur Fußballspiel sondern auch Streichholz. Siehe Glossar: *Swan Vestas*

„Ja, Jack" lächelte ich *„du hast absolut Recht. Ich bin ein Rätsel mit Variationen."* PAUSE *„Ich höre, was in der Welt vor sich geht, ohne darüber lesen zu müssen. Jemand, dem ich vertraue, wie ihr drei zum Beispiel, sagt mir normalerweise, was ich wissen muss, aber da ich kein Politiker bin, kann ich mit diesen Informationen generell nichts anfangen."*

„Aber ich dachte, du wärst ein politischer Mensch und dass du so handelst, wie du gepredigt hast?" lachte Jack als er ein Lied von Jack Bruce zitierte.

„Ja, also verunglimpfe mich nicht, Jacko. Nicht, wenn ich versuche zu unterrichten" antwortete ich parodierend und erntete dafür eine Runde Applaus von Ron und Steve.

„Aber abgesehen davon..." fuhr ich fort *„... welchen Nutzen haben Informationen, mit denen man nichts anfangen kann? Der einzige Wert besteht doch darin, den Menschen den falschen Eindruck zu vermitteln, sie wüssten, was auf der Welt passiert."*

„Man ist gezwungen, das zu lesen, was die Presse will, dass man liest" fügte Steve hinzu. *„Und ein Ereignis kann auf viele verschiedene Arten dargestellt werden, selbst wenn dabei nicht wirklich gelogen wird. Woher will irgendjemand wissen, was wirklich passiert ist? Eine Story lässt sich leicht manipulieren, je nachdem, was man auslässt und wie die „Fakten", beschrieben werden."*

„Die „Fakten", der Presse" erklärte ich mit großer Betonung jeden Wortes *„entsprechen der semantischen Sophistik der Sensationsgier."*

„Welch feine Alliteration!" lachte Steve.

„Ich verstehe, was du sagst" meinte Jack *„... ich muss zugeben, dass ich es nicht mag, wenn der verdammte* MELODY MAKER *abfällige Bemerkungen über Leute macht, die ich mag."*

„Ganz richtig, Jack, genau darum geht es. Ich meine, was du uns neulich über Jimi Hendrix erzählt hast, war interessant. So etwas würde ich gerne in den Nachrichten lesen."

Das elektrisierte Jack. *„Ja, genau!"*

Anscheinend hatte Jack wieder das Gefühl, dass er dazugehörte, und es freute mich zu sehen, wie sich sein Gesichtsausdruck veränderte. *„Die Sache ist die... „die Nachrichten", zu akzeptieren ist gleichbedeutend damit, dass man die Pille der* repressiven Toleranz *zu sich nimmt."*

„*Interessanter Begriff*" sinnierte Steve. „*Was bedeutet repressive Toleranz?*"

„*Es ist nützlich*" antwortete ich „*das Konzept der „repressiven Toleranz" zu verstehen, denn es ist der gesellschaftliche Knebel, der verhindert, dass wir Wutanfälle bekommen, die den Status quo stören oder die Gesellschaft verändern könnten. Repressive Toleranz ist oft ein Instrument, um Menschen von einer Revolution abzuhalten.*"

„*Also...*" fragte Ron „*... was genau wird geduldet, das die Unterdrückung zulässt? Wie funktioniert das?*"

„*Die Idee dahinter ist folgende: Wenn du den Leibeigenen von Zeit zu Zeit einen Keks zuwirfst, werden sie deine Burg nicht angreifen. „Die Nachrichten", sind also einer dieser Kekse, die sie den Bauern hinwerfen. Aber es ist ein äußerst heimtückischer Keks. Er ist für die Leute gerade genug, um sie zum Schweigen zu bringen. Den Menschen wird vorgegaukelt, dass sie durch die Lektüre der „Nachrichten", auf dem Laufenden bleiben und dadurch irgendwie eine Form von Macht haben.*"

„*Ja...*" kicherte Ron. „*Das ist wohl eine verdammte Illusion.*"

„*Richtig, und ich wurde von meinem Geschichtslehrer mit der Idee der „repressiven Toleranz", bekannt gemacht. Er war einer der wenigen guten Lehrer in Netherfield. Die Idee stammt aus einem Buch von Herbert Marcuse, mit dem Titel „Repressive Toleranz". Ich habe das Buch nicht gelesen, aber der Geschichtslehrer hat es recht gut zusammengefasst. Ich sehe mich nicht als politischen Revolutionär, deshalb habe ich es nicht weiter verfolgt.*"

„*Ja...*" Ron seufzte „*ich hege eine gewisse Sympathie für radikale sozialistische politische Ideale, aber... ich denke, dass auch der Sozialismus in Tyrannei umschlägt, sobald die falschen Leute die Macht übernehmen... und... die falschen Leute scheinen immer die Macht zu übernehmen.*"

Zu diesem Zeitpunkt hatte Jack genug von unserem Philosophieren und beschloss, früher schlafen zu gehen „*Im Gegensatz zu euch beiden Genies...*" wandte er sich an Ron und Steve „*... muss ich Schularbeiten nachholen. Mr. Arbuthnot hier...*" lachte er „*... muss ja nichts anderes tun, als Bilder zu malen und Gedichte zu schreiben. Somit kann er leicht die ganze Nacht wach bleiben.*"

Als Antwort darauf sang ich spontan ein Lied, während Steve und Ron mich überraschend spontan begleiteten: „*We gonna pitch a wang dang doodle all night long, All night long—all night long—all night long.*[5]"

Dann fuhr ich fort: „*Tell Automatic Slim, tell Razor-toting Jim, Tell Butcher-knife Toting Annie, tell Fast-talking Fanny, We gonna pitch it all, down that union hall, We gonna romp and tromp 'til midnight, We gonna fuse the lights at daylight, We gonna pitch a wang dang doodle all night long.*[6]"

Es war schön, dass Jack darüber lachen konnte. „*Ich sehe, ihr werdet eine lange Nacht haben. Ihr müsst mir sagen, was ich verpasst habe.*" Und dann machte er sich auf den Weg nach Hause.

Als Jack gegangen war, fragte Ron: „*Also... Vic... ich habe nachgedacht... Du scheinst dich für Philosophie oder so etwas in der Art zu interessieren. Hast du Aristoteles gelesen oder so?*"

„*Nein, Ron, das ist für mich alles griechisch*" lachte ich.

„*Wo kommt es dann her?*"

„*Du kannst es ruhig zugeben*" schlug Steve achselzuckend vor, als ob ihm nichts anderes übriggeblieben wäre, mich dazu aufzufordern.

„*Nun...*" begann ich „*das ist kein großes Geheimnis. Ich neige nur dazu, nicht viel darüber zu reden.*"

„*Vic ist Buddhist*" fügte Steve hinzu, weil er erkannte, dass ich es weiterhin verheimlichen würde.

„*Was? Lobsang Rampa*[7] und all das Zeug?"

„*Deshalb rede ich nicht viel darüber*" lächelte ich. „*Aber nein, es hat überhaupt nichts mit Lobsang Rampa zu tun.*

5 „*Wir werden die ganze Nacht lang einen Wang-Dang-Doodle machen, die ganze Nacht lang—die ganze Nacht lang—die ganze Nacht lang.*" Siehe Glossar: *Wang Dang Doodle*

6 „*Sagen Sie es Automatic Slim, sagen Sie es Jim mit dem Rasiermesser, sagen Sie es Annie mit dem Messer und erzählen Sie es der schnell redenden Fanny. Wir werden alles hier in dieser Gewerkschaftshalle machen. Wir werden bis Mitternacht toben und herumtrampeln. Wir werden die Lichter erst bei Tageslicht abschalten, wir werden die ganze Nacht über einen Wang-Dang-Doodle machen.*"

7 Siehe Glossar: *Lobsang Rampa*

Der ist ein Klempner und wohnt irgendwo in Devon. Er hat zu viel über Theosophie[8] *gelesen, du weißt schon, das ganze westliche Okkultistengeschwätz. Daraufhin beschloss er, so zu tun, als wäre er ein tibetischer Lama, oder besser gesagt, dass irgendein tibetischer Lama seinen Körper übernommen hätte, weil Cyril Hoskins, das war sein Name, des Lebens überdrüssig war, oder so etwas.“*

„Tut mir leid, Vic, ich hätte nicht spöttisch sein sollen. Ich war einfach irgendwie verblüfft.“

„Nichts für ungut, Ron. Ich nehme an, du kannst verstehen, warum ich nicht häufig darüber rede. Nicht, dass ich nicht darüber reden möchte, wenn du das willst. Ich möchte dich bloß nicht damit langweilen.“

„Also… wie funktioniert das dann? Ich meine… mit Enthaltsamkeit und all dem? Ich meine, du wirkst ziemlich normal…“ Ron lachte *„… abgesehen davon, dass du völlig durchgeknallt bist, so wie wir dich alle kennen und lieben?“*

„Nun, Enthaltsamkeit ist nur ein Teil der Geschichte… und eigentlich nur für Mönche und Nonnen… und ich habe keine Neigung in diese Richtung.“

„Das ist recht offensichtlich…“ lachte Ron *„… aufgrund deiner Geschichte mit diesem Schweizer Au-Pair-Mädchen!“*

„Da hast du den Nagel auf den Kopf getroffen, Ron“ lächelte ich. *„Für mich… geht es darum, die Natur der Realität zu verstehen.“*

„Klingt irgendwie wissenschaftlich, oder?“ grübelte Ron.

„Ja… wissenschaftlich, aber auch psychologisch. Und… ich interessiere mich auch für die tibetische Kultur – die religiöse Kunst. Die Bilder sind fantastisch und ich interessiere mich für die Art und Weise, wie Kunst darin eine Rolle spielt. Also… ich nehme an… es ist wie Wissenschaft und Psychologie, gesehen durch Kunst und Musik… und, nun ja, durch alle Künste.“

„Ja…“ überlegte Ron *„ich kann mir vorstellen, dass das zu dir passen würde.“* PAUSE *„Also… dann Blues? Ich vermute, das kann dann problemlos ein Teil davon sein.“*

8 Siehe Glossar: *Theosophie*

Es war keine Frage, sondern mehr eine Aussage, also nickte ich *„Es handelt sich um keinen schwergewichtigen moralisch-ethischen Ansatz wie im Christentum. Die Betonung liegt auf… Mitgefühl, was im Grunde nur bedeutet, dass man sich anständig verhält. Weißt du, aufgeschlossen, tolerant, großzügig, ehrlich, offen sein… und… nicht dem Glauben verfallen, ich sei das Wichtigste im Universum."* PAUSE *„So in der Art."*

„Vic…" stellte Ron mit gespielt strenger Miene fest *„… du musst mir nicht die Kinderversion geben, weißt du."*

„Okay…" lachte ich *„… aber sag nicht, ich hätte dich nicht gewarnt."*

„Schieß los, Vic."

„Zunächst einmal, der Buddhismus ist atheistisch."

„Das ist schon mal gut zu wissen" grinste Ron.

„Ja, aber Vic ist schon seit seinem fünften Lebensjahr Atheist" sagte Steve.

„Wie denn das?" kicherte Ron.

„Nun…" ich überlegte kurz, wie viel genau ich verraten sollte *„meine Freundin…"*

„Du hattest eine Freundin, als du fünf warst!?" Ron lachte. *„Himmel, du hast jung angefangen."*

„Ich habe die Damen immer gemocht, Ron. Aber wie auch immer, ihre Eltern waren Atheisten und das Christentum ergab für mich keinen Sinn… zumindest so, wie mein Vater es interpretierte. Gott war für ihn ein Autokrat. Außerdem gab es da selbst für einen Fünfjährigen zu viele Unstimmigkeiten."

„Das stimmt… aber trotzdem, tut mir leid, dass ich dich unterbrochen habe. Erzähl mir bitte mehr." ermutigte mich Ron.

„Nun gut… also… Erstens erschafft sich die Realität selbst. Es gibt keine Vorstellung von einem Schöpfergott. Zweitens gibt es keine Seele. Aber das ist nicht ganz so düster, wie es vielleicht klingen mag. Es ist einfach so, dass es nichts gibt, das fortdauert und kontinuierlich identifiziert werden könnte. Wenn etwas identifiziert werden kann, dann ist es vergänglich und kann daher kein Kontinuum sein."

„Also… was setzt sich dann fort?“ fragte Ron. *„Ich nehme an, dass etwas weitergeht, es sei denn, wir verschwinden einfach, wenn wir sterben, was für einen Atheisten normal wäre.“*

„Genau, Ron“ lächelte ich. *„Der Buddhismus ist nur insofern atheistisch, als er Gott leugnet. Er leugnet nicht „die Kontinuität des Seins“,. Er definiert diese „Kontinuität“, lediglich als Leere: einen uncharakterisierten Strom, der Muster von einem Leben zum anderen trägt. Aber diese Muster sind nicht festgelegt. Es ist nicht wirklich viel anders als das, was im Leben passiert. Kann man zum Beispiel, wenn man auf die Person zurückblickt, die man als Fünfjähriger war, wirklich behaupten, dass man immer noch derselbe ist?“*

„Nicht wirklich…“ überlegte Ron *„… aber da ist meine Erinnerung. Die ist immer noch da.“*

„Ja. Aber kannst du noch so fühlen, als wärst du dieser Fünfjährige?“

Ron schüttelte seinen Kopf. *„Da hast du mich erwischt.“*

„Ich könnte noch viel mehr sagen, aber vielleicht sollten wir es erst einmal dabei belassen. Ich könnte stundenlang weitermachen, weißt du?“

„Danke, Vic. Es ist gut, dass du es mir gesagt hast…. Vielleicht, ja… wir reden irgendwann noch einmal. Ich muss darüber länger nachdenken.“

Steve, der schweigend dasaß während ich gesprochen hatte, sagte nun: *„Siehst du, Vic: Ich habe dir gesagt, du solltest darüber reden.“*

„Ja“ fügte Ron hinzu. *„Nur vielleicht nicht, wenn Jack dabei ist, weil… nun, ich glaube nicht, dass ich sagen muss, warum.“*

An diesem Punkt brachen Ron und Steve in Gelächter aus und Ron meinte: *„Er ist nicht die hellste Kerze, die ich je getroffen habe.“*

Obwohl ich zustimmte, fühlte ich mich nicht recht wohl dabei, über Jack zu lachen. Ich sagte nichts, weil ich das Gefühl hatte, meine Religion beschützen zu müssen. Ich wollte nicht den Eindruck erwecken, dass sie einen scheinheilig, fromm oder selbstgerecht machte. Ich verabscheute diese Dinge, aber Jack tat mir auch leid. Ron legte ein Howlin’ Wolf-Album auf, weil er Wang Dang Doodle hören wollte.

„*Ja... Ron...*" lächelte ich ein wenig traurig „*... aber es gibt noch etwas anderes, das mir in Bezug auf den Buddhismus einfällt... Freundlichkeit. Ich denke, wir müssen Jack die Unterstützung geben, die ihm hilft, seinen Eltern die Stirn zu bieten. Wenn wir alle auf seiner Seite sind und ihn ermutigen, könnte er durchaus den Mut aufbringen, ihnen zu sagen, dass er jetzt alt genug ist, um ein wenig mehr sein eigenes Leben zu leben.*"

„*Das klingt logisch, denke ich*" lachte Ron. „*Mit dem Lama kann man nicht streiten.*"

„*Aber ist das die Version mit einem oder mit zwei „L"?*" lachte ich. „*Ich glaube, ich bin eher Letzteres als Ersteres.*"

Ron sah etwas verwirrt aus, also zitierte ich Ogden Nash: „*The 'One L' Lama, he's a priest; The 'Two L' Llama, he's a beast; but I will bet my silk pyjama there isn't any 'Three L' Lllama.*[9]"

Ron lachte darüber herzlich, aber er fragte weiter: „*Also... wie geht dann „Realismus", zusammen mit „Freundlichkeit"„ im Sinne des Buddhismus?*"

„*Mmmm...*" überlegte ich „*... das ist nicht so einfach zu beantworten, denn da ist die Frage nach Subjektivität und Objektivität. Viele Dinge, die wir uns als objektiv vorstellen, sind tatsächlich subjektiv, und daher gibt es keine absolute Antwort außerhalb der Erkenntnis der Nichtdualität, welche völlige Angemessenheit ermöglicht...*" PAUSE „*... aber jetzt wirst du von mir verlangen, dass ich dir die Nichtdualität erkläre und die ist mir selbst ein Rätsel. Ich kann es versuchen, aber das liegt außerhalb meiner eigenen Erfahrung und daher kann ich nur versuchen, etwas anhand der Prinzipien zusammenzubasteln, die ich zu studieren versucht habe. Kennst du das Sprichwort „Lesen, lernen und innerlich verdauen'?*" Ron nickte. Er hatte es gehört. „*Nun... ich habe es gelesen. Ich habe versucht es zu lernen, aber ich habe im Moment eine Verdauungsstörung.*"

„*Okay*" lachte Ron. „*Dann flatuliere es für mich.*"

„*Wenn du möchtest... Also... wo soll ich anfangen? Nun... es gibt zwei Fachbegriffe, die erklärt werden müssen:* „Leere" *und* „Form".

9 *„Der Lama mit einem „L" ist ein Priester; Das Llama mit zwei „L" ist ein Biest; Aber ich wette meinen Seidenpyjama, dass es kein Lllama mit drei „L" gibt."*

„Form" *ist alles, was wahrgenommen werden kann, einschließlich der Gedanken.* „Leere" *ist die völlige Abwesenheit von* „Form" *aber Leere hat das Potenzial, Form erscheinen zu lassen."*

„Wie… Stille und Geräusch?" schlug Ron vor.

„Ganz genau… und das Gleiche gilt auch für alle anderen Sinne, einschließlich des Denkens. Deshalb besteht eine der Hauptpraktiken darin, still zu sitzen, um die Qualität oder Erfahrung des Geistes zu entdecken, wenn es keine Gedanken gibt."

„Also… worin besteht der Nutzen davon?" fragte Ron.

„Der Nutzen besteht darin, dass man die „Denksucht" loswerden kann. Ich meine, ich wette zum Beispiel, dass du an gar nichts denkst, wenn du in eines deiner unglaublich langen Riffs eintauchst."

Ron überlegte eine Weile und antwortete: *„Ich habe noch nie in dieser Hinsicht darüber nachgedacht… aber…"*

„Nun, sagen wir mal so. Wenn du spielst, dann planst du wahrscheinlich nicht die nächste Note oder die nächste Folge von Noten, oder? Ich meine, ich selbst spiele nicht mehr als mittelmäßig auf irgendeinem Musikinstrument, aber selbst ich denke nicht nach, wenn ich Bluesharp spiele. Sogar am Bass kann ich mich manchmal so weit hinreißen lassen, jetzt, wo ich eine gewisse Vorstellung davon habe, wie bestimmte Bassriffs funktionieren."

„Ja…" PAUSE *„Ja… Ja, das kann ich sehen"* grinste Ron mit Einsicht. *„Also… ich verstehe, dass man seinen Fingern ein Eigenleben ermöglichen muss, denn sie bewegen sich ohnehin schneller als man denken kann."*

„Exakt. Allerdings gibt es immer noch die Nichtdualität zu erklären… und ich bin mir nicht ganz sicher, wie ich mich dieser Idee nähern soll. Im Grunde genommen ist es natürlich dann der Fall, wenn Leere und Form nicht mehr getrennt sind. Aber abgesehen davon, dass ich diesen Satz sage… ist das etwas, das ich noch nicht erfahren habe. Daher weiß ich nicht wirklich, wie ich darüber sprechen soll."

„Wie sieht es aber aus?" fragte Steve. *„Du hast mir das vor einiger Zeit erzählt, aber die Idee war zu flüchtig, als dass ich mich daran erinnern könnte."*

„Richtig… ja… das ist bei mir auch der Fall und ich erkläre es wahrscheinlich nicht besonders gut." PAUSE *„Ich weiß nicht…"* PAUSE *„…Schau… ich habe nur eine intellektuelle Idee davon, aber hier ist sie. „Es ist, wenn die Dinge nicht mehr polarisiert sind: wie Hoffnung und Angst; Sicherheit und Unsicherheit; Wissen und Nichtwissen. Das Problem ist, dass diese Worte ohne die Erfahrung bedeutungslos sind und ihr müsst bedenken, dass ich damit eigentlich gerade erst angefangen habe. Es ist für mich fast so neu wie für euch, aber… ich hoffe, dass ich mit der Zeit mehr echte Erfahrungen sammeln werde. Bis dahin werden meine Erklärungen ziemlich lahm sein."*

Ron und Steve saßen da und starrten mich an und für einen Moment dachte ich, ich hätte sie entweder gelangweilt oder auf irgendeine Weise genervt, aber Ron brach schließlich das Schweigen. *„Das ist… wichtig. Ich weiß nicht genau, was ich von dem, was du gesagt hast, verstanden habe, aber… ja… es ist wichtig."*

„Und… könnte man das auf die Gitarre anwenden?" fragte Steve Ron.

„Verdammt richtig, Kumpel…" flüsterte Ron fast *„… verdammt richtig…"*

Am nächsten Tag erzählte mir Steve, dass er und Ron ziemlich erstaunt waren über das, was ich am Abend zuvor gesagt hatte. *„Du musst verdammt viel gelesen haben, um über Buddhismus sprechen zu können, wie du es letzte Nacht getan hast… Ich meine, es ist, als wärst du eine Art buddhistischer Professor oder so etwas."*

Ich wusste nicht, wie ich darauf antworten sollte und Steve saß geduldig da, während ich darüber nachdachte, wie ich antworten würde. Er war an mein Schweigen gewöhnt und deshalb wusste ich, dass ich Zeit haben würde, die Sache in meinen Gedanken noch einmal durchzugehen.

„Die Sache ist die, Steve, dass mir immer bewusster wird, wie wenig ich eigentlich weiß. Es gibt so viel zu wissen und es gibt so viel, was außerhalb meiner Erfahrung liegt."

„Aber" warf Steve ein *„wenn du so etwas erklärst wie gestern Abend, klingst du absolut zuverlässig."*

Ich hielt einen Moment inne, bevor ich antwortete *„Die Sache ist die, Steve. Wenn ich so rede, sage ich manchmal Dinge… von denen ich nicht weiß, dass ich sie wusste… Ich spreche einfach und ertappe mich dabei, wie ich etwas erkläre und meine Erklärungen sind Ideen, die aus dem Nichts zu kommen scheinen. Aber… es ist, als ob diese Antworten immer da waren… irgendwo in meinem Kopf vergraben. Ich könnte es nicht planen oder so. Ich wüsste nicht, wo ich anfangen sollte. Es ist, als ob es das „Erklären" wäre, das die Erklärung möglich macht."*

Steve schwieg einen Moment. *„So wie diese Visionen, die du hast?"*

Ich zuckte mit den Schultern.

„Weißt du" fuhr er fort *„du hast mir erzählt, dass diese weiße Figur, Frigga oder Tara, ohne Worte kommuniziert und du weißt, dass du etwas weißt, aber du weißt nicht, was es ist."*

Steves Worte hatten eine größere Wirkung auf mich, als er sich vorgestellt hatte. *„Steve…"* begann ich nach langem Schweigen *„ich glaube, du hast Recht, aber… ich weiß immer noch nicht wirklich, was passiert. Ich weiß nicht, wie „Wortlosigkeit" zu „Worten" wird, aber es passiert nur, wenn ich etwas erklären muss. Das ist mit dir und Ron nun schon ein paar Mal passiert, aber noch nie…"*

„… wenn Jack da ist" vervollständigte Steve meinen Satz.

„Nein…" seufzte ich *„… du hast recht… aber ich mache das nicht mit Absicht. Es liegt wahrscheinlich daran, dass Jack kein Interesse daran hat und wenn er in der Nähe ist, dann entwickelt sich das Gespräch nie in diese Richtung."*

Als ich von Steve nach Hause ging, dachte ich nochmals über die Frage nach. Ich konnte mich nicht daran erinnern, jemals etwas über Nichtdualität gelesen zu haben. Ich hatte das Wort gesehen, da war ich mir sicher, aber es wurde nicht viel zur Erklärung gesagt. Es kam im *Herz-Sutra* vor, das wusste ich, aber in dem Buch, das ich gelesen hatte, gab es keine verständlichen Ausführungen[10] oder zumindest keine, die ich verstehen hätte können.

10 Das *Diamant-Sutra* und das *Herz-Sutra*, übersetzt und erklärt von Edward Conze, 1958

Diese buddhistischen Gelehrten schienen dem durchschnittlichen Leser keine Gnade zu gewähren und ich hatte Mühe, irgendetwas von ihren absatzlangen Sätzen zu verstehen. Jeder Satz las sich wie eine „lebenslange Haftstrafe" [11], die mir das Gefühl gab, hirntot zu sein. Es musste eine Möglichkeit geben, den Buddhismus zu verinnerlichen, ohne sich durch diese schrecklichen Wälzer kämpfen zu müssen, die ich zu lesen versuchte. Sogar *The Middle Way*, das Journal der British Buddhist Society, war schwer zu lesen. Wenn Steve jedoch Recht hatte und es möglich war, direkt von Tara zu lernen (*falls sie tatsächlich Tara war*), dann könnte vielleicht alles ganz einfach sein.

Die Visionen traten von Zeit zu Zeit auf, ebenso wie die Träume, in denen ich das Gefühl hatte, im Traum wach zu sein. Jedes Mal, wenn Tara auftauchte, war es dasselbe, auch wenn es nicht immer ganz gleich war.

Ich konnte nicht sagen, ob es daran lag, dass ich in einer anderen Gemütsverfassung war, oder ob es daran lag, dass die *Struktur* dessen, was sie kommunizierte, anders war. Ich sagte mir immer wieder, ich solle im Traum oder in der Vision fragen: Was befindet sich *in* dieser Kommunikationserfahrung? Welche Wörter *sind* da? Welche *Ideen* gibt es? Was ist die *Bedeutung*? Aber irgendwie konnte ich mich nie daran erinnern, diese Fragen zu stellen, nicht einmal als „wortloses Fragen" . Später wurde mir klar, dass die Frage *„Wie fühlt sich diese Meerwasser-Nässe an?"* irgendwie bedeutungslos ist, wenn man im Meer ist.

Alles was man sagen könnte, wäre:

„Es fühlt sich so an."

11 Wortspiel im Englischen: *„Every sentence read like a 'life sentence'".* Sentence bedeutet sowohl Satz als auch Haftstrafe.

14

Bardo Thödröl

1970 starben Ron und Steve. Ron starb an einem Herzinfarkt. Keiner von uns hatte gewusst, dass er ein schwaches Herz hatte. Einen Monat später folgte Steve bei einem Autounfall mit seinem Vater am Steuer. Mehrfachkollision. Sie zerstörten drei Laternenpfähle.

Plötzlich befand ich mich in der letzten Woche des Sommersemesters und am Ende meiner Schulzeit. Es gab eine Busfahrt. Die letzte Veranstaltung des Jahres. Wir sind aus *irgendeinem* Grund, der mir jetzt völlig entfallen ist, *irgendwohin* gefahren. Ich ließ es damals zu, dass das Leben völlig an mir vorbeilief. Ich war überwältigt von Traurigkeit und Verzweiflung. Ich bewegte mich in einer Grauzone, die geprägt war von Sterblichkeit und Verlust. Der Tod hing über mir. Es schien mir unmöglich, nicht zu *wollen*, dass der Tod über mir schwebte. Ich konnte es einfach nicht verstehen, dass Ron und Steve beide gestorben waren.[1]

Manchmal wachte ich morgens auf und es war, als ob Ron und Steve noch am Leben wären. Dann erlebte ich einen weiteren Anfall von Trauer, wenn die Realität über mich hereinbrach, wie ein gigantisches geflügeltes Reptil aus dem Jura.

Die Savage Cabbage Blues Band war nur noch eine Erinnerung. Lindie Dale war eine Erinnerung. Sie war jeden Tag da in der Schule, aber ihre Anwesenheit erinnerte mich lediglich daran, dass sie außerhalb des Schulgeländes nicht erreichbar war. Wir redeten. Wir waren Freunde. Wir hatten immer noch alles gemeinsam, was wir immer gemeinsam hatten. Aber sie war einzig und allein für eine pseudoplatonische Freundschaft verfügbar. Die romantische Anziehung war immer noch da. Wir funkelten uns immer noch an, dazu verdammt, uns mit dem zu quälen, was nicht sein durfte.

1 Siehe Kapitel 10 von *an odd boy*, Band II von Doc Togden, Aro Books WORLDWIDE.

Wir lebten in einer Welt, in der die Eltern die Trümpfe in der Hand hielten, und die Tatsache, dass ich meine Freiheit erlangt hatte, machte mich lediglich zu einer isolierten Anomalie. Welche Art von Freiheit ist das, wenn einen diese *Freiheit isoliert*? Abgesehen von langen Haaren und der Freiheit, mich nach Belieben zu kleiden, war ich genauso frei wie die anderen Gefangenen, zumindest was Damen in meinem Alter betraf. Es war, als würde ich ein Zimmer in einem Gefängnis mieten, das ich verlassen konnte, aber nur, wenn ich alle anderen zurückließ.

Ich hatte viel Zeit, über den Tod nachzudenken. Wir müssen alle sterben, aber das ist eine Plattitüde, die geäußert wird, wenn der Tod nicht vor der Tür steht.

Was den Buddhismus angeht, so hatte ich das richtige Material studiert. Es hätte mich darauf vorbereiten sollen. Ich hatte über Vergänglichkeit gelesen: Alter, Krankheit und Tod. Ich hatte gelesen, dass es sich dabei um *Tatsachen* handelte, die man *kontemplieren* sollte. Ich hatte darüber nachgedacht. Ich hatte geglaubt, sie religiös kontempliert zu haben, aber nun musste ich feststellen, dass meine Betrachtung zu oberflächlich gewesen war. Alter, Krankheit und Tod waren angenehm weit entfernt gewesen und meine Überlegungen dazu entsprechend abstrakt. Jetzt, wo ich mit *echter Kontemplation* konfrontiert war, merkte ich, dass ich es bedauerte. Ich konnte die Sinnhaftigkeit des Geschehenen nicht einordnen. Wenn es einen Sinn gab, dann war es düster. Wenn es keinen Sinn gab, dann war es auch düster. Wenn Sinn und Sinnlosigkeit den gleichen Geschmack hatten, dann erschien auch das düster. Ich hatte keine Ahnung davon. Der eine Geschmack von Vergnügen und Schmerz? Der eine Geschmack von Erfolg und Misserfolg? Der eine Geschmack von Hoffnung und Angst? Der eine Geschmack von Leere und Form?

Das war das Ziel, aber würde ich dieses Ziel jemals erreichen? Wollte ich dieses Ziel tatsächlich erreichen? Es gab zwei Antworten. Die erste Antwort war bejahend. Ja, ich wollte diesen einen Geschmack erfahren. Dann kam die ehrliche Antwort. Nein… was ich wirklich wollte, waren Hoffnung, Erfolg und Vergnügen. Das Problem war, dass das, *was ich wirklich wollte*, verdächtig war. Es war nicht erreichbar.

Ich wusste das, aber ich wusste es nur intellektuell. Ich hatte die *Unvermeidlichkeit des Todes* nur intellektuell gekannt und jetzt wurde ich mit der Realität konfrontiert.

Seit fast 2 Millionen Jahren starben Menschen. In all dieser Zeit und unter den unzähligen Millionen, die gestorben waren, war ich eine unsichtbare Ziffer. Ich befand mich so weit rechts vom Komma, dass ich ein Radioteleskop benötigt hätte, um einen Blick darauf zu erhaschen. Ich war völlig unbedeutend. Dass *ich unbedeutend* war, beunruhigte mich nicht, aber Ron und Steve konnten nicht einfach an das Ende einer Reihe von Nullen verbannt werden, wo sie nicht mehr zu sehen waren.

Meine Betrachtungen halfen mir zu erkennen, dass ich mich in *keinster* Weise der Illusion hingeben sollte, dass *irgendetwas* unfair sei. „Unfair" war ein Wort für Idioten. Die Menschen hatten weitaus größere Verluste erlitten. Großbritannien hatte gerade zwei Weltkriege hinter sich. Meine Mutter hatte ihren Bruder verloren. Wahrscheinlich hatte jede Familie in Großbritannien und Deutschland irgendjemanden verloren. Was sollte ich daraus schließen, außer zu sehen, dass das Leben im Augenblick stattfindet?

Ich konnte mein Glück nicht darauf gründen lassen, dass niemand sterben würde oder dass Lindies Eltern endlich nachgeben würden. Nein.

Glück kann nur im Moment sein, mit genau dem, was der Moment gerade enthält. Ich muss immer wieder in diesen Moment zurückkommen. Wenn ich das tue, ist alles in Ordnung, für einen Moment. Der Moment ist eine Lücke zwischen historischer Vergangenheit und prognostizierter Zukunft. Es gibt eine Zukunft, die sich aus allem, was geschehen ist und derzeit geschieht, formt. Diese Zukunft ist bislang einfach nur leeres Potenzial. Die Zukunft ist ein leeres Potenzial, es sei denn, sie wird aufgrund von Gewohnheiten und Ursachen, die durch Gewohnheit in Gang gesetzt und aufrechterhalten werden, unvermeidlich. Wenn es jedoch keine Gewohnheit gibt, was dann? Ich habe das Gefühl, dass sich ein gewohnheitsfreier Moment auf alle Momente ausweiten könnte.

Sie wären alle immer noch dieser eine Moment, aber es wäre ein riesiger Moment, der alle Momente enthielte: jeder für sich und doch alle untrennbar in ihrer momentanen Qualität. Ich habe keine Ahnung, wie eine solche Konfiguration entsteht. Ich wünschte, ich könnte einen Lama nach diesen Dingen fragen.[2]

Ich kam zu dem Schluss, dass die Antwort im Bardo Thödröl, *dem tibetischen Totenbuch*, liegen musste. Also öffnete ich es und las. Ich las das Buch bis zum Ende, war aber um nichts klüger. Das Problem bestand darin, dass Evans-Wentz, trotz seiner Faszination für Vajrayana, im Wesentlichen ein Theosoph geblieben war. Die Theosophie basiert weitgehend auf dem Hinduismus[3], daher war seine Darstellung des Bardo Thödröl etwas verzerrt. Seine Verwendung von biblischen Ausdrücken wie „*thee*" und „*thou*" waren ebenfalls nervig, aber sie waren nichts im Vergleich zu seiner Faszination für die vergleichende Religionswissenschaft, die dazu führte, dass das Buch zu einer sehr schwer verdaulichen Lektüre wurde.

Ich würde Tibetisch lernen müssen, um den Originaltext zu lesen. Ansonsten müsste ich darauf hoffen, dass jemand anderes den Text übersetzen würde. Ich war also wieder einmal auf meine eigenen Ressourcen zurückgeworfen. Ich fuhr von Steves Beerdigung nach Hause, mit dem Gefühl völliger Ziellosigkeit: vernichtet durch Thompsons Tragödie[4]. Das Leben hatte eine ganze Munitionskiste auf mich abgefeuert und es fühlte sich so an, als hätte die Wucht selbst einen wild gewordenen Triceratops getötet.

Es war schlimm genug, das ich meine beiden besten Freunde verloren hatte, aber hinzu kam noch dieses *Schuldgefühl.*

2 Dieser Absatz basiert auf Notizen, die damals verfasst wurden. Das Notizbuch ging verloren, wurde aber von einer damaligen Freundin, Patricia Jenkinson, wiedergefunden, als sie ihre Kunstmappe durchsuchte. Es war ganz nach unten gerutscht und hatte dort dreißig Jahre lang gelegen.

3 Er verbrachte seine letzten Monate in Yoganandas *Self-Realisation Fellowship* in Kalifornien.

4 Die *Thompson* ist ein amerikanisches Maschinengewehr, das 1918 von John T. Thompson erfunden wurde und umgangssprachlich als *Tommy Gun*, als *Chicago Schreibmaschine* oder einfach als *die Thompson* bekannt ist.

Das *Schuldgefühl* basierte darauf, dass ich *nicht* über den Verlust meiner Blues-Zukunft trauern sollte. Ich sollte nicht über irgendjemanden anderen trauern, außer über Steve und Ron. Wann immer ich damit anfing, mich schlecht zu fühlen, weil auch *die größte musikalische Chance meines Lebens* gestorben war, fühlte ich mich wie eine Art unmenschliches Monster. Das Einzige, was es etwas besser machte, war das Wissen, dass ich meine Blues–Zukunft jederzeit dagegen eingetauscht hätte, um die beiden wieder bei mir zu haben, selbst wenn wir weiterhin eine völlig unbekannte, unbedeutende Band geblieben wären.

Trotzdem fragte ich mich, ob ich jemals wirklich aufhören würde, den Verlust zu betrauern, der Sänger der *besten Bluesband* gewesen zu sein, *die es* **jemals** *gegeben hatte*. Savage Cabbage war nun die *beste Bluesband, die es* **niemals** *gegeben hatte*. Dann war da noch der Verlust von Lindie. Irgendwie hatte Savage Cabbage mich abgefedert. Es hatte Freude in mein Leben gebracht, große Freude. Ich konnte Lindie auf der Bühne vergessen. Ich konnte Lindie bei den Proben vergessen. Ich konnte Lindie vergessen, wenn ich mit Ron und Steve in eine musikalische Diskussion vertieft war. Ich konnte Lindie vergessen, wenn ich schweigend dasaß und meine Gedanken losließ. Aber Lindie war gerade durch dieses „nicht da sein" fast immer da. Und jetzt… gab es *überhaupt nichts*, außer der Zusage, dass ich Mitte September auf der Kunsthochschule anfangen würde. Ich wusste, dass ich dafür dankbar sein sollte. Ich musste mir jedoch immer wieder vor Augen halten, dass ich dankbar sein sollte, denn ich fühlte eigentlich *gar nichts*. Ich war ein Versager als Bluesmann. Ich war ein Versager als Buddhist.

Nur selten huschte das leiseste Lächeln über mein Gesicht, wenn ich daran dachte, dass ich in Westfalen geboren war und mich das Versagen daher nicht überraschen sollte.[5]

Ich kam in der Dämmerung nach Hause und parkte mein Motorrad am Ende der Woodsfield Lane. Ich saß auf dieser herrlichen Chopper 500 BSA, lehnte mich zurück und starrte in die fahle Dämmerung.

5 Westfalen heißt auf Englisch West*phalia* und wird so ausgesprochen wie *failure*, also *Versagen*.

Ich hatte noch nicht entschieden, dass ich *nicht* nach Hause gehen wollte, aber das Gefühl hatte sich in mir festgesetzt, als ich in die Gasse eingebogen war. Am liebsten wäre ich weitergefahren. Ich hätte nach Cadgwith[6] fahren können oder sonst irgendwohin, nur um mich mit nichts anderem beschäftigen zu müssen, als dem Befahren der offenen Straße. Ich wollte mit niemandem reden oder irgendwelche Fragen beantworten. Ich wollte nichts tun oder planen. Ich wollte nicht *mehr* existieren, *als unbedingt notwendig* war. Motorradfahren war dafür perfekt, denn es gab mir eine Beschäftigung. Es verlangte Aufmerksamkeit, aber nichts anderes. Im Dunkeln zu sitzen war besser, als zu Hause anzukommen, aber dieser Zustand dauerte nicht sehr lange an. Plötzlich bog mein Vater in die Woodsfield Lane ein und sein Scheinwerferlicht richtete sich auf mich. Er wusste, wo ich gewesen war. Er parkte und kam auf mich zu. Er fragte mich, ob es mir gut gehe, und ich sagte *„Ja… Papa… mir geht es gut.“*, aber mir liefen Tränen über das Gesicht. Deshalb wollte ich nicht nach Hause gehen. Irgendwie war es einfacher, im Dunkeln zu sitzen.

„Komm nach Hause, wann immer du kannst, Victor.“

Ich nickte. Er ließ mich dort zurück, stieg in sein Auto und fuhr die restlichen 200 Meter bis zu unserem Haus. Ich sah, wie er rückwärts in die Einfahrt einbog. Die Lichter gingen aus. Ich wusste, dass ich früher oder später nach Hause musste. Es würde nichts helfen, es hinauszuzögern. Es brachte mich tatsächlich zum Lächeln, dass mein Vater so sensibel auf den Tod von Steve reagiert hatte. Früher hätte er mich angebellt, weil ich im Dunkeln am Straßenrand gesessen bin, aber seit dem 68er Haardebakel hatte sich alles geändert.

Plötzlich wurde mir klar, dass es nicht sehr umsichtig von mir wäre, länger als fünf Minuten hier zu sitzen. Mein Vater und meine Mutter könnten sich Sorgen machen. Ich stieg ab, klappte den Ständer hoch, startete den Kickstarter und tuckerte leise die Straße hinauf. Mein Vater hatte das Tor offen gelassen, was ich mit Dankbarkeit zur Kenntnis nahm.

6 Siehe Glossar: *Cadgwith*

Ich ging ins Haus und lächelte sie an, nur um meinen Eltern zu zeigen, dass es mir gut ging. Meine Mutter erzählte mir, dass wir Welsh Rarebit zum Abendessen[7] hatten, und ich lächelte sie an: „*Ausgezeichnet, ich gehe nur rauf und ziehe mich um.*" Als ich herunterkam, lief wie immer der Fernseher, also setzte ich mich zusammen mit Græham zum Fernsehen. Ich kann mich nicht erinnern, welches Programm gezeigt wurde. Ich habe es nicht angeschaut. Ich nutzte es einfach als Mittel, um nicht sprechen zu müssen. Der Tisch war bereits gedeckt, also gab es für mich sowieso nichts zu tun. Als ich zum Abendessen gerufen wurde, war alles mehr oder weniger in Ordnung. Niemand verlangte etwas von mir und meine Mutter und mein Vater taten, was sie immer taten: Sie sprachen über seinen Arbeitstag. Am nächsten Tag erzählten mir beide von denen, die sie im Zweiten Weltkrieg verloren hatten, und sagten mir, sie wüssten, wie ich mich fühlte. Ich dankte ihnen und meinte es ernst. Ich verbrachte einige Zeit damit, über die Tatsache nachzudenken, dass Trauer eine universelle Erfahrung war, so wie Donovans „Universal Soldier" und dessen *Befehle, die nun nicht mehr von weither kamen*[8]...

Von Zeit zu Zeit tauchten Bilder von Savage Cabbage auf, aber die lebendige Erinnerung verblasste schnell. Ich dachte immer wieder über die Möglichkeit nach, die Tonbänder von Rons Eltern zu bekommen. Ich fragte meine Mutter, was sie davon hielte, und sie sagte, es sei wahrscheinlich noch etwas zu früh. Vielleicht am Ende des Sommers. Also wartete ich.

Jack Hackman war verschwunden. Er hatte sein Schlagzeug verkauft und arbeitete jetzt bei der Midland Bank. Ich schickte ihm eine Nachricht. Sie wurde nicht beantwortet. Was hatte ich erwartet? Ich glaube nicht, dass Jack mich jemals als Freund betrachtet hatte. Die Freundschaft bestand nur wegen Ron, Steve und Savage Cabbage.

7 Dabei handelte es sich um Major Simmersons Welsh Rarebit, das nicht mit dem klassischen Welsh Rarebit übereinstimmt. Dies war dem Autor damals allerdings nicht bekannt. Es bestand aus mehreren Schichten gekochter Zwiebeln und Cheddar-Käse, garniert mit Tomatenscheiben, verquirlten Eiern und gut gesalzen und gepfeffert. Das Ganze wurde gekocht, bis der Käse sich verflüssigte.

8 *Universal Soldier* von Buffy Sainte-Marie wurde 1964 veröffentlicht. Damals war es nicht besonders populär, aber 1965 wurde das Lied von Donovan gecovert und erreichte Platz 5 der britischen Charts.

Jacks Eltern betrachteten mich als *Public Enemy № 1*[9], genauso wie es die Eltern von Lindie Dale getan hatten. Es hatte keinen Sinn anzurufen. Um ehrlich zu sein, war ich wahrscheinlich erleichtert. Ich konnte mich nie mit Jacks Fäkalsprache, sowie seinem homophoben und rassistischen Humor anfreunden. Er war eigentlich nicht übermäßig homophob oder rassistisch, aber sein Sinn für Humor ging in diese Richtung. Er wollte damit keinen großen Schaden anrichten, er war einfach nicht besonders reflektiert. Er hatte kein Interesse an Philosophie oder daran, seine ethischen Strukturen zu hinterfragen. Ich kam zu dem Schluss, dass man es ihm nicht allzusehr vorwerfen konnte, da seine Eltern zutiefst ignorante Menschen waren. Mein Vater war vielleicht ein „Tory der Arbeiterklasse", aber er war kein Rassist. Mein Vater muss mir ein gewisses moralisches und ethisches Gespür vermittelt haben. Jacks Eltern hingegen waren gierig, aufstiegsorientiert und ziemlich schwachsinnig. Kein schmeichelhaftes Bild, aber so waren sie. Sie selbst wiederum mussten ein Elternhaus gehabt haben, das ihnen keine religiösen Tugenden verlieh.

Hätte ich mit Jack einen angenehmen Abend verbringen können? Wahrscheinlich nicht. Vermutlich war er jetzt wieder mit Synthetic Cynthia zusammen, seiner katastrophalen *Cara Sposa*[10]. „Synthetic Cynthia" war der Name, den Ron und Steve für Jacks Freundin erfunden hatten. Sie mochte Benny Hill, Harry Worth und Norman Wisdom[11]. Ich lächelte grimmig, als ich mich an Steves Beschreibung von ihr erinnerte: *„Sie ist nicht gerade dumm, aber sie ist extrem langweilig… sie versteht Monty Python nicht. Sie findet sie irritierend. Ich denke, Jack würde ein besser aussehendes Mädchen abgeben. Sie sieht aus wie ein Wasserbüffel, lacht wie eine Hyäne und plappert wie ein Papagei."*

9 Der eigentliche Name des Films war *The Public Enemy* (*der öffentliche Feind*). Er wurde jedoch fälschlicherweise weithin als „Public Enemy № 1" in Erinnerung behalten. Es handelte sich um einen Warner Brothers-Film von 1931 unter der Regie von William Wellman mit James Cagney, Jean Harlow, Edward Woods und Joan Blondell. Es beschreibt den Aufstieg eines jungen Mannes in der kriminellen Unterwelt der Prohibitionszeit.

10 Cara sposa, Italienisch für „Liebe Ehefrau". Referenz: *Cara sposa, amante cara*, Akt I, Szene ii aus *Rinaldo* von Georg Friedrich Händel.

11 Siehe Glossar: *Komiker*

Ohne die Unterstützung der Jungs würde sich Jack dem Willen seiner Eltern unterwerfen und Cynthia würde ihn schon bald auf ihrem Romantik-Grill haben, mit einem karamelisierten Apfel in seinem Mund... Sie hatte ihm zum vorletzten Weihnachtsfest eine scheußliche Wollbommelmütze gehäkelt. Steve und Ron mussten darüber lachen, bis ihnen die Tränen übers Gesicht liefen. Ron fragte ihn: „*Also Jack... ist das etwa ein Teil der Anti-Sex-Liga-Uniform?*[12]" und dann heulten beide wieder vor lauter Lachen. Jack hatte wahrscheinlich mittlerweile eine ganze Reihe dieser Hauben.

Mein 18. Geburtstag kam und ging. Ich bekam eine Karte von Mrs. Bruce und war berührt, dass sie sich daran erinnert hatte. Was sie jedoch vergessen hatte, war, dass sie und ihr verstorbener Mann Steve gesagt hatten, dass sie mir zu meinem 18. Geburtstag den GIBSON EB0 und den BASSMAN Verstärker seines Onkels schenken würden. Ursprünglich hätte es der günstigere VOX sein sollen, aber sie hatten beschlossen, noch großzügiger zu sein. Ich hätte es nicht wissen sollen, aber Steve hatte es mir gesagt. Wieder fühlte ich mich zerrissen. Wie könnte ich gleichzeitig über den Tod meiner Freunde und den Verlust von GIBSON EB0 und BASSMAN trauern, zumal ich jetzt mit der Ausrüstung ohnehin nicht mehr viel anfangen konnte? Ich hatte immer noch meinen Verstärker, mein Mikrofon und meinen Ständer, als Erinnerung, dass ich einmal auf der Bühne gestanden hatte. Aber es gab keinen EB0, der mich an meine musikalischen Ambitionen erinnert hätte. Es gab auch keinen EB3 Ich war kurz davor gewesen, Rons EB3 zu kaufen, den Bass, den ich bei Savage Cabbage gespielt hatte. Dieser Bass und der zugehörige MARSHALL JTM-45-Verstärker standen jetzt still im Musikzimmer in der Bourne[13].

Ich konnte mich sehr gut an dieses Musikzimmer erinnern, weil ich dort viele Stunden damit verbracht hatte, entweder mit Ron zu reden, Ron beim Spielen zuzuhören oder mir von Ron Unterricht auf seinem EB3 geben zu lassen.

12 1984 von George Orwell (1949) ist ein Roman über Diktatur, allgegenwärtige staatliche Überwachung und Gedankenkontrolle. Die *Anti-Sex-Liga* förderte die Beseitigung persönlicher sexueller Beziehungen, da diese die politische Loyalität minderten. Die staatlichen Neurologen arbeiteten daher an einer Möglichkeit, den Orgasmus beim Menschen zu unterbinden.

13 Siehe Glossar: *Bourne*

Im Musikzimmer stand ein Steinway, und manchmal spielte Ron Boogie, J.S. Bach oder eine seltsame und wundervolle Mischung aus beiden. Und nun waren meine beiden Freunde gegangen und ihr Blues war das Blau des Himmels. Sie waren beide tot, und… das galt auch für mich. Der einzige Unterschied bestand darin, dass ich noch gehen konnte.

Warum sollte ich in der Situation nicht die kostenlose Fahrt mit dem Schulbus in Anspruch nehmen? Ich könnte auf Autopilot schalten und vielleicht Lindie, Steve, Ron und Savage Cabbage vergessen… für eine Weile.

Der einzige Grund, warum ich mich an diese elende Schulbusfahrt erinnere, ist, weil ein Mädchen, an dessen Namen ich mich nicht mehr erinnern kann, auf eine abrupte und völlig unwahrscheinliche Weise beschloss, sich an mich heranzumachen. Sie dachte, aus irgendeinem unerklärlichen Grund, dass ich Greg Fords Strandbuggy kaufen würde. Das machte mich *plötzlich* für die betreffende junge Dame erstaunlich attraktiv und romantisch interessant. Es war schönes Wetter für ein Abenteuer mit einem Strandbuggy und ich hätte sicherlich nichts gegen den Besitz eines solchen Fahrzeugs gehabt, wenn ich viel mehr Geld übrig gehabt hätte. So aber war ich mit meinem Motorrad mehr als zufrieden.

Die junge Dame, voller Vorfreude auf das bevorstehende Abenteuer mit Greg Fords Strandbuggy, schwankte den Mittelgang des Busses in meine Richtung und lehnte sich über den Sitz vor mir.

„*Viiiiic…*“ grinste sie lebhaft und entschieden kokett, während sie meinen Namen zu einem langen, vielsagenden Ton ausdehnte „… *deine Haare sind* wirklich *lang geworden.*“ Dann ließ sie sich auf den Sitz neben mir fallen und verhielt sich auf eine Art und Weise, die kaum etwas der Fantasie überließ. Eine heiße Zunge im Ohr lässt wenig Zweifel über die Natur einer Situation aufkommen. Hitze brach aus dem Nichts hervor, wie eine heiße Sandviper aus einer Schwarzwälder Kirschtorte.

Ich trauerte immer noch um Lindie, ganz zu schweigen von Ron und Steve, und obwohl ich wusste, dass ich irgendwann weitermachen musste, hatte ich noch keine Begeisterung für Tändeleien entwickelt, so reizvoll sie auch sein mochten.

Nichtsdestotrotz, da war *sie*, und da war *ich*. Ich hatte die Situation nicht im Detail analysiert. Ich hatte wohl den Eindruck, dass dies eine Zeit der Veränderung sei, oder einfach eine Gelegenheit, um zu sehen, was als nächstes passieren würde. Sie war nicht gerade die Art von Dame, die ich mir selbst ausgesucht hätte, aber sie schien sich Mühe zu geben, Son House und NATIONAL RESOPHONIC-Gitarren interessant zu finden.

„Ich erinnere mich, dass du diesen—wiiilden—*Blues-Song in der Morgenversammlung in der sechsten Klasse gesungen hast. Ich dachte, die Hälfte der Lehrer würde sterben oder so. Was war das? Ich wollte dich immer fragen, aber wir waren nie in der gleichen Klasse.“*

„Das war „John the Revelator“ von Son House.“

„Sonnenhaus? Das klingt wie ein Wintergarten. Ist das sein richtiger *Name?“*

„Ja... es ist sein richtiger Name oder besser gesagt Eddie James House. Aber er war „Son“, weißt du, so wie „Sonnyboy“ in Sonnyboy Williamson.“ Ich ging zu sehr ins Detail, aber sie blieb bei mir. Ich fragte sie, welche Musik sie mochte und sie nannte mir ein paar Bands. *„Ich mag hauptsächlich Pink Floyd, King Crimson, Deep Purple, Black Sabbath und... ach ja, Led Zeppelin auch.“*

„Cream?“ fragte ich.

„Ja... die auch, aber sie haben sich ja jetzt getrennt und... es gibt eine Menge neuer Sachen, die wirklich aufregend sind.“

Ich war mir nicht sicher, wie ich darauf reagieren sollte. Cream waren nicht gerade archaisch. Mir gefielen einige Nummern der Bands, die sie erwähnt hatte, aber... es waren keine Bluesbands. Led Zeppelin hatten als gute experimentelle Bluesband angefangen, aber sie waren in Richtung Progressive Rock abgedriftet. Mir gefiel ein Teil vom Progressive Rock recht gut, aber es war kein Blues... und irgendwie... konnte ich mich für nichts, was nicht Blues war, allzusehr begeistern, es sei denn, es war J.S. Bach.

„Bach?“ fragte sie erstaunt, als hätte ich Engelbert Humperdinck[14] gesagt: *„Wie kann man Blues und Bach mögen?“*

14 Siehe Glossar: *Humperdinck*

„*Ich weiß nicht… wie genau…*“ antwortete ich, wobei ich meine Antwort bewusst wörtlich nahm: „*… vielleicht passiert es einfach?*“

„*Nein, ich meine; sie sind so unterschiedlich.*“

„*Hast du jemals Savage Cabbage spielen gehört?*“

„*Ja, großartig! So traurig wegen Ron und Steve… ich habe euch mindestens drei- oder viermal oben im Queen's Oak gehört.*“

„*Nun, wenn dir unser Klang gefallen hat… Steve und Ron haben immer Fragmente von Bach in ihre Improvisationen eingebaut.*“

„*Wirklich?*“

„*Allerdings*“ lächelte ich. „*Das war natürlich nicht leicht zu erkennen, aber Ron pflegte zu sagen, wenn man eines von Bachs Klavierstücken auf Bariton- und Sopransaxophon spielen würde, dann hätte man im Wesentlichen Avantgarde-Jazz.*“

„*Du magst Jazz?*“ fragte sie noch einmal mit einem gewissen Maß an Ungläubigkeit.

„*Sicher, aber hauptsächlich Avantgarde-Jazz.*“ PAUSE „*Led Zeppelin spielten früher eine Fusion aus Blues und Avantgarde-Jazz, aber das ist schon lange her, als sie noch nicht die große Sache waren, die sie jetzt sind.*“

„*Das wusste ich nicht…*“

Es gab vieles, was sie nicht wusste, aber das konnte ich ihr kaum vorwerfen. Je mehr wir uns unterhielten, desto klarer wurde mir, dass sie nicht im Entferntesten wie Lindie Dale war. Bei Lindie hätte ich die fraglichen Stücke von Bach erwähnen und über alles in aller Ausführlichkeit sprechen können, aber… bei „Fräulein Anonym“ konnte ich bei *jedem* Thema immer nur die Oberfläche anreißen. Über Musik hatte sie nicht viel zu sagen, aber wir schafften es, uns zu beschäftigen, speziell als sie eine Hand in mein Hemd schob. Das war ein neuartiges Erlebnis, nachdem wir uns gerade erst einmal vor fünf Minuten kennengelernt hatten, aber wer war ich um zu widersprechen?

Dann nahm sie meine Hand und steckte sie in ihren Büstenhalter. Okay, ich hatte auch dagegen nichts einzuwenden.

Das Zölibat hatte mir sowieso nie gelegen, aber ich fühlte mich trotzdem irgendwie… emotional betäubt. Es war, als hätte jemand den *„tu alles, was du tun sollst"* Schalter umgelegt und ich… *tat alles, was ich tun sollte*, aber ohne jegliches Vergnügen. Ich fühlte mich wie eine Art amoröser Roboter, darauf programmiert, das zu tun, was von mir erwartet wurde. Vielleicht war ich gerade mit Ron und Steve gestorben, aber irgendwie machte mein Körper weiter, als wäre er lebendig geblieben, mit einer winzigen Version von mir in ihm drinnen. Der Roboter musste alles beobachten, wo er eigentlich doch nur ausgeschaltet und zurück in den Schuppen gebracht werden wollte, in dem die Sinnesroboter aufbewahrt werden.

Der Bus blieb irgendwo stehen und holte uns später wieder ab. In der Zeit, in der wir das gesehen hatten, *wo auch immer es war und was auch immer es war*, hatte sie festgestellt, dass ein anderer Kerl Greg Fords Strandbuggy gekauft hatte. Sie machte mit mir Schluss. Ich habe es kaum bemerkt, aber verschiedene Leute, die ich nicht kannte, schienen es unglaublich lustig zu finden. Ich wurde verspottet, und zwar umso mehr, als ich es ungewollt verabsäumte, mich lächerlich zu fühlen. Ich meine, es war nicht so, als hätte ich mich an sie herangemacht und wäre abgewiesen worden. Ich fühlte mich ungefähr so abgewiesen wie der Bussitz, auf dem ich saß. Der Bussitz würde nicht darüber trauern, wenn mein Hinterteil fehlte, und ich würde nicht darüber trauern, dass ich verlassen wurde von… *wie* war ihr Name?

Als ich zurück zur Schule kam, ging ich in den Kunstraum, um irgendetwas zu tun. Ich hatte eigentlich keine Ahnung, warum ich dorthin ging, obwohl ich genau so gut nach Hause hätte gehen können. Ich mochte den Kunstraum. Es war ein Ort, an dem ich einfach sitzen und die Ölfarben riechen konnte. Mein Gemälde war da und vielleicht könnte ich sogar ein paar Pinselstriche hinzufügen. Warum nicht? Vielleicht würde mein Sinn für existenziellen Surrealismus etwas inspirieren. Der Kunstraum war nicht leer. Ich hatte erwartet, dass er leer wäre, aber da war Pete Bridgewater. Pete war, ebenso wie Greg Ford, ein Schulfreund seit meinem ersten Tag an der Virginia Water School. Pete war für das Grundstudienjahr an der Farnham Art School angenommen worden und somit hatten wir einiges zu besprechen.

Als ich ihm von „Fräulein Anonym“ erzählte, war Pete entsetzt. *„Ich hätte nicht gedacht, dass sie überhaupt* dein *Typ wäre, Alter.“*

„Nun… nein… das ist sie auch nicht.“ PAUSE *„Tatsächlich… erinnerte sie mich ein wenig an Synthetic Cynthia, oder zumindest daran, wie Steve sie mir beschrieben hatte.“*

„Herrgott noch mal! Ich habe **die** *einmal getroffen! Ich habe Jack auf einer Party in Frimley gesehen und sie war mit ihm… verdammt beängstigend, Alter! Ich hoffe, dieser Vogel war nicht ganz so hässlich wie sie.“*

„Kein Kommentar zum Aussehen, Pete. Ich hab' Cynthia nie gesehen. Mir ging es eher um ihre Persönlichkeit, weißt du… Sie dachte, Son House sei ein Wintergarten…“

„Also… warum hast du sie nicht gleich abgewiesen?“ Pete lachte ungläubig, völlig perplex über das, was ich ihm gerade erzählt hatte.

„Nun, Pete… ich schätze… es fällt mir schwer, „Nein“ zu sagen und… nun ja… es kommt mir immer so mutig *vor, wenn jemand einen Schritt wie diesen wagt. Ich hätte mich schlecht gefühlt, wenn ich ihr gesagt hätte, dass ich kein Interesse habe.“*

Pete nickte. *„Also hast du einfach mitgemacht, weil du dich schlecht gefühlt hättest, wenn du „Nein“ gesagt hättest?“*

„Ja… ich… mache solche Sachen…“ Ich zuckte mit den Schultern.

„Also… ist das dann eine buddhistische Sache?“

„Nein…“ lachte ich. *„Oder vielleicht „Ja“. Ich weiß es nicht. Wie gesagt… es wirkt so… großzügig und verletzlich, wenn Damen romantisches Interesse an mir zeigen, dass… ich noch nie dazu fähig war, „Nein“ zu sagen.“*

Pete erklärte mir, dass ich komplett verrückt sei: *„… du hast ein paar… eigenartige Ideen.“*

„Das Seltsamste war…“ lachte ich *„… dass sie mich mitten in „Hello Goodbye“ verlassen hat. Es lief im Busradio. Das schien irgendwie… poetisch zu sein und… ich war tatsächlich…* dankbar, *so glimpflich davongekommen zu sein.“*

> *I say high, you say low—you say why—and I say I don't know. Oh, no – you say goodbye and I say hello.*
> Lennon-McCartney—*Hello Goodbye*—1967[15]

„Du bist ein totaler Freak, Vic!" lachte Pete. *„Es gibt kein anderes Wort dafür. Nur du könntest in dieser Situation an die Poesie des Liedes im Radio denken, das erklingt, wenn du gerade abserviert wirst."*

„Nun, Pete" überlegte ich *„darum geht es eigentlich, nicht wahr…"* PAUSE *"… dafür steht die Kunst… dafür ist die Kunst da. Und…"* PAUSE *"… und deshalb… ich meine, Kunst besteht nicht nur aus Malerei und Musik, wenn wir Objekte erschaffen. Kunst ist das Leben; oder sie ist das Leben, für einen Vajrayana-Buddhisten."*

„Leben ist Kunst…?" Pete dachte nach. *„,… Ja… nun ja… ich kann das in gewisser Weise verstehen… aber ist das nicht ein bisschen verrückt… Ich meine, ist das nicht so, als würde man in seiner eigenen Version der Realität leben?"*

„Natürlich ist das so!" lachte ich. *„Aber das tun wir sowieso alle. Wie viel Konsens-Realität gibt es denn deiner Meinung nach?"*

*„Nun… da gibt es zum Beispiel „*1066 *und all das"."*[16]

„Ja… aber Geschichte wird immer von den Gewinnern geschrieben. Und wie viel Realität steckt deiner Meinung nach darin?"

„In Ordnung… aber ich meine, wir kommen an diese Schule, wir haben unser Abitur gemacht, und im September gehen wir auf die Kunsthochschule. Das ist alles Realität."

15 *Ich sage „hoch", du sagst „niedrig"—du sagst „warum"—und ich sage: „Ich weiß es nicht". Oh nein – du sagst „Adieu" und ich sage „Hallo".*

16 1066 *And All That* von W. C. Sellar und R. J. Yeatman, illustriert von John Reynolds, erschien erstmals als eine Serie im Punch-Magazin. Später wurde es 1933 von Methuen & Co. Ltd. in Buchform veröffentlicht. Es ist eine augenzwinkernde Neuinterpretation der englischen Geschichte, die folgendes beinhaltet: „103 gute Dinge, 5 böse Könige und 2 echte Daten" .

„Ja. Das ist alles Realität. Aber die Realität dieser „Realität" ist für jeden von uns anders. Ich meine, ich bin froh, auf die Kunsthochschule zu gehen, aber das geschieht vor dem Hintergrund von… nun ja… ich denke nicht, dass das Wort „Elend" fehl am Platz wäre. Also ist „meine Realität" nicht gleich mit „deiner Realität", abgesehen von den nackten Tatsachen."

Pete zuckte mit den Schultern, aber er lächelte auch, um zu zeigen, dass er Mitgefühl für meinen schrecklichen Verlust hatte. Aus irgendeinem Grund beschloss ich, fortzufahren: *„Ich meine, Mr. und Mrs. Dale, Lindies Eltern, was würden sie über ihre Realität sagen? Sie leben in ihrer eigenen Version der Realität, die halt sehr weit von der Kunst entfernt ist."*

„Guter Punkt, Alter." nickte Pete. *„Du wirst gut auf die Kunstschule passen, das kann ich sehen, und so zu denken scheint dich fröhlich zu machen, egal, was das Leben bringt. Der Buddhismus ist offensichtlich gut für dich, aber es würde mich wahnsinnig machen, wenn ich stundenlang dasitzen müsste, um zu versuchen, nicht nachzudenken."*

„Ja…" grinste ich ein wenig matt *„aber ich freue mich darauf, wenn das Leben mir etwas weniger zusetzt, oder wenn es mir gelingt ihm zumindest aus dem Weg zu gehen, wenn es direkt auch mich zukommt."*

„Viel Glück" rief Pete über seine Schulter, als er sich auf den Heimweg machte.

Zehn Minuten später war Pete wieder zurück, weil er sein Skizzenbuch vergessen hatte. *„Das werde ich heute Abend brauchen, weil ich ein paar der alten Autos auf der Müllhalde zeichnen möchte. Unter all dem Zeug gibt es einige sehr interessante Formen."* PAUSE *„Ich freue mich darauf, Greg von dem Aufruhr zu erzählen, den sein Strandbuggy verursacht hat. Ich wusste nicht einmal, dass er ihn verkauft hat."*

„Vielleicht weiß Greg es auch nicht" lachte ich. *„Manchmal werden ziemlich bizarre Gerüchte verbreitet; besonders jetzt, wo wir alle die Schule verlassen."*

„Ja… ich nehme an, du hast recht. Vielleicht sollten wir selbst ein paar erfinden."

„Ich verbreite eins für dich, wenn du eins für mich verbreitest."

„Klar, was soll deins denn sein?"

„Sag den Leuten, dass ich als Kameltreiber in die Wüste Gobi gehen werde."

„Weißt du… bei dir *Vic… ist das fast glaubwürdig…"* PAUSE *„… obwohl buddhistischer Mönch wahrscheinlich eher deine Stärke ist, glaubst du nicht?"*

„Da hast du Recht, Pete… obwohl mich das Zölibat nie besonders gereizt hat." PAUSE *„Im Moment allerdings, nach Lindie, scheint es mir doch eine recht praktikable Option zu sein."*

„Das meinst du nicht ernst!"

„Nein, Pete. Ich meine es nicht ernst. Vielleicht würde „tantrischer Einsiedler" es besser treffen. Ich möchte eine Zeit lang in einer Höhle leben und mich einfach um nichts kümmern müssen."

„Das klingt… ein bisschen deprimierend…" kommentierte Pete mit einem etwas wehmütigen Gesichtsausdruck *„… wenn es dir nichts ausmacht, dass ich das sage."*

„Überhaupt nicht. Aber es ist nicht so deprimierend, wie es für dich klingen mag" lächelte ich. *„Ich könnte mich auf die buddhistische Praxis konzentrieren und damit vielleicht etwas erreichen."*

„Aussteigen…" Pete nickte *„… das kann ich verstehen… Aber würdest du die Höhle irgendwann wieder verlassen?"*

„Gewiss!" ich lachte. *„Ich kann doch nicht zu gierig sein, oder?"*

„Du warst schon immer ein Spinner" lachte Pete. *„Jedenfalls, du kannst den Leuten erzählen, dass ich mit Picassos Enkelin ausgehe und dass sie mir eines seiner Gemälde geschenkt hat."*

„Das wird die Gerüchteküche anheizen. Ich werde es in das nächste zufällige Gespräch einfließen lassen."

Ich saß im Kunstatelier und blickte auf das leichte Nieseln draußen. Die Wolken waren von irgendwoher aufgezogen und ich hatte keine Lust, nach Hause zu fahren, bevor es trocken wurde. Es war neu für mich, keine Verpflichtungen zu haben. Ich hatte immer jede Stunde verplant seit… ja seit Anbeginn der Zeit schien es, und jetzt… konnte ich einfach allein im Kunstatelier der Schule sitzen und auf den Nieselregen starren. Nicht, dass der Nieselregen nicht von Interesse gewesen wäre. Ich konnte immer alles interessant finden, aber das Leben wurde plötzlich zu einem seltsamen Geheimnis.

Es spielte keine Rolle mehr, wo ich war. Ich könnte überall sein. Es war nicht eines dieser Gefühle von Sinnlosigkeit oder Zwecklosigkeit, denn ich war auf dem Weg zur Kunsthochschule und dort wartete auf mich ein riesiges Fest voller zielgerichteter, bedeutungsvoller Brillanz. Ich war einfach… im Urlaub, ohne im Urlaub zu sein. Ich hatte einen Job bei den Army Removals in Cavan's Road in Aussicht. Bis dahin gab es nichts, was meine Aufmerksamkeit erforderte. Es gab ein Gemälde, an dem ich arbeitete, aber das war fast fertig und erforderte daher nicht mehr viel Aufwand von meiner Seite. Ich dachte darüber nach. Auf dem Bild waren Mr. Love in seinem Garten und ich zu sehen. Wir saßen in Liegestühlen. Ich hatte hart daran gearbeitet, das zarte Muster der Holzwürmer und die verblassten Streifen im Stoff der Liegestühle zu reproduzieren. Liegestühle… über das Wort hatte ich noch nie nachgedacht, aber sie müssen zuerst auf Passagierschiffen verwendet worden sein[17]. Dann war da noch die NATIONAL TRICONE, das 12-saitige Modell, das noch nie jemand gebaut hatte. Ich hatte es dort wie einen wunscherfüllenden Hoodoo-Zauber platziert, der mir die Gitarre bescheren würde, die mich zu Robert Johnson machen würde.

Ich hatte mich mehr oder weniger so dargestellt, wie ich jetzt aussah, und nicht als achtjährigen Jungen, weil… ich immer älter wurde und Mr. Love tot war. Er würde immer so sein, wie ich ihn in Erinnerung hatte, und ich würde mich ständig in neue Versionen von… was auch immer verwandeln. Ich war im Wesentlichen ein *leerer Raum*, der nacheinander von Menschen bewohnt wurde, die sich an etwas von den vergangenen Versionen dessen erinnerten, was eigentlich *ein leeres Kontinuum* war.

War das eine buddhistische Erkenntnis? Oder war das nur rührselig? Wenn es eine „buddhistische Erkenntnis" wäre, sollte ich mich eigentlich darüber freuen. Vielleicht war das also doch nur *ich, der sich als trauriges Weichei* präsentierte.

Ich fragte mich, wann ich denn tatsächlich ein gewisses Maß an Buddhismus als gelebte Realität und nicht nur als *theologische Schauspielkunst* verkörpern würde. Ich wollte den Buddhismus nicht als Hilfsmittel, Flicken, Stütze, oder Krücke benutzen.

17 Im Englischen wird das Wort „deckchair" verwendet.

Dieser Ansatz schien mir lahm. Ich wollte es *sein*, anstatt es nur *zu denken* oder *als konzeptionelle Salbe* anzuwenden. Vielleicht würde sich das im Laufe der Zeit langsam entwickeln, je mehr ich still sitzen würde. Keine Zeit war dafür besser geeignet als die Gegenwart. Ich saß in Stille. Ich saß eine Stunde oder länger. Der Regen hörte auf. Ich hörte auch auf, fuhr aber schlussendlich trotzdem nach Hause: Easy Rider.

15

Ein winziger Dämon

August 1970

Der letzte Familienurlaub. Übergang in einen anderen Lebensabschnitt. Ich hatte das normale Bildungssystem verlassen und würde im September auf die Kunsthochschule gehen. *Irgendwohin zu fahren, um dort nichts Besonderes zu tun*, schien nicht mehr besonders reizvoll. Warum bin ich also nach Newquay[1] mitgefahren? Nun ja, wir hatten seit drei Jahren keinen Familienurlaub mehr gemacht. Meine Mutter wollte, dass ich mitkomme. Græham, mein Bruder, wollte, dass ich mitkomme. Mein Vater wollte unbedingt, dass ich mitkomme.

Ich hatte keine extreme Abneigung dagegen mitzukommen. Ich könnte still sitzen und auf das Meer starren. Es könnte einem Meditationsretreat ähneln. Ich wäre lieber nach Cadgwith auf der Lizard-Halbinsel gefahren, wo wir immer als Kinder waren, aber…

Nicht lange nach unserer Ankunft machte Græham mich auf ein Plakat des Folk and Blues Clubs aufmerksam, auf dem Einzelheiten zu einem Konzert von Ralph McTell zu sehen waren. Das Plakat war einen Monat alt, aber eine Telefonnummer lieferte mir eine starke sekundäre Ursache[2]. Ich brauchte keine sehr starke sekundäre Ursache, wenn es um Blues ging.

Ich rief die Nummer an. *„Hallo, ich bin auf der Durchreise. Mein Name ist Frank Schubert, akustischer Blues. Wenn noch ein Slot frei sein sollte, kann ich ihn gerne füllen.“*

Ich sagte das so beiläufig, wie möglich. Man musste *Mister Blasé* sein, um in der Welt der Performance glaubhaft zu wirken.

„Warm-up? Das mach' ich nicht allzu oft, aber warum nicht. Sicher.“ Es war nicht gerade eine Lüge, ich hatte noch nicht sehr oft als Warm up gespielt, aber es war auch nicht besonders aufrichtig.

1 Siehe Glossar: *Newquay*
2 Siehe Glossar: *Karma*

Ich hatte zweimal als Warm-up für Jo Ann Kelly gespielt, einmal für Mike Cooper, aber ich war nicht bekannt genug, um regelmäßig als Warm-up gebucht zu werden. *„Klar, ja: Ich mache jetzt einen Spaziergang da rauf. Ich bin in etwa zehn Minuten bei dir.“*

Ich war nicht *besonders scharf* auf diese Art von Verstellung, aber im Musikgeschäft war es ein Muss, es sei denn, man war bereits berühmt. Ich war *Mister Big* in der Savage Cabbage Blues Band gewesen, aber das war vorbei. Jetzt war ich *Mister Nowhere Man.* Wie auch immer, an dem Tag sollte ich John Martyn kennenlernen.[3]

Ich betrat die heruntergekommene Kirchenhalle, die den Namen „Newquay Folk and Blues Club“ trug, und da war er. John Martyn saß einfach nur auf einer Mauer und wartete auf Andy Polliter, der vor allem durch seinen Mangel an Höflichkeit auffiel. John Martyn rettete jedoch die Situation, indem er so tat, als ob er mich kennen würde. Zuvor waren wir zusammen auf der niedrigen Mauer gesessen und hatten uns unterhalten. Ich hatte keine Ahnung, wer er war. Ich dachte, er sei nur ein weiterer kleiner Musiker in der Kneipenszene. Er stellte die meisten Fragen und schien von dem, was ich ihm über die Savage Cabbage Blues Band und ihren traurigen Untergang erzählte, fasziniert zu sein. Er schien von der Tragödie aufrichtig berührt und sich wirklich für unsere Zweibassbesetzung zu interessieren. Als Andy Polliter fragte: *„Also, wer bist du?“* antwortete John Martyn leicht spöttisch für mich und wiederholte, was ich ihm zuvor erzählt hatte. Dies kam von John Martyn und wurde als unbestreitbare Empfehlung aufgenommen. So kam es, dass ich für Samstagabend als Warm-up für John Martyn gebucht wurde. Die Welt ist eine Illusion.

Frank Schubert als *Warm-up für John Martyn* wäre wunderbar gewesen, aber wie sich herausstellte, hatte Andy Polliter es verabsäumt, John Martyn oder mich selbst darüber zu informieren, dass ich lediglich *Warm-up für den eigentlichen Warm-up* spielen sollte. Der offizielle Warm-up war der Resident-Act: die Bodmin Blues Band. Sie waren eigentlich eine Rock'n'Roll-Band, wie viele andere, die sich Bluesbands nannten, aber ich hatte meine eigenen Gründe, mich nicht mit ihnen anzufreunden. Sie taten ihr Bestes, um mich zu demütigen, als sie nach meinem kurzen Set auftraten.

3 Siehe Glossar: *Martyn*

Mein Set war aus verschiedenen Gründen *nicht* das beste, das ich je gespielt hatte. Meine Bluesharp war an einem wichtigen Ton kaputt und daher unspielbar. Ich hatte meine neue 12-saitige EKO verwendet. Tolle Gitarre. Zwar keine MARTIN, GIBSON, oder GUILD, aber sie hatte einen schönen vollen Klang, tiefe Bässe und klingende Höhen. Das Problem war nicht die Gitarre, sondern der Spieler. Ich hatte gerade erst angefangen, normale Gitarre in normaler Stimmung zu spielen. Davor war mein Hauptinstrument die DEBIL, die teilweise selbstgebaute Gitarre, auf der ich Lap-Slide in offener Stimmung spielte. Das Spielen von Lap-Slide, mit dem Instrument am Schoß und mit einem Stück verchromter Badetuchstange, ist gänzlich anders, als das Spielen von Akkorden und Riffen auf einer normalen Gitarre. Ich spielte also nicht besonders anspruchsvoll. Nein… ich spielte recht primitiv, aber dafür hatte ich meine Stimme und… ich dachte, wenn Son House *rudimentäre Gitarre* spielen und mit seiner Stimme das Publikum für sich gewinnen konnte, dann… könnte ich vielleicht das Gleiche tun. Wenn es um Blues ging, dann war ich mit Kühnheit, Nervenstärke, Tapferkeit, Chuzpe, Frechheit und kolossaler Naivität ausgestattet. Das Problem mit meiner begrenzten musikalischen Leistungsfähigkeit war: Ich war nicht Son House; ich war kein Amerikaner; ich war nicht im Mississippi-Delta geboren; und ich war nicht alt. Ich war auch kein Schwarzer, zumindest nicht *äußerlich*.

Die Bodmin Blues Band kam und ging. Ich war von ihnen genauso beeindruckt wie sie von mir, aber sie hatten als Hausband Einfluss auf das Publikum, und so wurde ihre Ablehnung gegenüber „Blues-Klischees“ mit Heiterkeit aufgenommen. Ich wäre fast ins Hotel zurückgekehrt, aber ich kam zu dem Schluss, dass es äußerst unhöflich gewesen wäre, John Martyns Auftritt zu verpassen. Bevor es weiterging, hatten wir hinter der Bühne ein gutes Gespräch geführt und er war äußerst freundlich und großzügig gewesen. Als nun die zweite Hälfte des Konzerts beginnen sollte, ging ich hinein und nahm neben meinem Bruder Græham Platz, der gekommen war, um meinen Auftritt zu hören.

John Martyn betrat die Bühne, fast stolzierend, aber mit einer Leichtigkeit, die elektrisierend war. Die Menge spendete einen kräftigen Applaus. Die Leute hatten sich offensichtlich darauf gefreut, ihn zu hören, und waren jetzt definitiv aufgeregt.

Er näherte sich dem Tisch, auf dem eine Reihe von Effektpedalen stand. Es gab einen ECHOPLEX und diverse andere Geräte. Er spielte eine Weile mit ihnen herum, während er den Klang testete. Dann brüllte er plötzlich: *„Sie nennen mich „Buttons McGegghy"*."

Den Worten folgte ein manisches Lachen, das den Raum erschütterte: *„Ha—ha—ha! Gib mir einfach einen Knopf! Ha—ha—ha —ha!"* Dann beendete er das Herumfummeln an den Knöpfen und wandte sich ans Publikum: *„Maanche Leute! Ja, maanche Leute, gar nicht so weit von hier, wie ich höre… mögen kein Blues-Klischee! Ha—ha—ha!"* Er wackelte mit gespieltem Unglauben mit dem Kopf hin und her. *„Aber ich liebe ein Blues-Klischee mehr als das Leben selbst!"* Die Menge war von seinem rasenden Stil begeistert und brach in schallendes Gelächter aus. *„Also… liebe Leute, Ha—ha—ha! Ich fange mit einer—fetten—alten—klischeehaften—Nummer an—ihr kennt sie… nur*—zuuuuu*—verdammt—gut!"*

Ich konnte meinen Ohren kaum trauen! Ich war den Tränen nahe. John Martyn hatte das musikalische Attentat auf Frank Schubert belauscht und verteidigte mich jetzt. Er schoss aus *allen* Rohren. Er begann mit *„I'd Rather be the Devil"* von Skip James und das Publikum war verzaubert.

> *Well, I laid down last night and I was trying to take my rest, / But my mind starts a-rambling like the wild geese in the West.*[4]
> Skip James—*I'd Rather be the Devil*—1931 / John Martyn—*Solid Air*—1973

John Martyn war so offensichtlich ein Weltklassemusiker, dass ich mich nur wundern konnte, dass ich zuvor so lange mit ihm geplaudert hatte. Wenn ich gewusst hätte, wer er war, als ich mit ihm sprach, hätte ich mich wahrscheinlich wie ein Idiot benommen. Vielleicht hätte ich zu viel Ehrfurcht vor ihm gehabt, um ein richtiges Gespräch zu führen. Wie auch immer, wenn die Bodmin Blues Band noch im Publikum war, dann würde sie sich jetzt bestimmt genauso schlecht fühlen, wie ich mich zuvor. Das Lied endete und der Applaus war tosend.

4 *Nun, ich habe mich letzte Nacht hingelegt und versucht, mich auszuruhen, / Aber meine Gedanken begannen herumzufliegen wie die Wildgänse im Westen.*

Dann, gerade als der Applaus nachließ, bedeutete mir John Martyn, aufzustehen. Er musste mir ein paar Mal zuwinken, bevor ich seine Absicht verstand. Ich stand da... fühlte mich etwas unbeholfen und John Martyn brüllte: *„Der Song war für meinen Freund hier! Mein Freund Frrrrrrrraaank Schubert! Großer Applaus! Großer Applaus jetzt für Frank Schubert!“*

Das Publikum brach in Applaus aus. Es dauerte eine Weile, bis ich verstand, was los war. Ich dachte: *„Haben mich die selben Leute nicht gerade noch auf Betreiben der Bodmin Blues Band ausgelacht?“* Das ergab offensichtlich keinen Sinn. Dann sprach plötzlich wieder John Martyn: *„Er hat vorhin verdammt guten Down-Home-Blues gespielt. Wirklich ehrliches Delta. Jetzt nochmals wirklich großen Applaus! Großen Applaus! Großen Applaus für Frank Schubert!“*

Der Saal kochte! Ich sah mich um und da klatschten all die Leute. Das Publikum, für das ich eine Stunde zuvor noch ein Witz gewesen war. *„Ha—ha—ja—wohl! Ha—ha! Aufstrebender Bluesmann!—Frrrrrrrrrank—Schubert!—Großer Applaus! Großer Applaus jetzt! Von diesem Mann werden Sie in Zukunft noch hören. Passen Sie einfach auf! Ha—ha—ha—ha! Frrrrrrrrank—Schubert!“* John Martyns Stimme verlor sich in einem undeutlichen Glasgower Dialekt und das Publikum applaudierte weiter.

„Aufstrebender Blues-Mann“ ah... Wie unglaublich nett. Es ist das, was ich mir immer gewünscht hatte, aber es war völlig unwirklich. Wie überaus freundlich und großzügig von John Martyn, das zu sagen, aber mehr steckte auch nicht dahinter. In Wirklichkeit ging es mit mir *bergab*. Es gab ein paar tausend Schuljungen, die das spielen konnten, was ich gespielt hatte, und die es besser spielten. Nachdem John Martyns Auftritt vorbei war, ging ich mit Græham zurück zum Hotel. Ich sagte gute Nacht. Ich ging ins Bett. Ich lag da und war mit der Illusion konfrontiert, die John Martyn geschaffen hatte. Ich war kein *aufstrebender Bluesmann*. Das war eine traurige Erkenntnis. Ich war allerdings Teil der Tradition. Ich hatte genug investiert, um das sagen zu können. Ich war nicht gut, aber ich gehörte dazu.

Das war kein melancholischer Gedanke, nicht einmal ein Zustand vernünftiger Resignation, sondern es war einfach die Erkenntnis, dass der größte Teil des Lebens, wenn nicht sogar alles im Leben, eine Illusion war.

Ich konnte mich entweder in dieser Illusion verlieren oder sie als das sehen, was sie war. Manchmal macht die Illusion Freude, manchmal war sie tragisch und manchmal war sie weitgehend unbestimmt.

Ich starrte für eine unbestimmte Zeit in die Dunkelheit und erkannte auf einmal, dass ich hellwach und gedankenfrei war. Dann gratulierte ich mir natürlich zu meiner Gedankenfreiheit, und die ganze miserable Melange meiner Gedanken füllte das, was gerade eben noch ein höchst willkommener Raum des Daseins gewesen war.

Es gab immer etwas zu lernen, entweder durch formale Meditationspraxis oder durch die Meditation, die einfach zufällig passierte. Mir war schon seit ein paar Jahren klar, dass Meditation nicht nur das ist, was man tut, wenn man sitzt. Es ist auch das, was man jederzeit werden kann, wenn man nicht alles, was die Sinne wahrnehmen, auf manische Weise in Konzepte zwängt. Ich erkannte da etwas, das ich gelegentlich schon früher erkannt hatte: Wenn ich tatsächlich jeden Ehrgeiz aufgäbe und mich einfach immer in das hineinstürzte, was sich gerade auftat, dann wäre ich frei.

Darum ging es: frei sein, Befreiung zu erlangen. Das ist es, was die Bücher vermittelten, aber manchmal hatte ich das Gefühl, dass ich da bereits mitten drin war. Natürlich wollte ich einen Blick auf das Ziel aus der Sicht des Vajrayana erhaschen, aber ich wusste: So wie ich kein Blues-Held war, war ich auch kein buddhistischer Held. Ich war zufrieden damit, als Vajrayana-Buddhist Blues zu spielen und mein Leben in diesem Kontext zu leben, was immer auch auf mich zukam. Ich hatte irgendwie keine Kontrolle darüber, ob ich Musiker werden sollte oder nicht. Es gab einerseits das, was ich erreichen wollte, und andererseits das, was die Welt mir zu erreichen erlaubte. Alles, was ich tun konnte, war, mit dem zu tanzen, was gerade passierte, und mich daran zu erinnern, mich selbst nicht zu ernst zu nehmen, als das, *was immer ich auch gerade zu sein schien*. Dann bin ich eingeschlafen.

Dann erwachte ich plötzlich aus meinem Schlaf, war hellwach, aber eingetaucht in eine Welt aus Licht, die aus dem Nichts entsprang; darüber schwebte Tara oder wer auch immer sie sein mochte. Es gab plötzlich überhaupt keine Probleme mehr.

Ich wusste ohne Worte, dass Steve und Ron tot waren. Ich wusste, dass Lindie für immer verloren war. Ich wusste alles, was ich wusste, ohne etwas semantisch zu formulieren. Ich war das bloße Bewusstsein von allem, was ich fühlte und jemals gefühlt hatte, aber von nichts bedrückt; durch nichts definiert.

Es gab keine Traurigkeit über irgendetwas, weil ich etwas Unbegreifliches wusste, das allem einen Sinn gab, *ohne den Prozess einer Sinngebung*. Es gab keine Antwort, aber auch keine Frage; keine Unsicherheit. Freude und Leid waren zwei Aspekte derselben Empfindung und Zeit hatte keine lineare Bedeutung. Es gab einfach nur Raum. Dann bin ich eingeschlafen.

Ich hatte gehofft, dass ich in der folgenden Nacht noch einmal dasselbe erleben würde, aber nichts geschah. Für den Rest des Urlaubs passierte nichts Vergleichbares. Ich traf eine Dame namens Helen Smith und verbrachte eine schöne Zeit mit ihr, bevor wir beide nach Hause fuhren. Auf Nimmerwiedersehen. Irgendwie haben wir uns nie wieder gesehen. Ich habe keine Idee warum.

Nach unserem unwahrscheinlichen Treffen in Newquay trat John Martyn mit einigen großen Namen auf[5]. Ich überlegte, was passiert wäre, wenn ich an diesem Abend die DEBIL bei mir gehabt hätte, und fragte mich, wie es gewesen wäre, wenn wir in Kontakt geblieben wären. Ich hatte mich mit meinen primitiven Versuchen auf der EKO lächerlich gemacht. Am Ende des Abends war ich zu dem Schluss gekommen, dass Diskretion die bessere Entscheidung wäre. Ich hatte keinen Grund, John Martyns Zeit in Anspruch zu nehmen. Was hätte ich überhaupt sagen sollen? *„Fantastisches Set, John!“* Er hätte mich an meinem Tiefpunkt kennengelernt. Ich konnte ihm auf keinen Fall etwas sagen, das nicht dumm klingen würde. *„Ich bin wirklich viel besser im Lap-Slide. Tatsächlich bin ich da wirklich gut… Du wärst beeindruckt, wenn Du mich auf der* DEBIL *hören würdest. Die Leute lieben es, wenn ich auf*—diesem—*Instrument spiele.“* Nein… es war besser, dass ich zurück zum Hotel ging und mich ins Bett legte. Außerdem war da auch noch Græham. Ich war seine Aufsichtsperson, da er noch keine 16 war und unsere Eltern im Hotel geblieben waren.

5 Siehe Glossar: *Martyn*

„*Das war* großartig, *was er über dich gesagt hat, Vic!*“ rief Græham aus, während er neben mir auf dem Rücksitz des Autos unserer Eltern saß und wir zurück nach Hause fuhren.

„*Ja. Das war es. John Martyn ist ein Gentleman und ein musikalisches Genie.*“

„*Wirst du ihn wiedersehen?*“

„*Wer weiß…* “ PAUSE „*… möglich ist alles, denke ich, es ist nur nicht besonders wahrscheinlich.*“ PAUSE „*Nein… ich glaube eher nicht. Wir leben musikalisch nicht ganz auf demselben Planeten und deshalb… gibt es für ihn keinen Grund, noch einmal von mir hören zu wollen.*“

„*Nach dem, was er über dich gesagt hat?*“ erwiderte Græham empört. „*Wie kannst du das sagen!?*“

„*Ich bin nur realistisch, Græham… John Martyn war nur sehr freundlich zu mir. Er hat mich nicht ernsthaft gelobt. Ich glaube, es hat ihn einfach nur geärgert, dass die Bodmin Blues Band überheblich war und sich über mich lustig machte, obwohl sie selbst nur ziemlich mittelmäßig sind. Sie sind besser als ich, aber das heißt nicht viel.*“ Während ich sprach, blickte ich auf Cornwall, das an uns vorbeizog. Das wunderschöne Grün beruhigte meine Augen und es tat gut, diese Farbe zu genießen, während ich über ein etwas düsteres Thema sprach. „*Ich müsste mich radikal verbessern, wenn ich als professioneller Musiker etwas erreichen wollte… es sei denn, ich finde eine andere Band als Sänger. Wie gesagt, John Martyn war äußerst freundlich zu mir, aber das gibt mir noch keine Chance, es sei denn, er kennt eine Band, die einen Sänger sucht. Ich würde das aber auf keinen Fall forcieren wollen. Es wäre peinlich und… ich habe kein Interesse daran, peinlich zu sein.*“

Die Familie fuhr nach einem Urlaub, den ich nie vergessen würde, zurück nach Farnham. Ich hatte gemischte Gefühle. Ein Sturm gegensätzlicher Eindrücke peitschte meine Vorstellung davon, *wer ich war* und *wohin ich wollte.* Ich saß da und starrte aus dem Fenster und versuchte, mich wieder an das bevorzugte Gefühl zu gewöhnen, *niemand zu sein und nirgendwohin zu gehen.*

„*Du bist ungewöhnlich still*“ kommentierte Græham.

„*Nachdenklich, Græham…*“

„Woran denkst du?" fragte er nach und ich antwortete: *„Weißt du… ich habe keine Ahnung… es gibt keine Worte dafür. Ich erinnere mich nur an Dinge, die passiert sind, und schaue wie sich das anfühlt, wenn ich sie alle zusammenfüge."* PAUSE *„Bisher… na ja… ich bin noch nicht sehr weit gekommen."*

„Dann sag mir, wie weit du schon gekommen bist."

„Nun… einige gute Dinge sind passiert: erfolgreiche Auftritte in ein paar Kneipen und Clubs… Dann war da noch das Farnham Folk and Blues Festival." Ich lachte: *„Dort war ich wirklich gut!"*

„Ich wünschte, ich wäre dort dabeigewesen."

„Ich auch. Mir wäre es lieber gewesen, wenn du dort *dabei gewesen wärst, und nicht bei dieser… miesen Performance, die ich hier gegeben habe…"*

„Du hast „Sitting on Top of the World" aber wirklich gut gesungen."

„Ja… relativ gut… ich habe es allerdings auch schon mal besser gesungen. Mich hat dieses Publikum gleich von Beginn an ziemlich aus der Fassung gebracht. Ich bin es gewöhnt, irgendeine verrückte Textzeile von mir zu geben und das Publikum zum Lachen zu bringen. Als sie dann einfach nur da saßen wie lauter lächerliche Lunchpakete mit Lemmingpastete… hat mich das irgendwie… bedrückt. Das ist mir noch nie *zuvor passiert. Dieses Newquay-Publikum war so ziemlich das Letzte."*

„Aber am Ende haben sie dir doch applaudiert?"

„Ja…" lachte ich, *„das haben sie. Aber nur, weil John Martyn ihnen keine andere Wahl ließ. Sie hätten einem Känguru aus Kalamazoo zugejubelt, wenn er gesagt hätte: „Der aufstrebende Blues-Musiker – Mister Mephistopheles Marsupial!'… Ich meine, denk' mal darüber nach."*

„Ich vermute schon… aber, es muss ziemlich cool gewesen sein, John Martyn zu treffen."

„Ja, das war großartig" lächelte ich. *„Er ist unglaublich… er ist ein Genie, in gewisser Weise wie Ron… und er hat wirklich eine so aufgeschlossene Sicht auf das Leben. Er war äußerst freundlich* und *großzügig, aber… ich müsste meinen Stil und meine Technik noch wesentlich weiterentwickeln, bevor ich das Risiko eingehen könnte, ihn zu kontaktieren.*

„Ich würde ihn nirgendwo anders bitten, seinen Ruf für mich zu riskieren. Das wäre ein erbärmliches Verhalten…"

„Du könntest diesen Bassisten kontaktieren, du weißt schon, Gaslight oder so ähnlich?" fragte Græham.

„Gazzer Mitchel?"

„Ja, Gazzer. Das war der Name."

„Nein… wohl eher nicht… aus den verschiedensten… vernünftigen Gründen." PAUSE *„Ich werde dir irgendwann etwas über ihn erzählen."* Ich war mir der elterlichen Ohren auf den Vordersitzen des Autos durchaus bewusst.[6]

„Er spielt bei weitem *nicht so gut Bass wie Steve. Er ist mir um mehr als einen Sprung voraus, aber er improvisiert nicht annähernd so gut wie Steve."* PAUSE *„Und selbst wenn wir zusammenkommen könnten, dann würden wir wohl… dumpf… klingen"* PAUSE *„Diesbezüglich hatte sich bereits Ron Sorgen gemacht, als ich ihm zum ersten Mal die Idee mit den beiden Basslinien vorschlug."* PAUSE *„Weißt du… Steve hatte umfassende Kenntnisse in Musiktheorie und Gazzer ist wie ich… er kann keine Note lesen. Steve und Ron konnten, technisch gesehen, verstehen, was Jack Bruce spielte und das machte den entscheidenden Unterschied zwischen Savage Cabbage und der durchschnittlichen dahergelaufenen Blues-wird-Rock&Roll-Band aus."* PAUSE *„Es war ja so… Steve und Ron spielten im Kontrapunkt zueinander, wie die beiden Hände eines Klavierstücks, aber irgendwie noch mehr als das."* PAUSE *„Hast du jemals Bach gehört?"*

„Nein nicht wirklich. Ich interessiere mich nicht so sehr für Klassik."

„Du hörst nur die populärsten Klassik-Melodien, Græham, wenn Papa seine Lieblingslieder spielt, aber…" flüsterte ich. *„Es gibt viel mehr als Tschaikowskys Schwanensee, weißt du…"*

„Was denn zum Beispiel?" fragte Græham.

6 Gazzer Mitchel war von der Polizei festgenommen worden, weil er im Besitz von Heroin war.

„Nun… zunächst einmal Johann Sebastian Bach, dann Dieterich Buxtehude, Luigi Boccherini, Georg Philipp Telemann, Domenico Scarlatti, Arcangelo Corelli, Antonio Vivaldi… Weißt du, Ron hat immer gesagt, wenn man die beiden Hände eines Bach-Klavierstücks mit vier Saxophonen spielte, dann hätte man mit nur einer geringfügigen Änderung des Timings bereits modernen Jazz." PAUSE *„Ich denke, die jungen Leute werden deswegen von der Barockmusik abgestoßen, weil die Erwachsenen ihnen sagen, dass dies im Gegensatz zu Blues echte Musik sei. Das führt dazu, dass Bach und die anderen großartigen Barockkomponisten abgelehnt werden und das ist wirklich schade. Ich weiß viel darüber, weil ich dabei war, als Ron Steve dazu überredete, dass er die Cellosuiten von Bach spielen sollte. Es brauchte ein wenig Überzeugungsarbeit, aber sobald er sich daran gemacht hatte, verbesserten sich seine Improvisationsfähigkeiten sprunghaft!"*

„Du musst sie mir vorspielen."

„Das werde ich. Ich habe die „Cello-Suiten" daheim. Ich habe mir das Album von Steve ausgeliehen und… na ja… es ist eines dieser Dinge, die ich nie zurückgegeben habe. Ich… habe es seiner Mutter gegenüber erwähnt, als ich zur Beerdigung ging, aber sie sagte mir, ich solle sie behalten." PAUSE *„Außerdem ließ Steves Mutter ihn Johann Hindle und Giovanni Bottesini hören*[7]*. Sie kaufte ihm Partituren für die Cellosuiten von Bach, und er begann sie so fließend zu spielen, wie Ron sie* 1968 *gespielt hatte. Steve machte Fortschritte wie eine Rakete und ich begann, ihn anzustarren wie durch ein akustisches Teleskop."*

„Sehr schräg! Das würde ich wirklich gerne hören." PAUSE *„Also, was hast du am Bass gespielt, wenn Steve einen auf Jack Bruce machte?"*

„Nun… ich habe den Pulsschlag im Hintergrund geliefert. Ich war zuverlässig, sogar leidenschaftlich, aber… primitiv. Ich habe die einfachen Tonfolgen gezupft, die Ron für jedes Stück ausgearbeitet hat. Ich verwendete die 1., 3. *und* 5. *Note der dominanten Akkordstrukturen. Wie auch immer, wenn ich wegen meiner Primitivität etwas verzweifelt war, dann erinnerte mich Ron daran: „Es waren die sogenannten „Primitiven", die Custer besiegt haben!" Kennst du die Geschichte von „Custers letztem Gefecht", Graeham?"*

„Nicht wirklich."

7 Siehe Glossar: *Hindle*

„Nun… er war dieser junge verrückte General aus dem Norden. In dem Buch „Little Big Man“[8]*, das ich gerade gelesen habe, nannten sie ihn „den Generalknaben“ im Krieg zwischen den Staaten. Ron hat mir das Buch geliehen und es war wirklich interessant. Darin geht es darum, wie Crazy Horse, dieser erstaunliche Indianerkrieger, als erster Indianer überhaupt Kriegstaktik anwendete und damit Custer und seine Armee völlig vernichtete. Aber wie auch immer… Ron sagte mir, dass es völlig in Ordnung sei, wenn ich nur primitiv wäre, da wir nicht zwei Lead-Bassisten in der Band haben könnten.“*

„Ja… das macht Sinn.“

„Ron meinte, meine Rolle sei wichtig, auch wenn ich nie in der Lage sein würde, gleichzeitig Bass zu spielen und zu singen.“

„Ist das denn so schwer?“

„Ja… es gibt nicht viele Leute, die das können. Spontan fallen mir nur Jack Bruce und Paul McCartney ein. Es muss noch andere geben, aber ich weiß, dass es nicht viele sein können.“

Ron hatte bemerkt, dass ich während der langen Improvisationen manchmal etwas abenteuerlustig wurde und hatte mich gelegentlich mit gespielter Missbilligung böse angeschaut. Ich hatte darauf geachtet, dass ich nie zu wild wurde oder mich zu weit in die oberen Regionen des Basses wagte, um nicht mit Steve zu kollidieren. Es gab also nie irgendwelche ernsthaften Beschwerden seitens Ron.

Schließlich kamen wir zu Hause an. Ich packte meine Sachen aus. Zu meinem eigenen Missfallen grübelte ich immer noch. Ich war ein verdammter buddhistischer Grübler. Meine ganze Vorstellung davon, ein Bandmitglied zu sein, beruhte darauf, mit meinen frühesten Freunden Musik zu machen. Ich kannte Steve seit meinem achten Lebensjahr, Ron seit meinem 13. und Jack seit meinem 15. Lebensjahr. Sie alle hatten mich als das akzeptiert, was ich war. Aber *was* war ich?

8 *Little Big Man* von Thomas Berger wurde im Dezember 1970 verfilmt. Es spielten unter anderem Dustin Hoffman, Chief Dan George und Faye Dunaway.

Ich war eine Anomalie: ein ausgelassener Rubato-Sänger, Bluesharpspieler, Bassist mit äußerst bescheidenen Fähigkeiten, surrealistischer Dichter, und psychedelischer Lyriker, dessen Texte zu kompakt waren: zu sehr Rokoko, zu kompliziert, zu viele Adjektive…

Ich beantwortete Anzeigen im NEW MUSICAL EXPRESS und im MELODY MAKER, aber niemand wollte einen Sänger der Rhythmus-Bass und Bluesharp spielte. Sie wollten entweder einen Bassisten oder einen Leadsänger. Niemand hatte Interesse an der Bluesharp. Es schien in der Gegend keine Bluesbands mehr zu geben.

Aber wie stand es um das Schreiben von Psychedelic-Blues-Songs? Jimi Hendrix war auf seinem Höhepunkt und es schien nur eine Frage der Zeit, bis meine *Vorliebe für das Besondere* gefragt sein würde. Es bestand zwangsläufig ein wachsender Bedarf an Texten in Dylan-Länge. Nur sehr wenige Leute konnten Texte schreiben, die auch nur annähernd das Niveau von Bob Dylan erreichten, und die meisten waren *tausend Meilen hinterher*[9]. Die meisten Lyrics bestanden nur aus ein paar Worten und schon war das Lied zu Ende. Meine Texte sorgten immer für Überraschungen mit meinem Hintergrund aus Literatur und Poesie. Ich hatte viele *und* ausgefallene Bücher gelesen. Ich hatte mich mit surrealistischen Dichtern beschäftigt und hatte mehr Ideen, als ich niederschreiben konnte.

Meine psychedelischen Texte unterschieden sich, soweit ich sehen konnte, völlig von den üblichen „bewusstseinserweiternden" Liedern. Irgendwann wären sie sicherlich willkommen, vielleicht schon in naher Zukunft. Das Metier musste sich künstlerisch weiterentwickeln und daher waren gut ausgearbeitete Texte für ernsthafte Bands ein Muss. Ich hatte all diese psychedelischen Savage Cabbage-Nummern gesammelt und hatte eine Fülle von Ideen für weitere Songs. Ich hätte diese Lieder gerne selbst gespielt, aber da mir das musikalische Knowhow von Steve und Ron fehlte, wusste ich nicht, wie ich sie allein spielen sollte.

9 *Thousand miles behind*: Textzeile von Bob Dylan aus *One Too Many Mornings*, *The Times They Are A-Changing*, 1964.

Jimi Hendrix war meiner Meinung nach der beste Wegweiser für die Zukunft, weil er Blues und Psychedelics zusammenbrachte, und es war mehr als wahrscheinlich, dass er noch viel mehr hinzufügen würde. Er bewunderte Bob Dylan und nutzte diesen Einfluss in Richtung seiner lyrischen Entwicklung. Ich konnte bereits sehen, wie sich sein Sinn für Poesie entwickelte, und… vielleicht—nur vielleicht—könnte ihm ein *Odd Boy* Texte liefern, so wie Bernie Taupin es für Elton John getan hatte[10]. Wenn Bernie Taupin aus dem Nichts auftauchen könnte, dann könnte Frank Schubert es ihm gleich tun. Warum nicht? Inspiriert von der Gestalt des kreativen Genies von Jimi Hendrix, wurde ich von der Idee gepackt, dass man einfach *psychedelisch* sein könnte, indem man lebendig und kreativ ist. Es handelte sich um eine Sprache, die genauso verständlich war wie die Sprache des Surrealismus. Ich sah keinen großen Unterschied zwischen Salvador Dali und Jimi Hendrix, beide waren Weltklasse-Surrealisten.

> *I have this one little saying, when things get too heavy just call me helium, the lightest gas known to man.* Jimi Hendrix[11]

Jimi Hendrix wäre *die Zukunft* gewesen, aber sein letzter öffentlicher Auftritt war ein informeller Jam im Ronnie Scott's Jazzclub mit "Eric Burdon and War“ . Er starb am 18. September 1970. Als ich an der Kunstschule ankam, trug ich ein schwarzes Armband für Jimi Hendrix.

Niemand außer Pete Bridgewater wusste, dass es in einer unbekannten Band noch zwei weitere Weltklasse-Gitarrenhelden gegeben hatte, die gestorben waren: Steve Bruce und Ron Larkin. Ich hatte die weiterführende Schule hinter mir gelassen und war in die aufregende neue Welt der Kunst eingetreten, aber ich hatte durchaus gemischte Gefühle.

10 Bernard John Taupin: englischer Lyriker, Dichter und Sänger, bekannt für seine langjährige Zusammenarbeit mit Elton John. Er schrieb Texte für die meisten Lieder von Elton John. Im Jahr 1967 antwortete Bernie Taupin auf eine Anzeige im NEW MUSICAL EXPRESS, in der nach neuen Textern gesucht wurde, und lernte so Elton John kennen.

11 Ich habe dieses kleine Sprichwort: Wenn die Dinge zu schwer (zu anstrengend, zu fürchterlich) werden, dann nenn' mich einfach Helium, das leichteste Gas, das die Menschheit kennt.

Einerseits fühlte ich mich wie ein Bettler, der von den Resten eines abgesagten Fests lebte, andererseits wie Neil Armstrong, als er seinen ersten Fuß auf den Mond gesetzt hatte.

Bob Dylan sagte: *„Die Menschen leben heute immer noch von den Essensresten der sechziger Jahre. Sie werden immer noch herumgereicht, die Musik und die Ideen von damals."*

Meine Geschichte? Man könnte sagen, dass sie aus diesen Resten gemacht wurde… aber für mich schmeckte sie nicht wie Essensreste, sondern mehr wie ein Tsog'khorlo[12], ein Vajrayana-Bankett, frisch und köstlich. Mein Tisch war nicht der berühmte Tafelberg, daher schien die Aussicht nicht so außergewöhnlich zu sein. Für mich war die Aussicht jedoch gewaltig und reichhaltig. Ich hoffte, dass mein *Tisch* irgendwann einer Art von Vajrayana-Buddhismus gleichen würde. Ich hoffte, dass es eine Vajrayana-Vision sein würde, die Ausblicke auf *potentiell unendlich viele Tische jenseits meines eigenen* eröffnen würde, beladen mit Kunst, welche die Welt jahrhundertelang ernähren würde.

Meine Aussicht? Nun ja… es ist die Aussicht von der Weggabelung: das Bardo. Mein Ausblick war schon immer genau dort. Wann immer ich jedoch am *nächsten Bardo* ankam, war dort nichts. Papa Legba war nicht erschienen, als ich 12 Jahre alt war und nackt, allein und frierend mit meiner abscheulichen Plastikgitarre am Straßenrand gesessen war. Seitdem hatte sich bei keinem Bardo etwas Dauerhaftes gezeigt: das Bardo des Endes von jeder romantischen Beziehung, das Bardo im Wohnzimmer der Dales, das Bardo von Rons Tod, und das Bardo von Steves Tod. Diese Bardos eröffneten mir immer einen Aspekt von Vajrayana und… die nächste Richtung, in die mich Vajrayana führen würde.

Als ich Mitte September 1970 die Aussicht von der Weggabelung aus betrachtete, kam mir der Gedanke, dass ich wahrscheinlich Glück hatte, Legba verpasst zu haben, als ich 12 war. Was wäre mit einem 12-jährigen Jungen passiert, der mit der Erscheinung eines afrikanischen Gottes, beziehungsweise seiner Inkarnation aus Mississippi, konfrontiert worden wäre?

12 Siehe Glossar: *Tsog'khorlo*

Für einen Film hätte man damit wunderbare Aufnahmen machen können, aber das Leben sieht nie so aus wie diese Art von Film. Dann kam mir eine Idee… dass *Legba am Scheideweg* vielleicht nichts anderes war als ein Bardo; der Akt einer dramatischen, lebensverändernden Entscheidung, nach dem Motto „*Andere können auf Nummer sicher gehen, aber ich gehe aufs Ganze.*" Vielleicht war es die Bereitschaft, das *Spiel bis zum Ende zu spielen*, die Bereitschaft, meinen gesamten Besitz auf die letzte Karte zu setzen?

Das Glücksspiel erinnert mich an einen Witz, der von einem Mann handelt, der in einer Spelunke im Themse-Delta Karten spielte[13]. Bei dem Spiel, dessen Namen ich vergessen habe, versucht man mit der Gesamtsumme der Karten die man hält so nahe wie möglich an 21 heranzukommen. Wenn man 21 erreicht, dann hat man alle anderen Spieler besiegt, es sei denn, einer von ihnen hat eine .45-Derringer-Stiefelpistole. Wie dem auch sei, unser Zocker denkt darüber nach, ob er nicht vielleicht bei einer sicheren 14 aufhören sollte. Er hatte bereits eine Pechsträhne und wenn er jetzt irgend eine Karte höher als 7 ziehen würde, wäre er aus dem Spiel *und* er hätte sein letztes Geld verloren. Während er sein Dilemma abwägt, erscheint ein kleiner Dämon mit einer skurrilen Grimasse und Knopfaugen auf seiner Schulter. Der Dämon flüstert verschwörerisch mit eigenartiger, krächzender Stimme: „*Nimm noch eine Karte!*" Der Mann ist einigermaßen misstrauisch… aber hey, kleine Dämonen tauchen nicht jeden Tag plötzlich auf deiner Schulter auf, um „*Insiderinformationen*" zu verbreiten. Also… nimmt er noch eine Karte. Pik-Ass! Er ist begeistert, jetzt ist er schon bei 15, aber der kleine Dämon krächzt sofort: „*Nimm noch eine Karte!*" Der Mann hat das Gefühl, als ob sich sein Schicksal geändert hätte… und… weil der Dämon so hartnäckig ist, nimmt er eine weitere Karte, die Karo-2! Noch mehr Begeisterung! Mittlerweile ist er bei 17, doch der kleine Dämon gackert sofort: „*Weiter! Nimm noch eine Karte!*" Der Mann beharrt darauf, dass er nicht weitermachen möchte, aber der kleine Dämon fängt an zu plappern: „*Nimm noch eine Karte! Mach weiter! Mach weiter! Nimm eine andere Karte! Nimm eine andere Karte! Mach weiter! Nimm noch eine Karte!*" Mit äußerstem Widerwillen und fast lähmender Angst bittet er um eine weitere Karte.

13 Das Themse-Delta, und auch das Wandle-Delta, waren humorvolle Namen für Gebiete in England, in denen der Blues in den 1960er und frühen 1970er Jahren in Großbritannien florierte.

Es ist die Kreuz-4! Er hat 21! Er zockt die anderen Spieler ab! Er kann sein Glück kaum fassen!

Bevor er das *gesamte* Geld einstreicht, das auf dem Tisch liegt, dreht er sich um, um dem kleinen Dämon zu danken. Doch er erhält eine unerwartete Antwort. Der Dämon, der übermäßig überrascht aussieht, kreischt: *„Du—verdammter—Glückspilz!"*

Vielleicht ist es genauso mit Legba an der Weggabelung oder mit irgendeinem Dämon bei einem Kartenspiel. Vielleicht ist der Deal einfach der Deal, den man macht, wenn man nicht klein beigibt. Ich kannte diesen Deal. Ich hatte das oft genug gemacht. Ich hatte es so oft gemacht, dass ich wusste, dass es nicht wirklich ein Deal war. Es war einfach eine Entscheidung. Manche Entscheidungen hatten kaum Konsequenzen. Andere hingegen waren ausschlaggebend dafür, dass es zu nicht vorhersehbaren Veränderungen kam.

Ich hatte schlechte Zeiten hinter mir. Ich hatte Verluste gehabt. Ich hatte Tragödien erlebt, aber auch bessere Zeiten, als sich der anspruchsvollste Sucher nach tollen Erlebnissen nur hätte wünschen können. Das Leben war gut, soweit ich es beurteilen konnte, und ich hatte mehr davon erlebt als jeder andere, den ich kannte. Der Ausblick auf das Bardo kam mir deshalb immer noch herrlich vor: in alle Richtungen, trotz allem, und *wegen* allem.

16

Lama Chime: die Pforten der Wahrnehmung

1970–1971

> *„Und zusammen mit der Gleichgültigkeit gegenüber dem Raum gab es eine noch völligere Gleichgültigkeit gegenüber der Zeit. Ich hätte natürlich auf meine Uhr schauen können, aber ich wusste, dass meine Uhr in einem anderen Universum war. Meine tatsächliche Erfahrung war von unbestimmter Dauer. Es handelte sich um eine ewige Gegenwart, die aus einer sich ständig verändernden Apokalypse bestand.“*
> Aldous Huxley, *die Pforten der Wahrnehmung / Himmel und Hölle*

Kunstschule Farnham. Plötzlich war ich da. Es kam dem *recht nahe*, was ich mir vorgestellt hatte, während es gleichzeitig fast völlig anders war.

> *Ich hoffe, dass ich eines Tages in der Lage sein werde, dass ich überall ankommen kann, ohne jegliche Vorurteile oder Erwartungen zu haben. Warum gehen die Leute in ein Geschäft und kaufen farbige Bilderbücher von Ulaanbaatar*[1]*, bevor sie in die Mongolei reisen? Würden sie denn glauben, sie wären in Clacton-on-Sea angekommen, wenn Ulaanbaatar nicht den Bildern aus ihren Büchern entspräche?* [2]

Ich war einer der widerspenstigen jungen Verrückten, die solche Fragen hatten.

Es gab zwar zugegebenermaßen strukturierte Kurse, aber eine Kunstschule besteht aus Menschen und nicht aus Seminaren und Gebäuden. Der Grundkurs in Hatch Mill war daher etwas, das sich nach und nach durch die handelnden Persönlichkeiten entfaltete. Die anderen Kunststudenten erschienen wie Charaktere in einem lebendigen Stück.

1 *Ulaanbaatar* (ehemals Ulan Bator) bedeutet „Roter Held“. Es ist die Hauptstadt der Mongolei und liegt im Norden der Zentralmongolei auf einer Höhe von etwa 1300 Meter in einem Tal am Fluss Tuul.

2 Dies war eine Notiz von einem alten Taschenbuch, das ich auf der Kunstschule immer dabei hatte, um Ideen aufzuschreiben.

Das Nebengebäude für das Grundstudienjahr namens Hatch Mill war idyllisch. Das alte Mühlengebäude, das eine heruntergekommene Pracht ausstrahlte, stand am Südufer des Flusses Wey. Es war eine Kunstschule, wie eine Kunstschule nun mal sein *musste*, und wie sie immer noch sein *sollte.* Und da war ich, gemeinsam mit etwa dreißig Verbündeten: alle kamen von irgendwoher, aber alle waren wir uns der Tatsache bewusst, dass wir Künstler waren. Die meisten von uns waren in unseren früheren Bildungseinrichtungen Außenseiter gewesen, aber jetzt waren wir in unserer Unkonventionalität irgendwie konventionell.

Ich war glücklich, an einem so wunderbaren Ort zu sein, mit so vielen faszinierenden Menschen und Möglichkeiten. Ich könnte den Kurs im Detail beschreiben, aber das ist nicht mein Ziel, abgesehen von der einen oder anderen Anekdote[3]. Eines der ersten Dinge, die mir auffielen, war, dass ich als Buddhist nichts Besonderes war. Ich habe nicht von mir aus darüber gesprochen, aber das Thema tauchte in unseren Gesprächen oft ganz natürlich auf.

Jeder war an allem interessiert, das mit der Realität und der Erforschung der Realität zu tun hatte, und obwohl niemand behauptete, definitiv Buddhist zu sein, hatten alle uneingeschränkte Sympathie dafür. Buddhistische Ideen waren an diesem Ort Teil der Lingua Franca der Zeit und es wurde als selbstverständlich angesehen, dass man solche Ideen respektierte. Hatch Mill war ein Umfeld, in dem „Interesse am Buddhismus" als selbstverständlich angesehen wurde. So hörte man häufig die Worte *„Ich auch, ich war schon immer eine Art Buddhist"* wobei ich mich fragte, wie ernst es manchen damit war, wenn sie solche Aussagen machten. Dennoch wusste ich zumindest, dass ich Gespräche über die Realität und die Natur der Wahrnehmung führen konnte. Es war in die Struktur des Malvorgangs eingewoben. Es schwebte da immer diese Frage im Raum: *Was* war es eigentlich, das da *real* war. Was war die Farbe, die du vor deinen Augen hattest? War sie für alle gleich? War es eine eindeutige Erfahrung? Was war los, wenn die Haut des Aktmodells plötzlich fast grün aussah, als würden Fleischrosa und Viridian miteinander funkeln?

3 Für mehr Details siehe *an odd boy*, Band III, von Doc Togden, Aro Books WORLDWIDE, 2014.

Das Leben in Hatch Mill war einem Theaterstück nicht ganz unähnlich, mit dem Unterschied, dass ich einer der Schauspieler war; wenn auch ein Schauspieler, dem sein Text nur sehr rudimentär vorgeschrieben war. Zunächst war es nicht einfach zu bestimmen, wer oder was echt oder unecht war. Ich wusste, dass ich keine Rolle spielte, aber manche Leute wirkten irgendwie zu schrill, um echt zu sein. Wo fanden sie nur ihre Kleider?

Es gab einen Kerl, der wie Gandalf gekleidet war, und einen anderen, der Wildlederleggings, mit Hemd und Weste aus Wildleder trug. Mehrere Damen waren von Hexen inspiriert und eine schien Cruella de Vil eingehend studiert zu haben[4].

Bei manchen Schülern kam ich mir in meiner Kleidung fast schon konservativ vor. Das war auch völlig in Ordnung. Ich war froh darüber. Das war eine schöne neue Welt und ich hoffte, ich würde einer der Helden dieses Abenteuers sein. Pete Bridgewater und Rosemary Ryder von der Virginia Water School waren da, aber sie waren nicht mehr ganz dieselben, die sie noch vor ein paar Monaten gewesen waren. Sie hatten sich beide irgendwie verändert und ich fragte mich, ob sie schon immer so gewesen waren. Sie schienen beide älter und weiser zu sein, als bei unseren letzten Begegnungen im Juli, so als wären Jahre vergangen.

Die Leute lasen alle Arten von Büchern über jede Art von Philosophie und Religion. Die Liste war endlos und ich wollte *alles* lesen, was *alle anderen* lasen[5]. Nessun Dorma!

Die Leute zitierten aus heiterem Himmel: *„Weißt du… „Bewusster Glaube ist Freiheit. Emotionaler Glaube ist Sklaverei. Mechanischer Glaube ist Dummheit.“… Gurdjieff hat das gesagt.“*

Darauf sagte jemand anderes: *„Man muss sich wohl fühlen, wenn man allein ist. „Wenn du dich einsam fühlst, wenn du allein bist, dann bist du in schlechter Gesellschaft.“… Jean-Paul Sartre hat das geschrieben.“*

4 Cruella de Vil ist eine Figur, die Dodie Smith in ihrem 1956 erschienenen Roman *Die Hundertundein Dalmatiner* als Übeltäterin erschaffen hat. Sie erscheint auch in dem adaptierten Animationsfilm 101 *Dalmatiner* (1961) von Walt Disney Pictures.

5 Siehe Glossar: *Leseliste*

Es war, als hätten alle direkten Zugang zur Weisheit der Welt und könnten einen jederzeit in deren Geheimnisse einweihen.

Ich wünschte, ich hätte Buddhismus so gut zitieren können, wie sie fast jeden beliebigen Autor zitieren konnten. Manchmal fing jemand einfach an, etwas laut vorzulesen, und alle hörten auf zu lesen und hörten zu. *„Also… das ist cool, das schrieb Aldous Huxley: „Der menschliche Geist ist ein eigener Ort, und die Orte, an denen Geisteskranke und außergewöhnlich Begabte wohnen, unterscheiden sich so sehr von den Orten, an denen gewöhnliche Männer und Frauen leben, dass es kaum eine oder gar keine gemeinsame Grundlage der Erinnerung gibt, die zu gegenseitigem Verständnis oder einem Gemeinschaftsgefühl führen könnte. Es werden Worte gesprochen, die aber nichts erhellen. Die Dinge und Ereignisse, auf die sich die Symbole beziehen, gehören zu sich gegenseitig ausschließenden Erfahrungsbereichen." Das ist aus seinem Buch „Die Pforten der Wahrnehmung"."*

Dann gab es eine kurze Unterhaltung, bevor alle wieder weiterlasen und als die Mittagspause zu Ende war widmeten sich alle wieder ihrem Gemälde oder ihrer Skulptur oder was auch immer. Ich hätte mir gewünscht, dass die staatlichen Bildungseinrichtungen auch so funktioniert hätten, aber es gab keinen Grund sich zu beschweren. Es war *das, was hier geschah*, und ich konnte *zu jedem Thema* sagen, *was auch immer ich wollte.*

Die Idee der Wiedergeburt war allseits akzeptierte Norm. Nicht jeder wollte meditieren, aber alle akzeptierten, dass es eine durchaus gültige Auseinandersetzung mit dem Leben war. Und *natürlich* wollte jeder *irgendwann nach Indien.* Wer würde nicht gerne nach Indien gehen? Und tatsächlich machte sich jeder irgendwann auf den Weg. Es war ein absolutes Muss. Es war der eigentliche Schulabschluss. Man ging auf die Kunsthochschule, und wenn diese vorbei war, schloss man seine Ausbildung ab, indem man in den Osten fuhr. Es machte Sinn. Aus Sicht der Kunsthochschule war dies eine völlig konventionelle Verhaltensweise.

Es war eine faszinierende Erfahrung, mich als Teil einer kohärenten Kultur zu erleben. Für die Gesellschaft als Ganzes war ich vielleicht ein Sonderling, aber hier war ich eher einer der weniger auffälligen Charaktere. Ich hatte keine Lust, *noch bizarrer* sein zu müssen als die anderen.

Die Situation ermöglichte es mir einfach, der *Blues-Buddhist* zu sein, der ich schon so lange gewesen war. Es gab keine Widersprüche. Es gab auch nichts zu beweisen.

Gelegentlich fuhr ich nach London und besuchte die Buddhistische Gesellschaft. Von Zeit zu Zeit hielt Lama Chime Rinpoche dort Vorträge. Es war wunderbar, endlich einen tibetischen Lama zu treffen, und nach seinen Vorträgen Fragen stellen zu können. Lama Chime Rinpoche war äußerst hilfreich bei Fragen zur stillen Sitzmeditation und er hat für mich viele Punkte geklärt. Er erwähnte David Bowie und erzählte mir folgendes: *„David Bowie kam zur Buddhistischen Gesellschaft. So haben wir uns kennengelernt. Ich sagte: „Komm rein, junger Mann, und setz dich. Warum bist du denn zu mir gekommen?" David Bowie sagte zu mir: „Ich möchte Mönch werden". Also fragte ich: „Aber was ist dein Talent?" Er sagte zu mir: „Musik". Also sagte ich: „Dann solltest du kein Mönch sein! Du solltest Musiker sein!" Und das hat er getan. Für ihn war das viel besser."*

Der damals 19-jährige David Bowie hatte sein Interesse am Buddhismus entwickelt, als er Heinrich Harrers Buch *Sieben Jahre in Tibet* las, in dem dieser seine Begegnung mit dem Dalai Lama beschreibt. David Bowie ließ sich von Tibet inspirieren und schrieb das Lied *Silly Boy Blue*, das Bezüge zu Tibet herstellte.

Ich fragte Chime Rinpoche, ob ich ein privates Interview mit ihm haben könnte und er ermöglichte mir das sehr gerne. Nachdem wir uns in dem kleinen Schreinraum der Buddhistischen Gesellschaft niedergelassen hatten, fragte ich ihn, ob er mir den gleichen Rat geben würde, den er David Bowie gegeben hatte, und er antwortete: *„Bist du auch so talentiert in der Musik wie David Bowie?"*

Ich lächelte: *„Nein, nicht wie David Bowie, und ich spielte auch nicht Rockmusik. Ich habe Blues gespielt und war hauptsächlich Sänger."*

Chime Rinpoche bat um eine Erklärung von Blues und ich gab sie. Er fragte, ob Blues so berühmt sei wie die Musik, die David Bowie spielte. Ich antwortete mit Bedauern, dass der Blues in den späten 1960er Jahren berühmt gewesen sei, aber dass er jetzt im Niedergang begriffen war. Chime Rinpoche schüttelte den Kopf. *„Nein, ich glaube nicht, dass Musiker der Weg für dich ist. Aber auch kein Mönch. Mönch wäre auch nicht gut für dich."*

Er sagte, er könne nicht so klar sehen, wohin ich gehen solle, aber *„… besser, du hast eine Khandro. Ja, besser nicht zölibatär. Du musst eine Khandro haben. Das ist besser für dich.“* Chime Rinpoche meinte, ich sollte nach Indien und Nepal gehen und schauen, was dort passiert. Ich erzählte ihm, dass ich dies nach dem Grundstudienjahr geplant hatte.

Ich fragte, ob ich mir Notizen machen dürfe, und er sagte mir, das sei für ihn in Ordnung. Dann fragte er: *„Was siehst du, wenn du die Welt betrachtest?“*

„Eine Ansammlung an Farben und Formen, Klängen und Texturen, Düften und Geschmäckern, und… dann interpretiere ich das alles entsprechend dem, was ich weiß… aus dem, was ich durch das Leben gelernt oder in mir aufgenommen habe.“

„Ja, gut“ antwortete er. *„Du spürst, du siehst das Relative. Phänomene ändern sich ständig. Aber wie nimmst du Phänomene als Ganzes wahr?“*

Das brachte mich ein wenig aus dem Konzept, weil mir nicht ganz klar war, wohin diese Fragen führen sollten. *„Nun, es tut mir leid, wenn das dumm klingt, aber ich sehe sie als Ganzes, einfach weil ich keine künstlichen Trennlinien zwischen ihnen sehe.“*

„Jawohl! Gar nicht dumm! Das Ganze wird nur im Absoluten gesehen. Wenn du beispielsweise einen Fluss beobachtest, woher weißt du, dass es sich um einen Fluss handelt? Es gibt keine Kontinuität in den Wasserpartikeln; von Moment zu Moment ändert sich das Wasser und man sieht denselben Fluss nicht zweimal. Zum Fluss wird er erst durch die absolute Natur des fließenden Wassers, denn dort sind die Teilchen ungeteilt. Ohne das Absolute kann man keinen Zusammenhang zwischen bestimmten Phänomenen erkennen. Ist dir das klar?“

Ich sagte, dass es mir klar sei. Er wartete, bis ich mit dem Schreiben fertig war.

„Also… wir dürfen das Relative niemals mit dem Absoluten verwechseln. Meistens sehen wir nur das Relative und betrachten es als völlig real. Wir vertiefen uns in bestimmte Dinge, die wir tun, *die wir einmal* getan haben, *oder die wir in der Zukunft* tun werden. *Diese Details werden für uns so real, dass wir nichts anderes mehr sehen. Wenn einige dieser Dinge schiefzugehen scheinen, werden wir unruhig oder traurig.*

„Das ist, als würde man durch eine unechte Schlange getäuscht werden. Wenn du in einen Raum gehst, in dem es eine Spielzeugschlange gibt, und du denkst, dass sie echt ist, dann hast du vielleicht Angst, aber sobald du siehst, dass es keine echte Schlange ist, macht sie dir auch keine Angst mehr. Also... was sagst du dazu?"

„Dass dies für alles in der relativ konditionierten Wahrnehmungssphäre gilt. Wenn wir Menschen als feindselig empfinden, dann behandeln wir sie so, als ob sie feindselig wären, oder was auch immer unsere Wahrnehmung gerade ist."

„Ja. Indem wir also erkennen, dass „einzelne, unzusammenhängende Phänomene" nicht „die gesamte Realität" sind, werden wir davon befreit, an ihnen festzuhalten, als wären sie die wahre Realität. Wie kommt man nun zur absoluten Wahrheit?"

„Durch stilles Sitzen?"

„Ja, aber was ist deine „Wahrnehmung der Welt" während des stillen Sitzens?"

„Nun... ich würde während des Sitzens nicht darüber nachdenken, was ich sah oder was in den Sinnesfeldern geschah."

„Ja, gut. Du kannst die Realität nicht als eine Ansammlung von Objekten sehen. Du kannst die Realität nicht an einem bestimmten Ort finden. Du kannst die Realität nicht dadurch finden, dass du Flicken von relativer Wahrheit nebeneinander anbringst, bis das gesamte Gesichtsfeld von diesen Flicken bedeckt ist. So kann man die Realität nicht finden. Das Absolute ist immer frei von konzeptionellen Flicken. Das Relative existiert nur aufgrund des Absoluten, aber man kann das Absolute nicht so sehen, wie man einen relativen Teil des Absoluten sehen würde. Es ist wie mit den Augen. Sie sehen, aber sie können sich selbst nicht sehen. Ein Messer schneidet, aber es kann sich selbst nicht schneiden. Um also die absolute Realität zu sehen, darf man nicht an der relativen Wahrnehmung festhalten."

Plötzlich hatte ich eine Frage, denn die Art und Weise, wie hier die Welt beschrieben wurde, schien etwas Dualistisches an sich zu haben: *„Wäre es notwendig, das Relative zu zerstören, um das Absolute zu sehen?"*

„Nein" lachte er. *„Die beiden stehen nicht im Konflikt miteinander. Das Relative kommt vom Absoluten. Das Relative entsteht natürlich und spontan. Es ist nur unsere dualistische Sichtweise, die Anhaftung hervorruft.*

„Wenn es keine Bindung an relative Phänomene gibt und wenn wir Relatives nicht als Absolutes betrachten, dann gibt es keine Trennung zwischen Relativem und Absolutem. Das Absolute ist wie der Mond und die relative Wahrheit ist wie ein Spiegelbild des Mondes in der Oberfläche eines Sees. In der dualistischen Sichtweise denken wir, dass das Spiegelbild der echte Mond ist, aber wir müssen das Spiegelbild nicht zerstören, um den echten Mond zu sehen. In deiner Meditation musst du dich also auf dem Grat zwischen der Bestätigung und der Ablehnung der relativen Welt befinden. Man kann das allerdings nicht erzwingen. Man kann sich nur darauf vorbereiten, man kann es aber nicht planen."

An diesem Punkt fragte ich Chime Rinpoche, ob er mein Lehrer sein wollte, worauf er antwortete: *„Spontan und offen zu sein ist gut, aber das ist für dich zu bald, zu früh, zu schnell. Zuerst solltest du in den Himalaya reisen, nach Indien und Nepal, und dort verschiedene Lamas treffen und deren Lehren hören. Wenn du dort keinen Lama findest, dann kannst du zu mir zurückkehren und ich werde dein Lehrer sein, aber nicht bevor du andere Lehrer kennengelernt hast. Du musst dir ganz sicher sein, dass du die richtige Wahl triffst."*

Dann schlug er vor, dass wir eine Weile schweigend sitzen sollten. Nach vielleicht fünf Minuten fuhr er fort: *„In deinem Leben… musst du dich daran erinnern, dass das Absolute mit Weisheit, und das Relative mit Mitgefühl verbunden ist. Shakyamuni musste nicht lehren, damit die Menschen weise werden, sondern er lehrte den Menschen eine Methode, mit der sie zu seinem Verständnis gelangen konnten. Also selbst wenn du die absolute Wahrheit verstehst, musst du nicht gegen die äußere relative Religion sein, sondern du musst die beste Methode finden, die zu deiner Persönlichkeit passt."*

Damit war das Interview beendet und ich ging in Richtung Victoria Coach Station, um meinen Bus nach Farnham zu erwischen.

Danach traf ich Chime Rinpoche noch einmal und sagte ihm, dass ich in einem Dilemma stecke. Ich erzählte ihm, dass ich mich als Buddhist manchmal wie ein Heuchler fühlte, weil ich zu viel Verlangen hatte. Ich wollte zu viele Dinge und hatte das Gefühl, dass ich mich vielleicht nie ändern würde, auch wenn ich mich gelegentlich dafür selbst kritisierte, Dinge zu wollen. Ich hatte das Gefühl, dass da etwas in meiner Persönlichkeit war, das einfach nicht wunschlos sein wollte. Gab es eine Praxis, die mein Verlangen unterdrücken würde?

Chime Rinpoche lächelte. „*Schau mich an!*" lachte er. „*Seit meiner Kindheit meditiere ich, aber ich wünsche mir immer noch Dinge! Ich wünsche mir immer noch gutes Essen und saubere Kleidung. Ich wünsche mir ein warmes Zuhause und das Zusammensein mit guten Freunden und der Familie. Der einzige Unterschied zwischen uns beiden besteht vielleicht darin, dass es für mich keine große Rolle spielt, wenn ich diese Dinge nicht bekomme. Mit fortlaufender Meditationserfahrung spielt das eine immer kleinere Rolle. Vielleicht bemerkst du das bereits.*"

„*Bis zu einem gewissen Grad ja, Rinpoche… wobei… ich war sehr traurig über den Tod meiner Freunde, aber abgesehen davon ärgere ich mich nicht* so *sehr, wenn die Dinge nicht so laufen, wie ich es mir gewünscht habe.*"

„*Traurigkeit über den Tod von Freunden, Bruder, Schwester oder Eltern, das ist natürlich. Das ist nicht „zu viel Anhaftung". Aber wenn du dich nicht zu sehr aufregst, wenn die Dinge nicht deinen Wünschen entsprechen, dann bist du bereits auf dem Weg. Jetzt musst du nur noch weitermachen.*" PAUSE „*Es gibt viele, viele Missverständnisse über Meditation. Die Leute denken an „viele Regeln". Es gibt viele Regeln darüber, einfach still zu sein, still und aufmerksam zu sitzen. Doch wenn der Geist still ist, lässt das Gewahrsein es zu, dass innere Schätze zum Vorschein kommen. Im stillen Geist gibt es keine Aggression. Er ist entspannt, freudig, mitfühlend und verspielt. Diese Eigenschaften sind bereits in jedem vorhanden. Das stille Sitzen ermöglicht es ihnen einfach, sich zu manifestieren. Du musst dich nicht dazu zwingen, ohne Verlangen zu sein. Das ist nicht der Weg. Du wirst kein Mönch sein, also gibt es kein Problem. Sei einfach so wie du bist. Übe das, was du bereits geübt hast, dann gibt es kein Problem. Wenn die Kunstschule dieses Jahr zu Ende ist, dann geh in den Himalaya und schau, was du dort findest. Dann… sehen wir uns vielleicht wieder, wenn es nötig ist.*"

Am nächsten Tag war ich wieder in Hatch Mill. Ich war froh dort zu sein, auch wenn ich unbedingt in den Himalaya wollte. Obwohl Lama Chime Rinpoche nicht viel gesagt hatte, erweckte er die ganze Idee zum Leben. Ein *echter lebendiger Tibeter* hatte mir vorgeschlagen, in den Himalaya zu gehen.

Einen Tibeter, geschweige denn einen inkarnierten tibetischen Lama, in England zu treffen, war zu dieser Zeit wie eine Begegnung mit König Salomo, Kleopatra, Leif Erikson, Boadicea, Barbara Strozzi[6] oder Leonardo Da Vinci… Die Würfel waren gefallen: ich würde kommenden September aufbrechen.

Bis dahin würde ich die Zeit an der Kunstschule verbringen. Der Aufenthalt in dieser neuen Umgebung, in welcher die Kunst der einzige Grund war, um dort zu sein, warf mich aus meinem gewohnten Bezugssystem. Ich hatte erwartet, von Lindie, Ron und Steve heimgesucht zu werden, aber stattdessen wurde ich von einer Welle kreativer Begeisterung getragen, angetrieben durch die Segel des Staunens. Es ist nicht so, dass ich keine Verlustgedanken gehabt hätte. Sie waren da, aber sie waren in einer Umgebung, die so viel Zeit und energetische Absorption erforderte, dass „Verlust" nicht mehr das war, was er einmal war.

Die Zeit an der Virginia Water School schien in der fernen Vergangenheit zu liegen. Ich hatte das Gefühl, dass der *letzte Sommer* einem vergangenen Jahrzehnt angehörte. Diese Vorstellung bereitete mir zunächst ein wenig Unbehagen. Stimmte mit mir etwas nicht? Sicherlich sollte ich vergangene Sorgen nicht *so* schnell loslassen können? Natürlich dauerte es nicht allzulange, bis mir klar wurde, dass die Vergangenheit *immer noch* bei mir war. Ich konnte immer noch eine Träne vergießen, aber ich konnte sie auch durch mich hindurchfließen lassen. Es war meine Entscheidung, ob ich meinem Gefühl des Verlustes nachgeben wollte. Meine Erinnerungen an Ron und Steve würden immer Anlass zur Wertschätzung geben, aber der Rest meines Lebens würde seinen eigenen Charakter und seine eigene Dynamik haben.

Mir wurde auch klar, dass sich mein Leben ziemlich radikal verändert hatte. Der Ethos eines *älteren Schuljungen* wich dem eines *jungen erwachsenen Kunststudenten*. Seit meinem 14. Lebensjahr hatte ich mich wie ein Erwachsener gefühlt, aber dieses Gefühl war durch das Umfeld der weiterführenden Schule eingeschränkt worden. Jetzt war ich an einem Ort, an dem sich Studierende und Dozenten mit Vornamen ansprachen. Es gab viele kleine Schockerlebnisse dieser Art.

6 Siehe Glossar: *Strozzi*

Sie wirkten natürlich und erstrebenswert, und markierten einen deutlichen Unterschied zum bisherigen Leben.

Und Lindie? Wo war sie in all dem? Nun ja... sie würde mit der Entscheidung leben müssen, zu der sie sich gezwungen gefühlt hatte. Ich wünschte ihr alles Gute für ihr Leben und hoffte, dass sie bei *jemand anderem* das finden würde, was sie an mir am wertvollsten fand. Ob ich sie vermisste? Ja. Ich wünschte, es wäre anders ausgegangen, aber ich wusste auch, dass es zwecklos war, darüber zu grübeln. Nur Idioten trauerten zu lange über Dinge, die nicht verändert werden konnten. Ich hatte mich vom Verlust von Alice, Mr. Love und Anelie erholt und ich würde mich auch vom Verlust von Lindie erholen.

Das Jahr verging mit einer Geschwindigkeit, die nahezu beängstigend war. Ich arbeitete intensiv. Ich vergnügte mich auch intensiv im gesellschaftlichen Trubel der Kunstschule, der verknüpft war mit langen Abenden, Projektarbeiten und vielen Gesprächen. Bald befand ich mich in einer Beziehung mit einer schottischen Dame namens Helen McGillvray, mit Spitznamen Hell, und das hatte verschiedene Konsequenzen: sowohl wünschenswerte als auch komplizierte. Es begann erfreulich, wurde aber im zweiten Semester zunehmend anstrengender. Ich könnte sagen: *„Die Hölle kennt keine größere Wut als Helen McGillvray, wenn bildende Kunst nicht das Alpha und Omega von allem ist.*[7]" Es war jedoch keine Wut, sondern lediglich ein hartnäckiges Beharren auf Purismus. Hell war eine Puristin der schönen Künste. Ich war ein buddhistischer Bluesmusiker und in Sachen Kunst ausgesprochen multidisziplinär.

Letztendlich war ich nicht *Hell's Angel*. Das war ich am Anfang, als sie zuerst auf mich zuging, aber nach und nach wurde ich ihr lästig. Sie hatte die Beziehung angefangen, und dann Anfang September beendete sie diese auch wieder. Ich war etwas traurig über das Ende, aber es war eine äußerst kurzlebige Traurigkeit. Schließlich war die Tatsache, dass sie nicht Lindie war, völlig offensichtlich.

7 Siehe *an odd boy*, Band III von Doc Togden, Aro Books WORLDWIDE, 2014. *„Die Hölle kennt keine größere Wut, als eine verachtete Frau"* ist eine überarbeitete Version einer Zeile aus *Die trauernde Braut*, einem Theaterstück von William Congreve. Das Original lautet: *„Der Himmel kennt kein größeres Rasen, als wenn Liebe sich in Hass verwandelt, die Hölle kennt keine größere Wut, als eine verschmähte Frau."*

Sie war keine Buddhistin und sie interessierte sich nur sehr flüchtig für Blues. Sie hatte auch kein Interesse an klassischer oder barocker Musik. Sie hatte nicht einmal Interesse daran, die Idee des Buddhismus zu erforschen.

Ich habe ihr nie die Schuld für ihr mangelndes Interesse am Buddhismus gegeben, aber sie nahm es mir auf jeden Fall übel, dass ich mich der Kunstmalerei nicht so sehr widmete wie sie.

Am Ende wurde mir klar, dass Lindie alles andere als vergessen war. Ich vermisste sie so sehr wie nie zuvor. Soviel zum Thema „frei sein vom Anhaften"…

Im Grundstudienjahr von 1970 bis 1971 fanden so viele Veranstaltungen statt. So viele Gespräche. Obwohl ich wusste, dass es eine Illusion war, in welchem Ausmaß auch immer, genoss ich die Textur der Illusion mit ungezügeltem Heißhunger. Ein Kunststudent zu sein hatte die gleiche Qualität wie mit der Savage Cabbage Blues Band auf der Bühne zu stehen, nur hatte hier das alltägliche Leben diese Qualität eines Bühnenauftritts. Jeder war eine Art Star-Performer, aber es gab kein Gefühl des Wettbewerbs. Man konnte andere nur dadurch übertreffen, dass man härter und länger arbeitete und niemals selbstgefällig bezüglich der Qualität der geleisteten Arbeit wurde. Niemand war daran interessiert, irgendjemanden zu übertreffen. Allein die Idee wurde als abartig angesehen. Nur *Spießbürger* und *Idioten* wetteiferten miteinander.

Nun, da ich mich nicht mehr wie in der Schule mit Yates, James Joyce, Aldous Huxley, Virginia Woolf, Shakespeare und Chaucer beschäftigte, hatte ich mehr Zeit, um buddhistische Bücher zu lesen. Seltsamerweise gab es einige Autoren, die ich zuvor noch nicht entdeckt hatte: Anagarika Govinda[8], Alexandra David-Néel[9] und John Blofeld[10].

Diese Bücher waren alle viel besser lesbar als die Bücher, mit denen ich in den vergangenen Jahren gekämpft hatte, wobei ich nur Anagarika Govinda als authentische Quelle betrachtete.

8 Siehe Glossar: *Lama Anagarika Govinda*
9 Siehe Glossar: *Alexandra David-Néel*
10 Siehe Glossar: *John Blofeld*

Ich fand seine Bücher äußerst hilfreich und fühlte mich inspiriert, seinem Beispiel zu folgen. Ich habe *Der Weg der Weißen Wolke* mehrmals gelesen. Alexandra David-Néel war zu sehr vom Makabren besessen und ihre Bücher waren selbst mir verdächtig, obwohl ich sie interessant und sehr lesenswert fand. John Blofelds Bücher waren nach der Lektüre von Anagarika Govinda ziemlich wirr und oberflächlich. Im Vergleich zu Evans-Wentz waren die technischen Informationen recht seicht.

Durch diese Bücher und andere Quellen entdeckte ich eine Fülle an weiterer Literatur über Tibet und erkannte, dass mir ein großer Fundus zur Verfügung stand. Deshalb begann ich, Bücher von der Bibliothek zu bestellen, da ich nicht jedes Buch kaufen konnte, das mich interessierte. Ich beschloss, bei der Kaufentscheidung vorsichtig zu sein. Ich würde zuerst Bibliotheksexemplare lesen, um festzustellen, ob der Besitz eines Exemplars unbedingt erforderlich sei.[11]

Die Bücher von Sir Charles Bell[12] waren interessant und erweiterten mein Wissen über die tibetische Kultur. Alles in allem hatte ich bald ein Dutzend Bücher, die meine Aufmerksamkeit fesselten, wenn ich nicht mit meiner Arbeit an der Kunstschule beschäftigt war oder im William Cobbet Pub Blues spielte.

Mit all dem und dazu noch meiner Beziehung mit Helen McGillvray blieb schlicht und einfach keine Zeit, um über die Vergangenheit nachzudenken, auch wenn hin und wieder Erinnerungen hochkamen, wenn ich mit meinem Motorrad nach Hatch Mill und zurück fuhr.

Das Jahr ging vorbei und bald blickte ich von Sir Lindsay Parkinson's Scaffolding Yard in Aldershot auf die Kunstschule zurück, wo ich das Leben eines Einsiedlers führte. Ich arbeitete einfach alle verfügbaren Stunden und las in meiner Freizeit Bücher.

11 Im Laufe der Zeit erwies sich jedes Buch als unverzichtbar. Viele von ihnen sind mittlerweile die Grundlage der Referenzbibliothek in *Drala Jong*, dem Aro gTér Nyingma Vajrayana Retreat Centre in Carmarthenshire: *Drala Jong*, Pant-y-Porthman, Banc-y-Ffordd, Llandysul, Sir Gærfyrddin, Wales, SA44 4RY, Großbritannien.

12 Siehe Glossar: *Sir Charles Alfred Bell*

Ich wartete auf das Ende des Monsuns, wenn ich mit meinem ersparten Geld nach Indien aufbrechen konnte. Während dieser Zeit kämpfte ich mich durch *die Theorie und Praxis des Mandala* und einige andere Werke von Giuseppe Tucci.[13]

Wenn ich wach war und nicht arbeitete oder schlief, hatte ich nichts anderes zu tun, als zu meditieren und zu studieren. So wurde das für eine Weile zu meinem Lebensstil. Durch die Bücher von Giuseppe Tucci entdeckte ich Fosco Maraini[14], dessen Buch *Geheimes Tibet* einen faszinierenden Einblick bot, voller wunderbarer Fotografien. Durch Referenzen in den Büchern, die ich ursprünglich gefunden hatte, kamen immer wieder neue Bücher zum Vorschein. Eines führte zum nächsten. Nicht alle waren besonders großartig, aber ich hatte das Gefühl, dass es sich lohnte, jedem Weg zu folgen. Andere Bücher, die ich gefunden hatte, waren *Sieben Jahre Tibet*[15] von Heinrich Harrer und das etwas obskure Werk *„Im verbotenen Land“*[16] von A.H. Savage Landor. So viele Bücher, so wenig Zeit. Nach einer Weile hatte ich eine ganze Liste, die ich abarbeiten wollte.

Ich wusste, dass ein Großteil der Liste auf einen späteren Zeitpunkt warten musste, da die Zeit knapp wurde. Die meisten dieser Bücher waren vergriffen und konnten nur über Bibliotheken bestellt werden, aber man hatte mir gesagt, dass es Buchsuchdienste für Antiquariatsbücher gäbe, die ich in Anspruch nehmen könnte, falls ich jemals über die Mittel verfügen würde, um die wachsende Zahl an Büchern zu finanzieren, die ich für meine persönliche Bibliothek haben wollte. Ich machte mir viele Notizen, aber je mehr Notizen ich schrieb, desto mehr Fragen hatte ich.

Bevor ich Großbritannien verließ, machte ich eine Reise nach Edinburgh, wo Helen McGillvray hingezogen war. Sie hatte dort an der Kunsthochschule einen Studienplatz für Bildende Kunst bekommen. Als ich aufbrach, wusste ich noch nicht so ganz, dass unsere Beziehung beendet war, aber bereits zehn Minuten nach meiner Ankunft war klar, dass es vorbei war.

13 Siehe Glossar: *Tucci*

14 Siehe Glossar: *Fosco Maraini*

15 Siehe Glossar: *Heinrich Harrer*

16 Arnold Henry Savage Landor: *In the Forbidden Land: an Account of a Journey into Tibet*, 1898. Deutsch: *Auf verbotenen Wegen.*

Aus der leicht rundlichen Dame, die ich zum ersten Mal getroffen hatte, war eine entsetzlich dünne Person geworden. Sie hatte angefangen, Gauloises[17] zu rauchen, ein sicheres Heilmittel gegen jedwede romantische Annäherung. Rauchen war mir ein Gräuel, was sie genau wusste, und so war es selbstverständlich, dass ich einen sicheren Abstand zu ihr hielt. Was ihre Abmagerung anging, vermutete ich, dass sie begonnen hatte *etwas* zu nehmen, das ihren Appetit zügelte. Abgesehen von ihren verengten Pupillen hatte ich jedoch keine Beweise. Zuerst dachte ich, ich wäre traurig, aber meine Traurigkeit war eine Illusion. Wir wussten beide, dass wir nicht zueinander passten. Wir wussten beide, dass wir nicht einmal Freunde waren. Wir hatten fast nichts gemeinsam, außer dass wir einmal das Grundstudienjahr an der Farnham Art School besucht hatten. Ich nahm es mehr oder weniger gelassen hin. Ich verließ die Wohnung früh am Morgen, bevor Hell aufwachte. Es ist nicht nötig, „Auf Wiedersehen“ zu sagen, wenn man sich nie mehr wiedersehen wird.

17 Gauloises kamen im Jahr 1910 auf den Markt. Es handelte sich um kurze, breite, ungefilterte Zigaretten, die dunkle Tabake aus Syrien und der Türkei enthielten und für ihre Stärke bekannt waren.

17

Vielleicht kann man träumen

Ende September 1971

Der Rückweg nach Farnham führte mich durch Carlisle. Ich hatte unterwegs eine junge Dame getroffen. Sie war wie ich per Anhalter unterwegs gewesen. Es war spät geworden und sie hatte mir einen Platz zum Schlafen angeboten. Ihr Name war Emily. Keiner von uns hegte romantische Neigungen zum jeweils anderen und wir waren uns so unähnlich, dass es nicht einfach war, überhaupt ein Gespräch zu führen. Ich ließ mich jedoch dazu überreden, meinen Aufenthalt zu verlängern. Emily erzählte mir von einem Veranstaltungsort, an dem ich ein Set spielen könnte. Ich blieb und spielte und traf ihre beiden Freundinnen Rose und Valerie, die von der Exeter Kunsthochschule gekommen waren, um mit ihr ein kurzes Wochenende zu verbringen.

Sie waren alle drei Kunststudentinnen und hatten denselben Grundkurs besucht. Emilys Freundinnen waren auffallend anders als sie. Ich kam mit ihnen so gut zurecht, dass sie mich überredeten, auf dem Heimweg einen Abstecher nach Exeter zu machen. Das war zwar ein ziemlicher Umweg, aber da ich ursprünglich geplant hatte, den größten Teil der Woche in Edinburgh zu verbringen, hatte ich es nicht gerade eilig. Also gut. Ich würde mit ihnen zurück nach Exeter reisen. Das Set, das ich gespielt habe, kam beim Publikum gut an. Rose und Valerie waren offensichtlich Blues–Enthusiasten und wollten, dass ich beim Folk- und Blues–Abend der Exeter Kunsthochschule auftrat. Selbstverständlich, wenn ich mir eine Gitarre und ein paar Werkzeuge ausleihen könnte, um einen Saitenheber[1] zu bauen.

1 Englisch „nut raiser“, also wörtlich Nussheber. Die Saiten werden damit vom Korpus der Gitarre weiter entfernt, was das Spielen als Slide Gitarre erst ermöglicht.

Sie lachten darüber, was sie sich unter einem „Nussheber" vorstellten und fragten mich: *„Hast du denn vor, Sansculottes zu spielen?*[2]*"*

Darauf antwortete ich: *„Ihr summt es und ich spiele es."*

Sie mussten fast weinen vor lauter Lachen. Also erklärte ich, dass *nut-raiser* kein Nussrasierer (*nut-razor*) sei, sondern dass man diesen benötigte, um Lapslide spielen zu können.

„Auf Emilys Gitarre mit Nylonsaiten ging das ganz gut. Spanische Gitarren haben eine hohe Saitenlage. Ich musste also für den Abend nichts anderes tun, als ultraleichte Stahlseiten aufzuziehen. Wenn ich mir jedoch eine Gitarre mit Stahlsaiten ausleihe, dann muss ich eine Vorrichtung zum Anheben der Saiten basteln: daher Saitenheber (nut-raiser)."

„… aber… ist das nicht schwierig?" fragte Valerie.

„Nein… nicht wenn ich mir die richtigen Werkzeuge ausleihen könnte. Es muss nicht besonders schön aussehen und ich bin mir sicher, dass ich mit einer recht einfachen Konstruktion durchkommen könnte."

Also war es abgemacht: Ich sollte wieder auf der Bühne stehen, gerade als ich gedacht hatte, das wäre vorbei. Wir verabschiedeten uns von Emily und machten uns auf den Weg nach South Devon: *zu frischen Wäldern und neuen Weiden* [3]. Auf den Stufen der Exeter Kunsthochschule setzte ich mich und… lächelte.[4]

2 Sansculottes bedeutet im heutigen Slanggebrauch „nackt". Die beiden Damen beziehen sich mit dieser Bemerkung scherzhaft auf eine andere Bedeutung von „nuts" im Englischen (umgangssprachlich für Hoden). Ursprünglich bezeichnete Sansculottes (wörtlich „ohne Kniebundhosen") das einfache Volk im Frankreich des späten 18. Jahrhunderts, das sich zur Französischen Revolution bekannte. Der Name bezieht sich darauf, dass Culottes die aus Seide gefertigten modischen Kniebundhosen des Adels waren, während die „Sansculottes" der Arbeiterklasse Pantalons (*Hosen*) trugen.

3 *„… to fresh woods, and pastures new"* – Das Zitat stammt von *Lycidas*, geschrieben von John Milton im Jahr 1637. Eine Monodie, in der er einen Freund beklagt, der auf seiner Überfahrt von Chester auf der Irischen See ertrunken ist.

4 Dies ist eine Anspielung auf *By Grand Central Station I Sat Down and Wept*, ein 1945 veröffentlichter Prosa-Lyrik-Roman von Elizabeth Smart (1913–1986). Der Titel des Buches ist wiederum eine Anspielung auf Psalm 137: *„An den Gewässern von Babylon legten wir uns darnieder und weinten…"*

Ich lächelte, sobald Rose und Valerie auftauchten. Ich war gesessen und hatte meditiert, wie es meine Gewohnheit war, wenn ich irgendwo warten musste. Niemand schien dabei jemals etwas Ungewöhnliches aufzufallen. Ich machte es nie zu offensichtlich, indem ich zum Beispiel mit meinen Händen ein Meditations-Mudra geformt hätte[5]. Einige Menschen hatten Mudras übernommen, um anderen Menschen mitzuteilen, dass sie „etwas Besonderes taten". Ich fand das ausgesprochen gruselig. Im geeigneten Umfeld sind Mudras perfekt, aber sie wirken angeberisch, wenn man auf einer Parkbank sitzt.

„*Du hast doch nicht gerade eine Nabelschau betrieben, Vic?*" lächelte Rose, als sie scheinbar aus dem Nichts auftauchte.

„*Vielleicht schaute ich auf einen anderen Nabel, aber nicht auf meinen eigenen*" antwortete ich, was sowohl Rose als auch Valerie zum Lachen brachte. Sie zogen ihre T-Shirts hoch und sagten: „*Du kannst gerne unsere anschauen, wenn du möchtest.*"

„*Ein Vergnügen und ein Privileg…*" antwortete ich „*… aber meine Nabelschau könnte etwas länger dauern. Vielleicht sollten wir besser etwas zu Mittag essen.*" Es war tatsächlich Mittagszeit. Sie setzten sich zu mir und wir genossen die kühle Oktobersonne. Wir redeten über alles und jedes. Die beiden waren wie ein Gesprächswirbelsturm.

„*Es ist seltsam…*" begann ich „*… draußen zu sein.*"

„*Mittags sitzen wir oft hier draußen*" grinste Rose.

Das brachte mich zum Lachen. Rose und Valerie sahen mich leicht verwirrt an. „*Das ist nicht ganz das, was ich meinte. Ich meinte draußen im Hinblick darauf, dass ich im Moment kein Kunststudent mehr bin. Ich hatte das bis jetzt noch nicht so stark wahrgenommen.*" PAUSE „*Es ist seltsam. Nicht wirklich unangenehm… aber… irgendwie seltsam.*"

„*Freut mich, dass es sich um diese Art von „seltsam" handelt…*" kicherte Valerie. „*… Als du vorhin plötzlich scheinbar völlig grundlos zu lachen anfingst, fragten wir uns, ob du vielleicht Drogen genommen hast.*"

„*Nein… aber komisch, dass ihr das dachtet. Manchmal glauben die Leute, ich sei bekifft, nur weil ich Farben und Geräusche genieße.*"

5 Siehe Glossar: *Mudra*

„Also, wie high wirst du, wenn du tatsächlich bekifft bist?" fragte Valerie und lachte allein bei dem Gedanken daran.

„Ich bin nie bekifft. Tatsächlich habe ich weder Haschisch noch irgendetwas anderes jemals angerührt. Ich mag ein gutes Glas Rotwein, wenn ich es mir leisten kann, aber ich habe noch nie mit Drogen experimentiert."

„Niemals!?" Die beiden Damen kreischten gleichzeitig. *„Das muss wohl das Seltsamste sein, was ein Kunststudent jemals gesagt hat"* fuhr Rose fort.

„Ja, sicherlich. Aber… ich bin nun mal ein seltsamer *Kunststudent."*

„Warst du nie neugierig…" fragte Rose etwas ungläubig. *„Ich meine… alle scheinen es zumindest zu versuchen."*

„Nun ja… ich war neugierig, als 1966 *das Beatles-Album „Revolver" herauskam, aber… nicht neugierig genug. Für mich… basierte die Neugier primär auf den rückwärtslaufenden Gitarrentracks von* „I'm Only Sleeping" *und* „Tomorrow Never Knows". *Nachdem ich mir das oft genug angehört hatte, entdeckte ich, dass diese Art von Geräuschen… sozusagen hier, da und überall waren. Ihr seht… ich bin von Natur aus psychedelisch veranlagt. Ich sehe Geräusche und höre Farben, ohne die Chemie meines Gehirns umstellen zu müssen, und… nachdem, was ich von Leuten gesehen habe, die Drogen und* LSD *genommen haben… möchte ich nicht in so einem Zustand sein. Sie werden einfach albern und lachen ohne jeden Grund, so ähnlich wie ihr es vorher bei mir gesehen habt, als ich auf die Antwort von Rose lachte, dass ihr häufig hier draußen seid."*

„Wow… nun, das ist mal was anderes" bemerkte Valerie. *„Versteh uns nicht falsch, wir haben beide ein wenig gekifft, um zu sehen, wie es ist, aber keiner von uns hat großes Interesse daran. Wie du sagst, es macht die Leute dumm. Es macht sie langsam. Was uns an den Kiffern in der bildenden Kunst auffällt, ist, dass sie nicht wirklich viel Arbeit leisten."*

„Richtig" warf Rose ein. *„Wir sind hier, um zu arbeiten. Ich meine, wir haben nur drei Jahre und wenn wir in der Zeit nicht irgendwie einen Master-Abschluss machen können, ist der Spaß vorbei."*

„Genau so sehe ich das auch" stimmte ich mit einer Heftigkeit zu, die mich selbst etwas überraschte. *„Carpe diem. Da gibt es keine Wahl. Carpe diem. Wenn du nicht leidenschaftlich bist, bist du tot. Carpe diem.*

„Man muss es leben. Wenn man es nicht leben kann, wenn man es nicht wie Sauerstoff aufsaugen kann, endet man als Fabrikfutter oder man sitzt irgendwo in irgendeinem Büro und es wächst einem Schimmel in den Augenbrauen."

Am Ende meiner Tirade hatten Rose und Valerie Tränen in den Augen vor lauter Lachen. *„Bist du sicher, dass du nicht auf irgendetwas drauf bist?"* lachte Rose.

Das brachte mich zum Lachen: *„Ich bin auf allem! Ich ziehe mir das Leben durch die Nase, ich spritze mir Blues, ich inhaliere Kunst und ich schnupfe Vajrayana!"* PAUSE Dann fuhr ich in einem etwas ruhigeren Ton fort *„… aber… wie ich schon sagte, es ist nicht so, dass ich* nie *neugierig war. Man müsste tot sein, um nicht neugierig zu sein."* PAUSE *„Es ist… ein Versprechen, das ich mir selbst gegeben habe, als ich gegen meinen Vater gewonnen hatte, als er mich aus dem Haus werfen wollte, wenn ich mir nicht die Haare schneiden würde."*

Dann musste ich ihnen natürlich die ganze Geschichte erzählen, auch dass mein Vater der Meinung war, dass Gitarren und lange Haare zu Heroin führen würden, und zu einem Leben voller Kriminalität, Homosexualität und Perversionen, deren Namen er nicht einmal in den Mund nehmen wollte.

„Das ist… eine ziemliche Geschichte. Ich meine nicht die ganze Sache mit deinem Vater, sondern dass du ein Versprechen an dich selbst abgibst, das du niemals brechen wirst" kommentierte Valerie. *„Es ist wirklich… wie aus einer Geschichte von Robert Louis Stevenson oder so… die Sache mit der Ehre, meine ich. Nicht, dass daran etwas falsch wäre… ich meine… Ah… es tut mir leid, wie das herausgekommen ist… ich habe das nicht so gemeint."*

Valerie war sichtlich verlegen, und so tat ich mein Bestes, um sie zu beruhigen. *„Du musst dich nicht entschuldigen… Ich bin in gewisser Weise ein wenig altmodisch… und seltsamerweise… ist es nicht das erste Mal, dass jemand erwähnt, dass ich ein bisschen wie ein Charakter von Robert Louis Stevenson bin."*

„Aber was war das mit dem Vajrayana-Buddhismus?" fragte Rose *„Ich habe dich nicht für einen religiösen Typ gehalten?"*

„Ich mich auch nicht" grinste ich. *„Ich bin wahrscheinlich nicht der* typische *religiöse Typ; genauso wenig wie ich ein typischer Kunststudent oder ein typischer Hippie bin."*

„Schön für dich!" lachte Valerie. *„Wer möchte schon typisch sein. Aber wenn du als Buddhist nicht typisch bist… nun, was bedeutet das dann für dich?"*

„Nun, für mich… bedeutet es, dass ich kein Quasi-Konvertit bin. Ich möchte auch niemanden bekehren. Es bedeutet… ich bin nicht besonders fromm, gläubig, spirituell, heilig, mystisch, weltfremd oder jenseitig. Ich habe „spirituelle Typen" getroffen und bei ihnen ist mir primär aufgefallen, dass sie dazu neigen, mich… zu „wenig spirituell" zu finden. Ich lache gerne." Ich fing an zu singen: *„I like to laugh, and when the sun is out – I've got something I can laugh about. I feel good, in a special way. In Exeter and it's a sunny day. Good day, sunshine; good day, sunshine; good day, sunshine; good day, sunshine; good day, sunshine; good day, sunshine… oder so ähnlich."*[6]

Rose und Valerie hatten Tränen in den Augen vor Lachen, bis Rose schließlich sagte: *„Okay, wir glauben dir, wir glauben dir. Du bist nicht spirituell!"*

Ich war froh, dass Rose und Valerie keine weiteren Fragen mehr stellten, denn sie hatten offensichtlich kein Interesse an Vajrayana oder an irgendeiner anderen Religion. Ich habe nie gerne Fragen über Vajrayana beantwortet, es sei denn, jemand zeigte sich ernsthaft interessiert. Für mich passte es nicht, in ungezwungenen Gesprächen Informationen über Vajrayana auszutauschen, mit denen niemand etwas anfangen konnte.

Kunststudenten waren normalerweise gut darin, in Gesellschaft auch einmal ruhig zu sein. So gab es einige Momente des Schweigens, bevor Valerie fragte: *„Gestern Abend… hatte ich den leichten Eindruck, dass du nicht so heiß bist auf John Mayall und Alexis Korner… und ich habe mich gefragt…"*

6 Ich lache gern, und wenn die Sonne scheint, gibt es etwas, worüber ich lachen kann. Ich fühle mich gut, auf eine besondere Art und Weise. In Exeter ist es ein sonniger Tag. Guten Tag Sonnenschein; guten Tag Sonnenschein… Eine teilweise Parodie von *Good Day Sunshine* vom *Revolver* Album (1966) der Beatles. Der Song wurde hauptsächlich von Paul McCartney geschrieben, auch wenn er als Lennon-McCartney Song gilt.

„Das stimmt.... Na ja... ich hoffe es war wirklich nur ein leichter Eindruck, denn ich mag es nicht, über Musiker schlecht zu reden, die andere Leute mögen. Und... es ist nicht einmal so, dass ich etwas an ihnen auszusetzen hätte. Es ist nur so... nun, sie repräsentieren nicht wirklich die Art von Blues, wie sie sein könnte. Ich vermute, ich bin da so etwas wie ein Purist... Ich bevorzuge Muddy Waters. Ihr wisst schon, der wichtigste Mann, der Linienhalter von Robert Johnsons Erbe, weitergegeben durch Son House."

„Ja..." antwortete Valerie *„... aber ich dachte, du trauerst wegen dem Ende des britischen Blues–Booms?"*

„Das stimmt..." PAUSE *„... aber... abgesehen von ein paar Titeln auf ein paar Alben... war der britische Blues–Boom mehr oder weniger der britische Rock & Roll-Boom. Am Anfang wurde in Clubs und Kneipen viel Blues gespielt, aber wenn es um Alben ging... dann war Blues ziemlich selten. Versteht mich nicht falsch, ich bewundere John Mayall und Alexis Korner und ich mag den Großteil ihrer Musik, aber sie haben Blues zu schnell gespielt... und... wenn man das Tempo von Blues über einen bestimmten Punkt hinaus erhöht, dann hat man mehr oder weniger Rock & Roll..."* PAUSE *„... und... es ist nicht einmal so, dass ich Rock & Roll nicht mag. Es ist einfach nicht Blues und Blues ist meine Leidenschaft."*

„Aber!" Rose mischte sich mit einem Leuchten in den Augen ein. *„Du hast uns erzählt, dass Savage Cabbage ein paar Beatles-Nummern und psychedelische Nummern wie Itchycoo Park spielten!"*

„Korrekt. Cream machte das auch. Ich habe nie gesagt, dass Blues die einzige *Musik ist, die ich mag oder spielen möchte. Savage Cabbage war im Grunde fast ausschließlich eine Bluesband. Wenn wir Blues spielten, und das war etwa* 90 *Prozent der Zeit, dann spielten wir immer langsam. Wir spielten bei jeder Nummer lange Improvisationen im Stil von Cream. Wir hatten zugegebenermaßen viel Einfluss vom Jazz und von J.S. Bach, aber wir spielten* nie *Rock & Roll. Wir spielten Blues, mit ein paar Acid-Rock-Nummern zur Abwechslung. Nicht wenige der Black American Blues-Leute spielten die eine oder andere Nummer, die außerhalb des Genres lag. Man wäre kein echter Musiker, wenn man nie versucht wäre, von Zeit zu Zeit auch anderes Material zu verwenden."*

Rose und Valerie saßen einen Moment schweigend da. Offensichtlich dachten sie darüber nach, was ich gesagt hatte, und schließlich antwortete Valerie: *„Okay... ja... ich kann das in Bezug auf Rock & Roll sehen... Ich vermute, das ist der Grund, warum Cyril Davies*[7] *sich von der Alexis Korner Band getrennt hat...* " PAUSE *„Ich verstehe jetzt, was du meinst und... wirklich... es ist der authentische Chicago Blues, den wir lieber hören würden. Ich hätte einfach nie gedacht, dass es einen so großen Unterschied gibt.* "

„Nun... vielleicht gibt es den auch nicht. Vielleicht liegt es nur an mir. " schlug ich vor.

„Nein, ich denke, du hast recht, Vic... " sagte Rose *„... es gibt wirklich einen großen Unterschied, wenn man es genau betrachtet. Ich meine, wenn man sich Muddy Waters und die meisten Leute aus dem britischen Blues-Boom hintereinander anhört... dann muss man wohl zu diesem Schluss kommen.* " PAUSE *„Ich nehme an, es ist für dich etwas offensichtlicher, weil du in einer Band gespielt hast und dir viele Gedanken über die Sache gemacht hast.* "

„Allerdings gab es in der ganzen Entwicklung einige fantastische Momente... Led Zeppelin waren am Anfang eine brillante Bluesband, in mancher Hinsicht sehr ähnlich wie Cream. Dann... wechselten sie zum Progressive Rock, was mir zwar gefällt, aber mir wäre es lieber, sie wären beim Blues geblieben. Auch Edgar Broughton, das war zunächst die Edgar Broughton Blues Band. Natürlich... als Cream sich trennte, wandte sich Jack Bruce wieder dem Jazz zu. Ich liebte sein Album „Songs For A Tailor', weil ich sein Bassspiel und die Texte von Pete Brown liebe, aber ich war traurig, ihn nicht mehr den Blues singen zu hören, wie er ihn mit Cream gesungen hatte. Ginger Baker war schon immer ein Jazzmusiker, auch bei Cream, also wandte er sich der Jazz-Rock-Fusion zu. Eric Clapton scheint den Blues ganz aufgegeben zu haben. Vielleicht wird er eines Tages noch einmal darauf zurückkommen. Ich hoffe es. " PAUSE *„Die Stones begannen auch als Bluesband.* " PAUSE *„Was mich so ärgert... ist... warum mussten sie sich „weiterentwickeln"? Was war falsch am Blues? Muddy Waters hat sich nie „weiterbewegt". Howlin' Wolf hat sich nie „weiterbewegt". Buddy Guy hat sich nie „weiterbewegt". Wo ist die Loyalität gegenüber dem Genre geblieben?* "

7 Cyril Davies (1932–1964) war einer der ersten Engländer, welcher Bluesharp gespielt hatte. Er spielte auch Banjo und 12-saitige Gitarre.

„Nun, Vic" sagte Valerie, als ob sie gegenüber einem Einfaltspinsel die offensichtlichste Aussage der Welt machen würde. *„Die Leute, die im Genre geblieben sind, das sind doch alles schwarze Amerikaner, nicht wahr… Es ist ihre Musik, also ist es ihre Tradition, die es zu bewahren gilt."*

„Ja… aber, ich weiß, dass das jetzt lächerlich klingen mag, aber… ich dachte, wir *wären auch alle schwarz… Irgendwie dachte ich, wir hätten alle aufgehört, Engländer zu sein, oder so. Es ist absolut verrückt, und ich habe es noch nie in Worte gefasst, aber da war dieses Gefühl, den Rubikon überschritten zu haben. Jimi Hendrix und Buddy Guy ließen sich lange Haare wachsen, also passierte es auch in die andere Richtung. Es gab das Gefühl, dass wir alle zusammen dabei waren. Ich nehme an… ihr müsst mich für absolut*—absolut—*naiv halten."*

„Vielleicht…" grinste Valerie *„… aber wie du schon sagtest: „Wenn du nicht leidenschaftlich bist, dann bist du tot' und vielleicht muss man ein wenig naiv sein, um so leidenschaftlich sein zu können."*

„Ich denke…" fügte Rose hinzu *„… dass wir beide auch lieber naiv wären, wenn das notwendig wäre, um leidenschaftlich zu sein."*

„Naja…" seufzte ich *„… Sag mir wo die Krumen sind? Wo sind sie geblieben? Sind wohl alle gegangen, um größere Brötchen zu backen…"*

„Oh! Sehr drollig, aber auch irgendwie sehr wahr" lachte Rose.

„Was ist mit der Überzeugung passiert, die den britischen Blues-Boom hervorgebracht hat?"

„Wie du selbst gesagt hast: Die Kommerzialisierung ist passiert. Es gab mehr Brötchen im Progressiven Rock" schnaubte Rose.

„Ja…" seufzte ich. *„Die Kommerzialisierung ist ja an sich in Ordnung, aber…"*

„Die Kommerzialisierung ist passiert und Jimi Hendrix ist gestorben" fügte Valerie hinzu. *„Das ist es, was passiert ist."*

Nach der Mittagspause war ich froh, dass die beiden mich in die Bildhauerabteilung einschleusen konnten, um an meinem Nut-Raiser zu arbeiten. Sie hatten eine 12-saitige Gitarre von einer sehr hilfsbereiten jungen Dame geliehen, die ebenfalls eine Blues-Enthusiastin war.

Rose und Valerie hatten sie überzeugt, dass ich *einigermaßen berühmt* sei. Das hatte mir nicht besonders gefallen, aber ich wusste, dass sie es gut meinten. Folglich sagte ich nichts, was ihre Werbetätigkeit hätte unterminieren können.

Ich hatte in einem Müllcontainer ein altes, hartes Mahagonistück gefunden, das wohl Teil eines alten Geländers gewesen sein musste. Innerhalb von zwei Stunden hatte ich daraus einen ziemlich feinen Saitenheber gemacht. Er war wesentlich schöner, als ich gedacht hatte und ich war äußerst zufrieden mit meiner Arbeit. Ich hatte auch noch das Stück eines verchromten Handtuchhalters, das ich schon bei meinem Auftritt in Carlisle für die Slide Gitarre verwendet hatte, und somit war ich bereit, als Hoochie Coochie Man die Bühne zu betreten.

Der Auftritt verlief gut. Ich genoss es ungemein, auch wenn es sich so anfühlte, als ob ich in einem Theaterstück spielen würde, wo meine Rolle *einem Aspekt* dessen entsprach, was ich bin. Nach dem Auftritt kehrten wir in die Wohnung von Rose und Valerie zurück. Wir verbrachten den Abend damit, gemeinsam zu sprechen und Blues–Alben zu hören. Rose und Valerie überraschten mich am Ende des Abends, indem sie mich spontan verführten. Sie verschwanden für ein paar Minuten und kehrten unbekleidet zurück. Ich überraschte mich selbst damit, dass ich nicht in der Lage war, Einwände gegen das zu erheben, was die beiden vorhatten.

Schließlich schliefen Rose und Valerie links und rechts von mir ein. Ich lag wach und fragte mich, wie das alles hatte passieren können. Nun, ich wusste, wie es passiert war. Sie hatten sich einfach entkleidet und ihre Absichten unvermeidlich gemacht. Ich hätte merken müssen, dass da etwas in der Luft lag. Rose und Valerie hatten ein paar sexuell aufgeladene Bemerkungen gemacht. Ich hatte es als freigeistige Schäkerei aufgefasst. Schließlich *musste* es doch möglich sein, dass Männer und Frauen sich auf ein scherzhaftes Geplänkel einließen, ohne dass dabei *mehr als nur ein Scherz* gemeint war.

Auf jeden Fall war ich alles andere als ein Frauenheld. Ich fand den Prozess der absichtlichen Verführung völlig geschmacklos. Wenn ich eine Dame mochte, ließ ich mich einfach auf ein Gespräch ein, und wenn sie mich mochte, wurde das Gespräch zunehmend anregend.

Es würden weitere Gespräche folgen und schließlich würde die Situation offensichtlich werden. Romantik entstand einfach von selbst, indem man natürlich war. Vielleicht war ich einfach nur naiv. Vielleicht? Nein, es gab kein „vielleicht“ : Ich *war* naiv.

Die Beschreibung der folgenden Begebenheiten grenzt an Chaos, eine Art ziellose Bewusstseinsstrom-Prosa. Es ist die Darstellung einer Nacht in der Schlafen, Träumen und zeitweiliges Wachen sich ständig abwechselten.

Es werden Überschriften bereitgestellt, um verschiedene Geisteszustände grob einordnen zu können: *Déjà-vu, Jamais-vu, Presque-vu, nächtliche Realität* und *Tages-Realität* [8]

Déjà-vu: Als ich dort lag, bemerkte ich, dass Rose und Valerie auf beiden Seiten von mir schliefen. Wie konnte es sein, dass ich dies als Déjà-vu erlebte? Warum hatte ich das Gefühl, dass dies eine für mich ganz übliche Situation sei, als ob ich einfach so von Tag zu Tag oder von Nacht zu Nacht leben würde? Ich schlief ein.

Jamais vu: Ich wachte auf. Der Raum war nicht ganz dunkel und meine Augen hatten sich jedenfalls an die Dunkelheit gewöhnt. Ich hatte schon immer eine gute Nachtsicht. Die Situation war mir zunächst einigermaßen klar, doch plötzlich wurde mir bewusst, dass ich mich nicht in einem Raum mit anderen befand. Ich war nicht in dem Schlafzimmer, in dem mein amouröses Abenteuer mit Rose und Valerie vor kurzem stattgefunden hatte.

Ich sah mich um. Es schien mir, als würde ich etwas sehen, das wie eine Zeltwand aussah. Der Eindruck ließ nicht nach. Ich erforschte meine Umgebung. Aus irgendeinem Grund ließ ich mich von meiner offensichtlich halluzinatorischen Wahrnehmung nicht beunruhigen. Ich war wach und es musste also eine Art Halluzination sein. Es kam mir ganz natürlich vor, dass ich in einem Zelt war, und es kam mir gar nicht in den Sinn, dass es prinzipiell seltsam ist, dass ich mich in einem Zelt befinden sollte. Diese Art von Wahrnehmung wäre eher typisch für den Traumzustand gewesen, aber ich war definitiv wach. Ich dachte nicht mehr an die seltsame Wendung der Ereignisse mit Rose und Valerie. Ich dachte überhaupt an nichts.

8 Siehe Glossar: *Déjà vu*

Ich hatte nur das Gefühl, plötzlich aus dem Schlaf erwacht zu sein. Ich schlief wieder ein.

Ich weiß nicht, wie lange ich geschlafen hatte, aber ich wachte ziemlich plötzlich wieder auf. Mir wurde bewusst, dass ich in den Nachthimmel blickte.

Auch das kam mir wieder ganz gewöhnlich vor, denn ich schien mich daran zu erinnern, dass ich nachts oft draußen schlief. Aber wer war dieses „Ich" um das es hier ging? Ich formulierte die Frage nicht in Worten, es war eher ein vages Gefühl der erfahrungsmäßigen Distanz zu dem „Ich" das sich in Exeter auf dem Weg über Farnham in Surrey in den Himalaya befand. Man befand sich immer auf dem Weg irgendwohin und an jedem neuen Ort war dieses „man" ein Ergebnis der Umgebung und der Umstände.

Presque vu: Ich dachte, wenn ich einfach lange genug still läge, dann würden die Worte, Ideen oder Informationen einfach zu mir zurückkommen, von dort wo auch immer sie waren, bevor sie mir entfielen. In diesem Moment kam es mir überhaupt nicht so vor, als ob ich nachts noch nie im Freien geschlafen hätte.

Es gab da etwas in meinem Bewusstsein, das im Widerspruch zu meinem normalen Gedächtnisgefühl zu stehen schien. Es war, als ob die Erinnerungen von mehr als einer Person versuchen würden, im selben Bewusstsein zusammenzuleben. Ich hatte Erinnerungen, die nicht meine eigenen waren, aber welche Erinnerungen waren dann meine? Oder gab es mehr als zwei Erinnerungsströme? War es eine Ménage à trois der Erinnerungen? Hatte ich Erinnerungen irgendwie telepathisch mit Rose und Valerie geteilt? War das möglich? Könnten Menschen *benachbarte Träume* haben? Ich schlief ein.

Ich wachte auf und war sehr durstig. Das Zimmer war wieder jenes in Exeter, in dem ich eingeschlafen war. Rose und Valerie schliefen tief und fest. Es war gerade 1.00 Uhr morgens auf dem leuchtenden Ziffernblatt von Roses Wecker. Einige Momente lang fragte ich mich, ob sowohl meine Erfahrungen beim *Wachen* als auch beim *Schlafen* jeweils Träume gewesen seien. Das wäre möglich. Vielleicht war ich vom Reisen einfach komplett übermüdet.

Zu viele späte Nächte. Zwei Blues-Auftritte und andere aufregende Aktivitäten. Während ich über diese Unwägbarkeiten nachdachte, schlief ich ein.

Déjà-vu: Nach zwanzig Minuten wachte ich erneut auf. Ich befand mich nun wieder in einer Umgebung, die nichts mit dem Zimmer zu tun hatte, in dem ich eingeschlafen war. Es war wieder das Zelt. Wieder? Ja... ich war schon einmal dagewesen und es schien, als wäre es kein Traum. Oder war das ein weiterer Traum? Nein... die Bettdecke schien dick und schwer zu sein. Das waren nicht die Bettdecken, unter denen ich eingeschlafen war. Die Luft fühlte sich kälter an, als sie hätte sein sollen. Seltsam.

Ich drehte mich auf die linke Seite und schlief wieder ein, zu müde, um die Anomalien der Situation noch einmal zu untersuchen. Es hatte keinen Sinn, darüber nachzudenken, es war alles zu bizarr. Nachdenken half nichts, um die Situation besser zu verstehen. Ich war versucht, aufzustehen und in einen anderen Raum zu gehen, wo ich das Licht hätte anmachen können, um die Sache in einer Umgebung zu erkunden, die eher „realen Lebensumständen" ähnelte. Ein schieres kraftloses Wollen. Ich schlief wieder ein.

Presque vu: Ich wachte wieder auf. Es war gerade mal 2.30 Uhr. Ich schlief wieder ein. Dann schien ich zu wissen, dass ich schlief. Ein luzider Traum. Mein Körper lag am Boden, aber ich schien in der Lage zu sein, geradeaus zu sehen, als ob ich sitzen würde. Ich spürte den Wind. Es gab einen Felsvorsprung, der von einem Dreiviertelmond schwach beleuchtet wurde. Es passierte etwas Seltsames, das ich verstehen musste. Es schien, als wäre ich kurz davor zu wissen, wer ich bin und wo ich war. Ich war knapp davor, es zu wissen, weil es ganz offensichtlich war; ich war knapp davor, es zu wissen, weil nichts offensichtlich war. Ich verblieb in diesem Zustand des Presque vu, in dem Offensichtliches und Nicht-Offensichtliches den gleichen Geschmack zu haben schienen.

Ich wachte auf. Der Raum war wieder ein Zelt, allerdings aus Tigerfellen. Ich schlief ein.

Ich wachte auf und dieses Mal zwang ich mich dazu, mich im Bett aufzusetzen. Ich war tatsächlich wach, soweit ich das beurteilen konnte, und saß in einem normalen Raum und nicht in einem Zelt.

Ich fragte mich, ob Rose und Valerie mein Getränk mit LSD versetzt hatten. Völlig unwahrscheinlich, aber ich dachte kurz, ich würde diese Art von Paranoia durchleben, die mir schon mehrfach beschrieben worden war. Es war jedoch keine Paranoia, die ich verspürte, lediglich eine leichte Verwirrung, die gelegentlich fast schon amüsant war.

Wachen und Schlafen wechselten sich ständig ab, aber ich war mir nie ganz sicher, was das eine und was das andere war. Hätte ich den Zustand nicht als erholsam empfunden, dann hätte ich wohl befürchtet, dass mich eine solche Nacht am nächsten Morgen erschöpft zurücklassen würde. Bei diesem Gedanken schlief ich ein.

Nachdem ich eingeschlafen war, befand ich mich wieder in einem luziden Traum.

Ich träumte, dass ich geschlafen hatte: Ich träumte von einem Zimmer in Exeter, das sich immer wieder in ein Zelt verwandelt hatte, und dass ich aufgewacht war (*im luziden Traum*). Dann war ich wieder in der seltsamen Situation, in der ich mich vor dem Einschlafen befunden hatte, aber über mir war der Nachthimmel.

Es fühlte sich an, als befände ich mich in einer Art Spiegelkabinett, in dem sich *Traum* und *Realität* ständig widerspiegelten, nur dass *die Realität wie ein luzider Traum wirkte* und *der luzide Traum* sich mit *Träumen* abwechselte, in denen die Konfiguration des Exeter-Schlafzimmers meiner Vorstellung von Realität entsprach.

Nächtliche Realität: Plötzlich war ich absolut sicher, dass ich wach war. Ich schaute mich im Raum um und identifizierte verschiedene Objekte. Unter meinem Levi-Hemd, das ordentlich über einen Stuhl drapiert war, befand sich meine Levi 501 Serge de Nîmes-Hose. Meine Stiefel standen unter dem Stuhl. Alles entsprach der alltäglichen Realität.

Jamais vu: Ich schaute abwechselnd Rose und Valerie an, aber es waren nicht Rose und Valerie. Sie hatten beide dunkles Haar, fast schwarz, das im Vollmondlicht klar zu sehen war. Ich konnte ihre Gesichter nicht sehen, weil sie mir beide den Rücken zuwandten, aber ich wusste, dass es nicht die beiden jungen englischen Damen waren, mit denen ich zu Bett gegangen war. Ich beschloss, dass es das Beste sei, schlafen zu gehen.

Sie zu wecken und zu fragen, wer sie seien, schien keine gute Idee zu sein, aber warum war ich nicht neugierig? Das hatte ich mich in dem Moment nicht gefragt. Die Frage stellte sich erst am nächsten Morgen, als ich mich daran erinnerte. Ich fragte sie nicht, wer sie waren, weil ich zu dem Zeitpunkt wusste, wer sie waren. Erst als ich aufwachte, wusste ich es nicht mehr.

Nachdem ich die beiden dunkelhaarigen Damen gesehen hatte, verfiel ich sofort in einen Traum vom Himmel, einem riesigen Himmel, der sich immer weiter ausdehnte und heller wurde, bis er sich in die Oberfläche eines Sees verwandelte. Dann verlor ich die Klarheit im Traum.

Irgendwann später wachte ich wieder auf. Es war noch dunkel. Ich öffnete meine Augen, um die Situation zu erkunden, und Valeries blondes Haar war deutlich zu sehen. Welche der vorherigen Episoden war ein Traum gewesen? War ich tatsächlich wach gewesen, als ich diese beiden dunkelhaarigen Damen sah, oder war es ein luzider Traum gewesen?

Ich konnte nicht sagen, was *Wacherlebnis* und was *luzider Traum* war, aber es hatte auch Träume gegeben, die nicht Klarträume waren... und ich versuchte, mich daran zu erinnern, was sie waren und was in ihnen passiert war. Jemand hatte gesprochen. Es war eine der dunkelhaarigen Damen gewesen, aber ich konnte mich nicht erinnern, was sie gesagt hatte. Sie hatte etwas gefragt. Ich hatte geantwortet, oder jemand hatte geantwortet. Tageslicht war in das Zelt geströmt, in dem ich geschlafen hatte. Vielleicht war der Traum dadurch entstanden, dass die Mondsichel über den Himmel gezogen war.

Irgendwann in der Nacht begann der Mond ins Schlafzimmer zu scheinen. Allerdings... als ich aufwachte und spürte, dass ich in einem Zelt war... war es dunkel und keine Spur vom Mond. Dann kam mir der Gedanke, dass ich den Mond in derselben Nacht in verschiedenen Phasen gesehen hatte. Wenn ich also am nächsten Tag die Mondphase überprüfte, könnte ich sie vielleicht mit dem, was passiert war, in Einklang bringen. Die Aspekte der nächtlichen Visionen, die mit *der tatsächlichen Mondphase im alltäglichen Exeter* übereinstimmten, wären das gewesen, was ich sah, als ich wach war, und alle anderen Visionen wären Träume gewesen.

Auf diesem schwindelerregenden Höhepunkt aussichtsloser Mutmaßungen schlief ich ein.

Ich erwachte ziemlich früh aus einem Traum, der lebhaft gewesen war, aber nicht luzide.

In diesem letzten Traum gab es keine Handlung. Ich saß einfach auf einer Almwiese und beobachtete zwei junge Mädchen, die auf extrem großen Hunden ritten. Sie galoppierten mit den Hunden um die verschiedenen Zelte herum, die majestätisch unterhalb einer Bergkette standen. Es gab Geräusche, an die ich mich aus dem Traum erinnerte, eine Art Musik, aber die Art der Musik war mir nicht mehr klar, als ich aufwachte. Ich konnte mich nur daran erinnern, dass die Geräusche angenehm waren, obwohl „angenehm" nur eine sehr ungefähre Beschreibung war.

Der Traum hatte sich in Tibet abgespielt. Daran war ich ja gewöhnt. Das war schon oft passiert, als ich noch sehr klein war, und dann später auch als Teenager, als ich anfing zu meditieren. Die Weiße Dame hatte es mir als Kind ermöglicht, *von meinem Schlafzimmer aus nach Tibet zu spazieren*, und im Laufe der Jahre war hin und wieder dasselbe passiert. Ich konnte allerdings nie vorhersagen, wann es passieren würde.

Jedes Mal, nachdem es geschehen war, versuchte ich nach Anzeichen dafür zu suchen, was diese Träume, oder Tagträume der Nacht, oder was auch immer sie waren, jeweils auslöste. Auf diese Frage konnte ich allerdings nie eine Antwort finden.

Tages-Realität am nächsten Morgen: Als ich endlich wirklich aufwachte, fühlte ich mich ausgeruht und überraschend munter. Ich bereitete das Frühstück für Rose und Valerie: Florentiner Eier mit Toast. Rose und Valerie begrüßten mich und begannen zu erzählen, dass ich im Schlaf geredet hätte.

„Was habe ich gesagt?" lachte ich.

„Keine Ahnung" antworteten sie. *„Du hast kein Englisch gesprochen."*

„Vielleicht war es deutsch."

„Nein… es klang nicht deutsch – es klang eher so, als würde man etwas in einem chinesischen Restaurant bestellen."

„Vielleicht hatte ich Hunger" versuchte ich abzulenken. Ich hatte keine große Lust, über die Träume der vergangenen Nacht zu sprechen. *„Ich bin jetzt auf jeden Fall ziemlich hungrig, deshalb habe ich uns allen zum Frühstück ein Festmahl bereitet"*

„Nun, ich kann nicht sagen, dass du letzte Nacht nicht hart dafür gearbeitet hättest" scherzte Rose.

„Also wovon hast du geträumt?" fragte Valerie. *„Menschen träumen immer, wenn sie im Schlaf reden."*

Ich erzählte ihnen beim Frühstück von dem Traum, aber ich platzierte die Szene in der Schweiz, um etwaige Komplikationen zu vermeiden, die auftreten könnten, wenn etwas zu spirituell erscheinen mochte. Ich wusste, dass Rose und Valerie nicht besonders scharf auf Spirituelles waren. Das hatte ich bereits gemerkt, wie sie sich über Emily lustig machten.

„Trugen sie Lederhosen?" fragte Rose lachend. *„Weißt du, so wie Heidi?"*

„Nein…" überlegte ich *„… jetzt wo du es erwähnst… sie trugen nichts."*

„Nun, das überrascht mich nicht!" lachte Valerie, die fortfuhr, als sie die Frage in meinem Gesicht bemerkte: *„Träume hängen normalerweise mit dem zusammen, was in unserem Leben passiert, also machen zwei nackte Mädchen irgendwie Sinn."*

„Ja… „Wir sind der Stoff, aus dem Träume gemacht sind; und unser kleines Leben wird durch den Schlaf abgerundet"[9]" antwortete ich, um das Thema von meinen Träumen wegzubringen.

„Shakespeare?" fragte Rose.

„Ja… Shakespeare… Für fast alles gibt es ein Shakespeare-Zitat, und wenn man den Blues zum Sortiment hinzufügt, gibt es fast nichts, für das man nicht eine passende Referenz finden kann."

„Versuchst du deine Träume zu deuten?" fragte Valerie.

9 William Shakespeare, Der Sturm, Akt IV, Szene i.

„Nein… Das wäre eher die Domäne von eurer Freundin Emily.“ PAUSE *„Licht, das Licht sucht, betrügt das Licht um Licht! Und statt zu finden, wo's im Finstern funkelt, erlischt dein Licht, und Nacht hält dich umdunkelt.“*

„Noch mehr Shakespeare!“ lachte Rose. *„Woher kommt das?“*

„Die Rede von Biron aus „Verlorene Liebesmüh“. Das Ganze klingt in etwa so, wenn ich mich richtig daran erinnern kann:“

> *„Eitel ist jede Lust, am meisten, die*
> *Mit Mühen kaufend nichts erwirbt als Müh;*
> *So auch, mühvoll den Geist zum Buch zu wenden,*
> *Suchend der Wahrheit göttlich Angesicht,*
> *Indes die Strahlen schon das Auge blenden.*
> *Licht, das Licht sucht, betrügt das Licht um Licht!*
> *Und statt zu finden, wo's im Finstern funkelt,*
> *Erlischt dein Licht, und Nacht hält dich umdunkelt.“* [10]

„Diese Zeilen haben mir schon immer gefallen.“

„Ja, aber „Eitel ist jede Lust“, eh…“ lachte Valerie. *„… das ist eine… düstere Perspektive. Ich hoffe, es ist nicht deine.“*

„Auf keinen Fall.“ Ich lächelte etwas matt. *„Ich dachte primär an die Zeilen: „Und statt zu finden, wo's im Finstern funkelt, Erlischt dein Licht, und Nacht hält dich umdunkelt.“ Dieses „Funkeln in der Finsternis“ klingt für mich wie die Traumwelt und das kam mir in den Sinn. Der Versuch, in Träumen einen Sinn zu finden, wäre, als würde man die Augen verlieren. Es macht keinen Sinn, Träume analysieren zu wollen.“*

„Du bist also nicht mit Jung und dem ganzen psychoanalytischen Kram einverstanden?“

„Nicht wirklich, nein, denn alles, was man analysiert, wenn man einen Traum analysiert, ist der wache Geist, der sich an den Traum erinnert. Man könnte nur dann versuchen, einen Traum zu analysieren, wenn man gerade träumt.“

„Aber…“ meinte Valerie „… das würde bedeuten, dass du dir bewusst sein müsstest, dass du träumst, wenn du träumst. Ist das möglich?“

„Ja…“

10 William Shakespeare, *Verlorene Liebesmüh*, Akt I, Szene i.

„*Bist du dazu fähig? Ich meine: Hast du das schon jemals gemacht?*“ fragte Rose.

„*Ja…*“ antwortete ich und erkannte, dass ich mehr gesagt hatte, als ich sagen wollte „*… nicht oft, aber ich habe Erfahrungen gemacht, in denen ich in Träumen bei Bewusstsein war.*“

„*Ich glaube, du bist Emily ähnlicher, als du denkst, Vic.*“

„*Ja… in mancher Hinsicht vielleicht. Aber ich neige dazu, mich für einen Realisten zu halten, auch wenn „… es mehr Dinge im Himmel und auf Erden gibt, Horatio, als man sich erträumt…“*[11] *und so weiter…*“

„*Hamlet!*“ bemerkte Rose, offensichtlich erfreut, dass sie das Zitat erkannt hatte.

„… „*Oh Tag und Nacht, und es war wunderbar seltsam!*“[12]…“ zitierte Valerie falsch und lachte.

„… „*Und deshalb heißt es als Fremder willkommen.*“[13]…“ schloss ich mit einem leicht wehmütigen, aber nichts desto trotz schalkhaften Grinsen.

Was hatte es mit der Kreatur auf sich, die ich zu sein schien? Die Esoterikerin Emily fand mich zu pragmatisch, zu wenig spirituell. Die pragmatischen Damen Rose und Valerie hielten mich für einen Eso-Fuzzi. Trotzdem hatte ich sie mit Shakespeare aus der Bahn geworfen. Und so unterhielten wir uns weiter, bis es Zeit war, mich auf den Weg zu machen und zu schauen, wer mich als nächstes beim Autostoppen mitnehmen würde. Ich hatte früh am Morgen beschlossen, dass ich wohl besser nach Farnham aufbrechen sollte.

Ich wäre für eine Beziehung mit einer der beiden Damen offen gewesen, aber eine Ménage à trois entsprach nicht unbedingt der Vision, die ich von meinem weiteren Leben hatte.

Die Tatsache, dass ich nicht in der Lage war, eine Situation abzuwenden, die an sich *nicht meinen Wünschen entsprach*, beunruhigte mich etwas.

11 William Shakespeare, *Hamlet,* Erster Aufzug, fünfte Szene.
12 Ebenda
13 Ebenda

Ich dachte, ich hätte eine Vorstellung davon, wer ich war, auch wenn es kein *festes, dauerhaftes, getrenntes, kontinuierliches oder definiertes* „Ich" im buddhistischen Sinne gab.

Ich überlegte. Es gab also wirklich kein „Ich"… und somit konnte „Ich" immer eine Überraschung für *das „Ich" von jedem bestimmten Zeitpunkt* bereithalten.

Es war nicht so, dass ich meine heiße Nacht mit Rose und Valerie nicht genossen hätte; oder dass ich sie bereut hätte. Es war nicht so einfach. Ich wollte diesen Weg nicht noch einmal gehen, und die Chancen standen ohnehin gut, dass so eine Situation nie wieder eintreten würde. Ich fing an, über die Natur des Karmas und meine karmischen Muster nachzudenken[14]. Rose und Valerie waren die sekundären Ursachen, die in mir ein Verhalten ermöglicht hatten, das ich sonst missbilligt hätte. Aus irgendeinem Grund war ich schon immer völlig monogam. Im Gegensatz zu manch anderen hatte ich nie gedacht, dass ein Harem ideal wäre. Ich wollte nur eine Freundin, die in jeder Hinsicht meine Freundin war. Wir würden ein gemeinsames Leben als Freunde führen. Das Wort Freund war mir schon immer wichtig und ich schätzte meine Freunde. Das war es, *was ich war*. Aber offensichtlich war das, *was ich war*, in der Lage zu mutieren, wenn die Welt die entsprechenden sekundären Ursachen anbot. Diesbezüglich musste ich auf der Hut sein. Sekundäre Ursachen waren ein Minenfeld.

Als ich acht Jahre alt war, war Mr. Love der Grund für meine Liebe zum Blues. Handelte es sich dabei um eine sekundäre Ursache? Oder war ich darauf geprägt, den Blues zu lieben? Hatte ich eine frühere Wiedergeburt im Mississippi-Delta? Zweifellos ein romantischer Gedanke, aber ich hatte keinen Hang zu solch phantasievollen Spekulationen. Es gab zu viele Verrückte, die sich einbildeten, sie wären die Wiedergeburt von irgendjemandem, und ich hatte kein Interesse daran, mich dort einzureihen. Dennoch war es merkwürdig, dass mich der Blues im Alter von acht Jahren so dermaßen gepackt hatte.

14 Siehe Glossar: *karma*

Die Wikinger hatten mich auch gepackt, aber das Interesse für sie war bereits bedeutungslos geworden, als ich die Grundschule verließ. Vielleicht bedeuteten nur die Dinge etwas, die einen Menschen ein Leben lang packten. Würde der Blues immer die große Sache bleiben, die er war? Und was ist mit Vajrayana? Die beiden Religionen, wie ich sie manchmal betrachtete, schienen fest in mir verankert zu sein, sodass es kaum eine Chance zu geben schien, dass eine von beiden verschwinden würde.

Rose und Valerie waren ein wenig enttäuscht, dass ich nach Farnham zurückkehren musste, und um die Wahrheit zu sagen, ich auch. Der Gedanke an weitere Nächte mit den beiden hübschen Damen wurde nicht ohne Bedauern aufgegeben, aber es fühlte sich nicht richtig an, zu bleiben. Das wäre nicht *wirklich* „ich" gewesen, obwohl es mir auch nicht *ganz* fremd vorkam. Wie konnte das sein?

Ich wusste, dass es in Tibet sowohl Polygynie als auch Polyandrie[15] gegeben hatte, weil ich in Mipam, einem tibetischen Roman von Lama Yongden, dem Adoptivsohn von Alexandra David-Néel, über diese Formen der Ehe gelesen hatte[16]. Interessanterweise hatten Rose und Valerie sich selbst als Schwestern stilisiert, wobei sie damit völlig humorvoll umgingen. Rose war eher klein und hatte dunkles lockiges Haar, und Valerie war groß und hatte glattes blondes Haar. Ihr Aussehen hätte unterschiedlicher nicht sein können. Rose hätte eine Französin und Valerie eine Skandinavierin sein können. Ein Teil ihres Auftritts als Schwestern bestand darin, so oft wie möglich identische Kleidung zu tragen. Aber was auch immer ihr Konzept gewesen sein mag, ich sah mich nicht als Polygyniker, ganz gleich, wie das tibetische System in ländlichen Gebieten auch aussehen mochte. Ich hatte auch nicht vor, durch das Leben zu treiben und durch zufällige Umstände zu dem zu werden, was die Welt aus mir machte.

15 Siehe Glossar: *Polyandrie / Polygynie*
16 Siehe Glossar: *Yongden*

Shakespeare huschte durch meine konzeptionelle Infrastruktur:

> Romeo: *Ich hatte diese Nacht 'nen Traum.*
> Mercutio: *Auch ich.*
> Romeo: *Was war der Eure?*
> Mercutio: *Daß Träumer oftmals lügen.*
> Romeo: *Sie träumen Wahres, weil sie schlafend liegen.*
> Mercutio: *Nun seh ich wohl, Frau Mab hat Euch besucht.*
> William Shakespeare—*Romeo und Julia*, Erster Aufzug, vierte Szene

Ja… *Königin Mab war bei mir* und sie war seit meiner Kindheit ein *weiß leuchtender Raum der Bedeutung*. Wie dem auch sei, selbst wenn Rose und Valerie Königin Mabs Feen gewesen wären, ich wollte so weit wie möglich Kontrolle über mein Leben behalten. Also machte ich mich mithilfe meines Daumens und eines Pappschilds mit der Aufschrift „Reading / Farnham" auf den Heimweg.

Ich hatte Glück. Ich kam mit der ersten Fahrt zwar nicht nach Reading, aber immerhin bis nach Newbury. Dann nahm mich ein Lastwagen mit, der nach Aldershot fuhr. Der Fahrer war so freundlich, seine übliche Route zu ändern, um mich am Ende der Woodsfield Lane abzusetzen. Ich hatte *sehr* viel Glück. Wenn ich nun ein Eternalist[17] gewesen wäre, dann hätte ich dies als Zeichen dafür gedeutet, dass ich die richtige Entscheidung getroffen hatte, nicht länger bei Rose und Valerie in Exeter zu bleiben. Das tat ich nicht, da ich kein Eternalist war, aber ich überprüfte, in welcher Phase der Mond war, als ich die Nacht in Exeter verbracht hatte.

> *„Ich hatte eine äußerst rare Vision. Ich hatte 'nen Traum – 's geht über Menschenwitz, zu sagen, was es für ein Traum war.… Des Menschen Auge hat's nicht gehört, des Menschen Ohr hats nicht gesehen, des Menschen Hand kann's nicht schmecken, seine Zunge kanns nicht begreifen und sein Herz nicht wieder sagen, was mein Traum war.*"
> William Shakespeare, Zettel, *Ein Sommernachtstraum*, Vierter Aufzug, erste Szene

Was ich feststellte machte überhaupt keinen Sinn.

17 Siehe Glossar: *Vier Ablehnungen*

> *„Warum hast du ihn in einen solchen Traum versetzt, dass er, wenn das Bild davon ihn verlässt, verrückt werden muss."*
> William Shakespeare, Was ihr wollt, *Zwölfte Nacht*, Zweiter Aufzug, fünfte Szene

Die Mondphase, als ich die beiden dunkelhaarigen Damen gesehen hatte, war die tatsächliche Mondphase dieser Nacht. Es war Vollmond gewesen. Der Halbmond und der Dreiviertelmond, die ich sah, entsprachen nicht der Realität dieser Nacht, obwohl ich gedacht hatte, die beiden dunkelhaarigen Damen wären ein Traum gewesen, an den ich mich beim Aufwachen erinnerte. Es war das, was ich zu sehen glaubte, als ich wach war, das ein Traum gewesen war.

> *„Denn wie meine Tochter mir erzählt, träumt ihr zuweilen tolles Zeug, und vom Lachen wacht sie auf."*
> William Shakespeare, Leontes, *Viel Lärm um nichts*, Zweiter Aufzug, erste Szene

Ich schaute mich in der vertrauten Welt meines Elternhauses um und lachte. Es sah völlig so aus, wie ich es erwartet hätte.

18

Nach Indien

Was auch immer der Stand der Mondphase in Exeter gewesen war, Rose und Valerie wurden von der gleißenden Sonne Indiens in den Schatten gestellt. Natürlich würde ich ihnen eine Karte schicken, aber eine anhaltende enge Verbindung wäre nicht klug gewesen, angesichts meiner Entschlossenheit grundsätzlich monogam zu leben. Was war jedoch in der besagten Nacht mit meiner Monogamie geschehen? Ich war ein Heuchler, oder zumindest hatte ich mich diese Nacht zu einem Heuchler gemacht.

Es gab zwei Möglichkeiten, der Heuchelei abzuschwören. Entweder musste ich akzeptieren, dass ich nicht ganz monogam war, oder ich musste wissen, dass sich eine solche Nacht niemals wiederholen würde. Ich hatte sofort nach dem Ereignis entschieden, dass so etwas nie wieder passieren wird. Da war ich mir sicher, aber es würden noch einige Jahre vergehen, bis ich das Gefühl hatte, in der Lage zu sein, mich unter allen Umständen zu beherrschen. Würde das Konzept der „jugendlichen Torheit“ es mir erlauben, gegenüber meiner Selbstverurteilung Nachsicht walten zu lassen? Möglicherweise. Die Ménage à trois war nicht *meine* Idee gewesen. Ich hatte mich einfach damit abgefunden.

Nachdem ich jedoch nachgegeben hatte, war ich nicht merklich zurückhaltend gewesen. Duldung war keine gültige Rechtfertigung. Andererseits war es schon zu spät gewesen, um Zurückhaltung zu zeigen. Es wäre äußerst unbeholfen gewesen, eine Panikattacke zu bekommen und aus dem Schlafzimmer zu flüchten. Das Leben war da um zu lernen, oder zumindest wurde das so gesagt.

Aber *was* hatte ich gelernt? Ich hatte keine Ahnung. Vielleicht hatte ich nichts gelernt. Die meisten Menschen „lernen“ nichts aus dem Leben. Lernen als Teil des Lebens ist kein Automatismus. Lernen ist sicherlich möglich, aber man muss ein Maß an Einsicht erlangen, das überzeugend genug ist, um weiteren Unsinn auszuschließen. Ich war immer noch zu weiteren Torheiten fähig, trotz meiner Visionen und Meditation.

Wie dem auch sei, was auch immer ich verabsäumt hatte zu lernen, ich hatte eine Flut von Träumen erlebt, die meinen Realitätssinn herausforderten, wobei es mehr als Träume waren. Ich hatte luzide Träume und quasi-visionäre Erfahrungen gehabt, und diese blieben weitaus lebendiger in Erinnerung als das ausgelassene Toben und Treiben der nächtlichen Begierde.

Ich hatte das Gefühl, dass das Zelt, das ich gesehen hatte, echt war. Die beiden dunkelhaarigen jungen Damen im Zelt waren irgendwie mit mir verbunden. Ich erinnerte mich, dass ich *wusste*, dass sie Schwestern waren. Vielleicht hatte sich dieser Eindruck erst im Nachhinein entwickelt, wenn man bedenkt, dass Rose und Valerie die Rolle von Schwestern spielten.

Nein. So war es nicht gewesen.

Ich wusste *wirklich*, dass die beiden Schwestern waren, aber ich hatte keine Ahnung, wie ich überhaupt so eine Tatsache hätte wissen können. Ich kannte den Unterschied zwischen Faktenwissen und Intuition und achtete darauf, die beiden nicht zu verwechseln. Ich wusste daher, dass die Schwestern irgendwo existierten, oder dass sie irgendwo existiert hatten, und dass ich irgendwie mit ihnen in einer Beziehung stand.

Nach ausführlicher selbstkritischer Evaluation kam ich zu dem Schluss, dass ich dem Abenteuervorschlag von Rose und Valerie zwar nicht hätte folgen sollen, dass er aber als Grundlage für das Auftauchen einer Fülle von Träumen und visionären Erfahrungen gedient hatte.

Hätten diese Träume auch unter anderen Umständen stattgefunden? Vielleicht war einfach die Zeit dafür reif gewesen? Und was hatte es mit den Visionen auf sich? Psychiater würden sie vielleicht als „Halluzinationen" diagnostizieren? Ich mühte mich damit ab, zwischen „Visionen" und „Halluzinationen" zu unterscheiden, und kam letztendlich zu dem Schluss, dass ich, wenn es sich um Halluzinationen gehandelt hätte, vermutlich nicht in der Lage wäre, als relativ normaler Mensch zu funktionieren. Psychiatrische Fälle waren meistens keine guten Baustellenarbeiter oder zuverlässige Sänger von Bluesbands.

Im Vergleich zur konventionellen Gesellschaft mag ich in vielerlei Hinsicht seltsam gewesen sein, aber ich funktionierte besser als viele Hippies, die ich getroffen hatte. Am Ende kam ich zu dem Schluss, dass dies alles Fragen waren, die ich einem Lama stellen musste. Es waren keine Dilemmata, die ich hätte allein lösen können.

Was auch immer der Fall sein mochte, ich würde es vermeiden, sekundäre Ursachen zu generieren, die im Widerspruch zu meiner grundlegenden Ethik standen. Die ganze Frage der primären und sekundären Ursachen ist eine ernste Angelegenheit. Ich hatte über primäre und sekundäre Ursachen gelesen. Es schockiert mich einigermaßen, dass ich jetzt von einer primären Ursache überfallen worden war, von der ich anscheinend keine Vorkenntnisse hatte.

Mit Ausnahme von realisierten Wesen sind wir alle *durch primäre Ursachen programmiert* und wir leben in einem *Minenfeld sekundärer Ursachen.* Einige primäre Ursachen sind relativ harmlos, andere können jedoch tödlich sein. Was wäre, wenn es irgendwo in meiner wahrnehmungsmäßigen biochemischen karmischen Verfassung eine primäre Ursache für Mord gäbe? Das war unwahrscheinlich, da ich bisher nur ein einziges Mal gewalttätig agiert hatte, als ich im Alter von neun Jahren Adrian Parrot auf die Nase geschlagen hatte. Es hatte mir sehr leid getan, dass ich damals das Gefühl gehabt hatte, es gäbe keine andere Wahl, als auf körperliche Gewalt zurückzugreifen. Ich hatte das nur getan, um mich zu verteidigen und ich bedauerte es danach. Also war ich diesbezüglich wahrscheinlich nicht in Gefahr. Wenn es jedoch zu zufälligen Liebesbeziehungen kam, was war da die primäre Ursache? Welche Angewohnheit aus einem früheren Leben hatte mich dazu gebracht, gegen meine gegenwärtigen Überzeugungen zu handeln? Nachdem ich eine Weile darüber nachgedacht hatte, fand ich es sogar leicht amüsant. Wie wahrscheinlich wäre es, in Zukunft nochmals von zwei jungen Damen begehrlich überfallen zu werden? Es war äußerst unwahrscheinlich, dass sich solch ein Ereignis wiederholen würde, wenn ich nicht aktiv danach suchte. Und selbst dann war es unwahrscheinlich, denn obwohl ich nicht hässlich war, wusste ich, dass ich nicht mehr als durchschnittlich begehrenswert war.

Nach meiner Rückkehr aus Exeter verdichtete sich die zeitliche Realität. Ich hatte den Sommer damit verbracht, als Hoddie[1] auf einer Baustelle zu arbeiten. Nach zweieinhalb Monaten Ziegelschleppen hatte ich mehr als genug Geld für die lange Reise. Aus Monaten waren Wochen geworden. Aus Wochen wurden Tage, und eines Tages saß ich im Zug nach London zum Flughafen Heathrow, um dort ein Flugzeug zu besteigen.

Plötzlich, fast unerwartet, war ich in Indien. Indien war sowohl das, *was ich erwartet hatte*, als auch etwas ganz anderes. Indien war für mich das Ergebnis einer langen Reihe von Entscheidungen, aber jetzt war die Situation entscheidungslos. Natürlich hatte ich vom „Kulturschock" gehört. Ich hatte aber keine Ahnung, ob ich ihn erleben würde. Ich war traurig über die Armut und Krankheit, aber erfreut über die alltägliche Sanftmut der einfachen Leute. Ich begegnete Unehrlichkeit und außergewöhnlicher Aufrichtigkeit, Geiz und beispielloser Großzügigkeit. In Indien wimmelte es von unerwarteten Wundern: einige waren winzig, andere riesig.

Es schien schwer vorstellbar, wie ein Land funktionieren konnte, in dem so viel Chaos die meisten Aspekte des Lebens kennzeichnete. Mir wurde schnell klar, dass dies die Hauptursache für den Kulturschock war, den die meisten Menschen aus dem Westen hier erlebten: *das Chaos*. Chaos bedeutet *Leere*, und Leere ist „die große Lektion, die Indien lehrt" . Jeder, der bereit ist, sich auf Ungewissheit, Unsicherheit, Abenteuerlichkeit, Mehrdeutigkeit, Ambiguität, Zweifel, Zurückhaltung und Unglaubwürdigkeit einzulassen, kann durch den Besuch von Indien seine Lebensperspektive verändern. Es dauerte nicht lange, bis ich zu dieser Einsicht gelangte. Alles, was ich dafür tun musste, war zu beobachten, dass die Menschen hier ihr tägliches Leben ohne den Grad an Sicherheit lebten, den ich als normal erachtete. Ich konnte sehen, dass es durchaus möglich war, immer geringere Sicherheitsstandards in Kauf zu nehmen.

1 Ein „Brick Hod" ist eine dreiseitige Kiste mit langem Griff zum Tragen von Ziegeln auf Baustellen. Er wird über der Schulter getragen. Wenn ein Hoddie die nötige Kraft und Ausdauer besitzt, kann er bis zu zwölf Steine tragen. Hoddies sind Teil eines Maurerteams, mit zwei Maurern für jeden Hoddie.

Das übliche Sicherheitsbedürfnis beruhte auf gesellschaftlicher Konditionierung. Es war nicht fest verankert, daher konnte man sich an Unsicherheit genauso gewöhnen wie an Hitze. Die Abenteuerlichkeit entwickelte sich allmählich *zu einer Quelle der Freude* und nicht mehr zu *einer Quelle der Angst*. Wenn man es nur zuließ, dann konnte sich die Angst allmählich vermindern. Sie verwandelte sich in Unruhe; Unbehagen; vage Befürchtung; und schließlich in eine entspannte Neugier. Dieser Prozess konnte Monate dauern, aber ich schaffte es, den Kulturschock nach ein oder zwei Tagen hinter mir zu lassen, indem ich die gute altmodische Methode „Nimm dich zusammen und hör auf, ein Weichei zu sein" anwendete.

Ich buchte mein Ticket am Bahnhof Old Delhi und begab mich, da ich sechs Stunden Zeit hatte, zum Roten Fort[2]. Das Rote Fort war 200 Jahre lang, bis 1857, die Residenz der Kaiser der Mogul-Dynastie gewesen. Es beherbergt eine Reihe von Gebäuden und hochinteressanten Museen. Darin befand sich auch eine Passage mit drei umfangreichen tibetischen Antiquitätenläden. Ich betrat jeden von ihnen und war verwirrt. Hier gab es Dinge, die ich in Museen in Großbritannien gesehen hatte und auf alten Fotografien von Tibet.

Ich hatte nur begrenzte finanzielle Mittel und ließ mir daher nur ein paar Dinge für meine Rückkehr nach Großbritannien zur Seite legen. Dadurch schwanden meine hart erarbeiteten Ressourcen bereits etwas. Allerdings sollte mir später in Form von britischen Postanweisungen Geld zugesandt werden, das ich durch den Verkauf meiner Musikausrüstung verdienen würde: ein MARSHALL-Bassverstärker, eine PA-Anlage und verschiedene Instrumente. Ich würde überleben, aber ich hätte mir gewünscht, dass ich mehr Geldmittel für die wundervollen Vajrayana-Gegenstände gehabt hätte, die ich dort gesehen hatte. Einige Dinge, nach denen es mich gelüstet hatte, waren nicht essentiell, und so sagte ich mir, dass „gierige Besessenheit" für einen Buddhisten kein gesunder Geisteszustand sei. Ich kam zu dem Schluss, dass ich großes Glück mit dem hatte, was ich gefunden hatte. Bald war ich mit dem, was ich für die zukünftige Praxis erworben hatte, auch äußerst zufrieden.

2 Siehe Glossar: *Das Rote Fort*

Der Nachtzug vom Bahnhof Old Delhi brachte mich nach Pathankot. Mir wurde mitgeteilt, dass die 2. Klasse mit Klimaanlage auf 2 Ebenen angenehmer sei als die 1. Klasse. Die Klimaanlage stellte sich dann allerdings als einfacher Ventilator heraus, aber das funktionierte immerhin ganz gut.

Heiß und schwül. Das hatte ich erwartet, aber nicht diese bedrückende, alles fressende, allgegenwärtige Intensität, die vorherrschte. Es wurde jedoch merklich kühler, als der klapprige Bus sich Upper Dharamsala näherte, hinauf in das wohltuende Nadelgrün der Ausläufer des Himalaya. Mit dem braunen Himmel über der Ebene hatte ich nicht gerechnet und zu meiner Erleichterung nahm der Himmel nach und nach wieder ein gewohnteres Blau an. Körnchen für Körnchen verschwand der Staub der tieferen Lagen, als die Ausläufer von Himachal Pradesh näher kamen.

Als ich Upper Dharamsala erreichte, stieg ich in einen weiteren, noch heruntergekommeneren Bus, der mich in das ein paar hundert Meter höher gelegene McLeod Ganj brachte. Das war mein Ziel. Ich war der Hitze und dem Staub entkommen. Ich war erleichtert, als ich aus dem Bus ausstieg. Zu meiner großen Freude wurde ich von Yeshi Khadro[3], der Frau von Amji Pema Dorje[4], empfangen.

Ich hatte mit ihr als Brieffreundin korrespondiert[5] und sie brachte mich nun zu Amala Norgas Haus, wo ich wohnen sollte. Die Miete war äußerst günstig und inkludierte ein Frühstück. Amala Norga war die Tante von Yeshi Khadro und sie war auch die Chang-Lady, eine der tibetischen Gerstenbierbrauerinnen des Dorfes. Sie erwies sich als eine ganz liebe Dame mittleren Alters mit einem wunderbaren Lachen und einer schönen Stimme.

3 Sie buchstabierte ihren Namen als Yeshi Khadro. Die übliche Schreibweise wäre Yeshé Khandro (*ye shes mKha' 'gro*).

4 Siehe Glossar: *Amji Pema Dorje*

5 *Die Tibetische Freundschaftsgruppe* in Bromley, Kent, organisierte tibetische Brieffreunde. Die Gruppe wurde von Ani Tsultrim und Ani Wangchuk gegründet, zwei Kagyüd-Nonnen aus Cockney. Es handelte sich um Mutter und Tochter, die vom 16. Gyalwa Karmapa zu Nonnen ordiniert worden waren.

Die meiste Zeit sang sie Mantras: Om Mani Pemé Hung, der Gewahrseinsspruch von Chenrézigs[6].

Nach ein paar Tagen Gewöhnung an das Leben in McLeod Ganj begann ich, Unterricht bei Geshé Ngawang Dargye in Gangchen Kyishong zu nehmen[7]. Schon im ersten Kurs wurde mir klar, dass meine unersättliche tibetische Lektüre hier weitgehend irrelevant war. Die Bücher, die ich recherchiert und studiert hatte, hatten in meinem Kopf ein Bild geschaffen, das ganz anders war als das, was ich hier vorfand. Meine vorherigen Studien erwiesen sich als wenig hilfreich. Eines Nachmittags, als ich nach McLeod Ganj zurückging, schmunzelte ich. Ich war mit dem Gefühl gekommen, einiges zu wissen, erkannte aber, dass ich ein absoluter Ignorant war. Nicht, dass die Bücher, die ich gelesen hatte, falsch gewesen wären, aber das Ethos, das sie meiner Meinung nach vermittelten, hatte auf praktischer Ebene fast nichts mit dem Leben hier zu tun. Ich war nicht enttäuscht, ganz im Gegenteil. Ich war nur leicht verwirrt. Ich war jedoch bereit zu lernen und machte mich mit Eifer daran, eine ganz neue Perspektive zu gewinnen.

Ich würde sagen, dass ich nicht enttäuscht war, obwohl das nicht ganz stimmte. Ich hatte mir eine ähnliche Situation wie an der Kunsthochschule erwartet, wo ein Gefühl der Kameradschaft mit meinen Kommilitonen vorherrschte. Ich dachte, ich würde sie als Waffenbrüder und -schwestern empfinden. Aber nein, sie waren merkwürdig distanziert und etwas unnahbar, wobei ich mich fragte, wie viel Ganja sie wohl zu sich genommen hatten, um emotional so abgestumpft zu werden.

Sie hatten eine bestimmte Art, sich zu unterhalten, und ich war diesbezüglich ein Außenseiter. Im Gegensatz zur Kunsthochschule wurden hier meine Ideen und Einstellungen von den anderen oft als nicht akzeptabel empfunden und ich war einer lethargischen Lächerlichkeit ausgesetzt. Es fühlte sich fast so an, als würde ich mit Lindie Dales Eltern sprechen. Ich gehörte zur Arbeiterklasse und sie gehörten zur mittleren bis oberen Mittelschicht. Die *Dharmiten*, wie ich sie zu nennen pflegte, waren jedoch Elitisten einer ganz anderen Art.

6 Siehe Glossar: *Chenrézigs*

7 Siehe Glossar: *Geshé Ngawang Dhargyey*

Bei den Dales lag es nicht an meiner Unkenntnis der Kultur, sondern an meinen langen Haaren und meiner Liebe zum Blues. Dass ich auch J.S. Bach liebte, half mir nicht, das Eis bei ihnen zu brechen. Bei den Dharmiten waren meine langen Haare zunächst völlig akzeptabel. Hier wurde hingegen die Tatsache, dass ich Blues, Bach und Shakespeare liebte, mit Argwohn betrachtet. Sie schienen der Meinung zu sein, dass nichts in der westlichen Kultur irgendeinen Wert hatte. Dass ich mich in Bezug auf die tibetische Kultur und Geschichte gut auskannte, brachte mir auch keine Pluspunkte, denn *all das* war ja nur akademischer Natur.

Das Wissen, das mir fehlte, waren *Insiderinformationen* über Lamas. Wohin reiste der Dalai Lama als nächstes? Hatte ich bestimmte Ermächtigungen erhalten oder nicht? Ein anderes Merkmal der Dharmiten war meiner Meinung nach deren infantiler Anspruch auf „Egolosigkeit" . Sie alle hatten „Samsara satt" während ich, wie ich offen zugeben muss, lediglich misstrauisch dagegen war. Ich hatte im Allgemeinen Spaß am Leben, ungeachtet des Todes meiner engsten Freunde. Engagement für Vajrayana war aus meiner eigenen Sicht gültig, aber nicht aus ihrer Sicht. Ich war immer bereit, mich selbst in Frage zu stellen, und war sogar bereit, mich selbst so zu betrachten, wie sie mich sahen. Die Schlussfolgerungen, die ich daraus zog, waren jedoch letztendlich meine eigenen. Ich war kein großer Praktizierender, aber ich war auch nicht der Dilettant ihrer begrenzten Vorstellungen.

Aus irgendeinem Grund nannten die meisten westlichen Menschen das Dorf McLeod Ganj „Dharamsala" . Die Stadt Dharamsala liegt jedoch einige Kilometer unterhalb der kleineren Stadt Upper Dharamasala. Upper Dharamasala wiederum liegt einige Kilometer unterhalb von McLeod Ganj. Zu meiner Erleichterung lag McLeod Ganj etwa 300 Meter höher als Dharamasala und es war daher kühler. Ich konnte nicht herausfinden, warum westliche Buddhisten McLeod Ganj falsch bezeichneten. Ich vermute aber, dass ihnen die Assoziationen mit der britischen Besetzung nicht behagten. McLeod Ganj und das nahe gelegene Forsyth Bazaar waren Bergstationen aus der Zeit von Britisch-Indien.

Obwohl ich kein Anhänger des britischen Imperialismus war, interessierte ich mich für Geschichte.

Dieses Interesse führte im Zug von Delhi nach Pathankot zu einem herzerwärmenden Gespräch mit einem Major der indischen Armee. Er teilte sein Ziegencurry mit mir, das wirklich vorzüglich schmeckte. Ich erzählte ihm, dass mein Vater 1927 am Khyber Pass in Indien stationiert war. Er berichtete mir stolz, aber mit echter Freude, dass die indische Armee Traditionen pflegte, die in der britischen Armee vergessen worden waren. Ich hatte das Gespräch mit dem Major aufrichtig genossen, aber wenn ich westlichen Buddhisten davon erzählte, erntete ich Spott und Hohn. Armeen und Soldaten waren per se schlecht, genauso wie die britische Besetzung Indiens. Es gab kein Interesse an den wunderbaren menschlichen Verbindungen, die dadurch ermöglicht worden waren. Offensichtlich stimmte etwas nicht mit mir… War ich zu naiv? Hatte ich eine bedenklich ethische Einstellung? Ich werde hier jedoch nicht weiter auf diesen Aspekt meines Aufenthalts im Himalaya eingehen, denn es gibt weitaus wichtigere Dinge zu erzählen.

Nach dem morgendlichen Buddhismusunterricht in Gangchen Kyishong aß ich zu Mittag und erkundete danach die Gegend um McLeod Ganj. Ich hatte nicht bedacht, dass ich mich im Hinblick auf Vajrayana in einem Gebiet wiederfinden würde, das vor allem von der Gélug-Schule dominiert wurde. Das war an sich kein Problem, da ich nie sektiererisch war, aber ich hatte ja gehofft, Nyingma Ngakpas zu finden. Yeshi Khadro erzählte mir, dass es in der Gegend zwei Ngakpas gab. Sie konnte mir aber nicht genau sagen, wo diese sich aufhielten. Ich hatte das Bild von Ajo Répa Rinpoche aus Anagarika Govindas Buch *Way of The White Clouds* im Hinterkopf. Ich wollte jemanden wie ihn treffen. Ich hatte seinen Namen zunächst falsch ausgesprochen, weil er in dem Buch fälschlich „Ajorepa Rinpoche" geschrieben wurde, sodass er für mich wie „Ajore-pa" gelesen wurde.

Später erfuhr ich, dass Ajo Rinpoche ein *Répa* war, ein Meister des gTummo. Aus diesem Grund hieß er Ajo Répa[8]. Diese Namen wurden einfacher für mich, als ich etwas Tibetisch konnte.

8 Répa (*ras pa*) oder réma (*ras ma*) sind die männlichen und weiblichen Praktizierenden von gTummo (*gTum mo / chandali*), dem räumhaften Hitzeyoga.

Mein Lehrer war Sônam Wangdü, ein älterer Gelehrter der Tibetischen Schule für Medizin und Astrologie. Das tibetische Alphabet war eine Freude. Es machte mir Spaß, die Formen der Buchstaben zu lernen, auch wenn die Schreibweise zunächst verwirrend war. Dass *sPrul sKu* als *trülku* ausgesprochen wurde, schien etwas eigenwillig, bis mir klar wurde, dass es nicht schlimmer war als die englische Aussprache von Wörtern. Zumindest war die tibetische Schreibweise konsistent. Im Englischen kann **ough** eine Vielzahl von Lauten erzeugen: c**ough**, r**ough**, th**ough**, thr**ough**, th**ought**, oder b**ough**. Wenn man kein Brite ist, dann kann man nicht verstehen, wie diese Wörter ausgesprochen werden, ohne sich die individuelle Aussprache jedes Wortes zu merken. Nachdem ich gelernt hatte, wie man *sNgags pa* ausspricht, machte ich mich auf die Suche nach einem der beiden, die in der Gegend lebten.

Es dauerte nicht lange. Ich hatte mir eine Tanzaufführung der Kinder der tibetischen Schule in Forsyth Bazaar angesehen. Auf dem Weg zurück nach McLeod Ganj sah ich aus der Ferne eine Gestalt auf dem schmalen Weg herankommen. Als wir uns einander näherten, ähnelte er zunehmend Ajo Répa Rinpoche, jedoch ohne die Strenge des Gesichts auf dem Foto. Als wir uns so nahe kamen, dass man Worte deutlich hören konnte, sah er mich mit einem fröhlichen Gesichtsausdruck und einer gewissen Verschmitztheit an und rief *„Ja!“* Das war sein einziges Wort auf Englisch. Bei dem Ngakpa handelte es sich um Ngakpa Yeshé Dorje[9] und dieses Treffen markierte den Beginn meiner Ausbildung als Mitglied des Gö kar chang lo'i dé, *der Klasse derer mit weißen Röcken und ungeschnittenem Haar*[10].

Ich ging zu seinem Haus, das gleichzeitig als Tempel diente, und traf seine Sangyum (spirituelle Gefährtin) Khandro Ten'dzin Drölkar[11], die genauso erstaunlich war wie er. Sie war etwa 20 Jahre jünger und absolut strahlend. Sie war eine Schülerin eines Lamas namens Kyabjé Künzang Dorje Rinpoche und manchmal reiste sie für kurze Zeit irgendwohin, um ihn zu sehen.

9 *sNgags pa yes shes rDor rJe.* Eine ausführliche Beschreibung der ersten Treffen mit ihm findet man in *Wisdom Eccentrics*, Ngakpa Chögyam, Aro Books Inc., New York, 2011.

10 Siehe Glossar: *Gö kar chang lo*

11 Siehe Glossar: *Khandro Ten'dzin Drölkar*

Es gab mehrere Treffen im Haus von Ngakpa Yeshé Dorje und Khandro Ten'dzin Drölkar, bevor mir klar wurde, dass ich in eine formelle Ausbildungsphase eingetreten war. Es verlief ganz natürlich, ohne Absprache oder Diskussion. Es wurde als selbstverständlich angesehen, dass ich Tröma Nakmo, die schwarze zornvolle Mutter, praktizieren würde[12]. Ich hätte eigentlich zuerst tantrisches Ngöndro praktizieren sollen, aber Ngakpa Yeshé Dorjes sagte mir mittels Sônam Wangdü als Übersetzer, dass ich parallel dazu Tröma Nakmo praktizieren könnte[13]. So kam es, dass von einem Tag auf den anderen meine Zeit völlig verplant war, wo ich doch gerade noch alle Zeit der Welt gehabt hatte. Ich musste den Unterricht in Gangchen Kyishong aufgeben, um jeden Morgen Niederwerfungen im Tsug-la Khang durchzuführen[14]. Sônam Wangdü half mir den Text ins Englische zu übersetzen und beim Transkribieren in phonetisches Tibetisch. Da es sich um einen relativ kurzen Text handelte, dauerte dies nicht allzu lange. Es war das kürzere Ngöndro des Düd'jom gTérsar, ein Schatz beziehungsweise eine Praxis, die von Kyabjé Düd'jom Rinpoche entdeckt wurde.

Kyabjé Düd'jom Rinpoche war die Inkarnation von Düd'jom Lingpa[15] und ein großer Nyingma Lama und gTértön, dessen visionäre Offenbarungen zwanzig große Bände umfassen. Er war die Inkarnation von Khyéchung Lotsa, einem der 25 Schüler Padmasambhavas.

Sobald ich den Namen *Kyabjé Düd'jom Rinpoche* hörte, überkam mich eine unheimliche Erregung. Vielleicht lag es daran, dass ich Gedichte schrieb und dass der Klang von Worten in meinen Ohren ungewöhnlich kraftvoll sein konnte. Bei genauerer Überlegung waren die Laute an sich jedoch nicht von einer Form, die ich normalerweise als besonders eindrucksvoll, resonant, durchschlagend oder ergreifend erachtet hätte. Etwas anderes vermittelte das Gefühl der Ehrfurcht. Ich konnte allerdings nicht identifizieren, was genau es war.

12 Tröma Nakmo (*khros ma nag mo*), die schwarze zornvolle Mutter – die schwarze Dorje Phagmo (*rDo rJe phag mo / Vajra Varahi*).

13 Siehe Glossar: *Tantrisches Ngöndro*

14 *gTshug lag khang*

15 Siehe Glossar: *Düd'jom Lingpa*

Vielleicht lag es an der Ehrfurcht in Ngakpa Yeshé Dorjes Stimme. Vielleicht gab es noch andere Gründe, die mit der Zeit und dem Ort zusammenhingen, als ich den Namen zum ersten Mal hörte. Wie sehr ich mich auch bemühte, ich konnte keine relevanten Ursachen erkennen. Von wo auch immer diese Erkenntnis herrühren mochte, ich kam zu dem Schluss, dass *Kyabjé Düd'jom Rinpoche – Jig'drèl Yeshé Dorje* der Herrscher des Vajrayana sein musste. Der Eindruck war in meinem Geist, wenn ich einschlief. Er entstand von Neuem, wenn ich morgens aufwachte. Es war ein loderndes Leuchtfeuer, das mich in eine unbekannte Zukunft geleitete, in einen Raum, in dem alles passieren konnte.

Dass die Niederwerfungen beim Düd'jom gTérsar Ngöndro zunächst schmerzhaft waren, ist eine bedeutungslose Aussage, selbst wenn es sich um eine Person wie mich handelt, die sich nicht besonders für körperliche Betätigung interessierte. Es genügt zu sagen, dass die Schmerzen ziemlich schnell nachließen und die Anzahl der Niederwerfungen, die ich täglich ausführen konnte, allmählich zunahm. Weil es sich um das Düd'jom gTérsar Ngöndro handelte, war es die ganze Mühe wert, welch Schmerz auch immer damit verbunden war. Ngakpa Yeshé Dorje schlug vor, dass ich jeden Tag alle vier Aspekte des Ngöndro durchführe, damit ich durch die Niederwerfungen nicht zu sehr erschöpft werde. Dies war ein sehr guter Ratschlag. Als ich nach Großbritannien zurückkehrte, hatte ich das Kürzere Düd'jom gTér Ngöndro und die Niederwerfungen des Längeren Düd'jom gTér Ngöndro bereits vollendet.

Ich würde in Farnham weiter praktizieren und dort das längere Düdjom Ngöndro vollenden, bevor ich an irgendeine Kunsthochschule ging, die mich zum Studium aufnehmen würde. Während meiner Zeit an der Kunstschule, würde ich dann das Tröma Ngöndro vollenden. Dies war möglich, da mir Sônam Wangdü geholfen hatte, den Text zu übersetzen und das Tibetisch in Phonetik zu transkribieren, damit ich ihn rezitieren konnte.

Die Nachmittage verbrachte ich hauptsächlich mit Ngakpa Yeshé Dorje, wobei manchmal Sônam Wangdü als Übersetzer zur Verfügung stand.

Wenn ich allein bei ihm war, sah ich ihm entweder dabei zu, wie er gTormas herstellte[16] oder ich beteiligte mich an diversen rituellen Vorbereitungen. In diesem erweiterten tantrischen Handwerkskurs wurde mir gezeigt, wie man viele verschiedene Dinge herstellt. Diese Fähigkeiten haben sich im Laufe der Jahre als wertvoll erwiesen, da ich später meinen eigenen Schülern zeigen konnte, wie sie praktisch alles herstellen, was sie brauchen: Behälter für Trommel und Glocken; chö'phens; Roben; und die gesamte Zusammenstellung dessen, was Mitglieder des Gö kar chang lo'i dé nunmal so benötigen. Ein Großteil dieses handwerklichen Unterrichts fand ohne Sonam Wangdü statt. Ich musste nur Ngakpa Yeshé Dorje beobachten und alles, was er tat, nachahmen. Er sah mir bei meiner Arbeit zu und wenn ich Fehler machte, dann korrigierte er mich.

Diese Ausbildung war völlig anders, als ich es mir erwartet hatte, aber ich war zutiefst zufrieden damit. Es war ein Sprung ins kalte Wasser, aber ich lernte in dieser Situation auf völlig natürliche Art und Weise zu schwimmen. Das alles hatte nichts mit dem zu tun, was ich in den Büchern über Vajrayana gelesen hatte. Es war auch ganz anders als meine frühere Praxis des stillen Sitzens. Wenn ich nach dem stillen Sitzen fragte, sagte Ngakpa Yeshé Dorje, dass ich Belehrungen dieser Art von Düd'jom Rinpoche erhalten müsste und dass ich ihn auf jeden Fall besuchen sollte, da er mir die Ermächtigung von Tröma Nakmo geben würde. Es wurde mir auch mitgeteilt, dass Düd'jom Rinpoche mein Tsawa'i Lama sein würde, da er der Tsawa'i Lama aller Nyingmas war.

Diese Aussage war ein Schock, ein herrlicher Schock, aber nichts desto trotz ein Schock. Ich war plötzlich Mitglied der Nyingma-Tradition. Es war das, was ich mir schon seit Jahren gewünscht hatte.

Ich hatte mich gefragt, ob das jemals möglich sein würde. Aber ich hatte dieses *mich fragen* als reines Wunschdenken eingestuft. Es war eine Fantasie gewesen. Solche Dinge passierten im richtigen Leben nicht.

16 *gTor ma* (*Balingta/geweihte symbolische Skulptur*) Skulpturen, die entweder essbar sind oder aus Metall oder Holz gemacht werden. Die Vajrayana-Verkörperung von visualisierten Gewahrseinswesen.

Nun war es aber nicht nur möglich, sondern es war tatsächlich bereits geschehen, ohne dass ich genau sagen konnte, wann es geschehen war. Es war als Selbstverständlichkeit erachtet worden, so wie alles andere auch. Natürlich würde ich gerne Tröma Nakmo praktizieren. Natürlich würde ich das tantrische Ngöndro absolvieren. Natürlich würde ich mir wünschen, an einem dreimonatigen Einzelretreat teilzunehmen. Natürlich? Nun ja… im Idealfall würde ich das tun. Im Idealfall wollte ich die Person sein, für die das selbstverständlich wäre. Es war das, *was ich dachte, dass ich sein könnte*, aber… *war* ich diese Person? War ich diese Person jetzt, wo sich die Gelegenheit bot? Ich fand die Vorstellung, drei Monate isoliert zu sein, abschreckend. Andererseits war ich mir sicher, dass ich die Herausforderung annehmen wollte, sobald ich es zeitlich schaffen würde.

Und so kam es, dass ich mich auf den Weg nach Nepal machte, um Kyabjé Düd'jom Rinpoche Jig'drèl Yeshé Dorje, das absolute Oberhaupt der Nyingma-Tradition, zu treffen. Nach Ansicht von Ngakpa Yeshé Dorje war er kein anderer als Padmasambhava, ein Lama von solch herausragendem Status, dass jeder ihn als Quelle der Inspiration betrachtete. Das war so unglaublich aufregend, dass ich mir nicht wirklich vorstellen konnte, welchen Einfluss dieses Treffen auf mein Leben haben würde. Als ich acht Jahre alt war, hatte ich einen Weg eingeschlagen, dem ich bis jetzt in recht bescheidenem Tempo gefolgt war, trotz all meiner Lektüre. Jetzt beschleunigte sich das Tempo und der Weg intensivierte sich mit einer Geschwindigkeit, die emotional kaum nachvollziehbar war.

Ich hatte die Kontrolle über mein Leben verloren, aber ich war froh über diesen Kontrollverlust. Es war wie der Augenblick, in dem man von einem hohen Sprungbrett oder vom Rand einer Klippe abspringt. Es gibt diesen besonderen Moment, bevor man sich ins Wasser stürzt. Es war meine Entscheidung ins Wasser zu springen. Das Ergebnis war also offensichtlich. Ich hatte nur gedacht, dass es viel länger dauern würde. Vielleicht *hatte* es lange gedauert. Vom achten bis zum neunzehnten Lebensjahr sind es immerhin elf Jahre. Ist das eine lange Zeit? Die Jugendjahre dauern erfahrungsmäßig sehr lange. Viel länger als die Jahre eines 20- oder 30-Jährigen. Rückblickend schienen diese elf Jahre wie Jahrzehnte zu sein und jetzt beschleunigte sich die Welt.

Im ersten Monat meines Aufenthalts in Indien nahm die Geschwindigkeit auf meinem Weg exponentiell zu und plötzlich kam ich in Nepal an.

Zumindest erschien es mir *plötzlich*, als ich endlich ankam, wobei die Fahrt mit Bus und Bahn neun Tage gedauert hatte. Die Reise war alles andere als angenehm gewesen. Als ich jedoch endlich in Bodhanath in Nepal ankam, wusste ich, dass ich genau *dort* sein wollte. Mein erster Anblick des Großen Chörten hinterließ bei mir einen bleibenden Eindruck, der sich auch später niemals abgeschwächt hat[17]. Ich habe buddhistische Bauwerke gesehen, deren Architektur weitaus imposanter erscheinen mag, aber keines hatte auf mich eine so starke Wirkung wie der Große Chörten von Bodha.

17 Siehe Glossar: *Chörten*

19

Zerstörer von Dämonen

Oktober 1971 bis November 1972

Bodhanath war still. Deutlich ruhiger als McLeod Ganj, was wohl in Dezibel hätte gemessen werden können. Es war auffallend alt, weitgehend unbeeinflusst vom konventionellen Zeitgeschehen des 20. Jahrhunderts. Jeden Tag gab es die Ankunft und Abfahrt einer einzigen Buslinie: einmal morgens und einmal abends. Abgesehen von diesen beiden Bussen gab es keinen Verkehr. Außer Vogelgezwitscher und dem Bellen von ein paar Hunden gab es keine Geräusche.

Der Große Chörten von Bodhanath war von Feldern umgeben. Die Straße ausserhalb des Chörten-Bezirk war ein Feldweg mit drei kleinen Läden, die man wohl eher als Stände bezeichnen hätte können. Einer verkaufte Eier, Butter, Ghee[1] und Brot. Einer verkaufte Gemüse. Der dritte verkaufte einfache Küchengeräte, Papier, Bleistifte und billige indische Kugelschreiber. Die Öffnungszeiten beschränkten sich auf wenige Stunden am Vormittag. Die Läden hatten nicht jeden Tag geöffnet. Die Öffnungszeiten und –tage schienen sporadisch zu sein, wie es sich für einen entspannten Lebensstil gehört, bei dem es nicht in erster Linie um Gewinn und Verlust geht. Zwischen den Feldern lagen einige Gompas, während die Düd'jom Gompa gegenüber dem Haupteingang zum Chörten-Bezirk lag.

Nach meiner Ankunft fand ich ohne Probleme eine Unterkunft und richtete mich ein. Am nächsten Morgen machte ich mich auf die Suche nach dem Wohnort von Kyabjé Düd'jom Rinpoche. Zuerst ging ich zur Düd'jom Gompa. Ich hatte das Gefühl, dass ich eine beträchtliche Zeit dort still sitzen sollte, bevor ich nach der Möglichkeit einer Audienz bei Düd'jom Rinpoche fragen würde. Ich saß zwei Stunden lang da. Die Mönche hatten mich beim Sitzen bemerkt und reagierten auf eine fröhliche Art und Weise.

1 Indisches Butterschmalz.

Sie konnten sehen, dass ich meditierte, also lächelten sie einfach im Vorbeigehen. Nachdem ich meine Meditationssitzung beendet hatte, fragte ich nach Düd'jom Rinpoche, und musste feststellen, dass er nicht in der Gompa oder an einem mit der Gompa verbundenen Ort lebte, sondern in einem der Häuser rund um den Großen Chörten. Ich hatte in der Düd'jom Gompa meditiert, weil ich so viel wie möglich von dem *Dämonenzerstörer*, dem ich zu begegnen hoffte, in mich aufnehmen wollte. Ich hatte gelernt, dass Düd'jom „Dämonenzerstörer" bedeutete. Jig'drèl Yeshé Dorje, sein persönlicher Name, bedeutete *Furchtloser Blitz der Uranfänglichen Weisheit.* Es war ein kraftvoller Name, und Ngakpa Yeshé Dorje hatte mir gesagt, dass Düd'jom Rinpoche die lebendige Verkörperung dieses Namens sei.

Ich ging dreimal um den Großen Chörten herum, bevor ich mich nach Düd'jom Rinpoche erkundigte und zu meiner Überraschung wurde mir sofort der Weg zu seinem Haus gezeigt. Es war sehr leicht zu finden[2].

„Ich komme aus McLeod Ganj… Ich habe bei Ngakpa Yeshé Dorje studiert. Ich habe mit ihm das Düd'jom gTérsar Ngöndro und auch Tröma Nakmo praktiziert. Er hat mir geraten, nach Nepal zu kommen, um Kyabjé Düd'jom Rinpoche zu sehen. Ist es für mich möglich, Düd'jom Rinpoche zu treffen?"

„Ja, willkommen. Kommen Sie bitte herein."

Und da war Kyabjé Düd'jom Rinpoche. Er lächelte, wie er danach bei all unseren Treffen lächeln würde. Es ist nicht wirklich möglich zu erklären, wie ich die Präsenz von Düd'jom Rinpoche erlebte, wie er auf einen jungen Engländer wirkte. Ich war darauf vorbereitet worden. Ich würde Padmasambhava treffen. Gemäß dieser Erwartung hätte ich enttäuscht werden können, aber das war ich nicht. Ich war fassungslos. Auf den ersten Blick wirkte Düd'jom Rinpoche nicht übernatürlich, aber er war *über-wirklich.* Er war der *absolut* wirklichste Mensch, den ich je getroffen hatte. Das war allerdings nur mein erster Eindruck, der schnell zerplatzte.

2 Wenn man die Runde um den Chörten wie eine Uhr betrachtet, dann befand sich Düd'jom Rinpoches Haus bei 9 Uhr, an der Stelle wo sich jetzt das Hotel Padma befindet. Bis 2011 wurden fast alle ursprünglichen Häuser rund um den Chörten abgerissen, um Platz für Hotels zu schaffen.

Düd'jom Rinpoche schien zu wissen, wer ich war, und er schien mich erwartet zu haben. Es war, als würde ich aus einem Traum aufwachen, in dem ich mir vorgestellt hatte, ein junger englischer Bluesmusiker und Kunststudent zu sein. Aber als ich aufwachte, war ich jemand, den ich nicht kannte. Mein bisheriges Leben schmolz plötzlich dahin.

Ich war in der Gegenwart von Düd'jom Rinpoche einfach *existent*, das, *was ich wirklich war*, in einem Wachleben, das mir fremd war. Es war, als hätte ich bis zu diesem Zeitpunkt meine gesamte Lebensgeschichte geträumt.

Plötzlich tauchte vor meinem geistigen Auge Tara auf, die Weiße Dame meiner Kindheitsträume und Visionen. Ihr Bild erschien nur für einen Augenblick, aber es hatte eine seltsame Wirkung auf mich. Als der visuelle Aspekt von ihr verschwunden war, war es, als ob alles in meinem Gesichtsfeld von ihr durchdrungen wäre. Sie wurde zu allem, was ich sah. Das heißt nicht, dass irgendetwas anders aussah als es war, aber alles, was ich sah, schien von ihr auszugehen. Wann immer ich sie in der Vergangenheit gesehen hatte, wusste ich, dass sie immer da gewesen war. Sie war da gewesen, selbst wenn ich sie nicht wahrgenommen hatte. Sie war da gewesen, selbst wenn ich sie scheinbar vergessen hatte.

Dieses Gefühl von Tara lenkte mich nicht von Düd'jom Rinpoche ab, da es sich dabei um dieselbe Erfahrung handelte. Sobald ich jedoch ihre Anwesenheit spürte, sah mich Düd'jom Rinpoche aufmerksam an und lächelte dann. *„Oh yah!*[3] *Khandro Karmo taucht in deinem Geist auf!*[4] *Sie ist immer bei dir und das wird auch so bleiben. Das ist gut. Aber zuerst musst du mit mir studieren. Du wirst jeden Tag kommen und wenn ich frei bin werden wir von ihr sprechen. „Wir werden über viele Dinge sprechen. Heute sage ich nur, dass Khandro Karmo Deinen Geist kennt.*

3 *Oh yah ('ong yag)* ist ein tibetischer Ausdruck, der je nach Betonung verschiedene Bedeutungen haben kann: Glück, Überraschung, Wertschätzung, Misstrauen, Müdigkeit usw. Er kann nur im Kontext verstanden werden.

4 *mKha' 'gro dKar mo*

„Sie ist Dein Geist und ich bin auch Dein Geist. Darin sind wir ungeteilt. Deshalb bist du hierher gekommen und hast mich gefunden.[5]" Der Übersetzer entschlüsselte die Worte *Khandro Karmo*. Khandro war *Dakini*, was *„erleuchtete Dame"* oder *„nichtduale Dame"* bedeutete. Kar bedeutete *Weiß*, und mo war ein weibliches Suffix. Eine unerwartete tibetische Lektion und eine Explosion an Informationen. Düd'jom Rinpoche hatte in wenigen Minuten die wichtigsten Fragen meines Lebens beantwortet.

Ich war schockiert. Es war einer von vielen Schocks. Düd'jom Rinpoches grenzenlose Hellsichtigkeit war atemberaubend, aber auch desorientierend.

Er sagte mir, dass bei diesem Treffen nicht genügend Zeit sei, mit mir über *Khandro Karmo* zu sprechen. Er hatte aber festhalten wollen, dass dies etwas sei, das ich erforschen und mit ihm besprechen müsse. *„Es gibt etwas, das du entwickeln musst. Sie ist sehr früh in deinem Leben aufgetaucht. Es sind viele Jahre vergangen, seit du zum ersten Mal Visionen von ihr hattest."* Zu diesem Zeitpunkt sah er ein wenig ernst aus. *„Dann kamen Hindernisse auf dich zu, aber es ist üblich, dass mögliche Hindernisse entstehen. Für die Dzogchen-Praxis sind Hindernisse nicht negativ. Hindernisse werden zu Aspekten des Weges. Du musst vieles lernen. Wenn du viel praktizierst, dann werden sich die Offenbarungen erfüllen. Dann wirst du eines Tages die Lehren von Khandro Karmo deiner eigenen Sangha übermitteln."*

Ich verstand nicht ganz, was Düd'jom Rinpoche mit dem, was er gesagt hatte, meinte oder beabsichtigte und dieser Tag war offensichtlich nicht der richtige Zeitpunkt, weitere Fragen zu stellen. Er deutete an, dass unsere erste Audienz beendet sei, und ich verabschiedete mich respektvoll.

Also würde ich *wirklich* Düd'jom Rinpoche als Lehrer haben. Natürlich *wollte* ich bei ihm studieren, aber ich war erstaunt, dass es als selbstverständlich angesehen wurde. Ich wurde angenommen, ohne überhaupt fragen zu müssen.

5 Im Original wird für die Konversation mit Düdjom Rinpoche eine spezielle englische Syntax verwendet, die dem „Broken English" des tibetischen Übersetzers von Düdjom Rinpoche entspricht. In der deutschen Übersetzung wird darauf verzichtet, die veränderte Wortstellung im englischen Original wiederzugeben.

Glücklicherweise sprach der Mönch, dessen Name Tséring Dorje war, recht gut Englisch und obwohl seine Syntax tibetisch war, war seine englische Aussprache überdurchschnittlich gut. Ich hatte *sehr* viel Glück.

Nach dieser kurzen Einführungsaudienz kam es bald danach zu meinem ersten längeren Treffen mit Düd'jom Rinpoche. Er erklärte mir, dass ich besonders als kleines Kind viele Träume von Khandro Karmo gehabt hatte. Er sagte, das seien wichtige Träume gewesen, aber dass mir niemand hatte helfen können, diese Träume zu verstehen oder deren Inhalt weiterzuentwickeln. „*Vielleicht hätten römisch-katholische Eltern an die „Jungfrau Maria" gedacht, aber deine Mutter dachte nur, dass es sich um Träume gehandelt hätte. Dein Vater…*" er lachte „*dachte du wärest ein Myonpa*[6]." Das war zutiefst schockierend. Düd'jom Rinpoche konnte auf keinen Fall wissen, dass mein Vater meine geistige Gesundheit in Frage gestellt hatte, es sei denn er hatte ein metaphysisches Mikroskop in Kombination mit einem Zeitteleskop.

„*Yah… das passierte auch schon oft in Tibet. Oft mit Töchtern. Eltern sind nicht immer glücklich, wenn Visionen auftauchen, aber in westlichen Ländern… wissen die Menschen oft nicht, was Visionen bedeuten. Wie auch immer, jetzt bist du in Bodha und viele Visionen werden kommen. Dann kommt die Zeit, wo du mir alles über die Entdeckungen von Khandro Karmo erzählen wirst. Dann werde ich dir entsprechende Anweisungen geben. Zuvor musst du aber Ngöndro praktizieren.*"

Düd'jom Rinpoche schwieg eine Weile, dann blickte er mich aufmerksam an und sagte: „*Wir müssen gemeinsam im Sitzen meditieren. Vielleicht wird das jeden Tag möglich sein. Vielleicht wird es an manchen Tagen nicht gehen, aber es werden keine zwei Tage vergehen, ohne dass wir zusammen sitzen.*" Düd'jom Rinpoche sagte mir, dass er mehr wissen würde, wenn wir mehr Zeit miteinander verbracht hätten, aber dass ich von diesem Zeitpunkt an alle meine Träume und Visionen sorgfältig notieren sollte und ihm alles erzählen sollte, was mit Khandro Karmo zu tun hatte.

6 Myonpa *(sMyon pa)* – Verrückter.

Düd'jom Rinpoche versicherte mir, dass keinerlei Gefahr bestanden hatte, aufgrund meiner Träume und Visionen von Khandro Karmo ein Myonpa zu werden. Allerdings sei meine weitere Entwicklung nicht möglich gewesen, nachdem diese Phänomene nicht verstanden worden waren. Ich hätte unter Verwirrung und Schmerzen gelitten, weil Hindernisse aufgetreten waren. Düd'jom Rinpoche sagte, er sei froh, dass es in meinem Leben gute Freunde mit guten Eltern gegeben habe, denn das habe mir Selbstvertrauen gegeben. Er sagte, meine Mutter sei eine gute religiöse Frau. Mein Vater verfüge über ein begrenztes religiöses Verständnis, wäre aber nicht grundsätzlich ein schlechter Mensch, auch wenn er von nichts wusste, was über den Bereich des materiellen Verständnisses hinausging.

Er sagte, dass er mir bei der für mich notwendigen Entwicklung helfen würde, aber dass es einige Jahre dauern würde, bis sich die Resultate zeigen würden. Zunächst war es notwendig, dass ich gezielter übe, um die Basis zu schaffen, auf der meine Kindheitsvisionen dann von Wert sein könnten. Er erzählte mir, dass er sich mit der Natur von Khandro Karmo beschäftigt hatte und dass sie auch unter dem Namen *Garuda, der das Uranfängliche A schmeckt* bekannt sei[7]. Sie war eine gTértön. Sie hatte zu Beginn des Jahrhunderts Ja'lü[8] genommen. Ich war in meinem früheren Leben ihr Sohn gewesen. Mein damaliger Name sei Aro Yeshé gewesen.

Das war alles, was er zum jetzigen Zeitpunkt wusste, aber sobald er mehr wüsste, würde er es mir sagen. Er sagte, dass gTértön Aro Lingma ihm bekannt sei und dass auch Düd'jom Lingpa sie gekannt habe, aber dass ansonsten kein Lama, mit dem er gesprochen habe, je von ihr gehört hatte, mit Ausnahme von Kyabjé Dilgo Khyentsé Rinpoche. Dieser hatte viele Jahre zuvor gehört, dass eine Yogini mit diesem Namen Ja'lü in Südtibet verwirklicht hatte. Dilgo Khyentsé Rinpoche hatte aber keine weiteren Einzelheiten gewusst.

Düd'jom Rinpoche schlug mir vor, ich solle mehrmals den Chörten umrunden.

7 gTértön Khyungchen Aro Lingma (*gTér sTon khyung chen a ro gLing ma,* 1886–1923).

8 Ja'lü (*'ja' lus*) Regenbogenkörper. Diese große Errungenschaft, die mit dem Tod einhergeht, ist die Verwirklichung der Praxis des Dzogchen togal (*thod rGal*), bei der sich der physische Körper in der Essenz der Elemente als Lichtdarstellung auflöst.

Dabei sollte ich mich umschauen und mir ein Damaru, einen Dorje und ein Drilbu besorgen und sie ihm danach zeigen. Ich fand ein kleines hölzernes Damaru und ein neunspeichiges Dorje- und Drilbu-Set. Ich weiß nicht, warum ich mich für das neunspeichige Set entschieden hatte, aber Düd'jom Rinpoche war mit meiner Wahl sehr zufrieden und erklärte mir, dass diese Variante bestens für einen Ngakpa geeignet sei. Er meinte, dass das Damaru nichts Besonderes wäre, aber dass es robust und gut verarbeitet sei. Er riet mir, später meinen eigenen Chö'phen zu machen, da ein anständiger Chö'phen schwer zu finden sei, aber fürs erste könnte ich mir einen von einem der tibetischen Schneider machen lassen, die auch die Brokat-Thangka-Rahmen anfertigten. Anschließend zeigte er mir, wie man Dorje, Drilbu und Damaru in der Praxis von Dorje Tsigdun, dem siebenzeiligen Lied von Padmasambhava, verwendet.

Es war kein Zufall, dass ich, so gut ausgerüstet, wieder anfing zu träumen. Träume, an die ich mich aus meiner Kindheit erinnerte, tauchten wieder auf, als wären sie irgendwo unverändert geblieben, während ich anderweitig beschäftigt war.

Eines Tages bat mich Düd'jom Rinpoche, ihm die Erinnerungen an meine Kindheitsträume und Visionen zu erzählen. Ich berichtete ihm von der Rückkehr eines Kindheitstraums. Es war ein Traum von der Weißen Dame. Rinpoche fragte mich, ob ich irgendjemandem von dem Traum erzählt hätte, und ich antwortete ihm, dass ich außer meinen Eltern noch nie jemandem davon erzählt hätte, abgesehen von Steve Bruce, aber der sei bereits gestorben. Er sagte mir, es sei gut, dass niemand der noch lebte davon wisse, und dass ich meine Träume niemals mit jemand anderem außer ihm und Dilgo Khyentsé Rinpoche besprechen sollte. Er sagte mir, dass ich weitere Träume haben würde, und dass ich alle Einzelheiten sorgfältig aufschreiben sollte, aber dass es auch wichtig sei, in der Zwischenzeit die Ngöndro-Praxis zu vollenden.

Die Vollendung des Ngöndros würde die Grundlage für das schaffen, was die Träume in der Zukunft offenbaren würden. Das war mysteriös und ich wollte fragen, was es bedeutete, aber Rinpoche sagte mir, es wäre besser, dies erst später im Detail zu besprechen. Es würde Hindernisse schaffen, sagte er mir, wenn zu viel über meine Träume gesprochen würde.

Düd'jom Rinpoche schien genau zu wissen, was sich entfalten würde, aber zu diesem Zeitpunkt wollte er mir nur einen kurzen Ausblick geben. Er hielt es für nützlich, mir zu sagen, dass ich Aro Lingmas gTérma—ihre Sammlung von Belehrungen—erben würde, und dass diese sich zu einem späteren Zeitpunkt manifestieren würden, wenn ich die günstigen Umstände für ihre Offenbarung geschaffen hätte. Ich gab mich damit zufrieden, dass meine vielen weiteren Fragen unbeantwortet blieben.

Meine zweite Aufgabe bestand darin, Roben anfertigen zu lassen. Ich sollte einen Schneider finden und der Schneider würde mir sagen, wie viel Stoff ich kaufen musste. Ich sollte nach Thamel fahren, um den Stoff zu kaufen, da es zu dieser Zeit in Bodha keinen Ort gab, an dem man Stoffe hätte kaufen können. Ich sollte einen weißen Robenrock und eine rote Weste tragen.

Roben… Einen Monat zuvor hatte ich nach einem Ngakpa Ausschau gehalten, den ich an seinen Gö kar chang lo-Roben erkennen würde, und nun war ich auf der Suche nach Stoffen, aus denen ich meine eigenen Roben herstellen konnte. Das kam völlig unerwartet. Das war eine Möglichkeit, die ich mir nicht hatte vorstellen können. Ich hatte schon lange Haare, aber jetzt sollte ich diese nie wieder schneiden. Ich kaufte den Stoff, die Roben wurden genäht, und bald würde ich sie tragen, nachdem ich von Düd'jom Rinpoche die entsprechende Ermächtigung erhalten hatte, die mein Aussehen als Mitglied des Gö kar chang lo'i dé authentisch machen würde. Düd'jom Rinpoche würde mir die 14 Grundgelübde und alle Nebengelübde geben, sowie die volle Ermächtigung von Tröma Nakmo.

Die vierzehn Wurzelgelübde des Vajrayana lauten:

1. *Niemals den Lama verunglimpfen.*

2. *Niemals die Lehren des Lama verunglimpfen.*

3. *Niemals Feindseligkeit gegenüber anderen Tantrikern hegen.*

4. *Niemals davon abweichen, zum Wohle aller Wesen zu handeln.*

5. *Niemals die räumlichen Essenzen durch sexuelle Abweichungen verzerren.*

6. *Niemals die Lehren und Wege anderer spiritueller Systeme verunglimpfen.*

7. *Niemals tantrische Lehren an diejenigen weitergeben, die nicht bereit sind, diese zu empfangen.*

8. *Niemals die fünf Elemente des psychophysischen Körpers als „unrein" oder „befleckt" betrachten.*

9. *Niemals Zweifel an den inneren Tantras in sich selbst oder anderen entwickeln.*

10. *Niemals es verabsäumen, in einer potenziell katastrophalen Situation zu handeln.*

11. *Niemals die vier philosophischen Extreme vertreten: Monismus, Dualismus, Nihilismus und Eternalismus.*

12. *Niemals sich weigern, diejenigen zu unterweisen, die Belehrung suchen.*

13. *Niemals sich weigern, die symbolischen Fleisch- und Alkoholopfergaben zu sich zu nehmen.*

14. *Niemals das andere Geschlecht geistig oder verbal herabwürdigen.*

Die ersten drei Gelübde gingen einher mit dem Tragen des weißen Shamthab, des Gö kar chang lo-Schals und der yogischen Weste. Das vierte Gelübde erforderte Glocken- und Vajra-Ringe. Dann gab es noch andere Anforderungen, wie z. B. das Aufbewahren von gekämmtem Haar als Symbol von dPa'wos für Frauen und Khandros für Männer.[9]

Als ich Düd'jom Rinpoche das nächste Mal sah, sagte er mir, dass ich Vajrayana studieren müsste, aber dass es zu wenige Bücher auf Englisch gäbe und sie manchmal Fehler enthielten. Es schien viele Bücher über Sutra zu geben, aber nur sehr wenig über Tantra und nichts über Dzogchen. Jemand hatte ihm aus diesen Büchern über Tantra vorgelesen und er musste ihnen mitteilen, dass sie fehlerhaft waren.

Düd'jom Rinpoche wusste, dass meine Zeit im Osten begrenzt war und dass meine Zeit in Nepal noch kürzer war.

9 dPa'wo *(dPa' bo / daka)*. Khandro *(mKha' 'gro / dakini)*.

Er hatte über meine Situation nachgedacht und erkannt, dass ein Großteil meines Studiums aus meiner eigenen visionären Erfahrung stammen musste. Er sagte mir, dass ich durch meine Praxis im Laufe der Zeit alles lernen würde, was ich wissen musste, und dass, wenn meine Praxis und mein Wissen ausgereift seien, Visionen entstünden, die „in sich vollständig" sein würden. Zuvor würde ich jedoch Erinnerungen von frühere Inkarnationen sammeln.

Ich musste nach Nepal zurückkehren, um ihn zu sehen, sobald mein Kunststudium abgeschlossen war. Er würde mir dann genauere Anweisungen geben, da ich dann länger bleiben könnte.

Ich fragte ihn, ob ich mein Kunststudium nicht einfach abbrechen sollte, aber er schüttelte den Kopf. Er sagte, es wäre gut, dass ich gefragt hatte, weil es meine Ernsthaftigkeit zeige, aber dass man im Westen Qualifikationen brauche, um seinen Lebensunterhalt zu verdienen. Im Osten könne man ein wandernder Yogi sein, im Westen jedoch nicht. Ich erklärte, dass ich an körperliche Arbeit gewöhnt sei, aber er lachte darüber und erklärte, dass das für einen jungen Mann in Ordnung sei, aber dass auch ich einmal älter werden würde. *„Dann wird es nicht mehr möglich sein, jeden Tag viele Ziegelsteine zu tragen.*" Düd'jom Rinpoche hatte mich nach der mühsamen Arbeit gefragt, die ich auf mich genommen hatte, um in den Himalaya reisen zu können, und schien ungewöhnlich interessiert an dem zu sein, was ich ihm über das Hodding erzählte. Er hatte einen Witz darüber gemacht, dass ich wie Milarépa sei. Er kam aber zu dem Schluss, dass es für mich nicht notwendig sei, so hart zu arbeiten. Er glaubte, dass sich meine Erfahrung des Hodding für die Durchführung der hunderttausend Niederwerfungen als äußerst nützlich erweisen würde und dass ich noch mehr Kraft entwickeln würde, als ich bereits hatte.

Es kam mir herrlich skurril vor, dass Düd'jom Rinpoche eine so ausgeprägte Wertschätzung für körperliche Stärke hatte. Er bat Tséring Dorje, den Bizeps in meinem rechten Arm zu untersuchen. Tséring Dorje schien beeindruckt und Düd'jom Rinpoche sagte mir, dass dies wichtig sei, weil ich in Körper, Sprache und Geist stark sein müsste.

„Wenn Hindernisse auftauchen, dann wirst du viel Kraft benötigen. Viel, viel Kraft wird nötig sein. Düd'jom Lingpa hatte viele, viele Hindernisse. Deren Überwindung ist notwendig. Wenn Mikha dominiert, ist große Kraft erforderlich.[10] "Nach einem Moment des Schweigens fuhr er fort: *„Yah… Mikha wird dominieren. Viel Mikha. Fast zwei Jahreszyklen lang wird Mikha Hindernisse schaffen, aber dann"* strahlte er *„wird Mikha beendet sein. Dann kommen alle Freuden."*

Vierundzwanzig Jahre Verleumdung, Verunglimpfung, Herabwürdigung und Schmähung? Oder vielleicht doch nur böswilliger Klatsch? Ich überlegte, nach dem Warum zu fragen, hatte aber irgendwie das Gefühl, dass ich diese Frage nicht stellen konnte.

Wenn Düd'jom Rinpoche gemeint hätte, ich sollte es wissen, dann hätte er es mir gesagt. Er wusste alles, was es zu wissen gab, und daher wäre es unhöflich gewesen zu fragen. Solch eine Frage hätte mich auch nervös und selbstschützend erscheinen lassen. Es fühlte sich stärker an, einfach zu akzeptieren, dass man eine Zeit lang schlecht über mich reden würde. Was spielte es für eine Rolle, was das Thema sein könnte? Die Frage konnte nur aus der Vorstellung heraus entstehen, dass es möglich wäre, Mikha zu vermeiden. Ich stellte mich einfach darauf ein, dass es unvermeidlich war.

Als ich Kyabjé Düd'jom Rinpoche das nächste Mal traf, fragte ich ihn nach Düd'jom Lingpa. Kyabjé Düd'jom Rinpoche Jig'drèl Yeshé Dorjes Inkarnationslinie ist ein Wunder und eine Inspiration für alle, die Belehrungen von ihm erhalten. Er erzählte mir aus seinem Leben und der Übersetzer stellte später noch zusätzliches Material zur Verfügung.[11]

Ich war in eine andere Welt eingetaucht, fühlte mich dort jedoch wie zu Hause. Bodhanath fühlte sich für mich ganz natürlich an, ich verstand aber nicht warum. Es war fast traumhaft. Solche Ereignisse passieren normalerweise in Träumen. Man konnte sich an Orten wiederfinden, die man noch nie besucht hatte, und so tun, als würde man dort leben. Man könnte sich mit Eskimo-Husky-Schlittenfahrern in einem arktischen Schneesturm unterhalten.

10 *mi kha* (*wörtlich „schlechter Mund"*): Verleumdung, Rufschädigung, erfundene Gerüchte, fabrizierter Skandal, böswilliger Klatsch, Kritik von Unwissenden.

11 Siehe: *Appendix I.*

Man könnte sich in Filmen oder Szenen von Romanen wiederfinden, ohne die Situation zu hinterfragen. In Träumen wurde alles so akzeptiert, wie es war, es sei denn, es handelte sich um Klarträume. Bodhanath fühlte sich ein wenig wie ein klarer Traum an. Es gab keinen Widerstand. Visionen galten als reale Ereignisse. Düd'jom Rinpoche war mit der Natur von „Halluzinationen" vertraut und versicherte mir, dass meine Visionen keine Halluzinationen gewesen seien. Er sagte mir, dass einige meiner Träume gut waren, aber nicht ganz zuverlässig. Andere Träume wären Träume der Klarheit gewesen. Er verdeutlichte mir den Unterschied entsprechend seiner eigenen Einsicht. Am Ende jeden Tages, den ich mit Düd'jom Rinpoche verbracht hatte, ging ich völlig zufrieden zu Bett.

20

Der Ursprung des Geistes

Nichtduale Leerheit ist untrennbar von der nichtdualen Form. Deshalb hat jeder und alles überall die intrinsische Natur des nichtdualen Gewahrseins, das spontan entstandene Universum reiner Qualitäten. Kyabjé Düd'jom Rinpoche Jig'drèl Yeshé Dorje

Es verging eine Woche, in der ich einige Belehrungen erhielt, wo ich aber hauptsächlich mit Kyabjé Düd'jom Rinpoche zusammen saß, während er Audienzen hielt und sich mit verschiedenen Lamas beriet. Ich fragte, ob meine Anwesenheit vielleicht unerwünscht sei, aber Düd'jom Rinpoche antwortete, dass er beschlossen habe, dass er mich jeden Tag bei sich haben wollte. Das war perfekt für mich und wenn er mir gesagt hätte, dass ich den Rest meines Lebens so verbringen sollte, dann wäre ich vollkommen zufrieden gewesen.

Am Ende der Woche waren meine Ngakpa-Roben zur Abholung bereit. Es gab keine Gö kar chang lo-Schals, daher wurde mir geraten, einen weißen Abschnitt in einen standardmäßigen kastanienbraunen klösterlichen Schal einnähen zu lassen.

Nachdem ich meine Roben beim tibetischen Schneider abgeholt hatte, führte Düd'jom Rinpoche die Ermächtigung durch. Tséring hatte mir gezeigt, wie man den Shamthab trägt, den weißen Rock des Gö kar chang lo'i dé[1]. Im Grunde handelt es sich dabei um ein großes, schlauchartiges Kleidungsstück, das in sechs Abschnitte genäht wird, und oben und unten mit einem Band abgeschlossen wird, das jeweils etwa eine Hand breit ist. Der Rock wird vorne und hinten gefaltet, wobei mir empfohlen wurde, mich beim Anziehen gegen eine Wand zu lehnen, damit die hinteren Falten in Position bleiben, während ich den Shamthab vorne falte. Sobald die Falten in Position sind, wird der Rock an der Taille mit einem Sash[2] zusammengebunden.

1 Siehe Glossar: *shamthab*

2 Ein Sash ist im Wesentlichen ein Stoffgürtel.

Ich legte bei Düd'jom Rinpoche die Wurzelgelübde des Gö kar chang lo ab und begann, Roben zu tragen. Zu diesem Zeitpunkt begann ich, mich wie *Chöying Gyamtso* zu fühlen. Das war der Name, den mir Ngakpa Yeshé Dorje gegeben hatte. Düd'jom Rinpoche erteilte mir dann die Ermächtigung von Tröma Nakmo und gab mir den Namen Ögyen Togden. Ich sollte mir ein gCod Damaru und eine Kangling besorgen[3]. Chöying Gyamtso Ögyen Togden schien ein ziemlich langer Name zu sein und ich erkundigte mich zögernd bei Düd'jom Rinpoche, ob ich Chöying Gyamtso mit Chögyam abkürzen könnte. Er antwortete: *„So wie Trungpa Rinpoche?"* und schmunzelte: *„Oh ja, dann gibt es zwei Chögyams, den Kagyüd Chögyam und den Nyingma Chögyam. Das finde ich gut. Ja. Chögyam, dieser Name ist wie du.*[4]"

Am nächsten Tag gesellte sich zu Düd'jom Rinpoche ein weiterer Lama, namens Lama Künzang Wangdü, auch bekannt als Lama Nyingkhula[5]. Er war ein Ngakpa, der einen roten Schal mit einem weißen Streifen in der Mitte trug. Der Schal war meinem recht ähnlich und er deutete mit einem breiten Lächeln an, dass es gut sei, dass wir den gleichen Schal trugen. Diese einfache Tatsache bereitete ihm große Freude und ich fühlte mich dadurch entspannter, als ich es sonst gewesen wäre.

Düd'jom Rinpoche zeigte unerwartet großes Interesse für mein frühes Leben und meine Beschäftigung mit dem Buddhismus.

3 Ein *gCod* (ausgesprochen „chöd") Damaru (*gCod rNga*) ist eine doppelseitige Trommel mit einem Durchmesser von etwa 30 cm mit zwei Schlägelstücken, die an dicken Schnüren befestigt sind. Die Trommel wird durch das Drehen in der Hand gespielt. Eine Kangling (*rKang gLing*) ist eine Knochentrompete, die aus einem menschlichen Oberschenkelknochen hergestellt wird.

4 Erst Jahre später wurde mir klar, dass im Fall von Chögyam Trungpa Rinpoche es sich nicht um die Abkürzung von Chöying Gyamtso handelte, sondern um Chökyi Gyamtso. Mir war auch nicht klar, dass es sich um eine etwas ungewöhnliche Kontraktion handelte, da Gyamtso in Tibetisch rGya mTsho geschrieben wird und das „m" am Ende von Chögyam eigentlich nicht vorhanden sein sollte. Es sollte Chögya sein, da das „m" zur Silbe mTsho gehört

5 Siehe Glossar: *Kyabjé Nyingkhula Rinpoche*

Er war neugierig auf meine autodidaktische Forschung und fand Erklärungen zu meiner Erfahrung im stillen Sitzen, die es wert waren, untersucht zu werden. Ich erklärte, wie ich mit Hilfe des Buches von Konteradmiral E.H. Shattock mit der Meditation begonnen hatte. Dann hatte ich das Glück, das Buch „*Zen Mind, Beginners Mind*" von Shunryu Suzuki zu erwerben, das einen weitaus umfassenderen Blick auf die Praxis des stillen Sitzens bot[6]. Ich hatte eine Liste mit Zitaten von Shunryu Suzuki in mein Notizbuch geschrieben und so konnte ich diese Düd'jom Rinpoche vorlesen. Er fand sie interessant und gab Kommentare dazu, was den Beginn meines formalen Unterrichts darstellte. Ich lernte bald, die Zitate so umzuformulieren, dass der Übersetzer sie verständlich fand[7].

> Shunryu Suzuki: *Behandle jeden Moment so, als wäre er dein letzter. Der Moment ist keine Vorbereitung auf etwas anderes.*

Düd'jom Rinpoche nickte kurz und lächelte: „*Ich denke, du hast bereits Erfahrung mit stillem Sitzen und deshalb gefällt dir dieser Satz und du hast ihn notiert. Ich glaube, du hast bereits meditiert, als du noch sehr jung warst?*"

„*Ja, Rinpoche, ich habe bereits als kleines Kind so etwas Ähnliches wie Meditation gemacht, aber ich kann nicht sagen, dass es tatsächlich Meditation war. Ich saß einfach still da und starrte auf das, was vor mir lag. Das habe ich immer im Wald hinter meinem Haus gemacht.*"

Düd'jom Rinpoche entgegnete: „*Yah, das war Meditation.*"

Dann fuhr er fort mit einer langsamen Abwärtsbewegung seiner linken Hand „*Shi-nè ist die Grundlage des Dzogchen sem-dé. Die Erfahrung, die du mit Shi-nè bereits in sehr jungen Jahren gemacht hast, hat Wert für den Rest deines Lebens. Lies bitte mehr vom japanischen Lama.*"

6 *Zen Mind, Beginner's Mind* (Zen-Geist, Anfänger-Geist) von Shunryu Suzuki (veröffentlicht 1970) wurde zu einem spirituellen Klassiker, der Meditierende aus der Falle des Intellektualisierens herausführt. Dieses Buch wurde von Chögyam Trungpa Rinpoche nachdrücklich empfohlen.

7 Die folgende Diskussion mit Kyabjé Düd'jom Rinpoche wurde damals von mir in einem Notizbuch festgehalten und Düd'jom Rinpoches Antworten sind wörtlich das, was von Gélong Tséring (*dGe sLong tshe ring*) übersetzt worden war. Ein Gélong ist ein Mönch, der die volle Ordination erhalten hat.

> Shunryu Suzuki: *Wenn dein Geist leer ist, ist er immer zu allem bereit, er ist für alles offen. Für den Anfänger-Geist gibt es viele Möglichkeiten, für den Geist des Experten jedoch nur wenige.*

Düd'jom Rinpoche nickte. *„Die Leere des Geistes ist der Anfang. Der Geist des Anfängers ist wie dieser „Anfang des Geistes". Er ist von Anfang an immer rein. Das ist vielleicht die Bedeutung. Ein Experte mit Stolz kann verhärtet werden, wenn er im Besitz von zu viel Informationswissen ist. Dzogchen ist nicht akademisch. Meditation ist nicht akademisch. Akademisches Wissen hat einen Wert, aber der Wert ist begrenzt. Wenn man direkt aus Erfahrung spricht, dann kann das jeder verstehen. Wenn man von akademischem Wissen spricht, dann verstehen das nur andere Akademiker."*

Ngak'chang Künzang Wangdü musste darüber herzlich lachen. Tatsächlich lachte er so laut und so lange, dass auch Düd'jom Rinpoche zu lachen begann, und schließlich konnte ich auch nicht anders, als zu lachen. Irgendwie schien es das Lustigste zu sein, was ich jemals gehört hatte, wobei der Witz darin bestand, dass es so offensichtlich der Wahrheit entsprach. Nachdem sich das Gelächter allmählich gelegt hatte, deutete Düd'jom Rinpoche an, dass ich ein weiteres Zitat lesen sollte.

> Shunryu Suzuki: *Wo immer du bist, du bist eins mit den Wolken und eins mit der Sonne und den Sternen, die du siehst. Du bist eins mit allem. Das ist wahrer, als ich sprechen kann, und wahrer, als du hören kannst.*

Düd'jom Rinpoche bewegte den Kopf „*Vielleicht….*" Dann runzelte er die Stirn: „*…Wenn der japanische Lama „nicht getrennt' meint, dann ist die Bedeutung korrekt. Ansonsten würde es sich um mu-teg tag ta-wa handeln*[8]."

Ich musste nachfragen, was das bedeutete, da ich mit dem Begriff *mu-teg tag ta-wa* nicht vertraut war. *„Ich weiß, dass ta-wa „Sicht' bedeutet, so wie in Sicht, Meditation und Aktion, aber ich weiß nicht, was das Wort „mu-teg' bedeutet?"*

8 Mu-teg tag ta-wa *(mu sTegs rTag lTa ba)* ist die monistisch/eternalistische Vorstellung, dass wir „alle eins" sind. Siehe Glossar: *vier Ablehnungen.*

Tséring, der Übersetzer, schlug „*Tirthika*" vor, aber das Wort kannte ich auch nicht, also sagte er „*So etwas wie Hindu, aber vielleicht eher „nicht-buddhistisch", weil es in Indien viele Ideen und viele verschiedene Religionen gibt. Es bedeutet so viel wie „häretisch", aber beinhaltet hauptsächlich Eternalismus und Monismus. Hier gilt: „Alles ist eins." beziehungsweise „Wir sind alle Teil Gottes". Das ist mu-teg tag ta-wa.*"

Ich nickte als Zeichen, dass ich es verstanden hatte.

Düd'jom Rinpoche fuhr fort, das Zitat zu kommentieren. „*Diese Augen, die sehen, sind nicht getrennt von dem, was gesehen wird. Es gibt keine Trennung zwischen Seher und Gesehenem, dennoch bleibt Vielfalt bestehen. Die buddhistische Nichtdualität ist nicht monistisch. Alles ist leer und doch manifestiert sich Vielfalt. Es gibt keinen Unterschied zwischen meiner Leere, Künzang Wangdüs Leere, Tsérings Leere oder Chögyams Leere. Dieselbe Leere, aber verschiedene Formen, die sich zeigen. Leere ist Leere. Wenn mehr als eine Leere vorhanden ist, dann handelt es sich nicht um Leere. Form entsteht aus Leere und jede Form ist anders. Leere und Form sind nicht getrennt, aber das macht nicht „alles gleich".*" PAUSE „*Jetzt lies bitte weiter.*"

> Shunryu Suzuki: *Nichts, was wir sehen oder hören, ist perfekt, aber genau dort, in der Unvollkommenheit, liegt die perfekte Realität.*

Künzang Wangdü lachte.

Düd'jom Rinpoche grinste breit: „*Oh Yah! Samsara und Nirvana sind nicht getrennt. Das ist Dzogchen.*"

> Shunryu Suzuki: *Ich habe herausgefunden, dass es notwendig, absolut notwendig ist, an* nichts *zu glauben. Das heißt, wir müssen an etwas glauben, das keine Form und keine Farbe hat: etwas, das existiert, bevor alle Formen und Farben erscheinen.'*

Düd'jom Rinpoche nickte nur. „*Yah, das weißt du.*" Er hatte dem nichts hinzuzufügen, aber er bedeutete mir, ein weiteres Zitat zu lesen.

> Shunryu Suzuki: *Selbst wenn man versucht, die Menschen zu kontrollieren, so ist dies letztlich unmöglich. Es ist zum Scheitern verurteilt. Der beste Weg, Menschen zu kontrollieren, besteht darin, sie zum Unfug zu ermutigen.*

> *Dann werden sie in einem weiteren Sinne unter Kontrolle gebracht. Ein Schaf oder eine Kuh bringt man dadurch unter Kontrolle, dass man sie auf eine weitläufige Weide stellt. So ist es auch mit den Menschen: Lass sie erst einmal machen, was sie wollen, und beobachte sie. Das ist die beste Politik. Sie zu ignorieren ist nicht gut. Das ist die schlechteste Politik. Das Zweitschlimmste ist der Versuch, sie zu kontrollieren. Das Beste ist, sie zu beobachten, sie einfach nur zu beobachten, ohne zu versuchen, sie zu kontrollieren.*

„Oh yah!" Düd'jom Rinpoche lachte: *„Bei Menschen bin ich mir nicht so sicher. Manchmal ist Kontrolle notwendig, wenn schlechte Menschen Schaden anrichten. Aber bezüglich auftauchender Gedanken ist das die perfekte Lehre."*

> Shunryu Suzuki: *Was wir „Ich" nennen, ist nur eine Schwingtür, die sich bewegt, wenn wir ein- und ausatmen."*

„Oh yah… das ist Shi-nè" verkündete Düd'jom Rinpoche voller Enthusiasmus. *„Und so weit ich sehe, hast du das schon geübt, als du noch sehr jung warst, als du auf Bäume geklettert bist, um dort zu sitzen."*

„Ja, Rinpoche. So etwas in der Art. Aber ich glaube nicht, dass ich Shi-nè praktiziert hatte, als ich mit fünf Jahren im Wald saß."

Düd'jom Rinpoche sah amüsiert aus und fragte: *„Warum sagst du das?"*

„Nun, Rinpoche… ich hatte keine Ahnung, was ich tat. Es war keine Art von Disziplin. Ich glaube, es hat mir einfach Spaß gemacht… die Farben der Natur zu betrachten."

Düd'jom Rinpoche lachte und rief: *„Und doch sagt dieser japanische Lama dasselbe!"* Er schlug mit den Handflächen auf beide Oberschenkel. *„Der Anfängergeist hat viele Möglichkeiten! Für den Expertengeist sind die Möglichkeiten eingeschränkt!"* PAUSE *„Wie auch immer, seit wann übst du formelles Shi-nè?"*

„Seit ich 14 *Jahre alt war, Rinpoche."*

Dann sah mich Rinpoche vielleicht eine Minute lang aufmerksam an, wobei es mir viel länger vorkam. Er nickte fast ausdruckslos und lächelte schließlich: *„Aber du hast jeden Tag sehr lange geübt."*

„Zuerst nur eine halbe Stunde. Später dann eine Stunde. Dann fing ich an, mehr als einmal am Tag zu üben und schließlich habe ich in den letzten Jahren versucht, zu üben, wann immer ich Zeit hatte: in Bussen und wenn ich irgendwo warten musste."

„Und dann?" Rinpoche grinste. *„Kommen immer Gedanken oder kommt Leere?"*

„Zuerst immer Gedanken, Rinpoche, aber dann ließen die Gedanken nach einiger Zeit langsam nach und manchmal hörten sie ganz auf."

„Du bist aber nicht eingeschlafen?" Rinpoche lachte, schüttelte aber gleichzeitig den Kopf, um diese Möglichkeit auszuschließen.

„Nein, Rinpoche, ich schlafe nicht beim Meditieren. Manchmal bin ich etwas schläfrig, aber wenn ich müde werde, mache ich etwas anderes. Ich sitze nicht gern, wenn ich schläfrig bin. Ich mag es, aufmerksam und wach zu sein."

„Dann praktizieren wir jetzt gemeinsam Shi-nè" beschloss Düd'jom Rinpoche das Gespräch und wir saßen alle schweigend da. Ich weiß nicht, wie lange wir saßen, aber es kam mir nicht länger als zehn Minuten vor. Am Ende dieser Zeitspanne sang Düd'jom Rinpoche einen kurzen Gesang auf Tibetisch, wobei Ngak'chang Künzang Wangdü und Tséring mit einstimmten. Ich kannte das Lied nicht und saß daher schweigend da.

„Ich werde Shi-nè und Lhatong später unterrichteten." Düd'jom Rinpoche lächelte, zeigte dann erneut auf mein Notizbuch und bedeutete mir, dass ich eine weitere Passage lesen sollte.

> Shunryu Suzuki: *Das Leben ist, als würde man auf ein Boot steigen, das kurz davor steht, aufs Meer hinauszusegeln und zu sinken.*

„Oh yah!" Düd'jom Rinpoche lachte wieder *„… aber nach Indien bist du geflogen!"*

Irgendwie kam mir das extrem lustig vor und ich lachte. Auch Ngak'chang Künzang Wangdü und der Übersetzer lachten. Dann fuhr Düd'jom Rinpoche fort: *„Wie auch immer, die Geburt geschieht, dann folgt der Tod. Du hast das immer gewusst. Wir müssen das alle wissen. Es ist gut, dass du das aufgeschrieben hast. Hast du das oft gelesen?"*

„Ja, Rinpoche. Ich habe diese Zitate aufgeschrieben, damit ich mich daran erinnern kann, was ich tun soll. In Großbritannien gibt es keine Vajrayana-Lehrer und deshalb musste ich alles tun, was ich konnte, um Erfahrungen zu sammeln."

Düd'jom Rinpoche sah einen Moment lang traurig aus und machte die Bemerkung, dass ich keine Freunde getroffen hätte. Ich verstand dies zunächst nicht, aber dann wurde mir klar, dass er sich auf die westlichen Buddhisten in McLeod Ganj und Bodha bezog.

Um zu verdeutlichen, dass ich es richtig verstanden hatte, gab ich einen kurzen Bericht über meine Kommunikationsschwierigkeiten mit westlichen Buddhisten im Osten. Er nickte darauf und sagte: *„Das ist nicht wichtig. Diese Leute kommen und gehen. Zuerst scheinen sie ernsthaft interessiert zu sein, dann vergessen sie wieder alles. Solche Freunde benötigst du nicht."* PAUSE *„Aber du hast auch Freunde verloren. Mit denen hast du Musik gespielt, und auch das hast du verloren."*

Ich antwortete, dass ich tatsächlich meine beiden besten Freunde verloren habe, die ausgezeichnete Musiker gewesen waren. Er fragte: *„Jetzt ist also keine Musik mehr möglich?"*

„Nicht viel, Rinpoche. Ich spiele zwar alleine, aber das ist nicht dasselbe. Außerdem bin ich kein besonders guter Musiker."

„Yah…" Rinpoche seufzte. *„Du musst immer Musik spielen. Du musst wissen… „gut" und „nicht gut" sind nur subjektive Eindrücke. Für einen Yogi haben diese Ideen keine Bedeutung. Du kannst es einfach halten. Chögyam tut, was Chögyam tut. Andere Leute sagen „dies und das", aber das ist alles nur Unsinn. Zu viele Menschen haben Ideen und fällen Urteile. Du brauchst kein Urteil von anderen. Du musst nur auf* mein *Urteil hören. Dann wird es keine Probleme geben."* PAUSE *„Kannst du noch weiterlesen?"*

„Selbstverständlich, Rinpoche."

> Shunryu Suzuki: *Wenn etwas stirbt, dann ist das die größte Belehrung.*

Ich hatte auch *„wenn jemand stirbt"* hinzugefügt, da das eine sehr persönliche Aussage für mich war.

„*Yah… dann erkennen wir die Realität.*“ Düd’jom Rinpoche seufzte, aber offensichtlich nicht in Bezug auf sich selbst. „*Du weißt schon seit deiner Jugend über den Tod Bescheid. Das hat eine große Bedeutung, eine sehr große Bedeutung. Das ist nicht nur intellektuelles Verständnis und das ist wichtig. Der Tod ist sehr traurig. Der Tod ist aber auch ganz normal. Jeder Geborene muss auch sterben. Jeder, der stirbt, muss wiedergeboren werden. Wir alle sterben. Wir alle nehmen unzählige Male eine Wiedergeburt. Wichtig ist die Aufrechterhaltung des Gewahrseins. Erhaltung des Gewahrseins durch die Bardos und das Gewahrsein in das nächste Leben mitnehmen.*“

Ich hatte den Tod tatsächlich schon in jungen Jahren kennengelernt. Als Kind hatte ich nie an einer Hochzeit teilgenommen, aber an einer Reihe von Beerdigungen. Mein Vater war 50 Jahre alt, als ich geboren wurde, und er war der jüngste seiner Familie. Ich erlebte den Tod meiner Großeltern, als ich noch recht jung war. Ihnen folgten Onkel und Tanten.

Ich fühlte mich irgendwie beruhigt durch die Tatsache, dass Düd’jom Rinpoche mein ganzes Leben zu kennen schien, wenn er mich einfach nur ansah. Ich fragte mich, wie viele Details er wusste, hielt es aber für unhöflich, danach zu fragen. Wusste er von Alice, Anelie und Lindie? Wusste er von meiner nackten Reise zur Weggabelung, um Papa Legba zu treffen? Ich vermutete, dass er das wahrscheinlich tat, und fragte mich, was er wohl von all dem halten würde. Dann bemerkte ich Rinpoches Nicken. Er bedeutete mir, ein weiteres Zitat zu lesen.

> Shunryu Suzuki: *In der Meditationshaltung haben Geist und Körper die große Macht, Dinge so zu akzeptieren, wie sie sind, ob angenehm oder unangenehm.*

Düd’jom Rinpoche nickte und sein Gesichtsausdruck zeigte, dass dies selbstverständlich war.

> Shunryu Suzuki: *Wenn du echte Praxis verstehst, dann sind alle anderen Aktivitäten Meditation. Wenn du nicht verstehst, wie man im eigentlichen Sinne übt, dann erwirbst du, auch wenn du sehr hart übst, nur Technik.*

„*Yah*" sagte Düd'jom Rinpoche, während er dreimal ganz bewusst mit dem Zeigefinger auf den Tisch klopfte. „*Das ist wichtig, besonders im Dzogchen. Du musst jeden Tag kommen, wenn ich Zeit habe, und du musst mir von deiner Praxis erzählen, damit ich weiß, wie du weitermachst und welche Methode du anwenden sollst.*"

> Shunryu Suzuki: *Während du diese Praxis Woche für Woche, Jahr für Jahr fortführst, wird deine Erfahrung immer tiefer und umfasst allmählich alles, was dir in deinem täglichen Leben widerfährt. Das Wichtigste ist, nichts erreichen zu wollen, alle dualistischen Ideen zu vergessen. Mit anderen Worten: Praktiziere einfach. Denke an nichts. Bleibe einfach auf deinem Kissen sitzen, ohne etwas zu erwarten. Dann wirst du schließlich deine eigene Natur wiedererlangen. Das heißt, deine eigene Natur kehrt zu sich selbst zurück.*

Düd'jom Rinpoche warf einen kurzen Blick aus dem Fenster und kommentierte: „*Tiefer, weiter… Yah… diese Worte haben keine große Bedeutung. Wenn die Meditation Alltag wird, dann ist das Dzogchen. Dann ist die Natur aus sich selbst heraus da. Das ist Rangdröl: Selbstbefreiung. Komm morgen wieder zurück. Dann werde ich über Dzogchen sprechen, über gCèrdröl, Shardröl und Rangdröl.*"[9]

Nach einer Pause fragte Düd'jom Rinpoche: „*Hast du noch mehr?*"

Ich antwortete, dass es noch etwas mehr sei, und Rinpoche erkundigte sich, wie viel. Ich sagte, dass es nur noch vier weitere Zitate gäbe. Er bat mich, sie zu lesen und gab zu jedem einen Kommentar, den ich mir notieren sollte, um mir bei der Entwicklung meiner Sicht zu helfen.

> Shunryu Suzuki: *Wenn man alles akzeptiert, ist alles jenseits der Dimensionen. Die Erde ist weder groß noch ist ein Sandkorn klein. Ein Sandkorn aufzuheben ist dasselbe, als würde man das ganze Universum aufheben. Ein Lebewesen zu retten bedeutet, alle Lebewesen zu retten.*

„*Sicht, Meditation und Handeln…*" begann Rinpoche „*… sind im Dzogchen von zentraler Bedeutung.*

9 Siehe Glossar: *gCèrdröl, shardröl, rangdröl*

„Wenn nichtduales Gewahrsein vorhanden ist, dann ist jede Handlung vollständig und vollkommen. Alles wird akzeptiert, weil alles in seinem eigenen Entstehen vollkommen ist.“

> Shunryu Suzuki: *Meditation ist keine ausgefallene, besondere Lebenskunst. Die Lehre besteht darin, immer in der Realität im genauen Sinne zu leben. Sich von Moment zu Moment anzustrengen, ist der Weg.*

„Anstrengen…“ überlegte Rinpoche kurz *„… das ist am Anfang wichtig, aber wenn die Meditation in das Leben integriert wurde, dann ist Anstrengung nicht mehr notwendig. Ohne Bezugspunkte gibt es keine Unzufriedenheit. Frei von Bezüglichkeit gibt es keinen Grund für Angst und Entspannung wird möglich. Die Erscheinungen sind unendlich rein, daher ist jede Form von Unterscheidung unnötig und man strahlt Gelassenheit aus. Wenn die selbst-existierende Weisheit vollkommen ist, dann ist Anstrengung unnötig und der Geist kann heiter rasten.“*

> Shunryu Suzuki: *Selbst wenn du viel Dharma gelesen hast, musst du jeden Satz mit einem frischen Geist lesen. Du solltest niemals sagen „Ich weiß, was Dharma ist“ … das ist auch das wahre Geheimnis der Künste: Sei immer ein Anfänger.*

„Yah…“ Rinpoche lächelte *„… du musst Vajrayana wie ein Künstler studieren, weil du ein Künstler bist. Erinnere dich immer an die Sinne und Sinnesfelder. Dort findest du die Präsenz des Gewahrseins. Dort kann der Geist rasten. Man muss nirgendwohin weitergehen. Man muss nichts suchen.“*

> Shunryu Suzuki: *Wenn du dich mitten in deinen eigenen Problemen befindest, was kommt dir realer vor: Dein Problem oder du selbst? Dein Gewahrsein hier und jetzt ist die ultimative Tatsache.*

Rinpoche lachte. *„Vielleicht solltest du ein Moskitonetz kaufen.“*

Irgendwie war das eines der lustigsten Dinge, die jemals jemand zu mir gesagt hatte. Es war aber auch ein völlig praktischer Ratschlag. Ich hatte in Bodha sehr unter den Moskitos gelitten, hatte aber keine Ahnung, dass es dort Moskitonetze zu kaufen gab.

Die Aussage stand auch in direktem Zusammenhang mit dem Zitat von Shunryu Suzuki, allerdings auf eine Weise, die sowohl völlig bodenständig als auch unbeschreiblich geheimnisvoll war. Es spiegelt wahrscheinlich viel über meinen Geisteszustand wider, wenn ich mit Düd'jom Rinpoche zusammen war, denn auf den ersten Blick ist an dem, was er sagte, nichts Bemerkenswertes. Es war die Art und Weise, wie er einen praktischen Ratschlag mit dem Zitat von Shunryu Suzuki verknüpfte, und dadurch gleichzeitig unsere Diskussion zu einem urkomischen Abschluss brachte.

Ein paar Tage später sprach Düd'jom Rinpoche über Rigpa. Er bat mich, alles in meinen eigenen Worten niederzuschreiben, damit es ihm zurückübersetzt werden konnte. Auf diese Weise wollte er mein Verständnis überprüfen. *Dies ist meine Lehre an dich über Dzogchen und die Natur der Vision.*

Die Vision von Dzogchen sieht die Realität so, wie sie tatsächlich ist. Realität, die untrennbar mit der Natur des Geistes verbunden ist: der natürliche Zustand, in dem es keine Unterschiede, Abgrenzungen oder Diskriminierungen gibt. Dieses Bewusstsein ist Rigpa: nackte Präsenz des Gewahrseins in jedem Augenblick.

Wir können dieses Gewahrsein nicht in Worte fassen und es gibt nichts, womit wir es vergleichen könnten. Es ist nicht der alltägliche Zustand emotionaler Unruhe und widersprüchlicher Gedanken, aber es ist auch nicht die Leere, der Zustand ohne jedwede Bewegung, der als Nirvana bekannt ist.

Rigpa kann nicht zusammengebaut, konstruiert oder entwickelt werden. Es kann nicht unterbrochen, ausgesetzt oder ausgelöscht werden. Man ist niemals von Rigpa getrennt und auch dualistische Verwirrung stört den nichtdualen Zustand nicht.

In Bezug auf Rigpa ist es unmöglich zu sagen, dass wir im Moment existieren, aber wir können auch nicht sagen, dass wir nicht existieren.

Rigpa ist weder unendlich noch vorübergehend. Es kann nicht durch spezielle Erfahrungen oder Aktivitäten etabliert werden. Es ist das ursprüngliche Gesicht der Nichtdualität, das anfangslos rein, alles durchdringend und von allem durchdrungen ist.

Die ungehinderte Leuchtkraft der Nichtdualität einerseits und des gesamten Erfahrungsspektrums, ob verzerrt oder befreit, andererseits, sind wie die Sonne und deren Strahlen.

Nichtduale Leerheit ist untrennbar mit der nichtdualen Form verbunden. Deshalb hat jeder und alles überall die intrinsische Natur des nichtdualen Bewusstseins – das spontan entstandene Universum reiner Qualitäten.

Das Erkennen der Präsenz von Rigpa als ursprünglicher natürlicher Grundlage des Seins führt zu einer direkten Wahrnehmung der drei Sphären des Seins als dem inhärenten Gewahrsein der Vereinigung von Leuchtkraft und Leerheit. Dies ist die Vision des Dzogchen.

Ich fand Düd'jom Rinpoche immer poetisch. Er war ein Gesamtkunstwerk. In jeder seiner Bewegungen und Gesten lag Anmut. Seine Stimme hatte einen klangvollen Unterton. Er hatte eine Unbeschwertheit, in der große Ernsthaftigkeit lag; eine Feierlichkeit, die mit Heiterkeit abwechselte. Seine Umgebung war immer einfach und dennoch perfekt und er war offensichtlich immer der Herr der Lage. Ich besuchte ihn fast jeden Tag und er erklärte mir viele Aspekte der Nyingma-Tradition. Ich hatte damals keine Ahnung, wie ungewöhnlich das war, aber ich wusste, dass ich großes Glück hatte. Er war vollständig überzeugt davon, in welche Richtung ich mich entwickeln sollte und er hatte nie Unrecht.

21

Geboren in einem Drachenjahr

November 1971

Als ich Kyabjé Düd'jom Rinpoche das nächste Mal traf, fragte ich ihn, ob er so freundlich wäre, mir etwas über sein Leben zu erzählen. Ich hatte eine relativ kurze Zusammenfassung erwartet, aber er war äußerst großzügig mit seiner Zeit und ging sehr ins Detail. *„O yah… es gibt viele Dinge…“* begann er *„…,die du später einmal wissen musst.“*

Die Einleitung kam von Tséring, der mir erzählte, dass in der fernen Vergangenheit, in einem früheren Weltzeitalter, Kyabjé Düd'jom Rinpoche der Halter des Gewahrseins[1] Nuden Dorje gewesen sei. Es gibt die Prophezeiung, dass er in Zukunft als Buddha Möpa Thayé inkarnieren werde. In der Gegenwart manifestiere er sich als Repräsentant von Padmasambhava[2].

Seine frühere Inkarnation, Düd'jom Lingpa, sagte knapp vor seinem Tod zu seinen Schülern: *„Wer auch immer Vertrauen in mich hat, der gehe nach Pemakö. Bevor ihr jungen Leute dort ankommt, werde ich allerdings bereits dort sein.“* Dies geschah genau wie vorhergesagt. Düd'jom Rinpoche war bereits drei Jahre alt, als er als direkte Emanation von Düd'jom Lingpa entdeckt wurde. Er konnte sich deutlich an seine früheren Leben erinnern.

„Das“ fügte Tséring hinzu *„ist auch der Grund, warum Düd'jom Rinpoche das ganze Leben von Chögyam und auch dessen frühere Leben kennt.“* Ich hatte keinen Zweifel daran. Ich hatte keinen Grund zu zweifeln. Es war, als würde man akzeptieren, dass die M4 nach London führte. Es stand dort auf dem Schild und alles, was man tun musste, war der Straße zu folgen, und die Ankunft in London wäre dann keine große Überraschung.

1 Rig'dzin

2 Einzelheiten zu Kyabjé Düd'jom Rinpoches Leben und Inkarnationslinie, die in diesem Gespräch dargelegt werden, findet man in Appendix II.

„Im Alter von fünf Jahren entdeckte er gTér." Düd'jom Rinpoche lachte: *„Mit fünf Jahren hast du die gTérma Khandro entdeckt."*
Dann fragte er: *„Hast du damals auch eine Freundin gefunden?"*

„Ja Rinpoche, ihr Name war Alice."

„Ja, gut. Aber jetzt hast du keine Freundin?"

„Nein, Rinpoche."

„Aber du hattest bereits viele Freundinnen?"

Ich antwortete mit *„Ja"* wohlwissend, dass es eigentlich keiner Antwort bedurfte, da Kyabjé Düd'jom Rinpoche bereits meine gesamte Biografie intuitiv registriert hatte.

„Du musst eine Sangyum finden. Ansonsten ist es nicht möglich, gTérma zu finden und dieses weiterzugeben." Düd'jom Rinpoche erzählte mir, dass ich meine Sangyum in einem Traum gesehen hatte, bevor ich England verließ, und dass ich sie wiedererkennen würde, wenn sie in meinem Leben auftauchte. Er sagte mir, dass dies seine Vorhersage sei und dass ich nur praktizieren und aufmerksam sein müsste. Es würde Hindernisse für unser Zusammensein geben, aber diese würden überwunden werden.

„Der Name deiner früheren Inkarnation lautete Aro Yeshé. Es handelt sich nicht um Aro Yeshé Jung-né, aber er war dahingehend ähnlich, dass er auch viel Dzogchen sem-dé lehrte."

Der Name Aro Yeshé hatte nicht sofort eine große Wirkung auf mich. Es war eher so, dass der Name für mich nicht völlig fremd klang. Ich könnte behaupten, dass er einfach wie mein Name geklungen hatte, aber das wäre nicht ganz richtig. Tatsächlich dauerte es einige Minuten, nachdem Düd'jom Rinpoche den Namen erwähnt hatte, bis ich mir der Bedeutung bewusst wurde. Düd'jom Rinpoche hatte meinem früheren Leben einen Namen gegeben. Die Wirkung auf mich war zunächst nicht so stark, wie sie hätte sein sollen. Es war eher eine alles durchdringende Welle von etwas, das ich nicht genauer definieren konnte. Es war, als ob jemand das Haus am Frognal Crescent in Aldershot beschrieben hätte, in dem ich als Baby gelebt hatte, bevor meine Familie in die Woodsfield Lane umgezogen war.

Jemand könnte vielleicht die Treppe beschreiben, den Flur, den Treppenabsatz im ersten Stock, die Eingangstür, das Wohnzimmer… Während der Beschreibung von jedem Detail würde ich es hören und es würde *vertraut* klingen. Das würde nicht bedeuten, dass ich mich daran erinnern könnte, aber in gewisser Weise würde die Information mit meiner Erinnerung resonieren, wenn auch auf amorphe Weise. Dann, zu einem späteren Zeitpunkt, gab es einen winzigen Erkenntnisblitz, als ob ein kleines Detail real geworden wäre. Aro Yeshé. Es war ein Name, den ich nicht mehr vergessen würde. Ich schrieb ihn in tibetischer U-chen-Schrift nieder.

Ich hatte in McLeod Ganj begonnen, das tibetische Alphabet zu lernen, also schrieb ich den Namen in U-chen auf und zeigte ihn Düd'jom Rinpoche. Wunder über Wunder… Ich hatte den Namen richtig geschrieben. Oder vielleicht war es auch nicht so überraschend, denn ich wusste bereits, dass Yeshé als *ye shes* buchstabiert wird, und meine Vermutung, dass Aro einfach *A ro* geschrieben wird, war naheliegend, da es keine stummen Buchstaben beinhaltet.

Düd'jom Rinpoche lächelte, als er meine tibetische Schrift sah. Er äußerte sich aber nicht weiter sondern fuhr mit der Schilderung seines Lebens fort.

„Als ich so alt war wie du, begegnete ich Padmasambhava und schrieb gTérmas." Düd'jom Rinpoche lächelte. *„Jetzt bist du hier und triffst mich. Das ist gut, weil du später auch gTérma schreiben wirst. Vielleicht, wenn du in meinem jetzigen Alter sein wirst, vielleicht aber auch früher. Zuerst müssen Schüler kommen, dann musst du deine Sangyum finden, danach wirst du dein eigenes gTérma unterrichten."*

Offensichtlich war keine Antwort erforderlich. Ich hatte zwar Fragen, aber Düd'jom Rinpoche fuhr fort, Aspekte seiner eigenen Biographie zu erzählen.

Seine Erfahrungen mit der Dorje Tröllö-Praxis inspirierten ihn dazu, Paro Taktsang in Bhutan zu besuchen, wo es viele glückverheißende Zeichen gab. Er entdeckte den Phurba Pu-dri Rekpung, den Tso-kyé Thug-thig und den Khandro Thug-thig.

„Paro Taktsang bedeutet „Tigernest". Hier manifestierte sich Guru Rinpoche als Dorje Tröllö. In deiner letzten Inkarnation machtest du auch eine Pilgerreise nach Taktsang. Du bist gemeinsam mit deinen Sangyums gereist."

„Mit Sangyums?" fragte ich. *„Habe ich mich verhört oder hat Düd'jom Rinpoche Sangyums gesagt, also mehr als eine?"*

Düd'jom Rinpoche lachte, als er meine Frage hörte: *„Es ist nicht nötig, dass du in diesem Leben zwei Sangyums hast. Das wäre in deinem Land nicht gut. Dort ist nur eine Frau möglich."*

Ich sagte ihm, dass ich mich freute, das zu hören, da ich nicht den Wunsch verspürte, ein Bigamist zu sein oder eine offene Beziehung zu führen. Das würde mir nicht gefallen.

„Das ist gut, aber einmal in Tibet warst du in dieser Situation." Er lachte: *„Jetzt sind zwei Khandros nicht nötig. Es ist gut, dass du danach kein Verlangen verspürst. Eine Frau ist für dich perfekt."*

Dann lachte er erneut und erklärte weiter, dass es in Tibet nicht völlig ungewöhnlich war, zwei Sangyums zu haben.

Aro Yeshés Sangyums waren Schwestern gewesen, aber er wusste zu diesem Zeitpunkt nicht viel mehr über sie, außer der Tatsache, dass ich sie einmal in einem Traum gesehen hatte. Vielleicht wüsste er in Zukunft mehr, wenn ich ihn am Ende meiner Ausbildung an der Kunstschule wiedersehen würde.

Hatte Düd'jom Rinpoche meine Träume in Exeter gesehen? Das fühlte sich äußerst seltsam an. Plötzlich kam meine Erinnerung zurück: Ich wachte in einem Zelt auf; zwei dunkelhaarige junge Damen lagen neben mir, eine auf jeder Seite; ich sprach im Schlaf in einer fremden Sprache und hatte das Gefühl, die Erinnerungen einer anderen Person zu haben.

„Und jetzt bin ich hier in Bodha…" lachte er *„… und gebe einem jungen Ngakpa einen langen Vortrag über mein Leben."* PAUSE *„Yah, also… das reicht fürs erste."* Er lächelte. *„Wenn du alt bist, wirst du auch einen langen Vortrag über dein Leben halten können."*

Düd'jom Rinpoche fragte mich dann, ob ich mich an das Thema erinnern könnte, über das er sprechen wollte.

„*Ja, Rinpoche*" antwortete ich. „*gCèrdröl, Shardröl und Rangdröl.*"

„*Gut. Dies sind Methoden innerhalb des drol-lug-zhi: der vier Arten der Befreiung.*"

Dann erläuterte Düd'jom Rinpoche „*Der erste Modus ist gCèrdröl. Das bedeutet Befreiung durch nacktes Gewahrsein. An zweiter Stelle steht Shardröl. Dies bedeutet Befreiung beim Entstehen. Als drittes kommt Rangdröl. Das bedeutet, dass es sich von selbst befreit. Das sind drei Möglichkeiten, Yédröl in die Dimension der Praxis zu bringen. Yédröl bedeutet uranfängliche Befreiung. gCèrdröl ist Befreiung durch das Erkennen von Namtogs.*" PAUSE „*Du weißt, was „namthog", bedeutet?*"

„*Ja, Rinpoche. Es bedeutet „das, was im Geist entsteht", und das kann entweder ein Gedanke oder ein Bild sein oder was auch immer sich im Geist bewegt.*"

„*Ja. Gut. Als nächstes schauen wir uns die Funktion an. gCèrdröl ist so, wie wenn man eine Person trifft, die man schon einmal getroffen hat. Du kennst die Person und hast daher keine Fragen. Du fragst nicht „Wer bist du?".*"

Düd'jom Rinpoche erklärte weiter, dass Shardröl der Ort sei, an dem sich Gedanken befreien, nachdem sie aufgetaucht sind. Man konnte dies durch das Zusammenrollen und Entrollen einer Schlange erklären. Shardröl bedeutet, dass sich die Schlange selbst aus ihren Windungen entrollt.

„*Die Schlange erweckt zunächst den Eindruck, dass sie einen Knoten habe, aber dann… ist der Knoten plötzlich verschwunden. Der Knoten besteht aus der Schlange, aber der Knoten ist kein Teil der Schlange. Wo ist der Knoten geblieben? Der Knoten hat nie existiert. Jetzt wollen wir gemeinsam meditieren.*"

Wir saßen ein paar Minuten da und dann fuhr Kyabjé Düd'jom Rinpoche fort: „*Als nächstes kommt Rangdröl. Selbstbefreiung bedeutet hier, dass Namtogs entstehen und mit dem Entstehen sofortige spontane Befreiung erfahren. Man muss dazu nichts tun. Es entsteht kein Vorteil und kein Nachteil daraus, wenn Namtogs entstehen und sich selbst befreien. Diese ersten drei Arten der Befreiung dienen dazu Namtogs zu befreien. Aber dann ist da Yédröl, die uranfängliche Befreiung. Dabei handelt es sich um die ungeborene Natur von Rigpa. Diese ist unveränderlich und anfangslos befreit.*"

Düd'jom Rinpoche wartete, während ich mir Notizen machte.

„Sehen wir weiter. gCèrdröl besteht aus einer minimalen Wahrnehmungsaktivität. Die Aufmerksamkeit richtet sich auf ein entstehendes Namtog, das sofort erkannt wird. Das ist, als würde man einen Fremden auf dem Basar sehen und plötzlich erkennt man den Fremden als alten Freund. Vielleicht in deinem Fall…" lachte Rinpoche „*… als alte Freundin!*"

Mit dieser Erwähnung von Freundinnen bot sich mir eine weitere Gelegenheit, wo ich sehen konnte, dass Düd'jom Rinpoche weit mehr über mich wusste, als er auf normale Weise hätte wissen können.

„*Also…*" fuhr Rinpoche fort „*… obwohl dies in deiner Praxis unvermeidlich ist, gibt es da eine kleine Lücke.*" Rinpoche machte eine Geste, wo sein Daumen und sein Zeigefinger so nah beieinander waren, dass sie sich zu berühren schienen „*… zwischen dem Entstehen von Namtogs und dem Erkennen der Präsenz von Namtogs.*" PAUSE „*Wenn man das Namtog endlich erkennt, dann löst es sich auf. Derzeit—und vielleicht noch für einige Monate oder vielleicht Jahre—bestimmt dies deine Praxis. Aber später würde diese Art zu praktizieren sich als ein Hindernis erweisen, wenn du nicht anfängst Shardröl zu praktizieren.*

„Dann gibt es Shardröl. Mit Shardröl befreit man Namtogs sobald sie entstehen, als ob man Bilder auf der Seeoberfläche zeichnen würde. Das Gezeichnete löst sich in der Klarheit der Seeoberfläche auf, sobald das Zeichnen erfolgt. Das Zeichnen und Auflösen finden gleichzeitig statt. Das Entstehen nennt man shar-wa[3]*, das Befreien heißt dröl-wa*[4].

„Shar-wa und dröl-wa passieren gleichzeitig. Es gibt keine Lücke mehr, keine Diskontinuität zwischen Selbstentstehen und Selbstbefreiung von Namtogs. Die Art und Weise unterscheidet sich also von gCèrdröl, der Befreiung durch nacktes Gewahrsein. Shardröl bedeutet Befreiung unmittelbar beim Auftauchen. In gCèrdröl gibt es einen winzigen Anschein von Trennung zwischen dem Entstehen und der Befreiung, während es bei Shardröl kein Gefühl der Unterdrückung von Namtogs gibt. Es gibt nicht die geringste Anstrengung. Befreiung ist ein spontaner, müheloser Reflex. Das nennt man Tsol-mèd.[5]"

3 Shar-wa *(shar ba).*
4 Dröl-wa *(grol ba).*
5 Tsol-mèd *(rTsol med).*

Kyabjé Düd'jom Rinpoche erklärte, dass es bei der Praxis von gCèrdröl eine winzige Anstrengung gibt, das nackte Gewahrsein aufrechtzuerhalten, während es bei Shardröl keine Anstrengung gibt. Welche Namtogs auch immer entstehen, sie gehen—entsprechend ihrer eigenen Energie—sofort in den natürlichen Zustand über. Dies geschieht, weil dies in der Natur von Namtogs liegt.Er erläuterte, dass entstehende Namtogs an sich rein sind. Er sagte, dass dies auf ihre eigene Potenzialität zurückzuführen sei, die nichts anderes sei als die Energie von Chö-ku.[6] Namtogs entstehen ohne Anstrengung und die Befreiung erfolgt ebenfalls ohne Anstrengung durch die natürliche Dynamik ihres Entstehens. Das ist also das Entknoten der Schlange. Wenn ein Namtog—oder ein stark aufgeladener Gedanke, wie z.B. Besessenheit oder Wut—auftaucht, wird das Bewusstsein, das sich im Moment der Befreiung manifestiert, äußerst stark und klar sein. Auf diese Weise wird Besessenheit zu einem Freund von Rigpa und nicht zu einem Gegner oder Hindernis. Auf diese Weise wird die Konzeptualisierung zu einer Manifestation der inhärenten Energie von Rigpa[7]. Auf diese Weise verbleibt man im Zustand von Rigpa, ohne zu akzeptieren oder abzulehnen[8].

An diesem Punkt sah mich Kyabjé Düd'jom Rinpoche aufmerksam an und fragte: „*Verstehst du alles ganz klar?*"

„Ich verstehe, während du sprichst, Rinpoche, und ich hoffe, dass mir das, was ich verstehe, nicht entgleitet."

Rinpoche nickte und fuhr fort: „*Jedenfalls sehe ich, dass alles in deinem Geist bleibt. Also… dann… obwohl man das Erkennen von Chö-ku beibehält und Chö-ku sich fortsetzt, ist es immer noch so, als ob Dualität und Nichtdualität getrennt blieben. Man spricht von Drölcha'i Chö-ku ngö-zung*[9]*. Das bedeutet, dass immer noch eine subtile Form von Dualität verbleibt, denn Praxis und Alltag sind noch nicht nahtlos miteinander verbunden. Dann kommt die dritte Stufe namens Rangdröl. Der Unterschied zwischen Entstehen und Befreien ist verschwunden.*

6 Chö-ku *(chos sKu / Dharmakaya)* – die Dimension der uneingeschränkten Möglichkeit.

7 Rigpa zangthal gyi-ngang lé-rang rTsaldu 'charwa *(rig pa zang thal gyi ngang las rang rTsal du 'char ba)*.

8 Lang dor-mèd par kyangpa *(bLang dor med par bsKyangs pa)*.

9 Drölcha'i Chö-ku ngö-zung *(grol cha'i chos sKu ngos bZung)*.

„Dies ist eine Reise, deren Ziel mit dem Abfahrtsort übereinstimmt. Man steigt in den Bus ein, der einen direkt dorthin bringt, wo man bereits ist. Wenn also Namtogs auftauchen, dann befreien sie sich augenblicklich selbst. Der Zustand der Nichtdualität wird nicht mehr verlassen. Das Entstehen von Namtogs ist bereits die Befreiung. Es gibt keine Unterscheidung mehr. Befreiung ist augenblickliche, spontane Leichtigkeit. Das ist Rangdröl. Namtogs befreien sich, wenn sie entstehen. Ihr bloßes Entstehen ist die Natur der Befreiung." Düd'jom Rinpoche machte eine kleine Pause und starrte in den Raum. Dann sagte er: *„Jetzt sitzen wir."*

Nachdem einige Zeit verstrichen war, sagte Düd'jom Rinpoche: *„Du hast das nichtduale Gewahrsein erkannt… Selbst wenn man es erfährt, ist eine Beschreibung nicht möglich. Es ist, als ob ein Stummer versuchen würde, seine Träume zu beschreiben."*

Rinpoche forderte mich dazu auf, diese Worte in mein Notizbuch zu schreiben und sie ihm noch einmal vorzulesen. Er bat mich, sie in meinem eigenen Englisch zu verfassen, damit Tséring sie dann für ihn ins Tibetische zurückübersetzen würde. Ich schrieb Folgendes.

Es ist unmöglich, zwischen einem selbst, der im nichtdualen Gewahrsein ruht, und dem nichtdualen Bewusstsein, das man erlebt, zu unterscheiden. Wenn man auf natürliche Weise – nackt – im grenzenlosen Zustand des nichtdualen Gewahrseins ruht, verflüchtigt sich die Dringlichkeit unüberlegter, hyperaktiver Konzeptualität, Erinnerungen und schwieriger Pläne. Dies alles verschwindet im weiten Himmel des Gewahrseins. Die Referenzialität bricht zusammen und verschwindet im nichtdualen Gewahrsein.

Schlussendlich schien Düd'jom Rinpoche zufrieden zu sein: *„Behalte diese Worte von mir immer fest in deinem Herzen, dann wirst du nie entmutigt werden."*

Dann saßen wir wieder schweigend da. Ich weiß nicht, wie lange wir saßen, aber unsere Treffen endeten oft auf diese Weise. In einem Monat, wenn mein nepalesisches Visum ablief, würde ich wieder nach McLeod Ganj zurückkehren müssen. Das Ende meines Aufenthalts in Bodha mit Kyabjé Düd'jom Rinpoche rückte näher.

Nur eines machte mir während dieser Zeit Sorgen. Ich entwickelte ernsthafte Zweifel, ob ich die Kunstschule besuchen sollte.

Ich stellte fest, dass ich die Begeisterung verloren hatte, einen Abschluss an der Kunsthochschule zu machen, vor allem, weil es drei Jahre dauern würde. Es schien mir besser, dass ich einfach jeden Sommer arbeiten und für den Rest des Jahres nach Nepal zurückkehren sollte, um hier mein Studium und meine Retreat-Verpflichtungen fortzusetzen.

Ich befragte Düd'jom Rinpoche dazu und er antwortete: „*Du solltest auf jeden Fall eine Kunsthochschule besuchen. Es ist gut, wenn du wieder nach Nepal kommst, aber zuerst musst du Prüfungen ablegen und dein Studium abschließen. Das ist eine wichtige Vorbereitung, ansonsten wirst du dein Alter in Armut verbringen. Im Westen kannst du dir solch einen Lebensabend nicht leisten. Für Tibeter ist das kein Problem, aber für Leute aus dem Westen wäre es unklug. Du musst dir gute Lebensumstände schaffen.*" Er hatte das schon früher erklärt, aber dieses Mal legte er mehr Wert darauf, dass ich das Kunststudium nicht aufgeben sollte. Er sagte, dass ich noch eine sehr lange Zeit im Westen leben würde und dass das Leben im Osten für westliche Menschen nicht einfach sei. Es wäre keineswegs sicher, dass britische Staatsbürger für immer ohne Visum nach Indien einreisen und so lange bleiben dürften, wie sie wollten. Es wäre auch in der Zukunft nicht immer so günstig, in Indien und Nepal zu leben, und ich müsste an mein Alter denken. Das Leben im Westen sei ohne Qualifikationen nicht einfach und eines Tages wäre ich zu alt für harte körperliche Arbeit.

Ich hatte mit diesem Rat nicht gerechnet und war etwas verblüfft, allerdings ergaben Düd'jom Rinpoches Überlegungen durchaus Sinn. Er schätzte meinen leidenschaftlichen Wunsch, alle meine früheren Lebenspläne aufzugeben, um mich dem Vajrayana zu widmen, aber meine zukünftige Aufgabe würde darin bestehen, Vajrayana in den Westen zu übertragen. Ich müsste den Westen also gut kennen und deshalb ein Leben im Westen führen können. Es gab diejenigen, die eine Möglichkeit gefunden hatten, jahrzehntelang ihr Leben im Osten zu führen, aber das, erklärte er, sei nichts für mich. Meine Aufgabe war es, zu verstehen, was im Westen gebraucht wurde, und wie man mit westlichen Menschen sprechen sollte.

Für Düd'jom Rinpoche schien es eine Selbstverständlichkeit zu sein, dass ich irgendwann meine eigenen Schüler unterrichten würde.

Ich fand diese Idee so abwegig wie die Erkenntnis oder die Entdeckung, dass ich fliegen konnte, aber Düd'jom Rinpoche meinte es ernst mit meiner Zukunft. Darüber hinaus sollte ich den Gö kar chang lo'i dé im Westen etablieren. Das wäre meine Lebensaufgabe.

Ich war in den Osten gekommen, um den Gö kar chang lo'i dé zu finden, und nun sollte ich zurückkehren, um ihn im Westen zu etablieren. Ein Aufenthalt im Osten war daher keine Option.

Ich vermute, dass es vielen Menschen nicht leicht fallen würde, wenn ihnen ein Plan für ihr gesamtes Leben vorgelegt wird. Eigentlich bin ich ein Mensch, der unter allen anderen Umständen niemals einer Autorität nachgeben oder sich ihr beugen würde. Ich habe den Bemühungen meines Vaters, mich in meinem Leben zu lenken, niemals nachgegeben. Im Fall von Düd'jom Rinpoche hingegen akzeptierte ich einfach seine Anweisungen ohne den geringsten Widerstand. Wenn er vorgeschlagen hätte, dass ich Mathematik auf „O"-Level Niveau lernen sollte, wofür ich mit 16 Jahren als zu unbegabt befunden wurde, dann hätte ich die Herausforderung gerne angenommen. Es gab nichts, was ich nicht auf Düd'jom Rinpoches Vorschlag hin gemacht hätte.

Düd'jom Rinpoche zählte neun Aspekte meines Lebens auf, die seiner Ansicht nach bestätigten, dass ich etwas für ihn tun könnte:

Erstens: *Ich wurde wie er in einem Drachenjahr geboren und hatte als kleines Kind authentische Visionen.*

Zweitens: *Ich hatte luzide Träume, in denen ich Episoden meines früheren Lebens gesehen hatte.*

Drittens: *Ich hatte die Fotobücher von Tibet gesehen und später ein Foto von Ajo Répa Rinpoche. Diese hatten einen erheblichen Eindruck auf mich gemacht.*

Viertens: *Die angehäuften Verbindungen zur Nyingma-Tradition hatten mich dazu gebracht, mich auf die Suche nach Ngakpas in Indien zu begeben.*

Fünftens: *Ich hatte mit dem ersten Ngakpa, den ich traf, studiert und alle Ratschläge befolgt, die ich von ihm erhalten hatte.*

Sechstens: *Ich war sofort nach Nepal gekommen, um ihn zu treffen, wie mir geraten worden war.*

Siebtens: *In Nepal angekommen hatte ich in seiner Gompa meditiert, den Großen Chörten umrundet, und war dann direkt zu ihm gekommen.*

Achtens: *Ich hatte mir alle seine Anweisungen zu Herzen genommen.*

Neuntens: *Ich hatte die Gö kar chang lo-Ordination abgelegt und er sah, dass ich diese Gelübde für den Rest meines Lebens halten würde.*

Zusätzlich zu diesen Hinweisen hatte er persönliche Erkenntnisse über meine früheren Leben. Er sah voraus, dass ich jemand sei, der den Gö kar chang lo'i dé im Westen bekannt machen könnte. Dies war für ihn wichtig, da der Gö kar chang lo'i dé nach dem Exodus aus Tibet geschwächt worden war. Sogar in Tibet war er nicht mehr das, was er einst während der ersten Verbreitung des Vajrayana gewesen war. Während der frühen Ausbreitung war er berühmt und äußerst einflussreich gewesen, aber seit der zweiten Ausbreitung wurde er unterdrückt und vernachlässigt. Düd'jom Rinpoche wollte, dass sich das änderte, und er sah in mir eine Person, der er vertrauen konnte, um diese Veränderung herbeizuführen. Wenn der Gö kar chang lo'i dé im Westen gesehen und verstanden werden könnte, dann würde er im Osten erhalten bleiben. Deshalb musste ich mein Leben im Westen führen, anstatt meine Zukunft dadurch aufs Spiel zu setzen, dass ich zu viel Zeit im Osten verbrachte.

Das sollte also mein Leben sein. Ich würde nicht nur eine Ausbildung erhalten und ein Leben des Lernens und Praktizierens führen, sondern es gab auch die Mission von Düd'jom Rinpoche für mich, den Gö kar chang lo'i dé zu bewahren, indem ich ihn im Westen etablierte. Ich versprach Düd'jom Rinpoche, dass ich alles in meiner Macht Stehende tun würde, um seinen Wunsch zu erfüllen, und er freute sich, dass ich seine Prophezeiung akzeptierte.

Es war eine Vorhersage, aber die tibetische Vorstellung einer Vorhersage ist, dass wenn der Lama einem eine Prophezeiung gibt, man alles tut, um sicherzustellen, dass die Vorhersage erfüllt wird. Natürlich muss der Lama, der die Vorhersage macht, weitsichtig sein und ein tiefes Verständnis für die Person haben, die die Vorhersage erhält. Ich hatte keinen Zweifel daran, dass dies die größte Ehre und auch die größte Verantwortung war.

Düd'jom Rinpoche akzeptierte mein Versprechen jedoch nicht sofort. Er erklärte, dass es eine schwierige Aufgabe sei. Viele Leute würden sich gegen mich stellen, wenn ich versuchen würde, den Gö kar chang lo'i dé bekannt zu machen. Es wäre kein leichtes Leben, wenn ich tun würde, was er verlangte, aber er würde immer an mich denken und mich immer in seinem Herzen behalten. Ich sollte mich nie von ihm getrennt fühlen.

„*Was könnte passieren?*" fragte ich rhetorisch. „*Sie können mich nicht töten, also werde ich überleben. Ich habe im Laufe des Lebens festgestellt, dass ich ziemlich gut darin bin zu überleben. Tatsächlich ist Überleben das, was ich anscheinend am besten kann.*" Düd'jom Rinpoche blickte ziemlich ernst, als ich das sagte. Er meinte, dass sie mich im Westen nicht töten könnten, aber dass dies im Osten nicht so sicher sei. In Tibet waren Lamas ermordet worden und das war auch in Indien oder Nepal nicht unmöglich. In Indien und Nepal war es weitaus einfacher, sich den Konsequenzen des Gesetzes zu entziehen, als in westlichen Ländern.

Kyabjé Düd'jom Rinpoche sagte mir dann, dass es für mich nützlich sein könnte, etwas über seine Lebensgeschichte zu erfahren. „*Nachdem ich Tibet verlassen hatte, lebte ich in Kalimpong. Dann gab ich viele Unterweisungen und Ermächtigungen in Kalimpong und Darjeeling.*" Diese Lehren und Ermächtigungen wurden von der tibetischen Gemeinschaft sehr geschätzt. Die Verfügbarkeit eines großen Lama wie Düd'jom Rinpoche wurde als Unterstützung für die Tibeter im Exil dringend benötigt und geschätzt. Es gab ihnen das Gefühl, dass ihre Kultur überleben könnte. Leider scheint es, dass die Zugänglichkeit von Düd'jom Rinpoche als politische Bedrohung interpretiert wurde. Es kam mir in den Sinn, zu fragen, *wer* darin eine Bedrohung sah und *warum*. Ich kam jedoch zu dem Schluss, dass Düd'jom Rinpoche es deutlich gemacht hätte, wenn er es konkret hätte sagen wollen.

Da ich von einem viktorianischen Vater erzogen worden war, wusste ich, dass es unhöflich war, bestimmte Fragen zu stellen, wenn man mit Respektspersonen sprach. Nicht alle älteren Personen in meiner Kindheit verdienten Respekt, aber Düd'jom Rinpoche gehörte zu einer Kategorie, die weit über „Respekt" hinausging. Ich vertraute einfach darauf, dass er mir sagen würde, was ich wissen musste. Wenn er mir etwas nicht sagte, war es nicht nötig zu fragen.

Daher habe ich nur dann Fragen gestellt, wenn es Punkte des Vajrayana gab, die ich nicht verstand.

Düd'jom Rinpoche erzählte mir, dass er vor zehn Jahren selbst gewissen Feindseligkeiten ausgesetzt gewesen sei. Es hatte sich auf einer Zugfahrt abgespielt. Er war zuvor in McLeod Ganj gewesen, um über die Flüchtlingssituation der im Exil lebenden tibetischen Nyingmapas zu sprechen[10].

Die Situation hatte ihn beunruhigt, da bestimmte Kreise den Wunsch hegten, alle Traditionen einer zentralisierten Autorität zu unterwerfen. Seiner Meinung nach entsprach diese vorgeschlagene Politik nicht der tibetischen Kultur vor dem Exodus. Er machte sich Sorgen um die Zukunft der seit jeher unabhängigen Abstammungslinien. Im Hinblick darauf bat er Kathog Ontrül Rinpoche, im Zug eine Mélong-Wahrsagung durchzuführen[11]. Ontrül Rinpoche sah in dem Mélong eine Statue von Padmasambhava, die mit Stacheldraht gefesselt war. Das verhieß nichts Gutes.

Der Zug musste eine Weile in Siliguri anhalten. Während der Zug stand, wurde Düd'jom Rinpoche von der indischen Polizei festgenommen und anschließend eingesperrt. Dies geschah, weil der indische Geheimdienst von bestimmten tibetischen Quellen darüber informiert worden war, dass Düd'jom Rinpoche ein bezahlter chinesischer Kollaborateur sei.

Ich fragte mich natürlich, wer die Quelle gewesen sein könnte. Um Kontakt mit dem indischen Geheimdienst aufzunehmen, musste man sich in einer entsprechenden Autoritätsposition befinden. Ich hätte nach weiteren Einzelheiten fragen können, aber ich wusste wiederum nicht, wie ich eine solche Frage formulieren hätte sollen. Wozu würde ich diese Informationen benötigen?

Düd'jom Rinpoche blickte sich friedlich im Raum um. „*Yah… die Neuigkeiten verbreiten sich sehr schnell und die Schüler waren äußerst schockiert und traurig.*

10 Düd'jom Rinpoche erwähnte nicht, mit wem er diese Angelegenheiten besprochen hatte. Der Autor hat nicht nachgefragt, da es ihm nicht notwendig erschien, mehr zu wissen, als Düd'jom Rinpoche ihm erklärte.

11 Siehe Glossar: *mélong*

„Sie hörten, dass ich von Siliguri ins Panchimari-Gefängnis geschickt werden sollte. Viele Schüler aus Darjeeling, Kalimpong, Sikkim und Bhutan beschlossen, dass dies verhindert werden müsste." Ihre Präventionsmaßnahme waren außergewöhnlich und erinnerten im Stil an Mahatma Gandhi. Bei jedem Anzeichen, dass der Transport von Kyabjé Düd'jom Rinpoche in das Panchimari-Gefängnis bevorstand, legten sich Hunderte von Menschen auf die Eisenbahnschienen. Die Zahl der Bereitwilligen stieg von Stunde zu Stunde und den indischen Behörden war bewusst, dass sich eine Krise anbahnte.

Der Chögyal von Sikkim, die königliche Familie von Bhutan, prominente nepalesische und indische Würdenträger und Tausende von Studenten schrieben Briefe an Nehru und innerhalb weniger Tage wurde Düd'jom Rinpoche freigelassen und in sein Haus in Kalimpong zurückgebracht.

„Jeder in Nepal, Sikkim und Bhutan kennt diese Geschichte, aber niemand spricht darüber. Niemand sagt es öffentlich. Ich erzähle das nur dir und derzeit solltest du die Geschichte nicht weitergeben. Erst wenn du in meinem Alter bist, kannst du darüber sprechen. Das musst du dann entscheiden. Ich habe dir das nur erzählt, damit du die Natur der Politik besser verstehen kannst. Es gibt gefährliche Menschen, die dir Schaden zufügen könnten." Düd'jom Rinpoche seufzte. *„Also musst du vorsichtig sein. Immer sehr vorsichtig."*

Und so war es dann auch. Dies war der Grund, warum ich mich später nie für längere Zeit in den Osten begeben konnte. Ich konnte immer nur kurze Besuche machen und niemand durfte im Voraus wissen, wann ich komme, wohin ich gehe und für wie lange.

Ich fragte Düd'jom Rinpoche um unterstützende Worte, an die ich mich erinnern könnte, wenn die Dinge schwierig zu sein schienen. Er schwieg für einen Moment und schenkte mir dann ein äußerst breites Lächeln: *„Denk einfach an mich."* Dann, nach einem weiteren Moment der Stille, der wie die Brandung des Meeres zu brodeln schien, sagte er: *„Das ist mein Herzensrat, der für sich völlig ausreichend ist."* Wie zuvor bei solchen besonderen Lehren wollte Kyabjé Düd'jom Rinpoche, dass ich sie aufschrieb, um dann die entsprechende Rückübersetzung ins Tibetische zu hören.

Bitte Padmasambhava voller Leidenschaft um seine Anwesenheit. Dann verbleibe in dem Raum von Padmasambhava, in dem dein Geist und mein Geist untrennbar miteinander verbunden sind.

Die entspannte Offenheit von Padmasambhava ist echte Natürlichkeit, die nichts einschränkt, ablehnt, kultiviert oder ignoriert.

Entspanne dich, ohne am Zustand von Padmasambhava festzuhalten, und was auch immer entsteht, wird sich selbst befreien.

Das ist die Natur von Padmasambhava. Sie verbleibt im natürlichen Zustand. Es ist keine neue Errungenschaft, denn sie war nie von dir getrennt.

Obwohl es nicht von dir getrennt ist, hast du es bisher nicht erkannt. Dieses Nicht-Erkennen ist die einzige Täuschung. Es findet ununterbrochen Täuschung und Nicht-Täuschung statt. Was auch immer im Geist entstehen mag, sieh direkt auf dessen Essenz.

Wenn man versucht es zu untersuchen, dann kann man es nicht sehen. Verabschiede dich also von dem externen Prüfer. Der Raum, in dem der Prüfer zurückgelassen wird, ist Chö-ku: die essentielle Natur; die alles durchdringende nicht konditionierte Potenzialität. Wo kann man in diesem Raum von Chö-ku hingehen oder bleiben? Verstehe das. Erkenne die Bedeutung. Halte sie mühelos in deiner Praxis aufrecht. Das Ergebnis ist, dass du weder Hoffnung noch Angst haben wirst.

Düd'jom Rinpoche schwieg eine Minute lang und fuhr dann fort

„Das Vertrauen in diese Tatsache…“ lachte er „… hat diesen alten Mann zufrieden gestellt.“

Dann kam er zu dem Schluss: *„Ich glaube, dass dieser junge Ngakpa auch einmal zufrieden sein wird.“*

22

Worte zum Abschied

Dezember 1971 bis Jänner 1972

Es kam der Tag, an dem ich mich von Kyabjé Düd'jom Rinpoche verabschieden musste. Es war traurig, an seine Abwesenheit in meinem Leben zu denken, aber ich wusste, dass ich ihn in drei Jahren wiedersehen würde. In diesen drei Jahren würde ich die Ngöndros und verschiedene andere Praktiken abschließen, in die er mich eingeweiht hatte.

Bevor ich mich jedoch von ihm verabschiedete, sagte Düd'jom Rinpoche: *„Bevor du nach England zurückkehrst, möchte ich mit dir über die Künste sprechen."* Er sagte dies, weil er wusste, dass ich an der Kunsthochschule weiterstudieren würde. Er wollte ein paar Worte über Kunst und über *die Künste* im Allgemeinen sagen. Er wusste, dass ich mich neben Malerei auch für Musik und Poesie interessiere und fragte: *„Welche Musik spielst und singst du?"*

„Es heißt Blues, Rinpoche. Es kommt aus Amerika, aber vorher kam es aus Westafrika."

Dann fragte er mich, ob ich ihm etwas vorsingen würde, damit er hören konnte, wie es sich anhörte. Also stimmte ich, mit einem leichten Unbehagen, „Hoochie Coochie Man" an. Schon nach der ersten Zeile fühlte ich mich vollkommen wohl, denn Düd'jom Rinpoche schenkte mir ein breites Grinsen.

> *Gypsy woman told my mother before I was born*
> *Y'got a boy childs coming, gonna be a son-of-a-gun*
> *Gonna make pretty women's jump and shout*
> *Then the world wanna know – what's it all about?*
> *'cause I'm here – ever'body knows I'm here*
> *I'm the hoochie coochie man – ever'body knows I am.*[1]

1 *Eine Zigeunerin erzählte meiner Mutter vor meiner Geburt / Es kommt ein Junge, der ein wilder Hund sein wird / Er wird hübsche Frauen zum Springen und Schreien bringen / Dann möchte die Welt wissen, worum es da geht? / Weil ich hier bin – jeder weiß, dass ich hier bin / Ich bin der Hoochie-Coochie-Mann – jeder weiß, dass ich es bin.*

Dann fragte er mich, was die Worte bedeuteten.

„Da gibt es ein kleines Problem, Rinpoche, weil… Teile davon unübersetzbar sind.“

Düd'jom Rinpoche lächelte, als meine Antwort für ihn übersetzt wurde: *„Yah… aber du wirst noch viele Wörter aus dem Tibetischen ins Englische übersetzen müssen. Das wird wesentlich schwieriger sein. Du schreibst Gedichte, für dich ist es also nicht allzu schwierig. Verwende also deine Fähigkeiten der Poesie und erkläre mir die Bedeutung.“*

Ich bat um ein paar Minuten zum Nachdenken, weil ich eine Form des Englischen erarbeiten musste, die sich ins Tibetische übersetzen ließe und dabei die Bedeutung des Originals nicht verlor. Nach einer Minute des Herumkritzelns hatte ich etwas auf Englisch, das ins Tibetische übersetzt werden konnte.

A nomad khandro told my mother, before I was born
You will have a boy child and he will be strong and charismatic
He's going to cause beautiful women joyful fascination
And everybody is going to be extremely curious about him
Because I'm here – everybody knows I'm here
I'm the man with siddhis – everybody knows I am.[2]

Nachdem dies ins Tibetische übersetzt worden war, lachte Düd'jom Rinpoche anerkennend: *„Guter Song! Dieses Lied gefällt mir sehr gut! Sehr stark! Sehr kraftvoll! So muss du in deinem Land immer singen!“*

Ich erklärte, dass ich einige Wörter hatte ändern müssen und dass sie manchmal weit vom Original entfernt waren. Die ursprüngliche afroamerikanische Sprache hätte auf Tibetisch jedoch keinen Sinn ergeben.

Düd'jom Rinpoche lachte darüber: *„Du schreibst seit deiner Kindheit Gedichte. Selbstverständlich bist du ein guter Übersetzer!“* Er sagte, er sei zuversichtlich, dass ich die Bedeutung übersetzt habe.

2 *Eine Nomaden-Khandro erzählte meiner Mutter, bevor ich geboren wurde / Du wirst einen Jungen bekommen, und er wird stark und charismatisch sein/ Er wird schöne Frauen in eine freudige Faszination versetzen / Und jeder wird äußerst neugierig auf ihn sein / Weil ich hier bin – jeder weiß, dass ich hier bin / Ich bin der Mann mit Siddhis – jeder weiß, dass ich es bin.*

Er sagte, dass dies ein wichtiger Teil der vor mir liegenden Arbeit sei, da ich die Bedeutung der tiefgreifendsten Vajrayana-Lehren, die ich erhalten hatte, übersetzen müsse. *„Es ist sinnlos, die Belehrungen Wort-für-Wort zu übersetzen. Das ist der Stil des Sarma. Du musst im Nyingma-Stil unterrichten."*

Düd'jom Rinpoche erklärte, dass die Künste für Vajrayana von entscheidender Bedeutung seien und zwar nicht nur die Vajrayana-Künste wie etwa Thangkas, Statuen, gTormas, Vajra-Tanz und so weiter. Auch die weltlichen Künste, sowohl tibetische als auch westliche, waren wichtig. Es wären die säkularen westlichen Künste, durch die ich viele Menschen erreichen könnte.

„Wenn ein Ngakpa weltliche Künste ausübt, dann wird er dadurch nicht selbst weltlich. Wenn ein Ngakpa weltliche Künste ausübt, so ist dies Teil des Vajrayana! Ein Ngakpa bringt alles in die Dimension des Vajrayana! Die Menschen sollten nicht denken, dass Vajrayana „nur für Mönche und Einsiedler" sei. Das ist von Grund auf falsch. Du wirst immer darauf hinweisen müssen, dass dies nicht richtig ist."

Er erzählte mir, dass in Tibet und Bhutan die gewöhnlichen Menschen ihr Leben weitgehend in der Dimension des Vajrayana lebten und einige von ihnen mit einem ganz normalen Arbeitsleben schließlich Ja'lü erreicht hatten[3]. Dann fragte er mich, ob ich mit den Künsten einen guten Lebensunterhalt verdienen könnte. Ich antwortete, dass es mit der Malerei schwieriger sei, wenn man nicht den von mir geplanten Weg einschlagen würde, nämlich Dozent an einer Kunstschule zu werden. Dann fragte er nach Poesie und ich antwortete, dass dies der schwierigste Weg sei. Er setzte dem entgegen: *„Yah, aber alle mögen die Musik."* Er fragte mich, wie die Perspektiven dort aussehen würden. Ich antwortete, dass manche Leute durch Musik extrem reich werden könnten, dass ich aber meine Chance in diese Richtung verpasst hätte. Düd'jom Rinpoche sah mich einen Moment lang fragend an und bat mich zu erklären, wie das zustande kam. Also lieferte ich eine verkürzte Geschichte von Savage Cabbage.

3 Siehe Glossar: *Regenbogenkörper*

Er nickte, warf mir einen durchdringenden Blick zu und sagte: „*Du musst* immer *Musik spielen. Das sehe ich, dass das wichtig ist. Sehr wichtig. Du musst immer malen und auch immer Gedichte schreiben. Kunst soll für immer ein Teil deines Lebens bleiben. Auf diese Weise wirst du immer Changchub sem*[4] *manifestieren. Diese Vorhersage mache ich. Du sollst immer Kunst machen. Es gibt keinen Unterschied zwischen Vajrayana und Kunst! Die beiden sollen sich immer gemeinsam manifestieren. Auf diese Weise werden die Menschen die Natur des Vajrayana verstehen.*"

Das kam für mich einigermaßen überraschend. Ich dachte, ich würde mein Leben als Blueskünstler aufgeben, aber Düd'jom Rinpoche hielt das definitiv für keine gute Idee. Er sagte, dass es „absolut notwendig" sei, um mein Potenzial zum Wohle anderer voll auszuschöpfen. Er sagte, dass jeder Mensch Potenzial habe und dieses Potenzial zum Wohle der Welt ausgeschöpft werden müsse. Wenn ich aufhören würde, Blues zu spielen, wie könnten dann diejenigen, die Blues liebten, etwas über Vajrayana erfahren? Wenn ich das Schreiben von Gedichten aufgeben würde, welche Verbindung gäbe es dann für diejenigen, die Poesie liebten? Das Gleiche galt für alle Künste, mit denen ich mich beschäftigte.

Das war es also, wie ich im Westen unterrichten würde. Was für eine umwerfende Idee. Das wäre mein Metier und meine Stärke, denn wenn Vajrayana im Westen etabliert werden sollte, müsste es sich mit der westlichen Kultur auseinandersetzen. Das bedeutete nicht, dass sich Vajrayana an den Westen anpassen würde, sondern dass Vajrayana als natürlicher Bestandteil der Künste entdeckt werden sollte. Das würde man sehen, weil ich ein Künstler war. Das war die Brücke, die ich bauen sollte.

Das war *wirklich* nicht das, was ich mir erwartet hatte. Irgendwie hatte ich eine entsagende Sichtweise angenommen, ohne zu erkennen, dass es bei Vajrayana mehr um *Transformation* als um *Entsagung* ging. Dieser Rat von Düd'jom Rinpoche veränderte ganz unmittelbar mein Leben.

Am Tag als ich Bodha verließ, gab mir Düd'jom Rinpoche eine letzte Belehrung. Erneut bat er mich, es in meinem eigenen Englisch aufzuschreiben, damit es ihm zurückübersetzt werden konnte.

4 Siehe Glossar: *changchub sem*

Was als Geist betrachtet wird, ist nicht das, was man sich gemeinhin darunter vorstellt. Das liegt daran, dass Menschen versuchen, den Geist mit Gedanken zu verstehen. Es ist besser, dem Geist einfach zu erlauben, sich selbst zu sehen. Dann gibt es keinen Unterschied zwischen Geist und Sehen

Der vergangene Geist existiert nicht mehr. Der zukünftige Geist ist noch nicht präsent. Was auch immer im Moment entsteht, kann nicht entschlüsselt werden. Nichts kann durch Gedanken übersetzt werden, ohne dass es in Gedanken umgewandelt wird.

Lass die Gedanken von Vergangenheit, Gegenwart und Zukunft im gegenwärtigen Moment ruhen und erlebe in diesem Moment einfach, was natürlich da ist. Visuelle Projektionen treten in der Meditation auf, wenn man sich mit „hier und dort" oder „dann und wann" ablenkt. Wenn man glaubt, dass der Geist nichts ist, wird er zum „Gefängnis der stumpfen Leere" und der Reichtum der Natur des Geistes kann nicht von selbst entstehen.

Der Geist kann ein Leben lang mit dem Intellekt erforscht werden, aber man kommt der Verwirklichung nicht näher. Die wahre Bedeutung von Dzogchen liegt in der natürlichen Unmittelbarkeit, in der das Bewusstsein grenzenlos vorhanden ist. Was auch immer wahrgenommen wird, ist strahlend klar wie das unveränderliche Blau des Himmels. Was auch immer im Geist entsteht, ist untrennbar mit der ursprünglichen strahlenden Klarheit des Gewahrseins verbunden. Es ist ungeboren und unaufhörlich in seiner Pracht und manifestiert sich freudig in jedem Aspekt der phänomenalen Realität.

Wenn Namtogs auftauchen, starre direkt in ihr Entstehen. Wenn sich Namtogs auflösen, starre direkt in ihre Auflösung. Es ist dasselbe im Leben. Was auch immer deine Lebensumstände sein mögen, was auch immer sich abspielt, starre direkt in das Geschehen hinein, mit allen Sinnen. Wenn du diesem Rat folgst, dann wirst du glücklich sein.

Sei guten Mutes. É: Ma: Ho:

Ich habe mir diese Belehrung stets zu Herzen genommen und sie hat mich bei allem unterstützt, was im Laufe meines Lebens geschehen ist, ob gut, schlecht oder indifferent. Ich las sie jeden Tag auf meinen Reisen und zu Hause. Jedes Mal, wenn ich sie las, schien Düd'jom Rinpoche ganz nah zu sein. Auch heute noch, wenn ich das lese, scheint Düd'jom Rinpoche in greifbarer Nähe zu sein.

Die Rückreise durch den Industriegürtel Nordindiens war beschwerlich. Was hatte ich erwartet? Immer wenn mir die Strapazen der Reise missfielen, las ich den Text von Düd'jom Rinpoche und lachte über mich selbst. Ich wäre gerne länger in Nepal geblieben, aber ich hätte nach Delhi gehen müssen, um ein weiteres nepalesisches Visum zu beantragen. Mein Geld hätte für diese Reise und die Zug- und Busfahrt zurück nach Nepal nicht gereicht. Der finanzielle Aufwand wäre nicht groß gewesen, aber meine Geldmittel waren stark begrenzt.

Es sollten drei Jahre vergehen, bevor ich Düd'jom Rinpoche wiedersehen würde. Diese Tatsache war nicht erfreulich, obwohl ich wusste, dass er immer bei mir sein würde. Er hatte gesagt, er würde immer bei mir sein, und ich wusste, dass seine Aussage das Gefühl der Nähe vermitteln *sollte*, das ich als Ngakpa benötigte. Ich sollte mich daher nicht in einem kindlichen Gefühl des „Getrennt“ Seins suhlen. Schließlich war ich ja scheinbar so etwas wie ein *uralter Zeitreisender*, der bereits durch verschiedene Körper gewandert war. Ich hatte keinen Zweifel an Düd'jom Rinpoches Aussage zu diesem Thema, aber ich fühlte mich nicht wie ein Tulku[5]. Ich konnte mich nicht an meine früheren Leben erinnern, abgesehen von ein paar seltsamen Träumen und fragmentierten Bildern. Ich hatte auch nicht das Gefühl, dass ich irgendwelche besondere Qualitäten hätte, abgesehen von einem irrsinnigen Enthusiasmus.

Ich hatte Düd'jom Rinpoche darauf angesprochen, und er sagte mir, dass es viele Tulkus gäbe, die gar keine Erinnerung an ihre früheren Inkarnationen hätten. Ich brauchte mir also keine Sorgen zu machen.

5 Tulku *(sPrul sKu / nirmanakaya)* – eine anerkannte Inkarnation, die ein Bewusstsein für den verwirklichten Zustand bewahrt hat, wie schwach dieses auch sein mag.

Er sagte, dass ich bereits mehr Erinnerungen gehabt hätte als so manch anderer Tulku, und dass ich daher auch in Zukunft noch mehr Erinnerungen haben werde. Er meinte auch, dass diese Erinnerungen an sich nicht so wichtig seien. Wichtig war das Verständnis von Vajrayana und die Erfahrung in der Praxis. Das war für andere wertvoll und nicht die Geschichten einer bereits vergangenen Generation. Die Tibeter waren immer begeistert, diese Geschichten und Wunder zu hören. Das *eigentliche Wunder* war jedoch der nichtduale Zustand und die Fähigkeit, diesen Zustand zu übertragen.

Dann sah er plötzlich ziemlich traurig aus, was für ihn sehr ungewöhnlich war. Er erklärte, dass Erinnerungen an frühere Inkarnationen immer als Lügen bezeichnet werden könnten, aber dass es nicht möglich wäre Changchub sem zu verunglimpfen. Das konnte nicht geleugnet werden. „*Niemand kann sagen, dass Chögyam nicht überaus freundlich sei!*" betonte er mit Nachdruck. „*Niemand kann sagen, dass Chögyam nicht großzügig sei, dass er keine Sanftmut besitze, dass er nicht zuvorkommend wäre, dass er nicht lachen würde. Ich gehe davon aus, dass die Leute diese Dinge niemals sagen werden.*" Dann lachte er: „*Genauso wenig werden sie sagen, dass Chögyam nicht kraftvoll singen könne.*" Dann lachte Düd'jom Rinpoche ziemlich laut: „*Das kann niemand sagen, weil schon seine Mutter, die Nomaden-Khandro, es verkündet hatte. Chögyam wird ein Mann mit Siddhis werden und jeder weiß das. Und er hat auch Khandros sehr gern!*"

Das war zutiefst bewegend, aber auch amüsant. Düd'jom Rinpoche zitierte für mich Muddy Waters, nachdem er mich „Hoochie Coochie Man" singen gehört hatte. Zwei scheinbar getrennte Welten waren vereint worden. Düd'jom Rinpoche und Muddy Waters waren alles andere als unvereinbar. In diesem Moment jedoch, als ich diese Worte hörte, spürte ich sowohl die Last einer großen Verantwortung als auch eine seltsam selbstbewusste Leichtigkeit. Es war, als würde Düd'jom Rinpoche mich nicht nur dazu befähigen, ein anständiger, sondern auch ein kreativer Mensch zu sein. Es ist nicht so, dass ich an meiner Fähigkeit gezweifelt hätte, anständig zu sein, aber ich war mir nicht sicher, ob ich in der Lage sein würde, dies unter allen Umständen zu gewährleisten. Ich hatte nicht gewusst, dass es für mich möglich war, ein buddhistischer Bluesmusiker mit vollständiger Integrität zu sein.

Mit den Worten von Düd'jom Rinpoche hatte ich jedoch das Gefühl, dass es zu einer realisierbaren Herausforderung geworden war. Ich *konnte* ein anständiger, ehrenhafter Künstler sein. Ich *würde* ein anständiger, ehrenhafter Künstler sein. Ich würde mein Bestes geben, um die Versprechen, die ich gemacht hatte, einzuhalten, und ich würde versuchen, die Praktiken die ich erhalten hatte zu vollenden. Ich musste unbedingt das werden, was Düd'jom Rinpoche glaubte, dass ich werden könnte. Ich würde alles tun, um ihn nicht zu enttäuschen. Natürlich… die Leidenschaft der Jugend hat den Hang zu solch unerschütterlichen Erklärungen, aber dann „passiert das Leben". Was würde dann geschehen? Das war eine ernste Frage, aber sie kam mir zu diesem Zeitpunkt noch nicht in den Sinn. Wenn man mit Kyabjé Düd'jom Rinpoche zusammensaß, dann war alles möglich.

23

Hin und wieder zurück

Dezember 1971 bis Jänner 1972

Rückblickend ist mir klar, wie viel Glück ich gehabt hatte. Ich konnte übermäßig viel Zeit mit Kyabjé Düd'jom Rinpoche verbringen. Ich hatte auch Zeit mit Dilgo Khyentsé Rinpoche verbracht[1]. Ich war auf Anraten von Kyabjé Düd'jom Rinpoche zu ihm gegangen, da er meinte, es wäre gut, wenn ich diese Verbindung herstellen würde. Dies geschah auf der Grundlage, dass Dilgo Khyentsé Rinpoche auch von Khyungchen Aro Lingma gehört hatte.

Ich hatte mehrere Male Audienzen bei Dilgo Khyentsé Rinpoche. Er war wunderbar freundlich und großzügig und die Treffen mit ihm waren immer ermutigend und inspirierend.

Bei unserem dritten Treffen überreichte er mir ein Damaru, eine Teng'ar und einen Phurba aus Elfenbein. Er sagte mir, dass ich diese Gegenstände für die Zukunft aufbewahren sollte, wenn ich meinen eigenen Schülern Ermächtigungen erteilen würde. Das war ein ziemlicher Schock, obwohl Kyabjé Düd'jom Rinpoche mir gesagt hatte, dass ich einmal unterrichten würde. Aber wie könnte ich jemals Ermächtigungen geben? Es war, als hätte er gesagt, dass ich in der Malerei mit Leonardo Da Vinci, in der Poesie mit Shakespeare und in der Musik mit Bach konkurrieren würde. Ich überprüfte, ob ich mich verhört oder etwas missverstanden hätte, aber nein. Mir wurde versichert, dass ich, da ich in meinem früheren Leben Ermächtigungen als Aro Yeshé gegeben hatte, diese irgendwann erneut geben würde. Darüber müsste ich weder im Moment noch in den kommenden Jahren nachdenken. Es würde sich alles von selbst ergeben, ich musste nur noch weiter praktizieren.

Düd'jom Rinpoche würde mir sagen, wann es für mich Zeit war, diese Elfenbeingegenstände zu benutzen.

1 *dil mGo mKhyen brTse*

In der Zwischenzeit sollte ich mir eine Teng'ar aus Bodhi-Samen und einen eisernen Phurba besorgen. Ich hatte bereits eine Glocke und einen Vajra erworben.

Ich hatte die lokalen Händler besucht und eine Glocke und ein Damaru gefunden, die ich mir leisten konnte. Die Glocke war ungewöhnlich und ich fragte mich, ob sie denn geeignet wäre. Sowohl Düd'jom Rinpoche als auch Dilgo Khyentsé Rinpoche bestätigten mir, dass sie mehr als geeignet sei. Sie war perfekt und sie war auch schon etwas älter. Die Glocke und der zugehörige Vajra hatten neun Speichen und waren somit ideal für einen Nyingmapa.

Ich fragte Dilgo Khyentsé Rinpoche, ob er so freundlich wäre, mir von seinem Leben zu erzählen, damit ich es auf meiner Rückreise nach Großbritannien als Inspiration lesen könnte. Er kam der Bitte gerne nach. Sein Bericht war wesentlich länger, als ich es mir erhofft hatte. Ich war überaus erfreut und machte mir umfangreiche Notizen. Der Übersetzer Ngawang[2] war dann noch so freundlich, mich später zu besuchen und mir alle tibetischen Schreibweisen für die Namen zu geben, die ich mit meiner primitiven Phonetik verstümmelt hatte. Dies dauerte über drei Stunden, aber es ermöglichte mir, viel zu lernen.

„*Oh yah…*" sagte Dilgo Khyentsé Rinpoche „*… Du musst eine Sangyum haben. Hat Kyabjé Düd'jom Rinpoche mit dir über eine Sangyum gesprochen?*"

„*Ja, Rinpoche.*"

„*Das ist gut. Aber du musst mit großer Sorgfalt auswählen. Deine Sangyum muss glückverheißend sein. Sie muss auch eine ernsthafte Praktizierende sein, ansonsten werden viele Probleme kommen.*" An diesem Punkt lächelte er und fuhr fort: „*Aber du bist noch sehr jung, also ist es noch nicht so dringend. Vielleicht wirst du noch ein paar Freundinnen haben. Du wirst dann sehen, welche passend sein wird.*"

Nach den langen und detaillierten Ausführungen über sein Leben lachte Dilgo Khyentsé Rinpoche: „*Also… ich habe nichts weiter zu erzählen. Als du in Bodha angekommen bist, hat Kyabjé Düd'jom Rinpoche dich erkannt und dich alles gelehrt.*"

2 *ngag dBang*

Dilgo Khyentsé Rinpoche fragte mich, ob ich das Siebenzeilige Lied von Padmasambhava rezitieren würde[3]. Ich antwortete bejahend und er bat mich, es für ihn zu singen.

"*Hung: Ögyen yul gyi nub chang tsam: / Pema ké-sar dong-po la: / Ya tsan chö-gi ngö-drüp nyé: / Pema Jung-né Shé-su drag: / Khordu khandro mang-pö khor:/ Khyé kyi jé-su dag drüb kyi: / Chin gyi lob chir shèg su sol: / Guru Pema Siddhi Hung:*"

„*Yah…*" er grinste mich an „*… vielleicht solltest du den Weg der verborgenen Bedeutung kennenlernen, den Weg der Befreiung.*" Dann begann er, die Grundbedeutung zu erläutern. „*Das erste Wort ist die Silbe* Hung. *Diese erweckt die Natur der selbstentstehenden Weisheit. Dann die erste Zeile:* Ögyen yul-gyi nub chang tsam. *Sem-nyid ist die Natur des Geistes, aber wenn Sem, der konzeptuelle Geist, als getrennt von dieser missverstanden wird, dann resultiert daraus der Dualismus. Sem-nyid ist identisch mit* Ögyen yul. *Das ist die Freiheit:* tsam; *aus den Extremen von Samsara:* Nub; *und Nirvana:* Chang. *Samsara ist eine zyklische Erfahrung und Nirvana ist die Befreiung von der zyklischen Erfahrung in die Leere. Diese werden als Extreme bezeichnet, denn obwohl Nirvana die Befreiung von Samsara ist, vernachlässigt es die Form. Die Natur des Geistes wird durch die entstehenden Formen nicht gestört, denn es liegt in der Natur des Raumes, Formen entstehen zu lassen.*

„*Dann, kommt die nächste Zeile?*" woraufhin Dilgo Khyentsé Rinpoche mich zum Rezitieren aufforderte.

„*Pema ké-sar dongpo la.*"

„*Das bedeutet: Verwirklichung der Vereinigung:* Dongpo; *der uranfänglichen Dimension*: Pema; *und des intrinsischen Gewahrseins:* ké-sar."

Dilgo Khyentsé Rinpoche gab mir erneut ein Zeichen.

„*Ya-tsan chö-gi ngö-drüp nyé.*"

„*Dzogchen ist die große Vollständigkeit. Das ist wunderbar:* Ya-tsen; *Erreichung:* nyé; *der höchsten Errungenschaft:* chö-gi ngödrup."

„*Pema Jung-né shé-su Drag.*"

3 Tsig-dun sol'dep *(tshig bDun gSol 'debs)* oder Dorje Jö-dun *(rDo rJe brJod bDun)*: die sieben Vajra-Verse.

„Dies ist die Weisheit der uranfänglichen Natur, bekannt als: shé-su Drag; *der ultimative Grund:* Jung-né; *der Buddhaschaft:* Pema. *Dies ist der nichtduale Grund des Seins.“*

„Khordu khandro mang-pö ’khor.“

„Diese Weisheit: ’khor; *ist eine vielfältige Manifestationskraft:* Mangpo; *ausstrahlend:* dro; *am uranfänglichen Himmel:* kha; *als Attribute der nichtdualen Verwirklichung:* ’khordu. *Das ist die ursprüngliche Reinheit der Welt der Erscheinungen.“*

„Khyé kyi je-su dag drüb kyi.“

„Ich entwickle festes Vertrauen: dag drub kyi; *in der Natur der nichtdualen ursprünglichen Weisheit:* khye kyi je su.“

„Chin gyi lob chir shèg su sol.“

„Um zu reinigen: chir; *alle Bindungen an den Schein als ursprüngliche Weisheit:* Chin Gyi Lob; *möge ich die ultimative Natur erkennen:* shèg-su sol.“

„Guru Pema Siddhi Hung.“

„Die Essenz der ursprünglichen Weisheit ist die Leere von Chö-ku: Guru; *Die Natur der ursprünglichen Weisheit ist die Klarheit von Long-Ku:* Pema; *Die Energie der ursprünglichen Weisheit ist die alldurchdringende mitfühlende Kraft von Trülku:* Siddhi; *manifestiert durch die fünffache Weisheit der Elemente:* Hung.“

„Yah… und so… beginnt der Vers mit der Keimsilbe der Natur des Geistes Hung, *welche die aus sich selbst entstandene, ursprüngliche Weisheit erweckt, was letztlich die eigentliche Natur von Samsara und Nirvana ist.*

„Das Land Ögyen[4] *ist eine einzigartige Quelle des Vajrayana. In Bezug auf den Pfad ist dein Geist, das heißt die Natur des Geistes, die einzigartige Quelle von Vajrayana. Das ist die Bedeutung von Ögyen. Die Natur des Geistes ist frei vom niedrigen Samsara und vom hohen Nirvana. Begriffe wie niedrig und hoch sind hier bedeutungslos, weil die Natur des Geistes keine Vorliebe für Extreme hat. Es besteht keine Abhängigkeit von Form oder Leere.*

4 Siehe Glossar: *Ögyen*

„Pema ist der Lotus und bedeutet Chö-Ying, die Sphäre des kreativen Raums der Phänomene. Dies ist die Natur, die erkannt werden muss. Sie wohnt nirgendwo. Sie ist anfangslos rein, so wie die Lotusblume nicht von der Unreinheit des Sumpfes befleckt wird, in dem sie wächst.

„Ké-sar ist der Stempel und steht für den Vajra: die Leuchtkraft des intrinsischen Bewusstseins[5]; die Methode, um die Natur des Geistes zu erkennen. Dies wird spontan erreicht und das selbststrahlende intrinsische Bewusstsein wird als ursprüngliche Weisheit verwirklicht. Es blüht mit Klarheit und ähnelt deshalb dem Stempel einer Lotusblume.

„Dongpo *ist der Stiel, der den Stempel und die Lotusblütenblätter trägt. Dies ist die aus sich selbst entstandene uranfängliche Weisheit der uneingeschränkten Übeschwänglichkeit, die als Vereinigung der Sphäre der Wirklichkeit der äußeren Phänomene [6] und der Sphäre der uranfänglichen Weisheit [7] besteht und die ultimative Natur des Geistes oder die angeborene Leuchtkraft des Geistes darstellt. Der Geist ist die leuchtende, spontan geborene große Vollendung [8], die ursprüngliche Weisheit der absoluten Natur. Das ist die Bedeutung der vierten Ermächtigung [9] des inneren Tantra und gerade das ist wundervoll. Die Natur des Geistes ist die Grundlage aller Buddhas der drei Zeiten, die wie Lotusblumen erblühen. Daher ist die Natur des Geistes die Grundlage von Pema: den Buddhas. Dieses Ekennen ist als Pema Jung-né bekannt, als Padmasambhava, der absolute Buddha. In Zusammenhang mit diesem Zustand oder diesem Erkennen gibt es fünf Spektralstrahlen ursprünglicher Weisheit [10], die sich auf natürliche Weise manifestieren. Um die Natur dieser nichtdualen uranfänglichen Weisheit zu erkennen und sie mit unveränderlichem Vertrauen in den Alltag zu integrieren, sagen wir: „Ich werde deiner Praxis folgen.“*

5 Rigpa'i dorje *(rig pa'i rDo rJe).*

6 Chö-ying *(chos dByings / dharmadhatu).*

7 Yeshé *(ye shes / jnana).*

8 Dzogchen *(rDzogs chen / rDzogs pa Chenpo / mahasandhi).*

9 Die vierte Ermächtigung heißt ngowo-ku *(ngo bo nyid kyi sku / Svabhavikakaya)* Ermächtigung.

10 Die Yeshé-Nga (*Ye Shes lNga*) beinhalten: die ursprüngliche Weisheit der Ebenmäßigkeit, des Gleichmuts und der Gleichheit; die ursprüngliche Weisheit des spiegelgleichen unterscheidenden Bewusstseins; die ursprüngliche Weisheit reiner einfühlsamer Wertschätzung; die ursprüngliche Weisheit selbstverwirklichender Aktivität; und die ursprüngliche Weisheit allgegenwärtiger Intelligenz im allumfassenden Raum.

„Guru: *Wenn du Erfahrung sammelst und die ultimative Natur*[11] *entdeckst, wirst du die Sichtweise*[12] *verwirklichen und diese Verwirklichung durch Meditation vervollständigen. Dann wirst du alle Anhaftungen in reine Erscheinungen verwandeln, die von der essentiellen Sphäre ausstrahlen.*[13] *Die uranfängliche Weisheit ist die Leerheits-Essenz des Seins.*[14]

„Pema: *Die Natur der uranfänglichen Weisheit ist Luminosität*[15]. *Sie wird spontan erkannt als die Sphäre der verwirklichten Erscheinungen*[16] *, die eine unaufhörliche Entfaltung von Macht darstellt, da sie untrennbar verbunden ist mit der Sphäre der unbedingten Möglichkeit.*[17] *Pema ist also der durch Dualismus unbefleckte Lotus. Die Untrennbarkeit von Essenz und Natur*[18] *resultiert in der einfühlsamen und wertschätzenden Methodendarstellung*[19], *die unabhängig von Samsara und Nirvana entsteht. Dadurch werden die Bedürfnisse unzähliger Lebewesen erfüllt. Dies ist als das Erreichen von Siddhi bekannt.* Hung, *das abschließende Hung, ist die aus sich selbst entstandene uranfängliche Weisheit, und die Keimsilbe des Geistes, der die fünf uranfänglichen Weisheiten besitzt.*"

Dilgo Khyentsé Rinpoche gab eine Reihe von Belehrungen zum Siebenzeiligen Lied von Padmasambhava und ich brauchte Jahre, um zu verstehen, was er mich gelehrt hatte. Ich machte mir reichlich Notizen und studierte sie jeden Tag. Düd'jom Rinpoche beantwortete viele Fragen, die sich aus den Belehrungen ergaben, die ich von Dilgo Khyentsé Rinpoche erhalten hatte, und als ich Nepal verließ, hatte ich das Gefühl, als hätte ich ein ganzes Doktoratsstudium in Vajrayana absolviert. Die Dichte der Lehren schwirrte mir oft durch den Kopf und mir wurde rasch klar, dass ich über den Intellekt hinausgehen musste, wenn ich jemals verstehen wollte, was mir beigebracht worden war.

11 Né-lug (*gNas lugs*).

12 Tawa *(lTa ba).*

13 Ngowo tongpa *(ngo bo sTong pa).*

14 Chö-ku *(chos sKu / Dharmakaya).*

15 Rang-zhin sèl-wa *(rang bZhin gSal ba).*

16 Long-ku *(longs sKu / Sambhogakaya).*

17 Chö-ku *(chos sKu / Dharamakaya).*

18 Die Untrennbarkeit von Ngowo und Rangzhin (*ngo bo* und *rang bZhin*), Essenz und Natur; tongpa und sèl-wa (*sTong pa* und *gSal ba*) Leere und Klarheit; chö-ku und long-ku (*chos sKu* und *longs sKu*); und Guru und Pema (*bLa ma* und *pa dMa*), der Lama und der Lotus, also Padmasambhava.

19 Rolpa *(rol pa),* das Spiel der Verwirklichung.

Für Düd'jom Rinpoche und Dilgo Khyentsé Rinpoche waren diese Lehren selbsterklärend, weil sie vom Standpunkt der Verwirklichung aus unterrichteten.

Was sie mir erzählten, war nur deshalb schwierig, weil ich versuchte es mit dem *Intellekt* zu erfassen, wobei der *Intellekt* damit völlig überfordert war. Mir wurde klar, dass vieles von dem, was mir beigebracht wurde, als Übertragung betrachtet werden musste. Es wurde mir klar, dass es sich um Belehrungen handelte, die mir später nützlich sein würden, wenn ich die entsprechende meditative Erfahrung haben würde, um authentisch zu verstehen, was sie mir beigebracht hatten.

Auf der neuntägigen Reise zurück nach McLeod Ganj las ich immer wieder meine Notizen, und es war als ob ich in einem riesigen Fass voller Vajrayana-Terminologie fermentieren würde. Ich verstand die Worte, aber deren eigentliche Bedeutung blieb mir mitunter verborgen. Sowohl Düd'jom Rinpoche als auch Dilgo Khyentsé Rinpoche hatten mir geraten, das Siebenzeilenlied zu einer meiner primären Praktiken zu machen, und so sang ich es, wann immer ich es nicht gerade studierte. Schließlich erreichte ich McLeod Ganj und torkelte aus dem Bus. Ich war müde aber auch auf wunderbare Weise überwältigt.

Ich verbrachte einen weiteren Monat mit Ngakpa Yeshé Dorje und Khandro Ten'dzin Drölkar. Sie waren hocherfreut, mich in Gö kar chang lo-Roben zu sehen. Sie freuten sich auch darüber, dass Düd'jom Rinpoche mich als Schüler angenommen hatte, und dass er mir so viele Belehrungen gegeben hatte. Ngakpa Yeshé Dorje sagte mir, dass er mir bezüglich der Dzogchen-Lehren nicht helfen könne, weil—wie er es ausdrückte—nur Kyabjé Düd'jom Rinpoche zu einem solchen Thema lehren könne. Er sagte mir auch, dass die Belehrungen von Dilgo Khyentsé Rinpoche über das siebenzeilige Lied ebenfalls über sein eigenes Verständnis hinausgingen. Ngakpa Yeshé Dorje war ein Meister der Mahayoga-Rituale und symbolischen Aktivitäten, und so war ich dankbar, von ihm so viel wie möglich über die Praktiken von Tröma Nakmo zu lernen.

Ich las jeden Tag die Notizen, die ich in Nepal gemacht hatte, und praktizierte jeden Tag stilles Sitzen.

Nach den Anweisungen von Düd'jom Rinpoche setzte ich meine Praxis des kürzeren Düd'jom gTérsar Ngöndro fort und praktizierte anschließend das längere Düd'jom gTér Ngöndro. Als ich Indien verließ, hatte ich 200,000 Niederwerfungen absolviert.

Bei meiner Rückkehr nach Hause war ich schrecklich dünn aber dennoch ziemlich muskulös. Meine Mutter brauchte einen Moment, um die Gestalt zu erkennen, die etwas ratlos an der Haustür stand. Ich hatte keinen Haustürschlüssel mitgenommen, also klingelte ich und fühlte mich fast wie ein Gespenst, welches sein altes Zuhause heimsucht.

Ich hatte keine Ahnung, was ich sagen würde, wenn sich die Tür öffnete. Lächerlich. Natürlich wusste ich, was ich zu sagen hatte. Natürlich wusste ich, wie man sich benimmt. Es war alles eine Selbstverständlichkeit. Die Tür öffnete sich und ich war einfach der Sohn meiner Mutter, die ich so gut kannte.

Mein Vater schaute von seinem Schreibtisch auf und hatte sein übliches leichtes Lächeln. *„Heim kehrt der Seemann, zurück vom Meer, Und der Jäger kehrt heim von den Bergen.*[20]"

Ich hätte fast geantwortet: *„Hin und zurück, ein Hobbit-Urlaub…* " aber mein Vater hätte den Hinweis nicht verstanden.[21]

Eine bizarre Idee kam mir in den Sinn. Während ich die Szene vor mir betrachtete, erinnerte ich mich gleichzeitig an meine Zeit im Himalaya.

Die erste Idee, die sich bildete, war, dass zwei Filme gleichzeitig laufen würden. Ich könnte abwechselnd in beiden Filmen sein.

Der zweite Aspekt war komplexer. Die einzigen wirklichen Szenen des Films waren die, in denen ich mich gerade jeweils befand.

20 *„Home is the sailor, home from sea, And the hunter home from the hill.*" Aus dem *Requiem* von Robert Louis Stevenson (1850–1894).

21 *Der Hobbit* oder *Hin und zurück* ist ein Roman von J.R.R. Tolkien, der 1937 veröffentlicht wurde. Er spielt in einem fiktiven Universum und folgt der Reise von Bilbo Beutlin, um einen Teil des Schatzes zu finden, den der Drache Smaug bewacht. Bilbos Reise führt ihn vom idyllischen Hobbingen in Länder voller unheimlicher Gefahr. Bilbo nennt seinen Bericht über die Reise *Hin und zurück – ein Hobbit-Urlaub.*

Der Film, den ich nicht bewohnte, lief einfach weiter, genau wie im Drehbuch, und enthielt eine flüchtige Version von mir, die gemäß der vagen Logik handelte, die die Geschichte verlangte. Damit sollten die anderen Charaktere in den Filmen nicht herabgewürdigt werden. Es ging mehr darum, das Konzept meiner eigenen Realität als einheitliches Kontinuum zu untergraben. Die anderen Charaktere waren real, aber ich war mehr eine Einblendung.

Der dritte Aspekt war, dass es einen Zustand gab, in dem die Filme endeten. Es gab auch einen Zustand, bevor neue Filme gedreht wurden. Daraus ergab sich die Frage: Wer war ich, wenn es keinen Film und kein Drehbuch gab? Diese Frage war überraschend einfach zu beantworten. Natürlich! In Anwesenheit von Kyabjé Düd'jom Rinpoche lief kein Film, zu keiner Zeit. Das waren Zeiten, in denen ich aus dem Film ausgestiegen war.

Die Erinnerung an diese Zeit könnte durch die zeitliche Distanz natürlich leicht fiktionalisiert und in einen weiteren Film verwandelt werden, aber es würde immer ein Gefühl für dieses Potential bleiben, die grundlegende Realität zu erfahren.

Dann verschwand diese Vorstellung und ich hatte keine Ahnung, was da gerade in meinem Kopf vorgegangen war[22]. Sie sollte später manchmal wieder auftauchen, aber im Moment war da ja die Stimme meines Vaters.

„Zuhause ist der Seemann, heimgekehrt vom Meer und der Jäger kehrt heim von den Bergen."

Mein Vater schien sich zu freuen, mich zu sehen. Die Vergangenheit war verschwunden. Mir wurde klar, dass ich keine funktionale Erinnerung an einen „herrischen Vater" mehr hatte. Da war ich und da war das erste Zeichen der Welt der Literatur, die ich zurückgelassen hatte. Mein Vater zitierte nicht oft, aber es hat mir immer gefallen, wenn er es tat. Ich glaube, er freute sich darüber, dass ich das Zitat nicht zuordnen konnte. Er musste mich erinnern: *„Robert Louis Stevenson."*

22 Diese gesamte Vorstellung wäre verschwunden, wenn ich sie nicht unmittelbar danach aufgeschrieben und ein halbes Jahrhundert später wieder ausgegraben hätte. Es dient hier nur als Beispiel für mein damaliges Denken.

„Ja natürlich" antwortete ich. *„Es ist schon lange her, dass ich aufgefordert wurde, englische Literatur zu zitieren, aber ich werde es genießen, mich damit wieder vertraut zu machen."*

Ich hörte leise die Musik von Jimi Hendrix aus dem Schlafzimmer. Mein Bruder Græham war mit einem Aufsatz beschäftigt und hörte gerade *Voodoo Chile (slight return)*. Der Titel brachte mich zum Lächeln: *leichte Rückkehr*; Ich war *leicht*; ich war *zurückgekehrt*. Ich hatte mir einmal vorgestellt, ich wäre ein Hoodoo-Child, damals in den 1960er Jahren. Im Alter von 12 Jahren saß ich um Mitternacht an der Kreuzung in Runfold. Ich habe auf Papa Legba gewartet, aber dieser alte afrikanische Dschinn ist nie aufgetaucht.

Ich war kurz vor dem Abendessen zu Hause angekommen. Mein Vater hatte seine eigene bemerkenswerte Version von Welsh Rarebit gekocht. Abgesehen vom Käse hatte das Gericht kaum etwas mit Welsh Rarebit zu tun. Ich hatte Hunger und aß mehr, als ich seit langem gegessen hatte. Mein Vater schien sich außerordentlich darüber zu freuen, dass ich mit so viel Begeisterung das Abendessen verschlang, und fragte: *„Dann fehlen dir die Currys nicht?"*

„Nein, nicht wirklich, Papa" antwortete ich. Tatsächlich hatte ich während meines gesamten Aufenthalts in Indien nicht mehr als ein halbes Dutzend Currys gegessen, eines davon mit dem indischen Major auf der Zugfahrt nach Pathankot. Ich würde meinem Vater in den nächsten Tagen von diesem Treffen erzählen. In meiner Zeit in Indien war ich praktisch immer mit Tibetern zusammen und aß daher hauptsächlich tibetisches Essen. Es gab allerdings keinen Grund, meinen Vater mit einer solchen Aussage zu befremden.

Mir kam der Gedanke, dass ich den ersten Schritt in das Leben mit einer doppelten Identität getan hatte. Ich war ein wenig überrascht, dass es so einfach war, der zu sein, *der ich gewesen war, bevor ich nach Indien gegangen war*. Obwohl… *es war nun anders, derselbe zu sein*. Es war, als wäre ich älter geworden, während ich in Bezug auf die Erscheinung der Weißen Dame eine Zeitreise in meine Kindheit unternommen hatte. Ich hatte jetzt einen Namen für sie: Khyungchen Aro Lingma. Sie war in meinem früheren Leben, als ich Aro Yeshé gewesen war, meine Mutter gewesen.

Kyabjé Düd'jom Rinpoche Jig'drèl Yeshé Dorje hatte diese seltsamen Kindheitsträume verstanden und jetzt musste ich nur noch… die fehlenden Teile ergänzen? Nein, das war nicht möglich. Ich konnte mich nicht einfach dazu zwingen, mich zu erinnern. Vielleicht würde ich noch weitere Träume haben? Oder vielleicht musste ich warten, bis ich Düd'jom Rinpoche wieder sehen würde? Er sagte mir, dass ich im Laufe der Zeit wahrscheinlich weitere Träume haben und mich an mehr erinnern würde.

Die Tatsache, dass ich die Gelübde des Gö kar chang lo abgelegt hatte, war mir immer präsent. Es beeinflusste alles, was ich tat oder sagte. Ich war vorsichtig geworden: wesentlich vorsichtiger als früher, aber andererseits auch seltsam sorgenfrei. Die Launen des Lebens ähnelten ein wenig einer Pantomime: Es waren Szenarien, mit denen ich mich mit jener Ernsthaftigkeit auseinandersetzen musste, die jeweils dem Anlass angemessen erschien. Gleichzeitig war es möglich, angesichts dessen, was auch immer passierte, aufrichtig unbeschwert zu bleiben.

Etwas oder jemand war gestorben und wiedergeboren worden, aber das schien ständig zu passieren. Der Sänger der Savage Cabbage Blues Band wirkte wie aus einer fernen Vergangenheit. Er war da, wenn ich mich an die damalige Zeit erinnerte, aber er war nicht mehr oder weniger real als meine Träume von Tibet. Ich fühlte mich wie ein Raum, der von unterschiedlichen *handelnden Personen* bewohnt wurde. Ich fragte mich, ob ich tatsächlich wieder auf einer Bühne stehen und der Bluesmusiker sein könnte, der ich war. Ich hatte *Hoochie Coochie Man* für Düd'jom Rinpoche singen können, also sollte eigentlich alles möglich sein.

Abgesehen von einer gewissen Verwirrung fühlte ich eine inhärente Verpflichtung, freundlich und nicht nur nachsichtig zu sein, wann immer ich die Wahl hatte. Die Menschen *waren*, wie sie *waren*, und konnten meist nicht anders.

Mir war klar geworden, dass ich den Bezugsrahmen verlassen *konnte*, und daher auch *sollte*, in dem ich mich über irgendwelche Dinge aufregen musste. Es gab so viel, das ich *niemandem* sagen oder erklären konnte, es sei denn, ich besuchte Lama Chime Rinpoche im Kham House.

Ich hatte einmal Lama Chime Rinpoche gebeten, mein Lehrer zu sein, aber er hatte geantwortet „*… das ist für dich zu bald, zu früh, zu schnell. Zuerst solltest du in den Himalaya reisen, nach Indien und Nepal, und dort verschiedene Lamas treffen und deren Lehren hören. Wenn du dort keinen Lama findest, dann kannst du zu mir zurückkehren und ich werde dein Lehrer sein, aber nicht bevor du andere Lehrer kennengelernt hast. Du musst dir ganz sicher sein, dass du die richtige Wahl triffst.*"

Er hatte den perfekten Rat gegeben und ich hatte die richtige Wahl getroffen. Es war wahrscheinlich dumm von meiner Seite, aber es schien unhöflich zu sein, jetzt Lama Chime Rinpoche zu besuchen und zu sagen: „*Ich habe meinen Tsa-wa'i Lama gefunden. Kyabjé Düd'jom Rinpoche hat mich als Schüler akzeptiert, aber kann ich ab und zu mal vorbeischauen und mit dir sprechen?*" Natürlich hätte Lama Chime Rinpoche gerne mit einem Schüler von Düd'jom Rinpoche gesprochen, aber ich hatte immer noch dumme Ideen, die mich daran hinderten, um Unterstützung zu bitten, wo Unterstützung gerne angeboten worden wäre.

Ich hatte früher mit Steve über meine Visionen sprechen können und er hatte mich weder für psychisch krank noch für einen Hochstapler gehalten. Jetzt war ich jedoch auf mich allein gestellt. Es herrschte große Freude und kolossale Einsamkeit.

Ich dachte wortlos für eine unbestimmte Zeit lang über die Einsamkeit nach. Schließlich lachte ich fast unmerklich. Ich fühlte mich auf unerklärliche Weise unangreifbar. Ich lachte kurz ohne jedwede Ironie, sondern mit einem natürlich sicheren Gefühl der Heiterkeit. Die Heiterkeit war aus einem *Raum* gekommen, *den ich zu kennen schien*, und zwar seit tausenden von Jahren.

Appendix I – *Düd'jom Lingpa*

1835–1904

Die Einzelheiten aus Düd'jom Lingpas Leben wurden mir von Kyabjé Düd'jom Rinpoche erzählt. Das Material wurde zusätzlich vom Übersetzer ergänzt. Kyabjé Düd'jom Rinpoche war offensichtlich nicht daran interessiert, seine Inkarnationslinie zu verherrlichen. Folglich blieb es dem Übersetzer vorbehalten, alles hinzuzufügen, von dem er dachte, dass ich es wissen sollte. Diese Informationen sind auch anderswo veröffentlicht, aber ich stelle sie hier zur Verfügung, weil ich sie auf solch persönliche Art und Weise erhalten habe.

Kyabjé Düd'jom Rinpoche Jig'drèl Yeshé Dorjes Inkarnationslinie ist ein Wunder und eine Inspiration für alle, die Lehren von ihm erhalten: Nuden Dorje Chang (*der versprach, als Buddha Möpa 'ö Thayé zu erscheinen, das ist Adhimukta, der tausendste und letzte Buddha dieses Zeitalters*); Shariputra; Saraha; Krishnadhara (*Ministerpräsident von Indrabhuti, König von Ögyen*); Hungkara; Khyé'u-chung Lotsa; Smritijnana; Rongzom Pandita Chökyi Zangpo; Dampa Desheg; Palden Ling-jé Répa (*einer der Gründer des Drukpa Kagyüd Schule*); Sakya Tri'dzin Chögyal Phakpa; Drum-khar Nagpopa (*ein Khampa Naljorpa, der* 18 *Jahre lang im dunklen Retreat meditierte*); Héwa Chöjung (*Khampa-Magier und Dämonenbezwinger*); Traktung Düd'dül Dorje; Kathog Gyalsé Sônam Détsen (*Oberhaupt von Kathog*); Düd'dül Rolpa-tsal (*Lehrer von Jig'mèd Lingpa*); Düd'jom Lingpa; und Kyabjé Düd'jom Rinpoche Jig'drèl Yeshé Dorje.

Düd'jom Lingpa war auch als Chakong gTertön bekannt. Düd'jom Lingpa hatte fünf Inkarnationen: Sonam Détsen als *Körperinkarnation*; Dzong-gTér Künzang Nyima als *Sprachinkarnation*; Düd'jom Rinpoche Jig'drèl Yeshé Dorje als *Geistesinkarnation*; Tulku Pednam als *Qualitätsinkarnation*; und Tulku Natsok Rangdröl als *Aktivitätsinkarnation*.

Düd'jom Lingpa war ein großer Nyingma Lama und gTértön, dessen visionäre Offenbarungen zwanzig große Bände umfassen.

Seine unmittelbare Inkarnation, die noch vor dem Ende seines physischen Lebens geboren wurde, war Düd'jom Rinpoche Jig'drèl Yeshé Dorje.

Khenpo Jig'mèd Phüntsogs Familie ist auch mit Düd'jom Lingpa verwandt, da Khenpo Jig'mèd Phüntsogs Ururgroßvater Cha-khung Chö-gyé war, der jüngere Bruder von Düd'jom Lingpa.

Düd'jom Lingpa wurde 1835 im Sérta-Tal von Golok geboren. Er gehörte zur A-chak Dru-Linie des Nub-Clans des Chakong-Volkes und war eine Inkarnation von Nuden Dorje. Er war ebenfalls eine Inkarnation von Khye'u-chung Lotsa, der einer der 25 Schüler Padmasambhavas war.

Im gesamten Verlauf seines Lebens hatte Düd'jom Lingpa direkte visionäre Erfahrungen von Padmasambhava, Yeshé Tsogyel, Dorje Phagmo, Chenrézigs, Chana Dorje, Jampalyang, Saraha und Longchenpa Drimèd 'ö-Zér, in denen er Übertragungen erhielt. Auch in visionärer Erfahrung reiste Düd'jom Lingpa in die visionäre Dimension des kupferfarbenen Berges, wo er Übertragungen direkt von Padmasambhava empfing.

Düd'jom Lingpa lebte hauptsächlich unter einfachen Leuten und verhielt sich auf gewöhnliche Weise, aber er wurde von niemandem als gewöhnlich wahrgenommen. Er erhielt nur wenige Lehren und Übertragungen von menschlichen Lehrern. Den Großteil seines Wissens erhielt er direkt aus der Natur der Realität.

Im Alter von 23 Jahren verließ Düd'jom Lingpa seine Heimat und ließ sich im Mar-Tal nieder. Mit der Unterstützung der Familie Gili blieb er dort für längere Zeit und wurde so als Gili gTértön bekannt.

Im Alter von 25 Jahren erhielt Düd'jom Lingpa eine Offenbarung oder prophetische Mitteilung—Kha-jang—vom Felshang von Batér im Mar-Tal, welche Anweisungen enthielt, wie er seine gTérmas entdecken und enthüllen sollte. Im selben Jahr begann er, seine eigenen großen Erd-gTérmas von Ngala Tak-tsé im Sérta-Tal aus zu entdecken und zu enthüllen.

Er enthüllte zwanzig Bände mit Erd- und Geistes-gTérmas, die Padmasambhava im neunten Jahrhundert versteckt hatte.

Vierzehn davon wurden als Düd'jom gTérsar, die Neuen Schätze von Düd'jom, bekannt. Zu den berühmtesten Texten seiner Offenbarungen zählen der Tröma Nakmo-Zyklus und der Nè-lug Rangjung, ein Dzogchen-Zyklus der Lehre und Übertragung. Er gründete die Dar-tsang Kèlsang Gompa in Sérta, die zum Sitz mehrerer seiner Söhne wurde.

Düd'jom Lingpa hatte einen kräftigen Körper, einen rotbraunen Teint, ein wildes Gesicht und große, kraftvolle Augen. Er trug die Roben des Gö kar chang loi-Dé mit allen angemessenen Ornamenten, darunter auch Muschelohrringe. Die Hälfte seiner ungeschnittenen Haare war zu einem Haarknoten am Scheitel zusammengebunden, während die restlichen Haare locker über seinen Rücken hingen.

Während seines Lebens begegnete Düd'jom Lingpa vielen Hindernissen in Form von ihn schmähenden, bigotten Hierophanten. Er konnte aber alle Umstände dahingehend verwandeln, dass sie die Praxis des Vajrayana förderten. In seinen späteren Lebensjahren war er selbst nicht immer gesund, er konnte aber viele andere Menschen durch einfache Gesten heilen.

Wenn er geradeaus blickte, wagten es nicht einmal die engsten Schüler von Düd'jom Lingpa, ihn anzusehen, weil so viel Kraft in seinen starrenden Augen lag. Die Menschen in Golok rezitierten die Worte *„Hung! Physische Präsenz von Düd'jom!"* an Stelle der üblichen Liturgie, welche immer sowohl Geist und Sprache als auch den Körper einbezieht. Dies bezeugt, dass seine große charismatische Präsenz absolut außergewöhnlich war.

Düd'jom Lingpa wurde von Jamyang Khyentsé Wangpo und Jamgön Kongtrül dem Großen eingeladen, seine gTérmas in ihre Sammlung des Rinchen gTérdzöd aufzunehmen. Er lehnte ihre Bitte mit der Begründung ab, dass überall dort, wo sich das Rinchen gTérdzöd verbreitete, sich auch das Düd'jom gTér verbreiten würde.

In seinen letzten Lebensjahren verbrachte Düd'jom Lingpa seine Zeit, abgesehen von zwei kurzen Reisen nach Dza-chukha, nur an drei Hauptorten in Osttibet: dem Sérta-Tal, dem mDo-Tal und dem Mar-Tal.

Düd'jom Lingpa wollte das verborgene Land Pemakö in Kongpo enthüllen. Dies ist eines der vier großen verborgenen Länder, die von Padmasambhava als lebendig ermächtigte Bereiche für Vajrayana-Praktizierende authentifiziert wurden, wenn die generellen Lebensumstände weniger förderlich würden. Da er nicht in der Lage war, selbst dorthin zu gehen, sagte Düd'jom Lingpa voraus, dass seine nächste Inkarnation dort geboren werde und das verborgene Land eröffnen würde. Düd'jom Lingpa starb 1904 und wurde in Pemakö als Kyabjé Düd'jom Jig'drèl Yeshé Dorje, der Zweite Düd'jom Lingpa, wiedergeboren.

Notizen:

Düd'jom Lingpa *(bDud 'joms gLing pa* 1835–1904) auch bekannt als Chakong gTertön *(lCags sKong gTer sTon).*

Sonam Détsen *(bSod nams lde btsan,* 1910–1958); die *Körperinkarnation* von Düd'jom Lingpa.

Dzong-gTér Künzang Nyima *(rDzong gTer kun bZang nyi ma,* 1904–1958); die *Sprachinkarnation*; von Düd'jom Lingpa.

Düd'jom Rinpoche Jig'drèl Yeshé Dorje *(bDud 'joms Rin po che 'jigs bral ye shes rDo rJe,* 1904–1987); die *Geistesinkarnation* von Düd'jom Lingpa.

Tulku Pednam *(sPrul sKu pad nam)* die *Qualitätsinkarnation* von Düd'jom Lingpa.

Tulku Natsok Rangdröl *(sPrul sKu sna tshogs rang grol,* 1904–1958); die *Aktivitätsinkarnation* von Düd'jom Lingpa.

Khenpo Jig'mèd Phüntsog *(mKhen po 'jigs med phun tshog,* 1933–2004).

Cha-khung Chö-gyé *(lCag khung chos brGyad).*

Nuden Dorje Chang *(nus lDan rDo rJe 'chang,* 1655–1708), ein berühmter Nyingma Meister aus Kham, Osttibet.

Shariputra (568–484 vor Christus), ein Schüler von Gautama Buddha.

Saraha – Mahasiddha aus dem 8ten Jahrhundert.

Khye'u-chung Lotsa *(khye'u chung lo tsa ba)*, einer der 25 Schüler von Padmasambhava.

Smritijnana (Tib. Drenpa Yeshé Drakpa – *dran pa ye shes grags pa).*

Rongzom Pandita Chökyi Zangpo *(rong zom chos kyi bZang po,* 1012–1088).

Dampa Desheg *(dam pa bDe gshegs,* 1122–1192).

Drukpa Kagyü *('brug pa bKa' brGyud)*, ein Zweig der Kagyu Schule, der in Tibet im 12ten Jahrhundert gegründet wurde.

Palden Ling-jé Répa *(dPal lDan gLing rJe ras pa),* einer der Gründer der Drukpa Kagyü Schule.

Sakya Tri'dzin Chögyal Phakpa *(sa sKya khri 'dzin chos rGyal 'phags pa*, 1235–1280).

Nagpopa *(nag po pa).*

Héwa Chöjung *(he ba chos 'byung).*

Traktung Düd'dül Dorje *(khrag 'thung dud 'dul rDo rJe,* 1615–1672).

Kathog Gyalsé Sônam Détsen *(ka thog rGyal rSas bSod nams lde btsan).*

Düd'dül Rolpa-tsal *(dud 'dul rol pa rTsal).*

Jig-mèd Lingpa *('jigs med gLing pa).*

Sérta *(gSer thal)* Tal, Golok *(mGo log).*

A-chak Dru *(A lCags 'gru).*

Nub *(gNubs)* Klan vom Volk der Chakong *(lCags sKong).*

Padmasambhava (Guru Rinpoche).

Yeshé Tsogyel *(ye shes mTsho rGyal).*

Dorje Phagmo *(rDo rJe phag mo; Skt. Vajravarahi).*

Chenrézigs *(sPyan ras gZigs, Skt Avalokiteshvara).*

Chana Dorje *(phyag na rDo rJe, Skt. Vajrapani).*

Jampalyang *('jam dPal dByangs, Skt. Manjushri).*

Longchenpa Dri-mèd 'ö-Zér *(kLong chen pa dri med 'od zer,* 1308–1363).

Kha-jang *(kha byang)* – Offenbarung oder prophetische Mitteilung.

Erd-gTerma *(sa gTér)* und **Geistes-gTerma** *(dGongs gTer).*

Ngala Tak-tsé *(sNgas la sTag rTse).*

Düd'jom gTérsar *(bDud 'joms gTer gSar).*

Tröma Nakmo *(khros ma nag mo).*

Nè-lug Rangjung *(gNas lugs rang byung).*

Dzogchen *(rDzogs chen)* – Die drei Serien des Dzogchen sind **sem-dé** *(sems sDe)*, die Serie des Geistes; **long-dé** *(kLong sDe)*, die Serie des Raumes; und **men-ngak-dé** *(man ngag sDe)*, die Serie der Geheimen Instruktion.

Dar-tsang Kèlsang Gompa *(brDa tshang bsKal bZang dGon pa).*

Gompa *(dGon pa)*, Kloster.

Die Söhne von Düd'jom Lingpa:
DoDrüpchen Jig'mèd Tenpé Nyima *(rdo grub chen 'jigs med bstan pa'i nyi ma,* 1865–1926); **Tulku Pema Dorje** *(sPrul sKu pad med rDo rJe,* 1867–1934), eine Inkarnation von Dra'gyür Marpa Lotsawa *(sGra bsGyur mar pa lo tsA ba).* **Khyentsé Tulku Dzam-ling Wang-gyal** *(mKhyen brTse sPrul sKu dzam gLing dBang rGyal,* 1868–1907), eine Inkarnation von DoKhyentsé Yeshé Dorje *(mDo mKhyen brTse ye shes rDo rJe)*, und Vater von Dzong-tér Künzang Nyima *(rDzong gTer kun bZang nyi ma)*; **Namtrül Mi'pham Dorje** *(rNams sPrul mi 'pham rDo rJe)*, Tulku von **Ché-yö Rig'dzin Chenmo** *(che yol rig 'dzin chen mo,* geb. 1879); **Tulku Dri-mèd 'ö-Zér** *(sPrul sKu dri med 'od zer,* 1881–1924); **Tulku Lhatop** *(sPrul sKu lha 'thob,* 1884–1942), eine Inkarnation von Shéchen A'phang Tulku *(zhe chen A 'phang sPrul sKu)*; **Tulku Namkha Jig'mèd** *(sPrul sKu nam kha'i 'jigs med,* 1888–1960) von Dzachukha *(rDza chu kha)*, eine Inkarnation von Dza Paltrül Rinpoche *(Dza dPal sPrul rin po che)*; **Tulku Dorje Dra'dül** *(sPrul sKu rDo rJe dGra 'dul,* 1891–1959);

A'phang Tertön *(A 'phang gTer sTon,* 1895–1945), auf wundersame Weise empfangen durch Düd'jom Lingpas nichtduale Intention *(dGongs pa).*

Jamyang Khyentsé Wangpo *('jam dByangs mKhyen brTse dBang po,* 1820–1892).

Jamgön Kongtrül *('jam mGon kong sprul,* 1813–1899).

Rinchen gTérdzöd *(rin chen gTer mDzod)*, die Kollektion der gTérmas, die von Jamgön Kongtrül zusammengestellt wurde.

Pemakö *(pad ma bKod)* in Kongpo, Südosttibet.

Appendix II – *Kyabjé Düd'jom Rinpoche*

1904–1987

In seiner Einleitung erzählte mir Tséring, dass in der fernen Vergangenheit, in einem früheren Weltzeitalter, Kyabjé Düd'jom Rinpoche der Halter des Gewahrseins (*Rig'dzin*) Nuden Dorje gewesen sei. Es wurde auch vorhergesagt, dass er in Zukunft als Buddha Möpa Tha-yé inkarnieren würde. In der Gegenwart manifestierte er sich als Repräsentation von Padmasambhava. Zu seinen früheren Inkarnationen gehörten Shariputra, Saraha und Khyé'u-chung Lotsa. Tséring sagte, dass in den prophetischen texten von Ögyen Déchen Lingpa offenbart wurde, dass Kyabjé Düd'jom Rinpoche erscheinen würde, um gTérma zu offenbaren.

Düd'jom Rinpoche war königlicher Abstammung aus der Linie von Nyatri Tsènpo, dem ersten König von Tibet, und von Powo Kanam Dépa, dem Gyalpo von Powo. Sein Vater, Kathog Tulku Norbu Ten'dzin, war ein berühmter Lama der Region Pemakö. Seine Mutter Namgyal Drölma stammte von Ratna Lingpa ab. Düd'jom Rinpoche wurde im Jahr des Holzdrachen (1904) am frühen Morgen des zehnten Tages des sechsten Monats mit vielen erstaunlichen Zeichen geboren. Seine frühere Inkarnation, Düd'jom Lingpa, sagte zu seinen Jüngern, als sich sein Tod näherte: *„Wer in mich Vertrauen hat, geht nach Pemakö, aber bevor ihr Jugendlichen dort ankommt, werde ich bereits dort sein.*" Dies geschah genau wie vorhergesagt. Düd'jom Rinpoche war bereits drei Jahre alt, als er als direkte Emanation von Düd'jom Lingpa entdeckt wurde, und konnte sich daher deutlich an seine früheren Leben erinnern.

Düd'jom Rinpoche hatte sechzehn Jahre lang bei Tulku Gyür-mèd studiert. Er hatte Dzogchen men-ngag-dé nach dem Sangwa Nyingthig von Khyentsé Rinpoche studiert. Er erhielt außerdem die gTérmas von Düd'jom Lingpa und andere Dzogchen-Unterweisungen von Jé-drung Thrin-lé Jampa Jung-né und Gyür-mèd Wangpo. Gyür-mèd Wangpo teilte ihm mit, dass der Rinchen gTér-dzöd die Aktivität von Khyentsé und Kongtrül darstellte.

Im Alter von 18 Jahren begegnete er Padmasambhava und begann gTérmas zu schreiben.

In seinen Zwanzigern erhielt er von Togden Tènpa den Dzogchen Nyingthig Yabshi, die Linie von Nyoshül Lungtok Tènpa'i Nyima, den Ka'gyür lung, Dam-ngag Dzöd und Sangchen Ngépa'i Nyingthig Yabshi. Von Tulku Künzang Thegchog Tenpa'i Gyaltsen und Ngagtsün Géndün Gyatso erhielt er die Lehren von gTértön Pema Lingpa. Nachdem er die Übertragung von vielen anderen Lamas erhalten hatte, ging er nach Phüntsog Ga'tsal und verwirklichte die Dorje Phurba Praxis. Bei Sang-gyé Tsé Phuk praktizierte er Tsé-drüp und sein Tsé-chang kochte, als er den Gong gTér von Düd'dül Tröllö praktizierte.

Diese Erfahrung von Dorje Tröllö inspirierte ihn, Paro Taktsang in Bhutan zu besuchen, wo es viele glückverheißende Zeichen gab, und er entdeckte den Phurba Pu-dri Rekpung, den Tso-kyé Thug-thig und den Khandro Thug-thig.

Seine Lehrer prophezeiten, dass er zehnmal den Rinchen gTér-dzöd weitergeben würde und zusätzlich Pema Lingpas gTérmas, das Nyingma Gyüd Bum und viele andere Lehren. Düd'jom Rinpoche schrieb fünfundzwanzig Bände von Gong gTér, die alle gedruckt wurden, und richtete viele neue Retreatmöglichkeiten in Pemakö ein.

Nachdem er Tibet verlassen hatte, lebte er in Kalimpong und gab viele Belehrungen und Ermächtigungen in Kalimpong und Darjeeling. Diese Lehren und Ermächtigungen wurden von der tibetischen Gemeinschaft sehr geschätzt. Die Verfügbarkeit eines großen Lama wie Düd'jom Rinpoche wurde als Unterstützung für die Tibeter im Exil dringend benötigt und geschätzt. Es gab ihnen das Gefühl, dass ihre Kultur überleben könnte. Leider scheint es, dass diese Verfügbarkeit von Düd'jom Rinpoche als politische Bedrohung interpretiert wurde.

Düd'jom Rinpoche war 1961 auf einer Zugfahrt Opfer von Anfeindungen geworden. Er war in McLeod Ganj gewesen und hatte über die tibetische Flüchtlingssituation im Zusammenhang mit den im Exil lebenden Nyingma-Völkern gesprochen.

(Düd'jom Rinpoche erwähnte nicht, mit wem er diese Angelegenheiten besprochen hatte. Der Autor fragte nicht nach, da es nicht notwendig schien, mehr zu wissen, als Düd'jom Rinpoche erklärte.)

Die Situation hatte ihm Sorgen bereitet, da es in bestimmten Kreisen die Bestrebung gab, alle Traditionen einer zentralisierten Autorität zu unterwerfen. Seiner Meinung nach entsprach diese vorgeschlagene Politik nicht der tibetischen Kultur vor dem Exodus. Er machte sich Sorgen um die Zukunft der seit jeher unabhängigen Abstammungslinien. Aus diesem Grund hatte er Kathog Ontrül Rinpoche gebeten, im Zug eine Prophezeiung mit dem Mélong durchzuführen. Ontrül Rinpoche erblickte in dem Mélong eine Statue von Padmasambhava, die in Stacheldraht gefesselt war. Das verhieß nichts Gutes.

Der Zug musste eine Weile in Siliguri anhalten. In der Zwischenzeit, während der Zug stand, wurde Düd'jom Rinpoche von der indischen Polizei festgenommen und anschließend eingesperrt. Dies geschah, weil der indische Geheimdienst von bestimmten tibetischen Quellen darüber informiert worden war, dass Düd'jom Rinpoche ein bezahlter chinesischer Kollaborateur sei.

Diese Nachricht verbreitete sich sehr schnell und die Schüler von Düd'jom Rinpoche waren schockiert und traurig. Sie hörten von seiner Inhaftierung von Siliguri bis Panchimari, und viele Schüler aus Darjeeling, Kalimpong, Sikkim und Bhutan ergriffen außergewöhnliche Präventivmaßnahmen im Stil von Mahatma Gandhi. Bei jedem Anzeichen, dass Kyabjé Düd'jom Rinpoche in das Panchimari-Gefängnis transportiert werden sollte, legten sich Hunderte von Menschen auf die Eisenbahnschienen vor den Zug.

Die Zahl jener, die dazu bereit waren, stieg von Stunde zu Stunde, und die indischen Behörden waren sich bewusst, dass sich eine Krise anbahnte. Der Chögyal von Sikkim, die königliche Familie von Bhutan, prominente nepalesische und indische Würdenträger und Tausende von Studenten schrieben Briefe an Nehru und innerhalb weniger Tage wurde Düd'jom Rinpoche freigelassen und in sein Haus in Kalimpong zurückgebracht.

Notizen:

Tséring – der Mönch Gélong Tséring *(dGe sLong tshe ring)*, der als Übersetzer fungierte.

Ögyen Déchen Lingpa *(O rGyan bDe chen gLing pa)*.

Nyatri Tsènpo *(gNya' khri bTsan-po)* – der erste König Tibets, lebte im 2. Jahrhundert vor Christus.

Powo Kanam Dépa *(sPo bo kaH gNam sDe pa)* – der Gyalpo *(rGyal po* – König) von Powo.

Kathog Tulku Norbu Ten'dzin *(ka thog sPrul sKu nor bu bsTan 'dzin).*

Namgyal Drölma *(rNam rGyal sGrol ma).*

Ratna Lingpa *(rat na gLing pa,* 1403–1471).

Tulku Gyür-mèd *(sPrul sKu 'gyür med).*

Sangwa Nyingthig *(gSang ba sNying thig).*

Khyentsé Rinpoche *(mKhyen brTse rin po che).*

Jé-drung Thrin-lé Jampa Jung-né *(rJe drung 'phrin las byams pa 'byung gNas).*

Gyür-mèd Wangpo *('gyur med dBang po).*

Kongtrül *(kong sprul).*

Dzogchen Nyingthig Yabshi *(rDzogs chen sNying thig ya bZhi).*

Nyoshül Lungtok Tènpa'i Nyima *(smyo shul lung rTogs bsTan pa'i nyi ma,* 1829–1901).

Ka'gyür lung *(bKa' 'gyu rLung).*

Dam-ngag Dzöd *(gDams ngag mDzod).*

Sangchen Ngépa'i Nyingthig Yabshi *(gSang chen nges pa'i sNying thig ya bZhi).*

Togden Tènpa *(rTogs lDan brTan pa).*

Tulku Künzang Thegchog Tenpa'i Gyaltsen *(sPrul sKu kun bZang theg mChog brTan pa'i rGyal mTshan).*

Ngagtsün Géndün Gyatso *(ngag tsun dGe 'dun rGya mTsho).*

Phüntsog Ga'tsal *(phun tshog dGa' rTsal).*

Dorje Phurba *(rDo rJe phur ba).*

Sang-gyé Tsé Phuk *(sangs rGyas tshe phug).*

Tsé-drüp *(tshe sGrub)* – Langlebenspraxis.

Tsé-chang *(tshe chang)* – Amrita, Langlebenswein.

Düd'dül Tröllö *(dud 'dul gro lod)* – das Düd'jom Dorje Tröllö gong gTér.

Paro Taktsang *(sPa ro sTag tshang)*– Nest des Tigers.

Phurba Pu-dri Rekpung *(phur ba sPu gri reg phung).*

Tso-kyé Thug-thig *(mTsho sKye thugs thig).*

Khandro Thug-thig *(mKha' gro thugs thig).*

Pema Lingpa *(pad ma gLing pa).*

Nyingma Gyüd Bum *(rNying ma rGyud 'bum).*

Kathog Ontrül Rinpoche *(ka thog 'ong khrul rin po che).*

Chögyal *(chos rGyal)* – Dharmakönig.

Appendix III – *Dilgo Khyentsé Rinpoche*

1910–1991

Ich fragte Dilgo Khyentsé Rinpoche, ob er so freundlich wäre, mir von seinem Leben zu erzählen. Ich wollte seine Biografie auf meiner Rückreise nach Großbritannien zur Inspiration lesen. Er kam dem Wunsch gerne nach und gab mir einen viel längeren Bericht, als ich mir erhofft hatte. Ich war hocherfreut. Ich machte mir umfangreiche Notizen und der Übersetzer Ngawang war so freundlich, mich später zu besuchen und mir alle tibetischen Namen zu korrigieren, die ich mit meiner primitiven Phonetik verunstaltet hatte. Dieser Prozess dauerte über drei Stunden, aber ich lernte daraus sehr viel. Die folgenden Notizen stammen aus dieser Sitzung mit Ngawang.

Dilgo Khyentsé Rinpoche wurde 1910 im Denhok-Tal, das in Der-gé in Kham liegt, geboren. Seine Familie stammte von Chögyal Trisong Détsen ab. Sein Vater, Tashi Tséring, war der Sohn eines Der-gé-Ministers, Tashi Tsépel, und beide waren Schüler von Khyentsé Wangpo. Seine Mutter war ihrerseits die Tochter eines Der-gé-Ministers und hieß Lhaga. Dilgo Khyentsé Rinpoche wurde am dritten Tag des dritten Monats des Eisernen Hundejahres geboren, während Ju Mi'pham Gyamtso der Familie Belehrungen zum Dü-kyi 'Khorlo gab. Das Baby bekam im Alter von einem Monat von Ju Mi'pham den Namen Tashi Pal'jor. Bis zu seinem Tod gab Ju Mi'pham häufig Ermächtigungen von Jampalyang an Dilgo Khyentsé Rinpoche und seine Familie.

Dilgo Khyentsé Rinpoches älterer Bruder war der 9. Benchen Sang-gyé Nyènpa, Karma Shédrüp Tenpa'i Nyima. Er war eine wichtige Inkarnation der Karma Kagyüd Gompa, Ga Benchen in Yu-shu. Dilgo Khyentsé Rinpoche liebte und respektierte diesen Bruder und verfasste seine Biografie. Der älteste Sohn der Familie, ebenfalls Shédrüp genannt, begleitete ihn sein ganzes Leben lang.

Die Umstände vor seiner Geburt ließen mehrere Lamas (darunter Dzogchen Khenpo Zhenga Zhenpen Chokyi Nangwa und Adzom Drukpa Pawo Dorje) glauben, dass Dilgo Khyentsé die Inkarnation von Önpo Ten'ga, dem Tsawa'i Lama seines Vaters, war.

Ein älterer Bruder war zuvor bereits als dieser Tulku identifiziert worden, verstarb jedoch früh. Der 14. Karmapa, Tekchok Dorje, erklärte, dass die neuerliche Inkarnation ein Sohn von Tashi Tséring sein würde. Vor Dilgo Khyentsés Geburt erlitt seine Mutter eine Fehlgeburt, ohne dass die Lamas auf der Suche nach der Wiedergeburt von Önpo Ten'ga davon wussten. Daher wurde Tashi Pal'jor nicht als Inkarnation anerkannt.

Tashi Paljors Vater wollte nicht, dass sein Sohn als Lama erkannt wird, obwohl wiederholt darauf hingewiesen wurde, dass er ein Tulku sei. Als Dilgo Khyentsé Rinpoche gerade einmal ein Jahr alt war, erklärte Jamyang Lo-gTér Wangpo ihn zu einer Inkarnation von Khyentsé Wangpo und bat darum, ihn zur Ausbildung aufnehmen zu dürfen. Ju Mi'pham riet Tashi Tséring, den Vorschlag nicht anzunehmen und Dilgo Khyentsé Rinpoche zu Hause zu lassen. Neben Lo-gTér Wangpo forderten auch der 5. Dzogchen Tulku, Thubten Chökyi Dorje und Khangsar Khenpo den Jungen für ihre Klöster. Darüber hinaus erklärte der 3. Kathog Situ, Chökyi Gyatso, dass er die Inkarnation des 3. Karma Kuchen, Ögyen Do-ngak Chyi Nyima, sei.

Im Jahr 1912 besuchte der 4. Shéchen Gyaltsab, Pema Namgyal, die Familie Dilgo während der Trauerfeier für Ju Mi'pham und bat Tashi Tséring, dass er Tashi Pal'jor an die Shéchen Gompa übergebe. Er kam dieser Bitte nach, obwohl Tashi Pal'jor noch mehrere Jahre bei seiner Familie blieb.

Im Jahr 1916, als die Familie Dilgo auf einer Pilgerreise nach Tibet war, sagte der 5. Taklung Matrul, *Ngawang Ten-pa'i Nyima*, zu Tashi Pal'jor, dass sein Sohn eine Inkarnation sei und fragte, ob er ihn zum Mönch oder zum Ngakpa machen würde. Tashi Pal'jor erklärte, dass sein Sohn kein Mönch sein sollte und betonte, dass die Familienlinie fortbestehen müsse.

Im Jahr 1919 brachte Tashi Tséring seine Familie nach Shechen, um sich mit Adzom Drukpa zu treffen, damit dieser Hindernisse für die Familie beseitigte. A'dzom Drukpa übergab Dilgo Khyentsé die Übertragung für die vorbereitenden Übungen des Longchen Nyingthig.

Im Jahr 1924 reisten Dilgo Khyentsé und sein älterer Bruder nach Shechen, um den 4. Shéchen Gyaltsab, *Padma Namgyal*, zu treffen, der in den Hügeln oberhalb von Shechen im Retreat war. Dieser gab die Übertragung der Mindröl Ling Dorje Sempa Praxis von gTér-dag Lingpa Gyür-mèd Dorje und Guru Chöwangs Phurba Yang-sang Pu-tri. Sie erhielten auch Ermächtigungen von Shéchen Kongtrül Pema Dri-mèd und Tashi Pal'jor lernte den Wurzeltext des Sangwa Nyingpo Gyüd auswendig. Shéchen Gyaltsap unterrichtete auch die gesammelten Werke von Ju Mi'pham.

Nach dem Tod seines Lamas ging Dilgo Khyentsé in Retreat. Er lebte mit seinem Bruder Shédrüp in einer Höhle in Denhok. Gelegentlich wurden sie von Bären bedroht. Die Höhle war jedoch nur über eine Leiter erreichbar, sodass sie meistens in Ruhe gelassen wurden.

Im Jahr 1934 bekam Dilgo Khyentsé Fieber, das beinahe zu seinem Tod geführt hätte. Jamyang Khyentsé Chökyi Lodrö und Karma Chökyi Nyingche empfahlen daraufhin, dass er eine spirituelle Gefährtin finden solle. Dies würde einerseits seine Gesundheit verbessern, andererseits würde es ihm auch ermöglichen, gTérma zu entdecken. Kurz darauf heiratete er Khandro Lhamo, mit der er zwei Töchter hatte: Sémo 'Chi-mèd Wangmo und Sémo Déchen Wangmo.

Im folgenden Jahr enthüllte er den ersten Abschnitt eines seiner am häufigsten praktizierten gTérmas, *die Lebensessenz aus dem Herz des Lotus*. Die Offenbarung wurde im folgenden Jahr in Pema Shelpuk abgeschlossen, einem gTérma-Standort in der Nähe von Dzongsar Gompa, der von Khyentsé Wangpo und Chog'gyür Lingpa eröffnet wurde.

Im Jahr 1944 verbrachte Dilgo Khyentsé längere Zeit in Dzongsar bei Jamyang Khyentsé Chökyi Lodrö, der ihm das Nyingma Kama und Jamgön Kongtrüls *Schatzkammer des Wissens* übermittelte. Sie besuchten die Pilgerorte in Meshö Jong, wo im 19. Jahrhundert Jamyang Khyentsé Wangpo, Jamgön Kongtrül und Chog'gyür Lingpa gTérmas offenbart hatten. Dilgo Khyentsé führte Tsog'khorlos durch und transkribierte gTérmas, welche die drei früheren Lamas nur teilweise offenbart hatten.

1945 erhielt er von Jamyang Khyentsé Chökyi Lodrö die Übertragung und Ermächtigung für den Rinchen gTérdzöd.

Im Jahr 1946 reiste Dilgo Khyentsé durch Kham und besuchte gTérma-Orte von Chog'gyür Lingpa. In Nangchen traf er die Halter der Linie von Chog'gyür Lingpa, darunter gTér-sé Tulku Gyür'mèd Tsé-wang Ten'phel, die Inkarnation von Chog'gyür Lingpas Sohn Wangchuk Dorje. Er traf auch die beiden Inkarnationen von Chog'gyür Lingpa, Tsi-ké Chogling und Pema Gyür-mèd, mit denen er sich während der Rinchen gTérdzöd-Übertragung in Dzongsar angefreundet hatte. Bei der Untersuchung der gTérma-Objekte von Chog'gyür Lingpa fand Dilgo Khyentsé ein Textblatt in Khandro-Schrift, das er als Ka'gyèd gTérma-Zyklus transkribierte.

In den ersten Jahren der chinesischen Militärherrschaft in Kham reiste Dilgo Khyentsé nach Nangchen und erhielt Unterricht bei Zurmang Düd-tsi Thil und Trangu Gompa (*khra 'gu dGon*). In Dérgé führte er Riten zum Wohl der Bevölkerung durch. Er blieb ein Jahr in Repkong, wo er die Übertragung des Rinchen gTérdzöd gab. Weiters eröffnete er eine Pilgerstätte in A-myé Ma-chen. Nach seiner Rückkehr nach Dzongsar erhielt er Unterweisungen vom 41. Sakya Tri'dzin, Ngawang Kunga Tekchen Pelbar. Dilgo Khyentsé gab ihm eine Langlebensermächtigung aus einem seiner eigenen gTérmas. Dilgo Khyentsé Rinpoche lebte ein Jahr lang mit seiner Sangyum und seinen Töchtern in Dzongsar und gab allen, die ihn besuchten, Unterweisungen.

1956 verließ Dilgo Khyentsé Kham und ging nach Lhasa. Während seines Aufenthalts in einem Khampa Gar waren jedoch chinesische Soldaten auf der Suche nach ihm nach Sa-kar gekommen. Seine Sangyum, Khandro Lhamo, gewann mehrere Wochen Zeit, indem sie ihnen mitteilte, dass Dilgo Khyentsé auf Reisen sei und dass sie Boten schicken würde, um ihm von ihrem Wunsch, ihn zu sehen, zu unterrichten. Nach mehreren solchen Verzögerungstaktiken kam Khandro Lhamo zu dem Schluss, dass es für sie nicht mehr sicher sei, zu bleiben, und machte sich auf die Suche nach Dilgo Khyentsé, wobei sie nur eine kleine Tüte mit Lebensmitteln auf die Reise mitnahm, um bei den Chinesen keinen Verdacht zu erregen.

Als sie Dilgo Khyentsé schließlich fand, beschlossen sie, sofort nach Lhasa zu reisen. Dilgo Khyentsé unterbrach damit die Belehrungen, die er gemeinsam mit dem 8. Khamtrül Tulku, Don-gyüd Nyima, gegeben hatte.

Jamyang Khyentsé Chökyi Lodrö war bereits nach Sikkim aufgebrochen und Dilgo Khyentsé und seine Sangyum Khandro Lhamo nutzten ihre Pilgerreise als eine Möglichkeit, um aus Tibet zu fliehen. Sie blieben mehrere Jahre in Lhasa, bis die Situation kritisch wurde. Im Jahr 1956 gab er in Lhasa vier Monate lang Sangwa Nyingpo-Unterweisungen. In der Tsur-phu Gompa gab er die Übertragung für die gTérmas von Chog'gyür Lingpa. Er besuchte Mindröl Ling für einen Monat, wo er Kyabjé Düd'jom Rinpoche zum ersten Mal traf. Nicht lange danach verließen Dilgo Khyentsé, Khandro Lhamo und ihre Familie Tibet. Sie flohen mit anderen Familien und Kham-Guerillas nach Bhutan, blieben aber nur wenige Wochen, bevor sie nach Kalimpong in Indien weiterfuhren, wo sie bei Kyabjé Düd'jom Rinpoche wohnten.

Dilgo Khyentsé blieb mehrere Jahre in Kalimpong und reiste gelegentlich nach Bhutan und Sikkim, um die Überreste von Jamyang Khyentsé Chökyi Lodrö zu besuchen, der dort 1959 gestorben war, und um seiner neuen Inkarnation die Übertragung und Ermächtigungen für den Rinchen gTérdzöd zu übertragen. 1961 wurde er nach Bhutan eingeladen, um als Lama in Thimphu zu fungieren. Er blieb bis 1962, als er die Nachricht erhielt, dass sein Bruder Sang-gyé Nyènpa in Sikkim gestorben war. Weiters erfuhr er, dass seine jüngste Tochter Sémo Déchen Wangmo krank war. Sie starb 1963 in Lucknow.

1965 lud Pema Dorje von der Nyima-lung Gompa in Bumthang Dilgo Khyentsé nach Bhutan ein. Vor seiner Ankunft hatte es schwere Unruhen gegeben und so begann er seinen Besuch mit Befriedungsritualen. Aufgrund des Erfolgs seiner Rituale erhielt er sofort einen bhutanesischen Pass. Von da an wurde Bhutan sein Hauptwohnsitz.

Später hatte Dilgo Khyentsé Rinpoche Klarträume, in denen Shéchen Rabjam, Shéchen Kongtrül und Shéchen Gyaltsap alle zusammen erschienen. (Sie waren alle in chinesischen Gefängnissen verstorben.)

Sie teilten ihm mit, dass sie alle drei zusammen als ein Lama erscheinen würden. Und so wurde Shéchen Rabjam Jig-mèd Chökyi Seng-gé als Sohn seiner Tochter 'Chi-mèd Wangmo geboren. Er wurde der 7. Shéchen Rabjam.

In den nächsten 30 Jahren widmete sich Dilgo Khyentsé Rinpoche der Bewahrung der Nyingma-Tradition in Bhutan, Indien und Nepal, indem er Unterweisungen, Übertragungen und Ermächtigungen gab.

1975 besuchte er erstmals den Westen. Er unternahm drei Reisen nach Amerika und zahlreiche Besuche in Europa. In Frankreich gründete er in der Dordogne ein Zentrum für dreijährige Retreats. Er war einer der Hauptlehrer von Chögyam Trungpa, den er äußerst hoch schätzte. Er starb 1991 in Bhutan.

Der Halter seiner Linie ist sein Enkel Shéchen Rabjam. Dilgo Khyentsé Rinpoches Inkarnation, Dilgo Yangsi, wurde 1993 geboren und 1997 in Shéchen inthronisiert. Er ist der Sohn des 4. Tsi-ké, Chogling Min'gyür Dé-wa'i Dorje, und der Enkel von Tulku Ögyen Tsé-wang Chog-drup Pal'bar.

Notizen:

Dilgo Khyentsé Rinpoche *(dil mGo mKhyen brTse rin po che,* 1910–1991).

Ngawang *(ngag dBang).*

Denkok Valley, Der-gé *(sDe dGe)*, in Kham.

Chögyal Trisong Détsen *(chos rGyal khri srong lDe bTsan).*

Tashi Tséring *(bKra shis tshe ring,* d. 1932).

Tashi Tsépel *(bKra shis tshe 'phel).*

Lhaga *(lha dGa').*

Ju Mi'pham Gyamtso *('ju mi 'pham rGya mTsho,* 1846–1912).

Dü-kyi 'Khorlo *(dus kyi 'khor lo rGyud; Kalachakra Tantra – Wheel of Time).*

Tashi Pal'jor *(bKra shis dPal 'byor).*

Benchen Sang-gyé Nyènpa *(ban chen sangs rGyas mNyan pa).*

Karma Shédrüp Tenpa'i Nyima *(karma bShad sGrub bsTan pa'i nyi ma,* 1897–1962).

Karma Kagyüd *(karma bka' brGyud).*

Ga Benchen Gompa *(sGa ban chen)* in Yu-shu *(yul shul).*

Dzogchen Khenpo Zhenga Zhenpen Chokyi Nangwa *(rDzogs chen mKhan po gZhan dGa' gZhan phan chos kyi sNang ba,* 1871–1927).

Adzom Drukpa Pawo Dorje *(A 'dzom 'brug pa dPa' bo rDo rje,* 1842–1924).

Önpo Ten'ga *(dBon po bsTan dGa' o rGyan bsTan 'dzin nor bu)* vom Gemang Kloster *(dGe mang dGon pa)* in Dza-chuka, Kham.

Tekchok Dorje *(theg mChog rDo rJe,* 1798–1869).

Jamyang Lo-gTér Wangpo *(jam dByangs bLo gTer dBang po)* – ein Schüler von Khyentsé Wangpo.

Khangsar Khenpo *(khang gSar mKhen po)* – von Ngor É-wam Chö-dé *(ngor e wam chos sDe).*

Dzogchen Tulku *(rDzogs chen sPrul sKu).*

Thubten Chökyi Dorje *(thub bsTan chos kyi rDo rje,* 1872–1935).

Kathog Situ *(ka thog si tu).*

Chökyi Gyatso *(chos kyi rGya mTsho,* 1880–1925).

Karma Kuchen *(kar ma sKu chen).*

Ögyen Do-ngak Chyi Nyima *(o rGyan mDo sNgags chos kyi nyi ma,* 1854–1906) von der Palyul Gompa *(dPa' yul dGon).*

Shéchen Gyaltsab *(zhe chen rGyal tshab).*

Pema Namgyal *(pad ma rNam rGyal,* 1871–1926).

Taklung Matrul *(sTag lung ma sPrul).*

Ngawang Ten-pa'i Nyima *(ngag dBang bsTan pa'i nyi ma).*

A'dzom Drukpa *(A 'dzom brug pa).*

Longchen Nyingthig *(kLong chen sNying thig).*

Padma Namgyal *(zhe chen rGyal tshab pad ma rNam rGyal).*

Mindröl Ling *(sMin grol gLing).*

Dorje Sempa *(rDo rJe sems dPa').*

gTér-dag Lingpa Gyür-mèd Dorje *(gTer bDag gLing pa 'gyur med rDo rJe,* 1646–1714).

Guru Chöwang *(gu ru chos dBang).*

Phurba Yang-sang Pu-tri *(phur ba yang gSang sPu gri).*

Pema Drimèd *(pad ma dri med,* 1901–1960).

Sangwa Nyingpo Gyüd *(gSang ba sNying po rGyud).*

Jamyang Khyentsé Chökyi Lodrö *(jam dByangs mKhyen brTse chos kyi bLo gros).*

Karma Chökyi Nyingche *(kar ma chos kyi nying byed,* 1879–1939) – der 10. Zurmang Trungpa *(zur mang drung pa).*

Khandro Lhamo *(mKha' gro lha mo,* 1913–2003) – eine höchst verwirklichte Yogini, erfahrene Ärztin und witzige Erzählerin mit einer Fülle faszinierender Geschichten über ihr Leben mit Dilgo Khyentsé Rinpoche.

Sémo 'Chi-mèd Wangmo *(sras mo 'chi med dBang mo).*

Sémo Déchen Wangmo *(sras mo bDe chen dBang mo).*

Lebensessenz aus dem Herz des Lotus – *Lotus Heart Life Essence* (Pema tsé-yi Nying-thig – *pad ma tshe yi sNying thig)* – entdeckt in Doti Gangkar *(rDo ti gangs dKar)*, nahe bei La-dro Samdrüp Lhaden Chö-khor Ling *(gLa gro bSam 'grub lha lDan chos 'khor gLing)* in Nangchen *(nang chen).*

Pema Shelpuk *(pad ma shel phug).*

Dzongsar Gom *(rDzong gSar dGon).*

Chog'gyür Lingpa *(mChog 'gyur gLing pa,* 1829–1870).

Nyingma Kama *(rNying ma bKa' ma).*

gTér-sé Tulku Gyür'mèd Tsé-wang Ten'phel *(gTer sras sPrul sKu gyur med tshe dBang bsTan 'phel).*

Wangchuk Dorje *(dBang phyug rDo rJe).*

Tsi-ké Chogling *(rTsi ke mChog gLing,* 1940–1952) – der junge 3. Tsi-ké *(rTsi ke).*

Pema Gyür-mèd *(pad ma 'gyur med,* 1928–1974) – der 3. Né-tèn Chogling *(gNas brTan mChog gLing).*

Ka'gyèd *(bKa' brGyad).*

Zurmang Düd-tsi Thil *(zur mang bDud rTsi mThil).*

Trangu Gompa *(khra 'gu dGon).*

A-myé Ma-chen *(a mYes rMa chen).*

Sakya Tri'dzin *(sa sKya khri 'dzin).*

Ngawang Kunga Tekchen Pelbar *(ngag dBang kun dGa' theg chen dPal 'bar).*

Khampa Gar *(khams pa sGar)* in Nangchen.

Khamtrül Tulku *(khams sPrul sPrul sKu).*

Don-gyüd Nyima *(don brGyud nyi ma,* 1930–1979).

Tsur-phu Gompa *(mTshur phu dGon).*

Lucknow *(Lakhnau)* – die Hauptstadt von Uttar Pradesh, Indien.

Shéchen Rabjam *(zhe chen rab 'byams).*

Shéchen Kongtrül *(zhe chen kong sPrul).*

Shéchen Rabjam Jig-mèd Chökyi Seng-gé *(zhe chen rab 'byams 'jigs med chos kyi seng ge,* geboren 1966).

Dilgo Yangsi *(dil mGo yang srid).*

Chogling Min'gyür Dé-wa'i Dorje *(mChog gLing min 'gyur bDe ba'i rDo rJe,* geboren 1953).

Tulku Ögyen Tsé-wang Chog-drüp Pal'bar *(sPrul sKu o rGyan tshe dBang mChog grub dPal 'bar,* 1910–1996).

Glossar

'a-Shül Pema Legden

Kyabjé Düd'jom Rinpoche teilte mir mit, dass der Vater meiner früheren Inkarnation 'a-Shül Pema Legden gewesen sei. Dies wurde von 'Khordong gTérchen Tulku Chhi'mèd Rig'dzin Rinpoche bestätigt, dessen vorherige Inkarnation, Khalden Lingpa, der Lama von 'a-Shül Pema Legden in der 'Khordong Gompa in Tibet gewesen war. 'a-Shül Pema Legden war der visionäre Schreiber und Künstler gewesen, der die Visionen von Khalden Lingpa aufgezeichnet hatte.

Acht weltliche Belange

Die acht weltlichen Belange des Buddhismus sind Hoffnung und Angst; Lob und Tadel (alternativ Ruhm und Schande); Gewinn und Verlust; Begegnung und Abschied. Chö-gyèd ro-nyom *(chos brGyad ro sNyoms)* bezeichnet den gleichen Geschmack der acht weltlichen Belange.

Amji Pema Dorje

(1950–2015) wurde in Lhodrag, Zentraltibet, geboren. Als er neun Jahre alt war, floh er mit seinen Eltern nach Indien. Sein Medizinstudium schloss er 1974 bei Amji Barshi Phüntsog am Men-tsé Khang, dem tibetischen Astro-Medizinischen Institut, ab. Er wurde ausgewählt, um sein Praktikum bei Amji Yeshé Dhonden zu absolvieren, und hatte viele prestigeträchtige Positionen inne. Nach Abschluss seines Praktikums leitete er verschiedene Kliniken des Men-tsé Khang in Bodha, Nepal: Neu-Delhi, McLeod Ganj, Itanagar, Kalkutta und Siliguri, Westbengalen. Er und Yeshi Khadro hatten zwei Töchter und einen Sohn.

Avalokiteshvara

siehe Chenrézigs

Badshot Lea

siehe Runfold

Bardo

(*bar do / antarabhava*) bedeutet Zwischenzustand oder Intervall, wird am häufigsten als Zwischenzustand zwischen Tod und Wiedergeburt verstanden, gilt tatsächlich aber generell für Übergänge zwischen zwei Erfahrungsbereichen, wie zum Beispiel Wachsein und Schlafen. Diese Lehre stammt aus dem Bardo Thödröl (*bar do thos grol*), das gemeinhin – und fälschlicherweise – als *Das tibetische Totenbuch* bekannt ist. Es stammt aus dem Zhitrö Gongpa Rangdröl (*zhi khro dGongs pa rang grol*), offenbart von gTértön Karma Lingpa.

Bell, Sir Charles Alfred

(1870–1945) war ein britisch-indischer Tibetologe mit Ausbildung am Winchester College. Er wurde später britisch-indischer Botschafter in Tibet. 1908 trat er in den indischen Staatsdienst ein und wurde zum politischen Offizier in Sikkim ernannt. 1910 traf er den 13. Dalai Lama und lernte ihn recht gut kennen. Später schrieb er die Biografie, *Porträt des Dalai Lama,* 1946. Er schrieb auch: *Tibet, Vergangenheit und Gegenwart,* 1924; *Das Volk Tibets*, 1928; und *Die Religion Tibets,* 1931.

Blofeld, John

(1913–1987) war ein britischer Schriftsteller, der über asiatische Religionen schrieb, zum Beispiel *The Tantric Mysticism of Tibet: A Practical Guide to the Theory, Purpose, and Techniques of Tantric Meditation*, 1970.

Blyton, Enid Mary

(1897–1968) – eine englisshe Autorin. Fünf Freunde (*The Famous Five*) sind eine Reihe von Kinderromanen von Enid Blyton. Das erste Buch, *Five on a Treasure Island*, wurde 1942 veröffentlicht. Die Romane erzählen von den Abenteuern von Julian, Dick, Anne und Georgina (George) und ihrem Hund Timmy. Die Schwarze Sieben (*The Secret Seven*) ist eine weitere Serie von Enid Blyton. Die Sieben sind eine Gruppe von Kinderdetektiven, bestehend aus Peter und seiner Schwester Janet, Jack, Barbara, George, Pam und Colin.

Auch Jacks Schwester Susie und ihre beste Freundin Binkie kommen in den Romanen vor. Die beiden hassen die Schwarze Sieben und tun alles, um sie zu demütigen, nur weil sie enttäuscht sind, nicht Teil der Gruppe zu sein.

Bodhicitta

siehe Changchub sem

Bourne

Im Jahr 1750 war die Bourne das Gemeindeland des Herrenhauses von Farnham mit etwa 20 ansässigen Familien. Bis zur Einfriedung des Gemeindelandes im Jahr 1861 lebten dort fast 600 Einwohner, von denen die meisten in der Landwirtschaft tätig waren. Die 1849 erbaute Eisenbahnlinie Farnham-Guildford-London machte die West Surrey Hills zu einem beliebten Standort für die Reichen, die der Umweltverschmutzung Londons entfliehen wollten. Die Bourne entwickelte sich so zur prestigeträchtigsten Gegend von Farnham.

Buddhistische Gesellschaft

Die Buddhistische Gesellschaft wurde 1924 von Christmas Humphreys, einem britischen Richter am Obersten Gerichtshof, in London gegründet. Ursprünglich war sie eine Zweigstelle einer Theosophischen Loge. Sie wurde 1926 unabhängig. Christmas Humphreys blieb ihr Präsident bis zu seinem Tod im Jahr 1983. Die Buddhistische Gesellschaft war eine der ersten buddhistischen Organisationen außerhalb Asiens. Sie befindet sich am Eccleston Square 58 im Südwesten Londons. Ihre Bibliothek verfügt über einen Bestand von mehr als 4500 Bänden. Weiters gibt es einen Hörsaal und zwei Schreinräume.

Cadgwith

(*Porthkajwydh bedeutet „Bucht des Dickichts" auf Kornisch*) ist ein kleines, unabhängiges Fischerdorf auf der Lizard Halbinsel in Cornwall zwischen Lizard Village und Coverack.

Cadgwith existiert seit dem Mittelalter als eine Ansammlung von Fischerei-Kellern in einem geschützten, nach Südosten ausgerichteten Küstental mit zwei Kiesbuchten, die durch eine Felszunge namens Todden getrennt sind. Der Autor macht mit seiner Familie dort seit vielen Jahren Urlaub und hat an dem Ort sehr großen Gefallen gefunden.

Candide

Candide, ou l'Optimisme ist eine französische Satire, die 1759 von Voltaire veröffentlicht wurde. Sie beschreibt das Leben eines jungen Mannes, Candide, der ein behütetes Leben in einer angenehmen Umgebung führt und von seinem Mentor Pangloss mit dem Leibniz'schen Optimismus indoktriniert wird. Das Buch erzählt vom abrupten Ende von Candides Lebensstil, gefolgt von seiner allmählichen Ernüchterung, als er Zeuge des Leidens der Welt wird. Am Ende lehnt Candide den Positivismus nicht vollständig ab, sondern plädiert für einen pragmatischen Realismus.

Changchub sem

(*byang chub sems* / *bodhicitta*) Geist der reinen und völligen Präsenz. Relativ gesehen bezieht sich dies auf aktives Mitgefühl/einfühlsames, wertschätzendes Bewusstsein und Engagement.

Chenrézigs

sPyan ras gZigs (*Chenrézigs*/*Avalokiteshvara* oder *Padmapani*) ist ein Changchub Sempa (Bodhisattva), der aktives Mitgefühl verkörpert. Er wird in verschiedenen Kulturen entweder als Mann oder als Frau dargestellt. Im chinesischen Buddhismus hat sich Avalokiteshvara zur weiblichen Figur Guanyin entwickelt, die in Japan auch als Kanzeon oder Kanno bekannt ist.

gCèrdröl, shardröl, rangdröl

(*gCer grol, shar grol, and rang grol*) gCèrdröl: befreit, sobald es erscheint; Shardröl: befreit, wenn es entsteht; und Rangdröl sich spontan aus sich selbst heraus befreiend.

Chö-gyèd ro-nyom

siehe die acht weltlichen Belange

Chö-ku

siehe Dimensionen des Seins

Chörten

Der mChod rTen chen po (*Großer Chörten / chörten*), der Jarung Khashor (*bya sprang kha shor*) von Bodhanath, beherbergt Überreste von Kassapa Buddha. Er befindet sich etwa zehn Kilometer vom Zentrum von Kathmandu entfernt. Er ist einer der größten Chörten in Nepal und liegt an der alten Handelsroute nach Tibet. Seit einem Jahrtausend rasten und praktizieren tibetische Kaufleute dort. Viele Flüchtlinge aus Tibet ließen sich in den 1950er Jahren in Bodhanath nieder.

Cooper, Mike

Wurde 1942 in Reading, England, geboren. Im Alter von 16 Jahren begann er in Skiffle-Bands Gitarre zu spielen. Sein Stil änderte sich 1961, als er Sonny Terry und Brownie McGhee in der Reading Town Hall sah. Er war Mitbegründer des *Blues Committee* und spielte Country Blues als Solokünstler, häufig als Vorband für verschiedene amerikanische Bluesmusiker. Er lernte Ian A. Anderson 1967 kennen und nahm drei EPs für das Label SayDisc auf, die später als LP mit dem Titel *The Inverted World* veröffentlicht wurden. Er verkehrte mit vielen britischen Bluesmusikern, darunter Michael Chapman, John Martyn, Ralph McTell, Roy Harper und dem jungen Ngakpa Chögyam (*Victor Howard Simmerson*), der damals als Frank Schubert auftrat.

David-Néel, Alexandra

(1868–1969) war eine belgisch-französische Entdeckerin, die vor allem durch ihren Besuch in Lhasa, Tibet, im Jahr 1924 bekannt wurde. Sie schrieb über 30 Bücher über östliche Religion, Philosophie und ihre Reisen. In den Jahren 1890 und 1891 bereiste sie ganz Indien. 1911 kehrte sie nach Indien zurück, um Buddhismus zu studieren.

Sie ging nach Sikkim, wo sie Prinz Tulku Namgyal traf. 1912 begegnete sie dem 13. Dalai Lama und hatte Gelegenheit, Fragen zu stellen. Von 1914 bis 1916 lebte sie in einer Höhle in Sikkim und lernte zusammen mit dem sikkimesischen Mönch A'phur Yönten (Lama Yongden). Sie adoptierte ihn und er wurde ihr lebenslanger Reisebegleiter. 1937 reisten sie über Russland nach Tibet. Sie kehrten 1946 nach Frankreich zurück. A'phur Yönten starb 1955 im Alter von 56 Jahren. Sie schrieb weiterhin in Digne-les-Bains, bis sie im Alter von fast 101 Jahren starb. Die Bücher, die ich las: *Meine Reise nach Lhasa*, 1929 ; *Mit Mystikern und Magiern in Tibet*, 1930; *Einweihungen und Eingeweihte in Tibet*, 1931; *Das übermenschliche Leben von Gesar von Ling*, 1933; *Im Land der Gentleman-Räuber*, 1935; *Buddhismus: seine Lehren und seine Methoden*, 1940; *Die geheimen mündlichen Lehren in tibetisch-buddhistischen Sekten*, 1951.

Dead Man's Hand

Das „Blatt des toten Mannes" (Dead Man's Hand) ist die Kombination an Spielkarten, die Wild Bill Hickok in der Hand hielt, als er getötet wurde: ein Paar Achter und ein Paar Assen, jeweils von Pik und Kreuz. Der im Text zitierte Songtext wurde vom Autor gemeinsam mit Steve Bruce geschrieben. Hier die Übersetzung:
Ich schaue mir meine Karten an, aber ich verstehe es nicht, / Der Dealer schaut durch mich durch auf den Klavierspieler, / Die Kleidung, die ich trage, ist alles Schmuggelware, / Es schaut so aus, als würde ich auf das Blatt des toten Mannes blicken.

Der gute König Wenzeslaus passt auf

'Good King Wenceslas looked out' ist ein Weihnachtslied über einen böhmischen König, der dem Winterwetter trotzt, um am Stephanusfest einem armen Bauern Almosen zu geben. Es basiert auf dem Leben des Heiligen Wenzel I., Herzog von Böhmen (907–935). Wenzeslaus ist eine anglisierte Version des alttschechischen „Venceslav" . Im Jahr 1853 schrieb der englische Hymnenschreiber John Mason Neale in Zusammenarbeit mit Thomas Helmore die Worte des „Wenceslas" . Es erschien erstmals in *Carols for Christmas-Tide,* 1853. Die Melodie stammt aus dem Frühlingslied *Tempus Adest Floridum* aus dem 13.

Jahrhundert—die Zeit der Blüte ist nahe—und wurde in der finnischen Liedersammlung *Piae Cantiones,* 1582, veröffentlicht.

Dimensionen des Seins

Chö-ku *(chos sKu / Dharmakaya)* – die Dimension der bedingungslosen Möglichkeit. Long-ku *(longs sKu / Sambhogakaya)* – die Dimension der nicht greifbaren Erscheinungen. Tulku *(sPrul sKu / nirmanakaya)* – die Dimension der realisierten Manifestation. Tulku bezeichnet allerdings auch eine anerkannte Inkarnation, die ein Gewahrsein des nichtdualen Zustands bewahrt hat, in welch geringem Ausmaß auch immer.

DIXONS

Der Name DIXONS basierte auf dem Dixieland-Jazz, den die Band von Steves Vater spielte, und auf der BBC-Serie "Dixon of Dock Green" . Bis auf den Bruder von Herrn Bruce waren alle Musiker Polizisten, und alle Gitarren waren schwarz, als Hommage an die Polizeiuniform. Dixon of Dock Green lief von 1955 bis 1976. Die Serie spielte in einer Polizeistation im Londoner East End und handelte von uniformierten Polizisten, die sich mit Routine- und Kleinkriminalität befassten. Sie konzentrierte sich weniger auf die Polizeiarbeit als vielmehr auf das Familienleben der Polizeiwachebeamten. Sergeant Dixon wurde als väterlicher Moralapostel dargestellt, der genauso gerne ein Gläschen trank wie seine Kollegen.

Dschingis Khan

(1162–1227) war der Gründer des mongolischen Reiches, das nach seinem Tod zum größten zusammenhängenden Reich der Geschichte wurde. Er kam an die Macht, indem er die Nomadenstämme Nordostasiens vereinte. Nach der Gründung des Mongolenreiches begann er mit den Invasionen, die zur Eroberung des größten Teils Eurasiens führten. Zum Zeitpunkt seines Todes umfasste sein Reich einen großen Teil Zentralasiens und Chinas.

Dualismus

siehe Vier Ablehnungen

Déjà vu / Jamais vu / Presque vu

(Französisch – *bereits gesehen*) ist das starke Gefühl, dass ein aktuell erlebtes Ereignis bereits in der Vergangenheit erlebt wurde. Ein Déjà-vu wird oftmals durch einen kurzen Blick auf ein Objekt oder eine Situation verursacht, bevor das Gehirn die Konstruktion einer bewussten Wahrnehmung abgeschlossen hat, was zu einer anomalen Vertrautheit führt. Die Wissenschaft lehnt es ab, Déjà-vu als Vorahnung oder Prophezeiung zu betrachten, sie kann dies aber auch nicht völlig ausschließen. Ungefähr zwei Drittel der Bevölkerung haben ab und zu Déjà-vu-Erlebnisse, aber häufige oder lang anhaltende Episoden, welche mit Halluzinationen verbunden sind, können auf eine neurologische oder psychiatrische Erkrankung hinweisen. *Jamais vu* (französisch – *nicht gesehen*) ist das Gegenteil von Déjà-vu. Es ist das Gefühl, nicht zu wissen, wie man an einen bisher unbekannten Ort gelangt ist. *Presque vu* (französisch – *fast gesehen*) ist die Unfähigkeit, sich an etwas zu erinnern, während man das Gefühl hat, dass die Erinnerung unmittelbar bevorsteht. Die Erinnerung *„liegt einem sozusagen auf der Zungenspitze"*.

Düd'jom Lingpa

Düd'jom Lingpa war auch als Chakong gTertön *(lCags sKong gTer sTon,* 1835–1904) bekannt. Düd'jom Lingpa hatte fünf Inkarnationen: Sonam Détsen (1910–1958) als *Körperinkarnation*; Dzong-gTér Künzang Nyima (1904–1958) als *Sprachinkarnation*; Düd'jom Rinpoche Jig'drèl Yeshé Dorje (1904–1987) als *Geistesinkarnation*; Tulku Pednam als *Qualitätsinkarnation*; und Tulku Natsok Rangdröl (1904–1958) als *Aktivitätsinkarnation.*

Encyclopædia Britannica

Eine allgemeine Enzyklopädie des Wissens. Sie wurde von über 100 hauptberuflichen Redakteuren und 4.000 Mitwirkenden geschrieben.

Sie wurde erstmals 1768 in Edinburgh, Schottland, in drei Bänden veröffentlicht. Die 2. Auflage umfasste 10 Bände – und die 4. (1801–1810) umfasste bereits 20 Bände. Ihr Status als wissenschaftliches Werk ermöglichte die Rekrutierung herausragender Autoren, und die 9. (1875–1889) und 11. Auflage (1911) galten als wegweisende Enzyklopädien, sowohl hinsichtlich des wissenschaftlichen Inhalts als auch des literarischen Stils.

Eternalismus

siehe Vier Ablehnungen

Evans-Wentz, Walter Yeeling

(1878–1965) war ein amerikanischer Anthropologe, Schriftsteller und Pionier in der Erforschung des tibetischen Buddhismus. Er übersetzte und veröffentlichte vier tibetische Texte: *Das Totenbuch der Tibeter,* 1927; *Tibetisches Yoga und Geheimlehren,* 1935; *Das tibetische Buch der Großen Befreiung,* 1954; und *Tibets großer Yogi: Milarépa,* 1928.

Fünf Grundsätze

(*bsLab lNga / panchasiksapada*), auch manchmal als fünf Gebote übersetzt, sind ein moralisch-ethisches System des Buddhismus, das für zölibatäre und nichtzölibatäre Ordinierte und auch für Laien gilt. Sie werden in der Mahayana-Tradition manchmal als Shravakayana-Gebote bezeichnet, im Gegensatz zu den Bodhisattva-Geboten.

1. Srog gCod songwa (*srog gCod song ba*) – Vermeidung des Tötens. Wörtlich „die Lebenskraft abschneiden“ mit der Motivation, die Existenz eines Wesens durch Auslöschung des Seins zu beenden. „Tod verursachen“ und „den Srog abschneiden“ sind daher nicht identisch. Die Bedeutung dieses „Unterschieds“ wird leicht falsch interpretiert. Zum Beispiel hat der Yogi, der verschiedene andere „Möchtegern-Yogis“ durch „Phowa“ befreite und kurz davor stand, Milarépa zu „töten“ (*bevor er erkannte, dass Milarépa die Verwirklichung erlangen würde*), dieses Gelübde nicht gebrochen. Um dieses Gelübde zu brechen, muss man die Absicht haben, „ein Wesen vollständig auszulöschen“ oder „sein Empfindungsvermögen zu vernichten“ .

2. Ma-chin pongwa (*ma byin sPong ba*) – Vermeidung von Diebstahl.
3. 'död-pé lo-par gempa pongwa (*'dod pas log par gem pa sPong ba*) – Vermeidung sexueller Ausbeutung.
4. Dzundu ma pongwa (*brDzun du dMra sPong ba*) – Vermeidung manipulativer Sprache.
5. Yö-pé 'gyürwa'i tungwa (*mYos pas 'gyur ba'i bTung ba*) – Vermeidung von absichtlichem Bewusstseinsverlust vermeiden.

Geshé Ngawang Dhargyey

(1921–1995) wurde in Tré-hor, Kham, Osttibet geboren und studierte an der Dhargye Gompa. Mit 18 Jahren wechselte er zur Séra Gompa in Lhasa. Er floh 1959 aus Tibet und wurde 1971 zum Schulleiter der Bibliothek für tibetische Werke und Archive in Gangchen Kyishong ernannt. Er blieb bis 1985 im Amt. Gangchen Kyishong (*gangs can sKyid gShongs / Snow Mountain Happy Valley*) ist ein Bildungszentrum, das die Nationale Tibetische Bibliothek, inklusive Museum und Archiv, beinhaltet. Es arbeiten dort viele Gelehrte und Tibetologen und es finden regelmäßig Bildungsprogramme in den Bereichen Sprache, Philosophie und Kultur statt. Die Bibliothek ist von der Himachal Pradesh University offiziell als Zentrum für Tibetstudien anerkannt.

Geste

siehe Mudra

Gitarren

Mr. Bruce besaß einen RICKENBACKER Combo 450 von 1957, die tulpenförmige „2-Toaster-Pickup-Version" des COMBO 400. Außerdem besaß er einen RICKENBACKER 365f Deluxe mit Vibrato, ein schlankes Ganzkörpermodell. Der FENDER BASSMAN wurde 1952 von FENDER eingeführt. Steves Onkel hatte das Modell mit einem Gehäuse, das zwei 15-Zoll-Lautsprecher enthielt, sowie einen separaten AB165-Verstärkerkopf.

Steve Bruce hatte einen 1959er 5F6-A BASSMANN für seinen 6-saitigen HAGSTROM-Bass verwendet. Der frühe FENDER PRECISION-Bass hatte eine TELECASTER-Korpusform. Der von Steve war komplett schwarz, genau wie der sechssaitige HAGSTROM-Bass, den er ebenfalls von seinem Onkel geerbt hatte. Das 1951er TELECASTER PRECISION Bass-Design mit großem Schlagbrett, kleiner TELECASTER-förmiger Kopfplatte, einem einzigen Tonabnehmer und separater Chrom-Kontrollplatte hatte einen zweiteiligen Ahornhals ohne Skunk-Streifen auf der Rückseite des Halses. Sie trugen einen silbernen FENDER-Schriftzug mit der Aufschrift TELECASTER BASS in einer serifenlosen Schrift darunter.

God Calls Me God

„Gott nennt mich Gott" ist ein Armeewitz über Auszeichnungen, den der Autor von seinem Vater, einem Major der britischen Armee, kennengelernt hat. Er basiert auf den Initialen des *Grand Cross Michæl George* (GCMG), eine Auszeichnung für den öffentlichen Dienst. Der angesehenste Orden des Heiligen Michael und des Heiligen Georg ist ein Ritterorden. Er wurde von König Georg IV. eingeführt und zu Ehren der beiden Militärheiligen St. Michael und St. Georg benannt. Es gibt drei Klassen von Orden: Die niedrigste ist *Companion Michæl George* (CMG) mit dem Spitznamen „CALL ME GOD" ; Die nächste Klasse ist *Knight Commander Michæl George* (KCMG) mit dem Spitznamen „KINDLY CALL ME GOD" ; oder *Dame Commander Michæl George* (DCMG) mit dem Spitznamen „DO CALL ME GOD" ; und die höchste Klasse ist *Grand Cross Michæl George* (GCMG), mit dem Spitznamen „GOD CALLS ME GOD" .

Gompa

(*dGon pa / Aranya oder Vihara /* abgelegener Ort) versteht man religiöse Gebäude des Vajrayana-Buddhismus, die in Tibet, Bhutan, Sikkim, Nepal und Ladakh weit verbreitet sind. Man findet sie aber auch in der Mongolei, China, Indien und in Burjatien im Südosten Russlands.

Gö kar chang lo

(gos dKar lCang lo). Gö bedeutet Rock; kar bedeutet weiß; Chang lo bezieht sich auf herabhängende Weidenzweige, steht aber hier als Symbol für langes Haar. Gö kar chang lo'i dé *(gos dKar lCang lo'i sDe)* steht für all jene Praktizierenden, die weiße Röcke und ungeschnittene Haare tragen.

Harrer, Heinrich

(1912–2006), österreichischer Bergsteiger, Geograph und Autor, bekannt für seine Bücher *Sieben Jahre in Tibet*, 1952; und *Tibet ist mein Land*, Autobiographie des älteren Bruders des Dalai Lama, Thubten Jigme Norbu, 1961.

Harrison, George

Love You To war George Harrisons erster Versuch, sich mit klassischer Hindustani-Musik zu befassen, und ist in der Tonleiter c-Moll im dorischen Modus angesiedelt. George Harrison nahm den Titel mit Musikern des London Asian Music Circle auf, die Instrumente wie Tabla, Swarmandal und Tambura spielten, während George Harrison die Sitar spielte.
Within You Without You war ein Essay über interkulturelle Verschmelzung: Rockmusik und meditative Philosophie. Der Track verfügt über ein Rubato-Tempo, das im Material der Beatles ohne Beispiel ist. Die Tonart, in der es angesiedelt ist, ist Khamaj, die dem mixolydischen Modus ähnelt. Der Titel endet mit Gelächter, wozu George Harrison bemerkte: „... *Es wirkt befreiend nach fünf Minuten trauriger Musik... Das Publikum sollte das Lied sowieso hören, während es sich die Sergeant Pepper Show anschaut. Das war der Stil des Albums.*“

Herzsutra

(*Nying mDo / sNying mDo / Prajnaparamita Hrdaya Sutra / Wisdom-Heart Perfection*) wird die „Mutter aller Buddhas“ genannt. Es ist, gemeinsam mit dem Diamanten-Sutra, der bedeutendste Text, der in Tibetisch, Mongolisch, Chinesisch und der Sanskrit-Sprache des Newari-Buddhismus erhalten geblieben ist. Es existiert sowohl in langen als auch in kurzen Versionen. Die früheste erhaltene Version ist die Kurzversion.

Der chinesische buddhistische Kanon umfasst sowohl lange als auch kurze Versionen, und beide Versionen existieren auch in Sanskrit. Im gemeinsamen tibetischen Kanon ist nur die lange Version erhalten, obwohl es in kleinen Linien wie dem Aro gTér auch eine tibetische Kurzversion gibt. Diese tibetische Kurzversion wurde auch in den Dunhuang-Dokumenten entdeckt, welche Texte aus der Zeit der ersten Verbreitung des Buddhismus in Tibet enthalten.

Hindle, Johann

(1792–1862) komponierte Konzerte für Kontrabass und leistete Pionierarbeit bei der Bassstimmung in Quarten. Giovanni Bottesini (1821–1899), Dirigent, Komponist und Bassist, wird auch als *Paganini des Kontrabasses* bezeichnet. Er spielte Kontrabass wie keiner vor ihm, mit Sprüngen von der tiefsten zur höchsten Lage. Seine Kompositionen galten zu Beginn des 20. Jahrhunderts als unspielbar, werden heute aber regelmäßig aufgeführt. Aus dem *BBC Music Magazine* und dem *The Grove Concise Dictionary of Music*, herausgegeben von MacMillan.

Hochdeutschland

Darunter versteht man das gebirgige Süddeutschland. Im mittelalterlichen Latein, im Kapitel 23 von Imago Mundi des Honorius Augustodunensis, findet sich der Begriff in der Definition „... Ab Danubio usque ad Alpes est Germania Superior...“, was „Von der Donau bis zu den Alpen ist Hochdeutschland“ bedeutet. Im Deutschen war der Begriff Hochdeutschland im 16. Jahrhundert gebräuchlich und wurde von den Gebrüdern Grimm verwendet. Der Begriff findet sich im englischen Volkslied des späten 17. Jahrhunderts über den „Dreißigjährigen Krieg“ mit dem Titel „High Germany“ .

Hogsback

Der Hog's Back, wie er heute genannt wird, ist ein schmaler, langgestreckter Bergrücken, entlang dem die Straße nach Guildford verläuft.

Jane Austen schrieb in einem Brief (vom Donnerstag, dem 20. Mai 1813) an ihre Schwester Cassandra: *„Im Großen und Ganzen war es eine ausgezeichnete Reise, die ich sehr genossen habe. Das Wetter war den größten Teil des Tages herrlich. Henry fand es zu warm und er sprach manchmal davon, dass es etwas schwül sei, aber für meine Begriffe war es perfekt. Ich habe das Land vom Hogsback aus noch nie so vorteilhaft gesehen.“*

Howlin' Wolf

Chester Arthur Burnett, 1910–1976, war ein einflussreicher Blues-Sänger, Gitarrist und Bluesharpspieler und einer der bekanntesten Chicago Blues-Künstler. Einige seiner bekanntesten Songs, *Smokestack Lightning, Back Door Man, Killing Floor* und *Spoonful*, wurden zu Blues-Standards. Im Jahr 2004 wurde er vom Rolling Stone Magazine auf Platz 51 der Liste der 100 *größten Künstler aller Zeiten* gesetzt.

Humperdinck, Engelbert

Geb. Arnold Dorsey im Mai 1936, ist ein britischer Popsänger, der vor allem durch seinen Nr. 1-Hit *Please Release Me* aus dem Jahr 1967 bekannt wurde, der *Strawberry Fields Forever/ Penny Lane* der Beatles von der Nr. 1-Position in Großbritannien verdrängte. Der Song hielt sich 56 Wochen lang in den Top 50-Single-Charts und verkaufte sich auf dem Höhepunkt seines Ruhms täglich 85,000 Mal. Dies war eine Tatsache, die jeden anwiderte, der Blues oder Progressive Rock mochte.

Jamais vu

siehe Déjà vu

Ja'lü

siehe Regenbogenkörper

Karma

Bedeutet „Aktion“ . Es bezieht sich auf das Prinzip der Kausalität, wo aktuelle Wahrnehmung und Intention die zukünftige Wahrnehmung und Intention beeinflussen. Karma ist psychologische Gewohnheit.

Karmische Samen schaffen weitere Gewohnheiten *(vasana)*, und Gewohnheiten schaffen Wahrnehmung. Karma begründet Selbstwahrnehmung und die Wahrnehmung beeinflusst, wie man Ereignisse im Leben erlebt. Sowohl Gewohnheiten als auch Selbstwahrnehmung beeinflussen den Verlauf des eigenen Lebens. Es ist nicht einfach, negative Gewohnheiten aufzugeben; es erfordert bewusstes Bemühen, sich aus dem Kreislauf des Dualismus zu befreien. Karmische Zyklen können mit Pflanzen verglichen werden. Samen gelten als Hauptursachen *(weil sie in der Lage sind, die selbe Pflanzenart zu vermehren)*. Weiters sind sekundäre Ursachen wie Licht, Feuchtigkeit und Luft zum Wachstum der Pflanzen notwendig. In diesem Sinne bleiben in jedem Individuum primäre karmische Ursachen als die Spuren vergangener Wahrnehmungen und Intentionen bestehen, bis sie auf die geeigneten sekundären Ursachen treffen, die das Leben zufällig bereitstellt.

Khandro Ten'dzin Drölkar

(*mKha' 'gro bsTan 'dzin sGrol dKar,* ca. 1930–2024) war auch eine Schülerin von Kyabjé Düd'jom Rinpoche und seinem Sohn Dung-sé Thrin-lé Norbu Rinpoche. Sie war eine Dzogchen-Yogini, die viele Jahre im Retreat verbracht hatte. Das waren allerdings Informationen, die ich erst viel später erfahren würde. Sie gab sehr selten didaktische Unterweisungen.

Komiker

Benny Hill (1924–1992) war ein englischer Komiker, der für seinen leicht sexistischen Humor und Slapstick bekannt war. Er ist berühmt für seine langjährige Fernsehsendung *The Benny Hill Show.*

Harry Worth (1917–1989, Hertfordshire) war ein englischer Komiker. Seine übliche Rolle war ein harmloser Narr mittleren Alters aus der unteren Mittelschicht aus dem Norden Englands. Er verwirrte und frustrierte andere Menschen und war der Fluch der Ladenbesitzer.

Norman Wisdom (1915–2010) war ein englischer Slapstick-Komiker, der vor allem durch eine Reihe von Komödien (1953–1966) bekannt wurde, in denen er eine erbärmliche, infantile Figur namens Norman Pitkin spielte.

Kyabjé Nyingkhula Rinpoche

Lama Künzang Wangdü, 1942–2018, wurde im Dorf Pangthang in Bartsham, Tashigang, geboren. Nyingkhula (*sNying khu la, Herzessenz*) war der Kosename seiner Eltern, aber er behielt ihn sein ganzes Leben lang. Sein Großvater Nyöndo la unterrichtete ihn als Kind und er wuchs im alten Chador Lhakhang in Bartsham auf. Er entwickelte sich zu einem der gelehrtesten Lamas seiner Zeit mit den profundesten meditativen Erfahrungen. Er wurde in die Gö kar chang lo'i dé-Tradition ordiniert und erhielt Unterweisungen von Kyabjé Düd'jom Rinpoche Jig'drèl Yeshé Dorje, Dung-sé Thrin-lé Norbu Rinpoche, Dilgo Khyentsé Rinpoche, Lama Sonam Zangpo Rinpoche, Lama Pema Wangchen, und Lama Norbu Wangchuk. Er erhielt viele einzigartige gTérma-Übertragungen von Düd'jom Rinpoche, während er mehr als ein Jahrzehnt lang von 1971 bis 1986 in Bodhanath eng mit ihm zusammenarbeitete. Als Hauptschreiber und Editor erhielt er in dieser Zeit zahlreiche Ermächtigungen, Übertragungen und Unterweisungen. Unter der Anleitung und Führung von Kyabjé Düd'jom Rinpoche arbeitete er an verschiedenen Schreib-, Redaktions- und Anthologieprojekten. Zu diesen monumentalen Schreibprojekten gehörten *die gesammelten Werke von Düd'jom Lingpa* in 27 Bänden und die *gesammelten Werke oder Kabum von Kyabjé Düd'jom Rinpoche* in 25 Bänden.

Kyil'khor

(*dKyil'khor / Mandala*) Zentrum und Peripherie; Sonnen- und Mondscheibe; Kugel; Gesamtheit, heiliger Ort; Umfang der visionären Dimension; der Kontext eines Yidam (*yi dam / deva / Bewusstseinswesen*); esoterisches Diagramm. Ein Kyil'khor ist normalerweise ein Yidam und seine Umgebung.

Ein Kyil'khor ist eine symbolische Repräsentation der Umgebung des Yidams, eine visualisierte Darbietung an das Universum, oder auch ein Arrangement von Darbietungen in einer tantrisch-symbolischen Aufführung.

Lady Chatterley's Lover

Von D.H. Lawrence wurde 1928 privat in Florenz herausgegeben. Bis 1960 konnte es in Großbritannien nicht veröffentlicht werden. Die Erzählung handelte von der körperlichen Beziehung zwischen einem Mann aus der Arbeiterklasse und einer aristokratischen Frau und war berüchtigt für ihre Beschreibungen der Sexualität und die Verwendung von verwerflicher Sprache.

Lama Anagarika Govinda

(1898–1985) war ein Maler, Dichter und Gründer des Arya Maitreya Mandalas. 1947 heiratete er Li Gotami (1906–1988). Sie war seine Studentin der Malerei an der Shantinekan-Universität gewesen. Sie wurden Mitglieder der Drukpa-Kagyüd-Linie und lebten in einem vom Schriftsteller Walter Evans-Wentz gemieteten Haus in Kasar Devi, in der Nähe von Almora im Norden Indiens. Sie reisten Ende der 1940er Jahre nach Tibet und fertigten zahlreiche Zeichnungen, Gemälde und Fotografien an. Diese Reisen werden in Anagarika Govindas *Weg der weißen Wolke* beschrieben. Ich korrespondierte 1982 mit ihm bezüglich seiner Fotos von Ajo Répa Rinpoche und er war so freundlich, mir Kopien von diesen Fotos zu schicken.
Er schrieb unter anderem folgende Bücher: *Der Weg der Weißen Wolke*, 1966; *Die psychologische Haltung der frühbuddhistischen Philosophie*, 1937; *Stupa Symbolismus*, 1936; und *Grundlagen tibetischer Mystik*, 1957.

Lamburger Gestler

Eine Figur aus der britischen Abenteuerserie *Die Abenteuer des Willhelm Tell*. Sie wurde erstmals 1958 ausgestrahlt, mit Conrad Phillips als Willhelm Tell und Willoughby Goddard als Landburgherr Gestler. Die meisten Menschen in England sprachen den Namen als „Lamburger Gestler“ aus.

Sein richtiger Name in Schillers „Wilhelm Tell" war Landvogt Geßler. Seine Legende ist in einer Schweizer Chronik aus dem späten 15. Jahrhundert aufgezeichnet. Sie spielt in der alten Schweizerischen Eidgenossenschaft des frühen 14. Jahrhunderts. Wilhelm Tell, ein brillanter Schütze mit der Armbrust, rettete seinen Sohn, indem er einen Apfel von seinem Kopf schoss, und ermordete schließlich Landvogt Geßler, einen tyrannischen Vogt von Habsburg-Österreich.

Legba

Ein Dschinn, der an eine Weggabelung kommt und dir beispiellose Fähigkeiten auf dem Musikinstrument deiner Wahl ermöglicht. Leider wurde Papa Legba, im Kontext der christlichen Gesellschaft, mit dem Teufel identifiziert. Als Teufel verlangt er natürlich deine Seele als Gegenleistung für die verliehenen Fähigkeiten. Legba ist eine Abkürzung von Alegbara, einem westafrikanischen Dschinn, der sowohl ein Trickster als auch eine Inspiration für Musik und Sprache ist. Alegbara stellt an Aspiranten wesentlich weniger anspruchsvolle Bedingungen, als dass er ihre vermeintlichen „Seelen" fordern würde. Siehe auch *an odd boy*, Volume one, Chapter 18, Aro Books WORLDWIDE, 2011 für weitere Details.

Leibniz, Gottfried

Der Ausdruck „Die beste aller möglichen Welten" wurde 1710 vom deutschen Universalgelehrten Gottfried Leibniz geprägt, und zwar in seinem Aufsatz *„Essais de Théodicée sur la bonté de Dieu, la liberté de l'homme et l'origine du mal"* – *„Essays über die Güte Gottes, die Freiheit des Menschen und den Ursprung des Bösen"*. Die Behauptung, dass die tatsächliche Welt die beste aller möglichen Welten sei, ist das zentrale Argument in Leibniz' Theodizee oder seinem Versuch, das Problem des Bösen zu lösen.

Leiden

Dug-ngal (*sDug bsNgal / dukkha / Unzufriedenheit*) wird üblicherweise mit „Leiden" übersetzt, aber eigentlich ist es das gesamte Spektrum der Unzufriedenheit, von der geringsten Irritation bis hin zur extremsten Qual.

Leseliste

Philosophie:
Plato; Sokrates, Kierkegaard, Gaston Bachelard, Suzanne Bachelard, Simone de Beauvoir, Jean-Michel Berthelot, Maurice Blanchot, Francis Bacon, George Edward Moore, Martin Heidegger, Albrecht Wellmer und Karl Popper. Während der Teepausen vergruben sich die Nasen der Menschen in: *Das Ekel*, Jean-Paul Sartre; *Die Verwandlung*, Franz Kafka: *Der Fremde*, Albert Camus; *Warten auf Godot*, Samuel Beckett; *Einer flog übers Kuckucksnest*, Ken Kesey; *Schlachthof Fünf*, Kurt Vonnegut; *Aufzeichnungen aus dem Untergrund*, Fyodor Dostoyevsky; *Der Fänger im Roggen*, JD Salinger; *On the Road*, Jack Kerouac; *Rosencrantz und Guildenstern sind tot*, Tom Stoppard; *Logik und Wissen*, Bertrand Russell; *In Wassermelonen Zucker*, Richard Brautigan; *Der Würfler*, Luke Rhinehart; *Der Electric Kool-Aid Acid Test*, Tom Wolfe; *Philosophische Untersuchungen*, Ludwig Wittgenstein.
Tibetischer Buddhismus:
An Account of Tibet, The Travels of Ippolito Desideri, 1931; *Journey of William of Rubruck to The Eastern Parts of the World,* von William Woodville Rockhill, 1900; *Account of an Embassy to the Court of the Teshoo Lama in Tibet*, von Samuel Turner, 1800; *Narrative of a Journey to Lhasa,* 1885; *Narrative of a Journey Round Lake Yamdo, Lhokha, Yarlung, and Sakya,* 1887; *Three Years in Tibet,* von Ekai Kawaguchi, 1909; *Tibet: A Chronicle of Exploration*, John MacGregor, 1970; *Pioneering in Tibet,* von Annie Taylor, 1898 und *My Diary in Tibet and Travel and Adventure in Tibet,* 1902; *An Adventurer in Tibet,* by Sven Hedin, 1904; and *Narratives of the Mission of George Bogle to Tibet*, and *Journey of Thomas Manning to Lhasa,* 1876.

Lobsang Rampa

Cyril Henry Hoskin (1910–1981) war der britische Autor von „The Third Eye" (1956), geschrieben unter dem Pseudonym Lobsang Rampa. Obwohl er als Betrüger entlarvt worden war, dessen Bücher kaum Bezug zum tibetischen Buddhismus hatten, veröffentlichte er weitere 20 Bücher als Lobsang Rampa. Heinrich Harrer beauftragte den Privatdetektiv Clifford Burgess, um gegen ihn zu ermitteln. Sein Bericht wurde 1958 in der Daily Mail veröffentlicht.

Long-ku

siehe Dimensionen des Seins

Maraini, Fosco

(1912–2004) war ein italienischer Fotograf, Anthropologe, Ethnologe, Bergsteiger und Schriftsteller, bekannt für seine Berichte von Reisen gemeinsam mit dem Tibetologen Giuseppe Tucci während zweier Expeditionen nach Tibet in den Jahren 1937 und 1948.

Martinet

Der Begriff „Martinet" benennt einerseits eine Peitsche zur Züchtigung von Kindern, andererseits auch diejenigen, welche solch eine Peitsche verwenden könnten: Menschen, welche die strikte Einhaltung von Regeln fordern und bei Nichtbeachtung drakonische Strafen verhängen. Das Wort geht zurück auf Jean Martinet, den Generalinspekteur der Armee Ludwigs XIV., der für seine strenge Disziplin berüchtigt war.

Martyn, John OBE

(1948–2009) war ein schottischer Gitarrist, Sänger und Songwriter. Im Laufe von 40 Jahren veröffentlichte er 22 Studioalben, die von der Kritik hoch gelobt wurden. Er wurde von Musikern wie Eric Clapton bewundert. Bereits mit 17 Jahren begann er professionell in der britischen Folkmusikszene zu spielen und unterschrieb einen Vertrag bei Island Records.

In den frühen 1970er Jahren integrierte er Blues, Jazz und Rock in Alben wie Solid Air und One World. Er experimentierte mit Gitarreneffekten, insbesondere Echoplex, und war dafür bekannt, die Grenzen zwischen Folk, Blues, Jazz und Rock zu verwischen.
Im Newquay Folk and Blues Club stellte er sich als „Buttons McGegghy' vor. John Martyn wurde als „Iain David McGeachy" geboren, aber der Autor war sich dessen zum Zeitpunkt des Schreibens nicht bewusst. Aus diesem Grund wurde die Schreibweise beibehalten, um dies widerzuspiegeln. Später sollte John Martyn unter anderem mit folgenden Musikern auftreten: Paul Kossoff, Richard Thompson, Steve Winwood, Phil Collins und Eric Clapton. 1973 veröffentlichte er *Solid Air* mit dem Jazz-Bassisten Danny Thompson, der auch bei *Road to Ruin* das im November 1970 erschien, und bei *Bless the Weather* mitwirkte. Von *Bless the Weather* an führte John Martyn den verzerrten Gesang ein, der ihm den Klang eines mythischen Blasinstruments verlieh. Nach *Bless the Weather* folgten *Solid Air, Inside Out, Sunday's Child, Live at Leeds, One World* und viele weitere Alben.

McGoohan, Patrick Joseph

Patrick Joseph McGoohan (1928–2009) war ein in den USA geborener Schauspieler, der in Irland und später in England aufwuchs, wo er seine Bühnen- und Filmkarriere begründete. Seine bemerkenswerteste Rolle spielte er in den beiden Fernsehserien *Danger Man* und *The Prisoner* aus den 60er Jahren. Patrick McGoohan war Koproduzent von *The Prisoner* und sowohl Autor als auch Regisseur mehrerer Episoden. *The Prisoner* war eine surreale Serie, die immer surrealer wurde. Die letzte Folge war ein Meilenstein im surrealistischen Fernsehen.

Mélong

Ein runder Spiegel, der für viele Zwecke verwendet wird, unter anderem für die Wahrsagung. Der Mélong ist ein wichtiges Objekt im Dzogchen, das die reflektierende Qualität innerlich manifestierter Energie symbolisiert.

Spiegel des Hellsehens (*me long rGyang gSal*) wird verwendet, um zukünftige Ereignisse vorherzusagen.

Mi-lam

(*rMi lam / svapnadarsana*). Traumyoga ist eine tantrische Praxis, die mit den Bardos von Schlaf, klarem Licht und Träumen verbunden ist. Im Bardo der Träume (sowie im Bardo des Todes) existiert man, was die Wahrnehmung betrifft, in yi-lü (*yid lus*) als subtile, wesensverwandte Erscheinung.

Monismus

siehe Vier Ablehnungen

Mudra

(*chag-gya / phyag rGya*) bedeutet Geste. Samten chag-gya (*bSam gTan phyag rGya / dhyana mudra*) ist die Geste der Meditation. Die Hände werden auf den Schoß gelegt, die linke Hand auf die rechte mit vollständig ausgestreckten Fingern (*vier Finger ruhen aufeinander und die Daumen zeigen diagonal nach oben zueinander*). Die Handflächen zeigen nach oben, Hände und Finger bilden ein Dreieck, das die drei Juwelen symbolisiert. Dieses Mudra wird in Darstellungen von Shakyamuni Buddha und 'ö-Pag-mèd (*'od dPag med / Amitabha*) verwendet.

Muddy Waters

McKinley Morganfield, 1913–1983, war ein amerikanischer Blues-Singer-Songwriter und Musiker, der oft als *Vater des modernen Chicago-Blues* und als eine wichtige Figur der Nachkriegs-Blues-Szene bezeichnet wird. Sein Blues-Stil wurde als *Regen der Delta-Glückseligkeit* bezeichnet.

Munster, Herman

Eine Figur in *The Munsters*, einer amerikanischen Fernsehserie, welche eine Satire auf Monsterfilme darstellte. Es war eine beliebte Familienunterhaltung, die zeitgleich mit der Addams Family lief. Die Mitglieder der Familie Munster betrachten sich selbst als ziemlich typische Amerikaner der Arbeiterklasse dieser Zeit.

Herman Munster ist der Familienvater und wurde Frankensteins Monster nachempfunden.

Nebesky-Wojkowitz, René de

(1923–1959) war ein österreichischer Tibetologe, der das Buch *Orakel und Dämonen Tibets* schrieb, das im Jahr 1956 veröffentlicht wurde. Dies war der erste detaillierte Bericht über tibetische Beschützerwesen. 1949 veröffentlichte er zwei Artikel über Bön und das Staatsorakel. Von 1949 bis 1950 studierte er in Italien bei Giuseppe Tucci und Joseph Rock sowie in London an der School of Oriental and African Studies. Von 1950 bis 1953 lebte er in Sikkim und recherchierte mit Hilfe tibetischer Gelehrter Texte über Beschützerwesen.

Newquay

(*Kornisch: Tewynblustri*) liegt an der Nordküste von Cornwall. Es ist ein Ferienort, 20 Kilometer nördlich von Truro und 30 Kilometer westlich von Bodmin. Es wird im Süden durch den Fluss Gannel und Salzwiesen und im Nordosten durch das Porth Valley begrenzt. Das westliche Ende öffnet sich in der Fistral Bay hin zum Atlantischen Ozean. Seit das Fischerdorf Newquay Ende des 19. Jahrhunderts zu wachsen begann, hat es sich landeinwärts ausgeweitet und ist nun ein attraktiver Urlaubsort.

Nihilismus

siehe Vier Ablehnungen

Ögyen

O rGyan *(o rGyan / Uddhiyana / Oddiyana)* ist ein mit dem frühmittelalterlichen Indien verbundenes Gebiet, das für die Entwicklung und Verbreitung des Vajrayana von großer Bedeutung war. Es wird allgemein angenommen, dass es sich um den Swat-Distrikt Pakistans handelt. Das Gebiet dürfte jedoch wesentlich größer gewesen sein und sich bis nach Afghanistan erstreckt haben. Es gibt immer noch eine zentrale Provinz Afghanistans, die Oruzgan heißt.

Das Gebiet, das als Ögyen bezeichnet werden kann, besteht primär aus einer großen Wildnis, in der verschiedene Handelsrouten der Seidenstraße zusammenkommen.

Padmapani

siehe Chenrézigs

Polyandrie / Polygynie

Polyandrie ist eine Form der Polygamie, bei der eine Frau mehrere Ehemänner hat. In Tibet waren diese Ehemänner Brüder (*brüderliche Polyandrie*). Ein Bruder, meist der Älteste, galt nominell als Vater der Kinder, seine Brüder wurden als Onkel bezeichnet. Bei diesem System handelte es sich um eine Heiratsform, die verhindern sollte, dass landwirtschaftliche Güter geteilt wurden. Das Gleiche galt für die Heirat eines Mannes mit einer Gruppe von Schwestern (*schwesterliche Polygynie*).

Presque vu

siehe Déjà vu

Regenbogenkörper

Ja'lü (*'ja' lus*). Zum Zeitpunkt des Todes ermöglicht die Dzogchen-Praxis des Togal (*thod rGal – direkte Überquerung/ Überschreitung des Gipfels*) den fünf Elementen, die den physischen Körper bilden, sich in ihrer Essenz als Licht der fünf Farben aufzulösen. Zurück bleiben nur Haare, Nägel und die Nasenscheidewand.

Rotes Fort

Wurde 1639 vom 5. Mogulkaiser Shah Jahan als Palast seiner befestigten Hauptstadt Shahjahanabad erbaut. Es ist nach seinen massiven Mauern aus rotem Sandstein benannt und grenzt an die ältere Salimgarh-Festung, die 1546 von Islam Shah Suri erbaut wurde. Der Palast wurde nach Mogularchitektur geplant und vereint timuridische und persische Elemente. Die Festung wurde während der Invasion des Mogulreichs durch Nadir Shah im Jahr 1747 geplündert. Die meisten Marmorbauten wurden von den Briten nach der Sepoy-Meuterei von 1857 zerstört.

Die Briten stellten den letzten Mogulkaiser vor Gericht, bevor sie ihn 1858 nach Rangun verbannten.

Resonanzgitarre

Wurde von John Dopyera (1893–1988) erfunden, der in Dolna Krupa in der Slowakei geboren worden war. Sein Vater Joseph Dopyera war Geigenbauer. Als der Erste Weltkrieg nahte, wanderte die Familie nach Kalifornien aus. In LA angekommen, begann er, Geigen zu bauen und zu reparieren. Ein örtlicher Varieté-Veranstalter, George Beauchamp, fragte ihn, ob er eine lautere Gitarre bauen könnte, die man auch in einem Orchester mit Blechbläser-Jazzinstrumenten noch hören konnte. Die Lösung war eine Gitarre mit Metallkorpus und drei Membranen aus Aluminiumlegierung, die die Saiten akustisch verstärkten. Er und seine Brüder gründeten 1927 die National Stringed Instrument Corp.

Rolling and Tumbling Blues

Wird normalerweise als „Traditional" bezeichnet und wurde unzählige Male mit unterschiedlichen Texten und Titeln aufgenommen. Das Lied könnte eine Verbindung zum *Minglewood Blues* haben, der 1928 von Gus Cannons Jug Stompers aufgenommen wurde. Die früheste aufgenommene Version ist *Roll and Tumble Blues* von Hambone Willie Newbern aus dem Jahr 1929. Andere Blueskünstler haben ihre eigenen Versionen aufgenommen, beispielsweise Robert Johnsons *If I Had Possession Over Judgement Day* aus dem Jahr 1936. Die bekannteste Version war Muddy Waters *Rolling und Tumbling* produziert von Chess im Jahr 1950.

Die im Text gegebene Version ist eine Mischung aus mehreren verschiedenen Versionen:

Herr, ich drehte mich herum und taumelte – Gott, die ganze Nacht lang / Ich sage, ich drehte mich herum und taumelte – Gott, die ganze Nacht lang/ Aber als ich am Morgen aufwachte – war alles, was ich hatte, weg / Nun, weißt du, mein kleines Baby – sie wird aufspringen und schreien / Ja, du weißt, mein kleines Baby – sie wird aufspringen und schreien / Wenn der Zug anrollt – und ich herauskomme. / Nun, du siehst, mein kleines Baby – sie hat ihr rotes Kleid angezogen.

/ Ich sage, du siehst, mein kleines Baby – sie hat ihr rotes Kleid angezogen. / Und wenn die Sonne untergeht, wird sie es nicht mehr lange anhaben.

Runfold und Badshot Lea

Runfold bildet zusammen mit Alfold, Dunsfold, Durfold, Kingsfold und Chiddingfold die „Fold Villages“ . Das Suffix bezieht sich auf die Waldrodungen, um Gras- und Weideland für Schafe oder Rinder im sächsischen England zu gewinnen. Badshot Lea geht zurück auf die Mittelsteinzeit, die Jungsteinzeit und die Eisenzeit. Es wird von vier Brücken begrenzt, drei Eisenbahnbrücken und der Pea Bridge, die den obersten Teil des Flusses Blackwater überquert. Sowohl im Dorf als auch in seiner Nähe gibt es Überreste aus der Mittelsteinzeit, der Jungsteinzeit, der Eisenzeit, der Römerzeit und dem Mittelalter. Im Jahr 1967 entdeckte William Rankine, Schulleiter von Badshot Lea und Amateurarchäologe, dort neolithische Hügelgräber.

Sam Browne

Der Armeegürtel von Sam Browne ist ein breiter Ledergürtel mit einer zweizackigen Schnalle, der von einem diagonalen Riemen über der rechten Schulter getragen wird. Sam Browne war ein Offizier, der im 19. Jahrhundert im British Raj diente. Während des indischen Aufstands von 1857 diente Kapitän Sam Browne bei der 2. Irregulären Punjab-Kavallerie. Im August 1858 kämpfte er bei Seerporah, wo er zwei Schwertwunden erlitt. Eine davon trennte seinen linken Arm an der Schulter ab. Er überlebte die Verletzungen, aber da ihm der linke Arm fehlte, war er nun nicht mehr in der Lage, sein Schwert zu kontrollieren. Infolgedessen erfand er diese Schultergurtbefestigung, welche die Scheide des Schwerts an Ort und Stelle fixierte. Andere Kavallerieoffiziere der indischen Armee ahmten ihn nach und der Gürtel wurde nach und nach Teil der Standarduniform.

Shamthab

(*sham thabs*). Der vom Gö kar chang lo'i dé getragene Shamthab ist genau derselbe wie der klösterliche Shamthab, abgesehen davon, dass er weiß und nicht klösterlich braun ist. Die sechs Streifen des Shamthab repräsentieren die sechs Klassen des Vajrayana. Das doppelte Band unten stellt die Unteilbarkeit von Leere und Form dar und das doppelte obere Band ist die Unteilbarkeit von Samsara und Nirvana. Die vorderen Falten des Shamthab symbolisieren die Vereinigung von Weisheit und Methode. Die hinteren Falten symbolisieren die Vereinigung von Relativem und Absolutem.

Shattock, Konteradmiral EH

ein kommandierender Offizier in der britischen Pazifikflotte, jene Formation der Royal Navy, die während des Zweiten Weltkriegs gegen Japan kämpfte. Gegründet im Jahr 1944, lag ihr Hauptstützpunkt in Sydney, Australien, mit einem Aktionsstützpunkt auf der Insel Manus. Es handelte sich um eine der größten Flotten, die von der Royal Navy jemals zusammengestellt worden war. Sie verfügte über vier Schlachtschiffe und sechs Flugzeugträger, 15 kleinere Flugzeugträger, 11 Kreuzer und zahlreiche kleinere Kriegsschiffe und U-Boote.

Das Buch *An Experiment in Mindfulness: an English Admiral's Experiences in a Buddhist Monastery* (Ein Experiment im Gewahrsein: Die Erlebnisse eines englischen Admirals in einem buddhistischen Kloster) wurde 1958 veröffentlicht. Es ist ein Bericht mit viel Hintegrundwissen, der sich mit den Problemen des täglichen klösterlichen Lebens befasst und eine ernsthafte und bewegende religiöse Erfahrung vermittelt.

Son House

Eddie James „Son" House Junior (1902–1988) war ein Bluesmusiker, bekannt für seine Slide-Gitarre und seinen äußerst emotionalen Gesangsstil.

Ursprünglich war er Prediger und Kirchenpfarrer und stand dem Blues feindlich gegenüber, doch im Alter von 25 Jahren wandte er sich dem Blues zu. Er entwickelte schnell einen einzigartigen Stil, indem er den rhythmischen Antrieb, die Stimmkraft und die emotionale Intensität seiner Predigten auf den neu erlernten Kunststil anwendete. In seiner kurzen Karriere, die durch einen Aufenthalt im Parchman Farm-Gefängnis unterbrochen wurde, entwickelte er sich so weit, dass Charley Patton ihn zu gemeinsamen Terminen einlud und ihn 1930 zu einer Aufnahmesession für Paramount Records begleitete.

Strozzi, Babara

(1619–1677) war die Adoptivtochter des Dichters und Librettisten Giulio Strozzi. Er förderte ihr musikalisches Talent und gründete eine Akademie, in der sie öffentliche Auftritte hatte. So stellte er ihr beachtliches Gesangstalent einem breiteren Publikum vor. Das Singen war nicht ihr einziges Talent. Sie war auch kompositorisch begabt und ihr Vater vermittelte ihr ein Studium beim Komponisten Francesco Cavalli. Sie führte ein ruhiges, etwas ungewöhnliches Leben und verdiente ihren Lebensunterhalt durch Investitionen und ihre Kompositionen.

Swan Vesta

Die beliebteste Streichholzmarke in Großbritannien, die sich auf jeder rauen Oberfläche entzündet. Sie stammen aus dem Jahr 1883, als die Streichholzfirma Collard and Kendall in Bootle-on-Merseyside, Liverpool, „Swan Wax Matches“ einführte. Diese wurden durch „Swan White Pine Vestas“ der Diamond Match Company ersetzt, die aus in Wachs getränkten Holzschienen bestanden. 1906 erhielten sie den Namen „Swan Vestas“ als die Diamond Match Company mit Bryant und May fusionierte und die Marke Swan bewarb. In den 1930er Jahren wurde „Swan Vestas“ zum meistverkauften Streichholz in Großbritannien.

Tantrisches Ngöndro

(sNgon 'gro) – besteht aus den vorbereitenden Übungen für die Praxis der inneren Tantras. Die allgemeinen äußeren Vorbereitungen sind: Reflexion über die kostbare menschliche Wiedergeburt, Vergänglichkeit und Tod, karmische Wahrnehmung und daraus resultierende Handlung, sowie den selbstzerstörerischen Kreislauf von Samsara. Die tantrischen Vorbereitungen sind die vierfachen hunderttausend Übungen: Niederwerfungen, begleitet von der Rezitation der Zufluchts- und Bodhicitta-Verse, Kyil'khor-Darbringungen (Mandala), 100-Silben-Dorje-Sempa-Rezitationen (*rDo rJe sems dPa' / Vajrasattva*) und Praxis des Lama'i Naljor (*bLa ma'i rNal 'byor / Guru Yoga*), die Vereinigung mit dem Geist des Lama. Siehe *Die Fackel der Gewissheit* von Jamgön Khongtrül Lodrö Thayé, Shambhala.

The Prisoner

siehe Patrick Joseph McGoohan.

Theosophie

Griechisch, von *theos*: Gott, und *sophia*: Weisheit. Wörtlich: *Gottes Weisheit* bezeichnet eine ausgefeilte esoterisch strukturierte Philosophie der Geheimnisse des Lebens im Hinblick auf die Göttlichkeit. Theosophen versuchen, die Geheimnisse des Universums zu verstehen und herauszufinden, was das Universum, die Menschheit und das Göttliche verbindet. Ziel ist es, den Ursprung der Göttlichkeit, der Menschheit und der Welt zu erforschen. Aus einer solchen Ad-hoc-Untersuchung versuchen Theosophen eine kohärente Beschreibung des Zwecks und Ursprungs des Universums zu finden.

Traumyoga

Siehe *mi-lam*

Treece, Henry

Autor der Wikinger-Trilogie, die folgende Romane beinhaltet: *Viking's Dawn*, *The Road to Miklagard* und *Viking's Sunset.* Sie beschreiben das Leben von Harald Sigurdson, einem norwegischen Wikinger. Er unternimmt drei Reisen, die repräsentativ sind für die Reisen der Wikinger. Weitere Bücher von Henry Treece waren *Horned Helmet, Splintered Sword* und *The Burning of Njal.*

Tsog'khorlo

(*tshogs 'khor lo / ganachakra*). Eine Vajrayana-Praxis, die die Symbolik eines Festes nutzt, um einer riesigen Zahl von verschiedensten Wesen Opfergaben darzubieten.

Tucci, Giuseppe

(1894–1984) war ein italienischer Gelehrter orientalischer Kulturen, der sich auf den tibetischen Buddhismus spezialisiert hatte. Er war einer der Begründer des Fachgebiets der Buddhismuskunde. Er sprach fließend Tibetisch, Sanskrit, Bengali, Pali, Prakrit und Chinesisch. Bis zu seinem Tod lehrte er an der Universität La Sapienza in Rom. Er schrieb: *The Theory and Practice of the Mandala*, 1951; *Nach Lhasa und darüber hinaus*, 1956; *Tibetische Volkslieder aus dem Bezirk Gyantse*, 1966; *Tibetische Schriftrollen*, 3 Bände, 1949; und *Geheimnisse Tibets. Chronik der wissenschaftlichen Tucci-Expedition nach Westtibet*, 1935.

Tul-ku

siehe Dimensionen des Seins

Vier Ablehnungen

Die "Vier Ablehnungen" im Buddhismus sind Monismus, Dualismus, Nihilismus und Eternalismus. Eternalismus umfasst den Irrglauben, dass alles einen Sinn hat und nichts zufällig passiert. Die Tirthika-Ansicht von Mu-teg tag ta-wa *(mu sTegs rTag lTa ba)* ist überwiegend monistisch/ eternalistisch. Sie beinhaltet die monistische Idee, dass wir „alle eins" sind, da wir alle Aspekte Gottes sind.

Aus dieser Sicht folgt, dass wir aufhören individuell zu sein, wenn wir „gottverwirklicht“ sind. Dies kann manchmal erkannt werden, wenn bestimmte spirituelle Lehrer sagen: „Ich bin Gott“ was bedeutet, dass sie *nicht von Gott zu unterscheiden* oder *Teil Gottes* sind.

Vokuhila

Der byzantinische Gelehrte Procopius aus dem 6. Jahrhundert beobachtete, dass einige junge Männer ihre Haare hinten und an den Seiten lang und über der Stirn kurz trugen. Dieser nichtrömische Stil wurde „hunnisch“ genannt. Der Vokuhila wurde Mitte bis Ende der 1960er Jahre erstmals getragen, erfreute sich jedoch speziell in den 1970er Jahren großer Beliebtheit. Unter anderem trugen ihn Künstler wie Paul McCartney, Rod Stewart und David Bowie.

Vom Winde verweht

Ein Film, der 1939 mit den Hauptdarstellern Clark Gable und Vivien Leigh als Rhett Butler und Scarlett O'Hara in die Kinos kam. Es waren die letzten Worte von Rhett Butler an Scarlett O'Hara, als sie ihn fragte *„Wohin soll ich gehen? Was soll ich tun?“* Die Antwort enthielt das Schimpfwort *„verdammt“* das zu der Zeit ganz allgemein in Filmen verboten war. Vor der Veröffentlichung von diesem Film lehnten Zensoren die Verwendung des Wortes „verdammt“ ab, da es 1934 in dem Filmproduktionskodex der Motion Picture Association verboten worden war.

Wang Dang Doodle

Geschrieben von Willie Dixon und erstmals 1960 von Howlin' Wolf aufgenommen. Es wurde 1961 von Chess Records veröffentlicht. 1965 überredeten Willie Dixon und Leonard Chess Koko Taylor, es für Checker Records, eine Chess-Tochtergesellschaft aufzunehmen. Koko Taylors Version wurde ein Hit und erreichte Platz dreizehn der Billboard R&B-Charts sowie Platz 58 der Pop-Charts. Wang Dang Doodle wurde später zu einem Blues–Standard.

Weiße Tara

(*Drölma / Jétsun Drölkar (rJe bTsun sGrol ma) / Sitatara / Mutter der Befreiung*) erscheint im Sutrayana als weiblicher Bodhisattva und im Vajrayana als weiblicher Buddha. Sie wird visualisiert, um ein Verständnis für äußere, innere, geheime und ultimative Lehren zu entwickeln.

Wittgenstein, Ludwig Josef Johann

(1889–1951) war ein österreichisch-britischer Philosoph, der sich auf Logik, Geistesphilosophie, Sprache und Mathematik spezialisierte. Zu seinen Lebzeiten veröffentlichte er den Tractatus Logico-Philosophicus. Seine persönlichen Manuskripte wurden 1953 posthum als „Philosophische Untersuchungen" herausgegeben und veröffentlicht und gelten als eines der wichtigsten Werke der Philosophie des 20. Jahrhunderts.

Yongden

Eine etwas zweifelhafte Phonetik für Yönten (*yon tan / guna*) und bedeutet Attribut, Qualität, Exzellenz, Geschmack, Wirkung). *Mipam* (*mi 'pham*) ist ein angeblich von Lama Yongden verfasster Roman, der das tibetische Leben schildern soll. Er weist jedoch offensichtliche Tendenzen auf, die nur aus der Feder von Alexandra David-Néel stammen können: eine prätentiöse Astrologin, bei der Mipam in die Lehre ging, gierige Mönche, selbstgerechte Missionare, ein arroganter Prinz, ein mächtiger bhutanesischer Zauberer und eine völlig falsche Präsentation von Bön. *Mipam* wurde 1938 veröffentlicht. In einer Einleitung (*angeblich von Lama Yongden verfasst*) schreibt Alexandra David-Néel: *„Ich zögerte in meinem Herzen, bezüglich der Form, die meine Notizen annehmen sollten, als ich eines Abends mit meiner Adoptivmutter zelten ging, der Entdeckerin Alexandra David-Néel.*

„Inmitten der weiten Einsamkeit Nordtibets sprach ich noch einmal über die Verzweiflung, die ich empfunden hatte, als ich die Menschen und Dinge meines Heimatlandes so verzerrt dargestellt sah. Sie forderte mich sofort auf, den Versuch einer getreuen Beschreibung der Menschen und ihrer Sitten in Form eines Romans zu unternehmen… Niemals war die Berufung eines Schriftstellers unvorhersehbarer als in meinem Fall."

www.ingramcontent.com/pod-product-compliance
Lightning Source LLC
LaVergne TN
LVHW020050110826
845155LV00021B/54